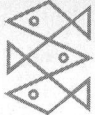

Amos Elon ist einer der ganz großen israelischen Journalisten – und seine Reportagen sind faszinierende Dokumente des Wandels in Nahost: Vom atemberaubenden Bericht über seine riskante erste Reise ins feindliche Ägypten 1968 bis zu seinen Besuchen bei fanatischen Siedlern, von der Intifada der 80er Jahre über den Golfkrieg 1991 und den Friedensschluß von Oslo 1993 bis zur Ermordung Yitzhak Rabins im November 1995 – Amos Elons Texte machen die prekäre Lage in der Region transparent und bevölkern die für uns so abstrakten Konflikte mit Menschen.

Amos Elons Blick auf sein Land und auf den Nahen Osten ist der von innen *und* von außen – er schreibt sowohl für die israelische Zeitung *Haaretz* als auch für den *New Yorker* und die *New York Review of Books*.

Für die vorliegende Taschenbuchausgabe hat Amos Elon zwei neue Beiträge ausgewählt – »Die Dämonen des Judentums« und »Das Ende des Zionismus« – und ein aktuelles Vorwort verfaßt.

Amos Elon, geboren 1926 in Wien, schreibt sowohl für die israelische Zeitung *Haaretz* als auch für den *New Yorker* sowie die renommierte *New York Review of Books* – er blickt also von innen und von außen auf sein Land und auf die unruhige Region, in der es liegt. Amos Elon lebt seit 1928 in Palästina / Israel sowie neuerdings zeitweise in Italien. Er ist Autor zahlreicher auch auf deutsch erschienener Bücher.

Amos Elon
Nachrichten aus Jerusalem
Reportagen aus vier Jahrzehnten
Erweiterte Ausgabe

Aus dem Englischen
von Matthias Fienbork

Mit einer Übersetzung
von Reinhard Kaiser

Fischer Taschenbuch Verlag

Erweiterte Lizenzausgabe
Veröffentlicht im Fischer Taschenbuch Verlag GmbH,
Frankfurt am Main, April 1998

Lizenzausgabe mit freundlicher Genehmigung
des Eichborn Verlags
© Vito von Eichborn GmbH & Co. Verlag KG,
Frankfurt am Main 1995
Für diese Ausgabe:
© Fischer Taschenbuch Verlag GmbH,
Frankfurt am Main, April 1998
Gesamtherstellung: Clausen & Bosse, Leck
Printed in Germany
ISBN 3-596-13868-x

Inhaltsverzeichnis

Nachrichten aus Jerusalem

Vorwort zur erweiterten
Taschenbuchausgabe

Die hier versammelten Reportagen sind ursprünglich im *New Yorker*, im *New York Review of Books*, in der Zeitschrift *Encounter* oder in der Tel Aviver Tageszeitung *Haaretz* erschienen. Der erste Beitrag entstand unmittelbar nach dem Sechs-Tage-Krieg von 1967, der letzte im November 1996, ein halbes Jahr nach dem Wahlsieg Benjamin Netanyahus. Die Regierung von Peres' Arbeitspartei hatte ein historisches Friedensabkommen mit den Palästinensern erreicht (wofür Peres und Rabin mit dem Nobelpreis ausgezeichnet wurden) und einen ebenso historischen Friedensvertrag mit Jordanien abgeschlossen. Sie hatte einen in der Geschichte Israels beispiellosen wirtschaftlichen Aufschwung herbeigeführt. Dennoch wurde die Arbeitspartei bei den Wahlen von 1996 knapp geschlagen von dem rechten Populisten Netanyahu und dessen Koalition aus militanten Nationalisten und religiösen Fundamentalisten. Der unmittelbare Grund für diese erstaunliche Niederlage war eine plötzliche Welle von Terroranschlägen muslimischer Fanatiker auf israelische Zivilisten. Es gab aber auch strukturelle Gründe, die mit dem Wandel der israelischen Gesellschaft und dem gewachsenen politischen Selbstbewußtsein von Einwanderern aus afroasiatischen Ländern und der ehemaligen Sowjetunion zu tun haben. Seit seinem Amtsantritt scheint Netanyahu fast alles ruinieren zu wollen, was seine Vorgänger auf dem Weg zu Frieden und Aussöhnung erreicht haben. Der Friedensprozeß ist eingefroren.
1967 war für die meisten Israelis ein Wunderjahr gewesen. 1997 ist Israel eine zutiefst gespaltene Nation. In die Zeit dazwischen fallen die hier dargestellten Ereignisse. Sie waren dramatisch und allzuoft auch tragisch – nicht nur im politischen, sondern auch im menschlichen Sinne. Es ist eine Geschichte von gewonnenen Kriegen und verpaßten Friedenschancen. Zuerst waren es die arabischen Staaten, später, als einige arabische Staaten die Notwendigkeit von Frieden einsahen, versäumte Israel seine Chance, dann wieder die Araber und die Palästinenser. Jetzt scheinen erneut die Araber und die allermeisten Palästinenser friedensbereit zu sein, aber Israels Regierung nicht. Es ist diese furchtbare Ungleichzeitigkeit, die manche Leute zu dem Schluß verleitet, daß das

Problem unlösbar sei. Abba Eban hat einmal gesagt, daß Regierungen durchaus imstande seien, richtige Entscheidungen zu treffen – es sei nur leider so, daß sie damit immer bis zum allerletzten Moment warteten. Im Nahen Osten muß es auch noch gleichzeitig auf beiden Seiten geschehen. Wie viele Chancen werden bis dahin noch vergeben werden, wie viele Ressourcen noch vergeudet – und wie viele Witwen und Waisen wird es noch geben, wie viele?

September 1997

Das Ende des Zionismus

1996

Wenige Monate vor seinem Tod legte Theodor Herzl, der Vater des säkularen jüdischen Nationalismus, in der Abgeschiedenheit eines Herzsanatoriums seine Gedanken über die zionistische Bewegung nieder, die er im Jahre 1896 gegründet hatte. Für ihn stand außer Frage, daß es fünfzig Jahre später einen jüdischen Staat geben würde. Ironisch fügte er noch hinzu: »Macht keine Dummheiten, während ich tot bin.«

In dieser frühen Phase war der Zionismus noch nicht von rückschrittlichen Nationalisten vereinnahmt oder von religiösen Fundamentalisten zu einem messianischen Ziel umformuliert worden. Er war auch noch nicht Zielscheibe von palästinensischen Nationalisten, islamischen Fundamentalisten oder Terroristen. »Zionismus« war nur eine klangvollere Bezeichnung für »jüdischen Nationalismus«. Die nationale Bewegung der Juden war, wie andere europäische Nationalbewegungen (der Tschechen, Iren, Italiener, Polen), ein Kind der Aufklärung und der Ideen der Französischen Revolution. Der Zionismus war säkular orientiert. In erster Linie wollte er einen völkerrechtlich gesicherten Zufluchtsort für verfolgte Juden schaffen, eine nationale Heimstatt, die auf friedlichem Wege gegründet werden sollte.

Heutzutage mag man auf diese frühen Jahre mit Erstaunen zurückblicken, aber auch mit Ironie und vielleicht auch mit Bitterkeit. Statt Sicherheit gab es unaufhörlich Krieg. Die Geschichte – man kann auch sagen: die Ideologie – mischt sich ständig in unsere Vorhaben ein, indem sie sie in einer völlig anderen Gestalt oder nur teilweise oder viel zu perfekt Wirklichkeit werden läßt.

In den Jahren nach Herzls Tod machten seine Anhänger natürlich jede Menge Dummheiten, und es fehlte auch nicht an Kritikern, die das anprangerten. Die ersten Zionisten ignorierten oder leugneten die Tatsache, daß in dem Land, das sie nach fast zweitausendjähriger Abwesenheit wieder in Besitz nehmen wollten, ein anderes Volk lebte. Die politische Phantasie erschafft sich, wie diejenige des Naturforschers, oft ihre eigene Geographie. Die ersten Zionisten hingen der eurozentrischen Illusion an, daß sich alle außereuropäischen Territorien in einem politischen Vakuum befänden. Sie gingen wie selbstverständlich davon aus, daß sich die einheimische Bevölkerung Palästinas mit den jüdischen Siedlern arrangieren und deren Einwanderung begrüßen werde, da diese ihnen zu wirtschaftlichem Wohlstand verhelfen würde.

Die Zionisten bewerkstelligten mit Leidenschaft, und unter großen Opfern, eine nationale, soziale und kulturelle Renaissance in ihrer historischen Heimat. Daß die Palästinenser jemals ähnliche Hoffnungen für sich selbst hegen könnten, kam ihnen nicht in den Sinn. Die nationalen Bestrebungen des einen Volkes sind für das andere immer schwer zu verstehen. Hinzu kam, daß es – heute kaum mehr vorstellbar – vor 1908 tatsächlich kaum Anzeichen eines arabischen Nationalismus gab, und von einem spezifisch palästinensischen Nationalismus war überhaupt nichts zu bemerken. Vor 1918 konnten sich, wenn überhaupt, nur sehr wenige jüdische Siedler vorstellen, daß es eines Tages zu ähnlich blutigen Konflikten zwischen Arabern und Juden kommen würde, wie sie sich Deutsche und Franzosen fast ein ganzes Jahrhundert lang um Elsaß-Lothringen lieferten oder wie sie Katholiken und Protestanten in Nordirland bis heute trennen.

Diese frühe Unschuld fand in den zwanziger Jahren ein Ende, nachdem es in Palästina zu den ersten Unruhen gekommen war. Nach diesem jähen Erwachen wurde heftig darüber diskutiert, wie man Frieden und Versöhnung erreichen könne. Die liberale und säkulare Richtung behielt die Oberhand. Um den Arabern Palästinas entgegenzukommen, sprach sich David Ben Gurion im Jahre 1924 für einen binationalen Staat aus. In Anspielung auf eine berühmte Stelle aus den *Brüdern Karamasow* erklärte er, daß die Zionisten »keinerlei Recht hätten, auch nur ein einziges arabisches Kind zu vertreiben, selbst wenn wir durch diese Vertreibung unsere Ziele verwirklichen sollten«. Es gibt keinen Grund, daran zu zweifeln, daß diese Einstellung damals ehrlich gemeint war. Von anderer Seite kam der Vorschlag, die jüdische Einwanderung zu begrenzen. Leider wurden all diese Kompromißlösungen, darunter auch mehrere Teilungsvorschläge, von den Arabern abgelehnt.

Angesichts der verfahrenen Situation zu Beginn der vierziger Jahre bezeichnete Hannah Arendt, rigoroser als die meisten anderen Kritiker, das ganze zionistische Projekt als tragische Fehlgeburt, da es nicht gelungen sei, zu einem friedlichen *modus vivendi* zwischen Arabern und

Juden in Palästina zu kommen. Zwei Jahrzehnte später befaßte sich der prominente Historiker Jacob Talmon mit derselben Frage. Auch ihn irritierte, daß alles auf einen Krieg hinauszulaufen schien. Die Juden, so schrieb er, hätten im Detail, in Stil und Tonfall zwar klüger oder taktvoller handeln können, aber letztlich hätte das an der Entwicklung nichts geändert. Von den Arabern könne man das nicht sagen. Mit ihrer absoluten Unversöhnlichkeit hätten sie den Juden nur zwei Möglichkeiten gelassen: entweder ihre Ziele aufzugeben (was in jenen Jahren, unmittelbar nach dem Holocaust, kaum denkbar gewesen wäre) oder ihre nationale Heimstatt gegen den arabischen Widerstand aufzubauen. Da ein Kompromiß nicht möglich war und selbst Vorschläge moderater Zionisten, die für begrenzte Einwanderung und Ansiedlung eintraten, unweigerlich auf heftigsten arabischen Widerstand stießen, blieb, so Talmon, keine andere Wahl, als mit maximaler Entschlossenheit maximale Ergebnisse anzustreben.

Nach dem Sechs-Tage-Krieg wurde der säkulare, in der liberalen europäischen Tradition stehende Charakter des Zionismus als Befreiungsbewegung von aufgeputschten Nationalisten und religiösen Fundamentalisten in Israel erstmals massiv in Frage gestellt. Die Nationalisten – keineswegs nur traditionelle Rechte – sprachen von »offensichtlicher Vorsehung« und setzten Stärke mit Recht gleich. Auch wenn mehr als eine Million Palästinenser in der besetzten West Bank und im Gazastreifen lebten, habe Israel das Recht, ihre nationalen Rechte zu unterdrücken. Israel habe einen juristischen und »historischen« Anspruch auf das gesamte Westjordanland – und auf noch viel mehr. Für General Ariel Scharon und andere Vertreter des neuen Nationalismus war die Besiedlung dieses Territoriums die »zionistische Antwort« auf die arabische Feindseligkeit. Die religiösen Fundamentalisten schlossen sich dieser Ansicht euphorisch an. Sie wußten genau, auf welche Grenzen Gott und Abraham sich in der Bronzezeit geeinigt hatten, und sie behaupteten, die Schritte des Messias hören zu können, die das Ende aller Tage ankündigten. Die Besiedlung der besetzten Gebiete war ein metapolitischer, göttlicher Auftrag.

Der Sechs-Tage-Krieg war der große Wendepunkt im Selbstverständnis der Israelis und in ihrem Verhältnis zu den arabischen Nachbarn. Ihr Sieg setzte die Welt in Erstaunen. In Israel selbst jedoch blokkierte er viele politische Köpfe. Die Israelis ignorierten Abba Ebans Rat, sich als großzügige Sieger zu erweisen. Der Krieg hatte ihnen zu sichereren Grenzen und zu einer günstigeren Verhandlungsposition verholfen. Zum erstenmal seit der Unabhängigkeit von 1948 hätte Israel damals Land gegen Frieden eintauschen können. Heute wissen wir, daß diese Chance verpaßt wurde. Kaum etwas kann den Kopf so sehr vernebeln wie ein großer Sieg. »Es gibt, abgesehen von einer verlorenen Schlacht, kaum etwas Schwierigeres als eine gewonnene Schlacht«, schrieb Wellington aus Waterloo.

Die schmerzhaften Auswirkungen dieser verpaßten Chance überschatten noch heute alles. Grundlage dafür ist die tragische Neigung großer Teile der israelischen Gesellschaft, ihre Tradition in den rigiden Begriffen einer integralistischen oder religiösen Staatsideologie umzudeuten, die den alten Namen »Zionismus« beibehalten hat. Die Tragödie erreichte einen besonders kritischen Punkt im Mai vergangenen Jahres, als der Likud – dank einer Mischung aus »zionistischem« Stammesdenken und Religion, Machtpolitik, Zynismus und Trägheit – wieder an die Macht kam. Abermals wurde der »Zionismus« à la Likud ein Stolperstein auf dem Weg zum Frieden. Ironischerweise geschah das zu einer Zeit, da der liberale, säkulare Zionismus, wie er ursprünglich konzipiert worden war, alle oder fast alle seiner erklärten Ziele erreicht hatte. Wir wissen noch immer nicht, wie sich diese Tragödie auf eine Gesellschaft auswirken wird, die bislang eine offene Gesellschaft, eine Demokratie war. Eine rigide »Staatsideologie« hätte die israelische Demokratie kaum überleben können, nicht einmal unter günstigsten Bedingungen. Diejenigen Franzosen, die sich nicht rechtzeitig von »la révolution« gelöst hatten, bereiteten Napoleon III. den Weg. Und Karl Kraus hat bemerkt, daß jede »Ideologie« letzten Endes zum Krieg tendiere.

Vor den Wahlen von 1996 hatte es den Anschein, als sei Israels hundertjähriger Existenzkampf quasi beendet. Das Land hatte seine Isolation im Nahen Osten, in der Dritten Welt und in Osteuropa überwunden, hatte enge diplomatische und wirtschaftliche Beziehungen zu Indien, China und vielen anderen Staaten geknüpft. Die letzten Überreste des fünfzigjährigen arabischen Wirtschaftsboykotts wurden beseitigt. Israel galt als die stärkste Militärmacht zwischen Frankreich und Indien, und es war zwar noch immer Teil einer instabilen Region, die oft als »Dschungel« bezeichnet wird, doch nicht mehr als kleines, hilfloses Geschöpf, sondern als Leopard oder als durchtrainierter Löwe. Es verfügte über eine außerordentlich effiziente Militärmaschinerie, die aus entschlossenen, engagierten Männern und Frauen bestand. Es stützte sich auf ein atomares Abschreckungspotential und hochentwickelte Mittelstreckenraketen. Es war eine regionale Macht, die eng mit den Vereinigten Staaten und anderen führenden Mächten in Europa (Deutschland) und im Nahen Osten (Türkei) zusammenarbeitete.

Mit dem Ende des kalten Krieges hatte sich Israels strategische Position im nahöstlichen Machtpoker verbessert. Durch den Zusammenbruch der Sowjetunion waren Israels Feinde der Waffenarsenale und der politischen Unterstützung einer Supermacht beraubt. Zwar gab es noch immer Zusammenstöße und Rückschläge, doch die allgemeine Entwicklung war einigermaßen stabil. Der »Friedensprozeß« wurde als unumkehrbar bezeichnet. Syrien war der letzte Nachbar, der sich offiziell noch immer im Kriegszustand mit Israel befand. Doch die verbleibenden Konflikte mit Syrien waren, aus syrischer Sicht, nicht mit scheinbar unüberwindbaren psychologischen, begrifflichen oder gar metaphysischen Problemen befrachtet. Es handelte sich vielmehr um die normalen Streitigkeiten zwischen Nachbarstaaten, wie Grenzfragen und Wasserverteilung.

Auch der Konflikt mit den Palästinensern war nicht mehr das Nullsummenspiel, das er so lange gewesen war. Israel und die PLO hatten sich gegenseitig anerkannt. Rabin war der erste israelische Ministerpräsident, der den Mut besaß, die Israelis daran zu erinnern, daß sie nicht die einzigen im Land Israel waren, daß es noch eine andere Nation gab. Für diese Blasphemie wurde er ein Jahr später ermordet. Es war ein »religiöser« Mord, der mit der schrecklichen Einfalt und Aufrichtigkeit des Rechtgläubigen verübt wurde. Der Täter war bei fanatischen Rabbinern in die Lehre gegangen. Er konnte sich sagen, daß er in ihrem Namen abgedrückt hatte.

Rabin und Peres hatten sich mit dem Gedanken versöhnt, daß die Palästinenser am Ende ihren eigenen unabhängigen Staat errichten würden, so wie die Israelis ihren Staat errichtet hatten. Von der neuen Regierung unter Benjamin Netanyahu kann man das nicht sagen. Im Gegenteil, eine palästinensische Unabhängigkeit ist für ihn undenkbar. Netanyahu erklärt zwar immer wieder, daß er alle von seinen Vorgängern geschlossenen internationalen Verträge respektieren werde. Aber er läßt auch keinen Zweifel daran, daß er das Oslo-Abkommen für einen schweren, wenn nicht gar kriminellen Fehler hält. Den Palästinensern will er höchstens eine sehr begrenzte lokale Autonomie zugestehen, zwei, drei Dutzend bantustan-artige Enklaven auf weniger als

40 Prozent der besetzten Gebiete, umgeben von ständig expandierenden israelischen Siedlungen, die auf enteignetem palästinensischem Boden errichtet werden.

Netanyahu hatte in seinem Wahlkampf »Frieden« versprochen, allerdings einen Frieden mit »Sicherheit«. Vier Monate später gibt es erheblich weniger Sicherheit und zweifellos weniger Frieden als zuvor, nicht zuletzt wegen seiner aggressiven Rhetorik und seiner übereilten, unüberlegten Entscheidungen, die er ohne Absprache mit dem Verteidigungsminister, dem Außenminister, dem Generalstab und den Sicherheitsdiensten trifft. Man hatte ihn davor gewarnt, ein neues jüdisches Viertel in Jerusalem jenseits der alten Demarkationslinie zu errichten und den Herodes-Tunnel unter dem arabischen Viertel der Altstadt zu öffnen. Mit diesen und anderen Entscheidungen löste Netanyahu soviel Empörung in Jordanien, Ägypten und unter den Palästinensern aus, wie man es seit einem Jahrzehnt nicht mehr erlebt hatte. Israelische Soldaten und palästinensische Polizisten beschossen einander. Der Friedensprozeß kam zu einem Stillstand. Erstmals seit dem Sechs-Tage-Krieg gingen israelische Panzer in der Umgebung palästinensischer Städte in Stellung. Der Konflikt hatte eine neue Dynamik in Gang gesetzt. Es wird sehr viel Geschick und großer Anstrengungen bedürfen, um diese Entwicklung rückgängig zu machen.

Bevor sie einsetzte, gab es Terror, aber auch Hoffnung. Terrorakte waren zwar schmerzhaft, doch sie waren nicht so bedrohlich für Israels Existenz wie die Feindseligkeit der arabischen Nachbarstaaten in den Jahren zuvor. Die meisten arabischen Regierungen waren bereit, den internationalen Terrorismus gemeinsam mit Israel zu bekämpfen. Yassir Arafats neu aufgestellte Sicherheitskräfte gingen gemeinsam mit israelischen Sicherheitskräften gegen islamische und andere palästinensische Terrorgruppen vor – Freud hat nicht umsonst einmal bemerkt, daß es leichter sei, Freundschaftsbande zwischen zwei Parteien herzustellen, wenn es einen Dritten gebe, den man hassen könne.

Auf beiden Seiten der großen Kluft, die Israel und seine arabischen Nachbarn seit fast hundert Jahren trennt, kühlten sich die Leidenschaften allmählich ab. Neue Generationen suchten nach Versöhnungsformeln. Ich würde nicht sagen, daß sie viele gefunden haben, aber immerhin doch einige.

Das war an sich schon etwas Neues. In der Vergangenheit war die Ablehnung der Araber gegen Israel eine totale gewesen und hatte bisweilen etwas Metaphysisches gehabt. Nicht einmal die simpelsten menschlichen Kontakte waren möglich. Arabische Drohungen grenzten an Aufrufe zum Völkermord. Israelis, die an einem (auch zwei oder drei) der arabisch-israelischen Kriege teilgenommen hatten – es gab mindestens fünf große Kriege und zahllose Scharmützel zwischendurch – waren noch immer überwältigt von der Erinnerung an diese Zeit und den daraus resultierenden Ängsten. Diese Ängste waren real. Sonst wäre die Wiederwahl von Peres 1996 nicht an einem halben Prozentpunkt gescheitert. Im Laufe des jahrzehntelangen Konflikts hatten sich Haß, Paranoia, Brutalität und Stammesdenken angesammelt. Viele Menschen hatten emotionale Schwierigkeiten, mit der neuen Realität fertigzuwerden. Obwohl Israel stärker schien als je zuvor, glaubten viele Israelis – oder meinten, glauben zu müssen –, daß sie noch immer verletzbar und schwach seien. Die Erinnerung an den Holocaust blieb ein nationales Trauma. In den letzten Jahren hatten einige Israelis den Standpunkt vertreten, daß es an der Zeit sei, diese Wunde heilen zu lassen, statt sie immer neu aufzureißen. Doch dazu kam es nicht. Im Gegenteil, die Erinnerung wurde mitunter grob manipuliert und politisch instrumentalisiert (beispielsweise, als Menachem Begin Arafat mit Hitler verglich). Es war oft schwer, zwischen Erinnerung und Propaganda zu unterscheiden.

Verbreitet war auch das Gefühl, auf Gedeih und Verderb anonymen Kräften ausgeliefert zu sein. Man sah ein Zusammenwirken von alten Ressentiments, ethnischen Vorurteilen, Haß und politischer Demagogie, also die gleiche explosive Mischung aus Nationalismus und Religion wie in Bosnien oder Nordirland.

Die Situation ist noch immer kritisch. Es besteht aber Grund zu der Annahme, daß sich der Sturm am Ende legen wird. Terror wird niemals gewinnen. Aber er bedeutet eine strenge Prüfung für die Gesellschaft. 1996 bestanden mehr als 50 Prozent der israelischen Wähler diese Prüfung nicht, die vielleicht schwieriger war als die meisten anderen. In Tel Aviv und Jerusalem hatten Selbstmordkommandos Busse mit unschuldigen Passagieren in die Luft gejagt. Ein orthodoxer Jude und Arzt massakrierte Gläubige in einer Moschee. Islamische Terroristen beschossen Städte in Nordisrael vom Südlibanon aus. Und daß Israel den fundamentalistischen Bombenexperten Abu Ayasch hinrichtete oder, nicht selten aus innenpolitischen Gründen, Luftangriffe gegen den Libanon flog, konnte den Frieden an dieser Grenze auch nicht wiederherstellen.

Wenn man lange genug an einem Irrtum festhält, treten die schlimmsten Prophezeiungen schließlich ein.

Diejenigen, die einen menschlichen oder materiellen Preis bezahlen mußten, werden sich, wie schon Arendt und Talmon vierzig oder fünfzig Jahre zuvor, kritisch zum Friedensprozeß äußern. Viele Menschen applaudierten zwar dem historischen Abkommen zwischen Israel und der PLO, dem berühmten Händedruck auf dem Rasen des Weißen Hauses vor drei Jahren, waren aber gleichzeitig besorgt: »Wunderbar, aber es kommt spät – hoffentlich nicht zu spät!« Und während jener Freudentage fragten manche: Hätte man es nicht etwas billiger haben können? Hätte man nicht schon früher ein Abkommen schließen können? Welche Chancen sind versäumt worden? Wie real waren sie aus der Sicht derjenigen, die sie abgelehnt, ignoriert oder ganz einfach nicht verstanden hatten? Welche Gelegenheiten, Frieden zu schließen, gab es nach 1948? Nach 1967? Nach 1973? Gab es überhaupt welche? Und wurden sie mit Absicht, aus Unwissenheit oder durch Fehleinschätzung vertan?

An Fehleinschätzungen jedenfalls herrschte auf beiden Seiten kein Mangel. Die schlimmste seitens der Palästinenser war ihre Ablehnung des UNO-Teilungsplans von 1947. Hätten sie diese Resolution akzeptiert, hätten sie einen unabhängigen palästinensischen Staat bekommen, der beträchtlich größer gewesen wäre als das Gebiet, das sie heute beanspruchen. Dreißig Jahre später wurde diese Dummheit noch übertroffen durch ihre wütende Ablehnung der »nationalen« Autonomie (»nationale« Autonomie, wie es hieß), die ihnen im Rahmen des von den USA vermittelten ägyptisch-israelischen Friedensabkommens von 1978 angeboten wurde. Die Autonomie war als Zwischenlösung gedacht, während weiter verhandelt und fünf Jahre später ein Referendum über den endgültigen Status des Abkommens durchgeführt werden sollte. Man darf wohl zu Recht vermuten, daß die Palästinenser, hätten sie diesen Interimsplan akzeptiert und eine Autonomieverwaltung errichtet, inzwischen in einem eigenen unabhängigen Staat in friedlicher Nachbarschaft mit Israel lebten. Die dreizehn amerikanischen Kolonien haben im 17. Jahrhundert jedenfalls mit erheblich weniger angefangen. Das Autonomieangebot wurde unterbreitet, bevor der islamische Fundamentalismus erstarkte und bevor militante israelische Siedler massenhaft in die besetzte West Bank und den Gazastreifen strömten. Vor einigen Jahren fragte ich Yassir Arafat, warum er dieses Angebot zurückgewiesen habe. »Inzwischen hätten Sie doch einen unabhängigen Staat!« Darauf antwortete er nur sehr spitz: »Damit Sie es wissen, mir ist nie etwas angeboten worden.« (Vgl. »Ein Besuch bei Arafat«, S. 256).

Auf der israelischen Seite, der hier mein Hauptaugenmerk gilt, hat es drei ebenso verhängnisvolle Fehleinschätzungen oder Illusionen gegeben. Ich muß jedoch vorausschicken, daß sie einem Volk unterliefen, das nur zwanzig, fünfundzwanzig Jahre zuvor die vielleicht schlimmste Katastrophe überhaupt erlebt hatte, die eine ethnische oder religiöse Gruppe treffen kann. Man darf aber nicht übersehen, daß die Palästinenser, verbittert über ihre Vertreibung nach 1948, ebenfalls traumatisiert und desorientiert waren durch die Niederlage, die ihnen die Juden bereitet hatten. Ich will die beiden Katastrophen nicht miteinander vergleichen. Aber sie prägten die Einstellungen, Ansichten und das nationale Identitätsgefühl auf beiden Seiten.

Die erste der drei verhängnisvollen israelischen Fehleinschätzungen war die Illusion, von der sich die Militärführung nach dem Blitzsieg von 1967 beherrschen ließ: daß die Araber auf absehbare Zeit, also für die nächsten fünfzig Jahre, keine reale militärische Gefahr darstellten. Langfristige strategische Folgerungen daraus zogen allerdings nur die Vertreter des oppositionellen Likud: sie beanspruchten das ganze historische Land Israel, selbst wenn sie dafür auf Frieden verzichten müßten. Diese Eindeutigkeit ließ die regierende Arbeitspartei unter Golda Meir und Mosche Dayan so gut wie nie erkennen. Ihre langfristigen Absichten waren nie klar, nicht einmal ihr selbst.

Die zweite Fehleinschätzung war die – von fast allen Politikern und Journalisten vertretene – Ansicht, daß man die nationalen Bestrebungen der Palästinenser getrost ignorieren könne. Von Golda Meir gibt es den berühmten Ausspruch: »Wer sind die Palästinenser? Ich bin eine Palästinenserin!« Als ich Mosche Dayan einmal fragte: »Können Sie den Wunsch der Palästinenser nach nationaler Selbstbestimmung wirklich ignorieren?« antwortete er: »Warum ein Problem sehen, wo es keines gibt?« Wie so viele Politiker der modernen Welt war Dayan es schon als Verteidigungsminister gewohnt, sich unbeeinträchtigt von Verkehrsstaus und anderen menschlichen Unzulänglichkeiten per Hubschrauber fortzubewegen und die Welt wie ein homerischer Gott von oben zu betrachten. »Wie viele Palästinenser gibt es auf der West Bank?« fragte er. »Ein paar Ortschaften?« Für ihn war das kein militärisches Problem; und andere sah er nicht.

Später, in den Jahren der Intifada, gaben sich alle Mitglieder der Regierungskoalition, einschließlich Rabin und Peres (die ihre Meinung später änderten) und natürlich Ministerpräsident Schamir und Wohnungsbauminister Ariel Scharon, der Illusion hin, daß eine Demokratie einen von jugendlichen Steinewerfern getragenen nationalen Aufstand gegen ein Kolonialregime gewaltsam unterdrücken könne. (Herr Netanyahu mag noch immer dieser Ansicht sein.) Es konnte nicht funktionieren, weder, indem man den Demonstranten »die Knochen brach«, wie Rabin seine Armee zu Beginn der Intifada aufforderte, noch durch die Ausweisung Hunderter von Militanten. Und auch nicht, indem man – zu unterschiedlichen Zeiten – mehr als zehn Prozent der erwachsenen männlichen Palästinenser in Militärgefängnisse und Internierungscamps steckte. Gefängnisse produzieren nur noch mehr Militanz. Die Internierungslager waren politische Schulen, in denen eine neue Generation von palästinensischen Führern heranwuchs, die heute führende Positionen bekleiden, nicht nur in der palästinensischen Behörde und im Nationalrat, sondern auch bei Hamas. Den Aufständischen wurden schwere Verluste zugefügt, viele Kinder starben, doch es nützte alles nichts. Emotionen, die rationales Denken in der Politik verdrängen, dienen oft als Rechtfertigung für Brutalität.

Eine dritte Fehleinschätzung war der Versuch, die »Land gegen Frieden«-Option durch massenhafte Besiedlung der besetzten Gebiete zu verhindern. Nach Ansicht der meisten Militärexperten haben die Siedlungen Israels Sicherheit niemals erhöht. Im Gegenteil: Während des Yom-Kippur-Kriegs von 1973 waren die Golanhöhen eine zusätzliche Bürde, die sehr viele Menschenleben kostete. Milliarden von Dollar, die in den besetzten Sinai gesteckt worden waren, mußten nach 1979 abgeschrieben werden, weil die Siedler abziehen mußten und die Halbinsel gemäß dem Friedensabkommen an Ägypten zurückgegeben wurde.

Heute sind die rund 300 000 Siedler in der ehemaligen West Bank, im Gazastreifen und in Ostjerusalem eine mächtige politische Lobby, die jedwede territoriale Konzession im Sinne von »Land gegen Frieden« bekämpft. Wie viele Milliarden werden erst abgeschrieben, wenn Zehn- oder Hunderttausende von Siedlern ihr Heim, ihren Lebensunterhalt und ihre Illusionen verlieren, weil Israel sich unvermeidlich aus dem größten Teil der West Bank, von den Golanhöhen und vielleicht auch aus Teilen Ostjerusalems zurückziehen muß, wenn es auf dem Verhandlungsweg zu Frieden und Koexistenz kommen will?

Wir wissen heute, daß Frieden, zumindest mit Ägypten und Jordanien, schon seit 1971 im Bereich des Möglichen lag. Zwar verkündete die arabische Ablehnungsfront unmittelbar nach dem Sechs-Tage-Krieg in Khartum ihre berühmten drei Nein – keine Verhandlungen, keine Anerkennung und kein Frieden mit Israel (tatsächlich wurde in Khartum noch ein viertes, selten zitiertes »Nein« formuliert: kein Abrücken von den Rechten der Palästinenser) –, doch gaben Ägypten und Jordanien ihre rigorose Haltung bald auf. UN-Vermittler Gunnar Jarring richtete gleichlautende Schreiben an die Regierungen Israels und Ägyptens. Er fragte Präsident Sadat, ob Ägypten bereit sei, einen Friedensvertrag zu schließen, wenn Israel sich aus dem besetzten ägyptischen Territorium zurückziehe? Und er fragte die Israelis, ob sie bereit seien, sich zurückzuziehen, wenn Ägypten ein Friedensabkommen unterzeichne. Ägypten antwortete mit Ja, Israel mit Nein. Dayan verkündete den offiziellen israelischen Standpunkt: Ein besetzter Sinai, einschließlich Scharmel-Scheikh, ohne Frieden sei besser als ein Frieden ohne Scharmel-Scheikh.

Die USA nahmen seinerzeit eine, vorsichtig ausgedrückt, ambivalente Haltung ein. Ihre Bemühungen, eine Versöhnung zwischen Israelis und Arabern herbeizuführen, waren halbherzig. Unmittelbar nach dem Sechs-Tage-Krieg unterrichtete Abba Eban die Amerikaner von einem geheimen Beschluß des israelischen Kabinetts, wonach man (»versuchsweise«) bereit sei, sich gegen Frieden aus Ägypten und Syrien zurückzuziehen. (Nicht jedoch aus dem Westjordanland, obwohl Abba Eban, folgt man einem 1995 von der US-Regierung freigegebenen telegrafischen Bericht des US-Außenministers Dean Rusk an Präsident Johnson und das State Department, die israelische Meinung zur West Bank Anfang der 70er Jahre als »unfertig« bezeichnete: In der israelischen Regierung werde noch auf der Basis von zwei Tendenzen bzw. Konzeptionen gearbeitet. Die eine besage, daß das Gebiet weiter zum Haschemitischen Königreich Jordanien gehören und eine Vereinbarung auf der Grundlage der Demarkationslinie ausgearbeitet werden soll. Eine zweite Überlegung sei eine Art Assoziation – Autonomie bei gleichzeitiger Wirtschaftsunion – zwischen der West Bank und Israel. Die Schwierigkeit bei diesem Ansatz bestehe darin, daß Hussein dann auf das andere Jordanufer zurückgedrängt werde. Außerdem gebe es keinen völkerrechtlichen Präzedenzfall für ein derartiges Arrangement. Der US-Außenminister stellte die Frage, ob es nicht insoweit Präzedenzfälle gebe, als man die Betroffenen entscheiden lassen könne. Eban erwiderte, daß die israelische Regierung die Sache auf der Geheimdienstebene sondieren wolle. Aber keine der beiden Seiten scheint die hier erwähnten Möglichkeiten weiter verfolgt zu haben. Die Palästinenser selbst, »die Betroffenen«, wurden sechsundzwanzig Jahre lang nicht gefragt.).

Trotz wiederholter Anfragen weigert sich Washington, Akten freizugeben, aus denen hervorgehen würde, was die Amerikaner getan haben, um die israelische Offerte weiterzugeben, und auf welches Echo sie stieß. Es bleibt der Verdacht, daß sie wenig bis nichts unternommen haben. Präsident Johnson dürfte während des Vietnamkriegs nur allzu froh darüber gewesen sein, daß sein Verbündeter in Nahost den Verbündeten der Sowjetunion eine Niederlage zufügte. Israelische Soldaten standen am blockierten Suezkanal. Eine Öffnung des Kanals lag nicht im nationalen Interesse der USA, im Gegenteil, solange sowjetische Versorgungsschiffe, die nach Nordvietnam unterwegs waren, den afrikanischen Kontinent umfahren mußten, dürfte Washington an einer weiteren Blockade des Kanals durchaus interessiert gewesen sein.

Der Preis für Frieden wäre seinerzeit die Räumung der im Junikrieg besetzten Gebiete gewesen. Aber sechs Monate, nachdem das israelische Kabinett den USA mitgeteilt hatte, daß man bereit sei, sich gegen Friedensverträge aus den besetzten ägyptischen und syrischen Gebieten zurückzuziehen, wurde dieses Angebot förmlich widerrufen. Die USA wurden darüber nicht informiert. Vielleicht war das Angebot gar nicht ernst gemeint – dies würde erklären, wieso Menachem Begin, damals Minister ohne Geschäftsbereich, im Kabinett dafür stimmte. Mehrere israelische Regierungen lehnten es in der Folgezeit ab, Territorium aufzugeben. Vor der Intifada funktionierte die Besatzung nur zu gut, und wirtschaftlich, als Kolonialunternehmung, war sie sogar durchaus lukrativ: Auf einen Schlag hatte man den einheimischen Markt um fast 25 Prozent vergrößert; Industrie- und Agrarbetriebe konnten, mit dem stillschweigenden Einverständnis der israelischen Gewerkschaften, nunmehr auf billige Arbeitskräfte zurückgreifen; die Militärverwaltung schränkte jede industrielle Entwicklung der besetzten Gebiete ein; die West Bank und der Gazastreifen wurden für israelische Waren geöffnet, während Agrar- und Industrieprodukte aus der West Bank nur dann in das israelische Kernland eingeführt werden durften, wenn es keine israelische Konkurrenz gab. Der Sinai wurde schließlich 1979 von der Regierung Begin geräumt, in der falschen Erwartung, daß Israel dadurch freie Hand in der West Bank und auf den Golanhöhen bekäme.

Man denke nur an die verlorenen Menschenleben in zwei Kriegen und während der Intifada, die durch einen früheren Friedensschluß hätten gerettet werden können. Man denke an die menschlichen Energien, die seit mehr als einer Generation mit kurzsichtigen Siedlungsprojekten verschwendet werden. Man denke an all die falschen Hoffnungen, die geweckt und enttäuscht wurden und letztlich Zynismus, religiösen Fanatismus und Gewalt produzierten. Man denke an das, was hätte erreicht werden können, wenn die Milliarden, die in den Wüstensand des Sinai, in die Golanhöhen und in die West Bank gesteckt wurden, in sinnvollere Projekte investiert worden wären. Von den im Laufe der Zeit vergeudeten Energien hätten Israel und seine Nachbarn auf Jahrzehnte hinaus profitieren können.

Das alles sind Spekulationen, natürlich. Ich stelle sie an, obwohl das unter Historikern verpönt ist. Sie sind der Auffassung, daß die Lehren der Geschichte aus den konkreten Ereignissen abgeleitet werden müssen und nicht aus dem, was sich vielleicht hätte ereignen können. Aber mir gefällt nicht, daß sie etwas nur deswegen furchtbar ernst nehmen, weil es sich tatsächlich ereignet hat. Sich zu überlegen, was hätte passieren können, ist genauso wichtig. Wenn staatliche Archive geöffnet werden, tauchen unweigerlich neue Fragen auf. Die Alternativen, die in den Dokumenten stecken, sind natürlich nur hypothetischer Natur. Ich denke, daß aber auch solche Hypothesen in gewisser Weise notwendig sind. Wir gehen ja nicht nur deswegen in Archive, um herauszufinden, was passiert ist, sondern auch, um zu sehen, ob die Alternativen in den Augen derjenigen, die sie ablehnten oder übersahen oder nicht ermessen konnten, real waren.

Das Beste war vielleicht nie zu erreichen. Das Schlimmste hätte vermieden werden können. Nur wenn wir in die Erörterung der Ereignisse auch diese Alternativen miteinbeziehen, kann unsere Geschichtsschreibung von sich sagen, daß sie mehr ist als bloße Prosa (oft ziemlich schlechte Prosa) und daß sie objektiv wahr ist. Die Ereignisse standen nicht in den Sternen geschrieben. Sie entwickelten sich erst im Anschluß an den Blitzsieg von 1967. Der berühmte Sechs-Tage-Krieg bekam etwas ebenso Mythisches wie die sechs Tage der Schöpfung. Dinge passierten nach diesem großen Sieg, Entscheidungen wurden getroffen oder nicht getroffen, aufgrund bestimmter menschlicher Züge, Vorlieben, Zufälle und anderer Ereignisse, die nicht »notwendig« waren. Es hätte auch anders kommen können.

Trotz allem schien der Zionismus, wie das bei nationalen Befreiungsbewegungen eben ist, bis vor kurzem relativ erfolgreich zu sein – jedenfalls, wenn man den Zionismus nicht als Theologie versteht (wie
Rabins Mörder das tut), sondern als die säkulare Befreiungsbewegung,
die er ursprünglich war. In den letzten Jahren hat er so viele seiner ursprünglichen säkularen Ziele verwirklicht, daß man inzwischen sagen
könnte, daß er als Ideologie ausgedient hat. So ist in Israel häufig von
»Postzionismus« die Rede. Erfolgreich war das Unternehmen, den Juden ein Land zu geben, eine Nation, in der sie, wie auch immer, ihr
politisches Schicksal selbst gestalten konnten. Diese Möglichkeit war
ihnen jahrhundertelang verwehrt gewesen, wo sie auch lebten, in Ghettos oder als freie Menschen, immer abhängig von Stimmungen, die zwischen Toleranz und Verfolgung schwankten – am grausamsten im na-
tionalsozialistisch besetzten Europa während des Zweiten Weltkriegs.

Wenn in jüngster Zeit von »Postzionismus« die Rede ist, so drückt
sich darin auch die Ansicht aus, daß die ungebrochene Herrschaft der
zionistischen Staatsideologie über Justiz und Politik in einem Land,
dessen Bevölkerung inzwischen zu einem Fünftel aus Arabern besteht,
diskriminierend sein könnte. Der Zionismus war, sozusagen als antidis-
kriminatorisches Projekt, in den Anfangsjahren sinnvoll. Inzwischen ist
er überflüssig geworden. Wir brauchen eine westlichere, pluralisti-
schere, weniger ideologisierte Form von Patriotismus und Staatsangehörigkeit. Voller Neid blickt man auf die Vereinigten Staaten, wo sich
Patriotismus auf die Verfassung beschränkt. Die Staatsangehörigkeit
wird von einem Richter verliehen, die amerikanische Identität wird
politisch definiert und gründet auf dem Gesetz, nicht auf Geschichte,
Kultur, Rasse, Religion, Nationalität oder Sprache.

Einer der ersten, die sich mit diesen Themen befaßten, war ein Professor der Hebräischen Universität Jerusalem, der Philosoph Menachem
Brinker – auch wenn der erste »Postzionist« fraglos Ben Gurion hieß,
der bereits 1951 erklärte, daß der Zionismus nicht mehr benötigt werde,
weil die Juden ihr Ziel eines unabhängigen Staats erreicht hätten, in
dem sie die Mehrheit stellten. Brinker vertrat, dreißig Jahre nach Ben
Gurion, einen sehr viel radikaleren Standpunkt. Für ihn ging es nicht
nur darum, daß der Staat gegründet worden sei. Auch das ehrgeizigste
Ziel der »Zionisten« werde realisiert – die Mehrheit des jüdischen Volkes komme nach Israel. Aus diesem Grunde, so Brinker, werde sich der
Zionismus bald »erledigt« haben. Israel werde in ein »postzionistisches«
Zeitalter eintreten. Genaue Zahlen liegen zwar noch nicht vor, aber an-

gesichts der massenhaften Assimilation in den westlichen Ländern und in der ehemaligen Sowjetunion darf vermutet werden, daß die meisten bekennenden Juden mittlerweile in Israel leben.

Die Assimilation wird von jüdischen Theoretikern heute nicht selten als Katastrophe, ja sogar als »zweiter Holocaust« beklagt – ein ausgezeichnetes Beispiel dafür, welche Macht über die Realität die Metapher hat, selbst wenn sie mit einer Verharmlosung des nationalsozialistischen Holocaust einhergeht. Herzl und einige der frühen Zionisten hätten die Assimilation als willkommenes Nebenprodukt der Aufklärung begrüßt. Der Zionismus selbst war ein Kind der Aufklärung und ihres Fortschrittsglaubens. Gewiß neigten alle romantischen und nationalistischen Bewegungen zu einer Verklärung der Vergangenheit. Aber von seinem Wesen her war der jüdische Nationalismus ein Neubeginn und weniger die plötzliche Politisierung eines alten religiösen Bundes. Der Zionismus war ein *Risorgimento* für Juden. Er war, theologisch gesehen, die große jüdische Häresie des neunzehnten Jahrhunderts. Das religiöse Establishment wandte sich gegen ihn. Herzl sprach von der Notwendigkeit, für diejenigen Juden, die sich »nicht assimilieren wollten oder konnten«, eine nationale Heimstätte zu errichten, nicht unbedingt in Palästina, aber völkerrechtlich abgesichert. Die ursprüngliche Formel wurde später auf Palästina eingeengt und umfaßte dann auch die Wiederbelebung des Hebräischen und einer säkularen jüdischen beziehungsweise hebräischen Kultur. Diese Ziele sind zweifellos verwirklicht worden. Die meisten der frühen Zionisten wären mit erheblich weniger zufrieden gewesen. Später wurde ihr erklärtes Ziel dahingehend erweitert, daß die Mehrheit der Juden auf der Welt in Israel aufgenommen werden sollte. Mit der weitgehenden Verwirklichung dieses Ziels dürfte sich übrigens auch das Rückkehrgesetz überlebt haben, das ja ohnehin nicht ganz unproblematisch ist: 1995 wies der für die Eingliederung von Einwanderern zuständige Minister darauf hin, daß acht bis zehn Millionen potentielle »Juden« in fernen Ländern einen Anspruch auf Repatriierung und automatische Staatsbürgerschaft geltend machen könnten, wenn das Gesetz nicht revidiert werde – darunter fast zwei Millionen äthiopische Falaschen, etwa vier Millionen sogenannte Bene Menasse in Burma und Indien sowie viele andere in Asien und Afrika. Israel ist aber schon so dicht besiedelt wie Holland oder Singapur. Es wird immer enger, saubere Luft und Wasser werden immer kostbarer.

Der Zionismus war Teil der letzten Woge des liberalen europäischen

Nationalismus in Europa. Er stützte sich auf so unterschiedliche Denker wie Fourier, Kropotkin, Herder, Mazzini, Herzen, Tolstoi – Apostel des Sozialismus, Nationalismus und Populismus – und auf ihre weniger bekannten jüdischen Kollegen, Schüler und Interpreten wie Moses Hess, Leon Pinsker, Ben Yehuda, Ber Borochow und A. D. Gordon. Als politischer Trend war er vermutlich eher europäisch als jüdisch. Der deutsche Zionist Kurt Blumenfeld bezeichnete in einem seiner Briefe an Hannah Arendt den Zionismus als »Europas Geschenk an die Juden«.

Die frühen Zionisten gehörten natürlich zu jener Sorte von Revolutionären, die in ihrer eigenen, von strahlenden Hoffnungen erfüllten Welt lebten. Die Linken stellten sich eine absolut gerechte Welt vor, während die Rechten von der Geburt des sogenannten »Muskeljuden« sprachen. Sie alle hielten an der Notwendigkeit einer *kollektiven Assimilation* fest: so zu werden wie alle anderen Menschen und Völker. Assimilation bedeutete aus ihrer Sicht nicht, daß man aufhörte, man selbst zu sein. Sie wollten ihre historische oder ethnische Identität nicht sklavisch aufgeben, sondern nur die spezifisch religiöse Identität abstreifen, an der die Juden im Mittelalter festgehalten hatten. Assimilation hieß, die Einzigartigkeit des »auserwählten Volkes« einzutauschen gegen die relativen bzw. »normalen« Unterschiede, wie sie zwischen Franzosen und Deutschen oder Italienern und Dänen existierten. In diesem Sinne hielten sich die frühen Zionisten (und die säkulare Mehrheit im modernen Israel) an Spinoza. Auch Spinoza wandte sich gegen die mittelalterliche Exklusivität jüdischen Lebens, in dem die Religion das quasi-politische Gesetz eines Phantomstaates war: wer die rabbinischen Gesetze beachtete, war ein »Patriot«, wer nicht, war ein »Verräter«. Die frühen Zionisten rebellierten gegen diese ganz und gar mittelalterliche Ordnung, als sie die Juden aufriefen, ein »normales« Volk zu werden, ein Volk wie alle anderen Völker. Auch darin waren sie erfolgreich – vielleicht sogar zu sehr.

Natürlich sind die Israelis nie so gut oder so schlecht, wie sie manchmal dargestellt werden. Sie sind vermutlich das erste, und bislang einzige, mehrheitlich westliche Volk, dessen Geburt und Entwicklung als Nation unter den Augen der Weltöffentlichkeit stattfand. Der geschichtliche Prozeß im Altneuland war derart klischeebefrachtet, daß sich Dichtung und Wahrheit oft nur mühsam auseinanderhalten ließen. Noch Jahre, nachdem Leon Uris' Roman *Exodus* mit all seinen zweidimensionalen Figuren verfilmt worden war, betrachteten viele Leute Israel weiter als ein Land, in dem potentielle Einsteins und Freuds in einem Kaffeehaus saßen und Schach spielten und andere – wenn sie nicht gerade Sümpfe trockenlegten – die Hora tanzten und die Wüste fruchtbar machten.

Nach dem Sechs-Tage-Krieg verkehrten sich diese Klischees in ihr Gegenteil. Aus David wurde Goliath, aus dem Helden ein brutaler Unterdrücker. Aber auch das war ein Klischee, und es verfestigte sich in dem Maße, wie der palästinensische Widerstand gegen die israelische Besetzung andauerte, und wurde schließlich zur *self-fulfilling prophecy*. Ein amerikanisches Nachrichtenmagazin verwendete kürzlich beide Klischees, indem es Israel als das Land von »Geld und Gehirn« bezeichnete. Es wäre schön, wenn dieses Bild stimmte. Dennoch glaube ich, daß Israel wirklich Großes geleistet hat. Entgegen dem Klischee gehört das Kriegführen nicht dazu. Israel ist zwar in jedem Krieg stärker gewesen als seine Gegner, aber es hat nie verstanden, seine militärischen Siege in politische Gewinne zu übersetzen.

Die fünf Bereiche, in denen der Zionismus konkrete Erfolge erzielte, würde ich wie folgt zusammenfassen:

Erstens: Trotz fünfzig Jahren nahezu permanenten Krieges – in dieser Zeit waren die militärischen Belange immer ausschlaggebend – wurde die Demokratie ebenso bewahrt wie die wirklich bemerkenswerte Meinungsfreiheit. Fünfzig Jahre zuvor war das noch keineswegs sicher. Hannah Arendt glaubte nicht als einzige, daß die Demokratie dort kaum überleben könne, wo militärische Erfordernisse so viele menschliche und materielle Ressourcen banden. Aber die Demokratie hat überlebt, und mit ihr ein erstaunliches Maß an Offenheit. Nur wenige Israelis versuchen, ihre Fehler vor sich und anderen zu verbergen. (Wenn Israel sich nicht bald aus den besetzten Gebieten zurückzieht, läuft diese Demokratie allerdings Gefahr, zu einem Apartheid-Staat zu verkommen.)

Zweitens: Eine alte Sprache wurde wiedergeboren. Im Jahre 1905 sprachen nur fünf Familien in Palästina Hebräisch. Heute sind es fünf bis sechs Millionen Menschen, davon rund zwei Millionen Palästinenser. Bemerkenswerte Erfolge gab es in den letzten Jahren auch im Bereich von Dichtung, Theater, Musik und Literatur. Die besten jüdischen Schriftsteller Israels, von S. Y. Agnon (Nobelpreisträger 1966) bis Amos Oz, A. B. Yehoshua, Nathan Zach und David Grossman, setzen sich mit der dunklen Seite des Zionismus auseinander, mit der halb tragischen, halb komischen Kluft zwischen dem Erhofften und dem Erreichten. Die Zukunft – das scheinen sie alle zu sagen – ist leider auch nicht mehr, was sie einmal war.

Drittens: Einer Vielzahl von verängstigten, demoralisierten Flüchtlingen wurde ein neues Leben, eine Identität geschenkt. Diese traumatisierten Männer und Frauen glaubten, nicht ohne Grund, daß man ohne eigenes Land keine Stimme und keine Rechte hat und nicht in die große Gemeinschaft der Völker aufgenommen wird. Man gehört, wie Leon Pinsker es formulierte, zu den »Bastarden der Menschheit«.

Viertens: Nach jahrzehntelanger *austerity* kann Israel eine blühende Wirtschaft vorweisen, es gibt kaum Arbeitslosigkeit, die Wachstumsrate wird nur von den südostasiatischen Staaten übertroffen, und das Bruttosozialprodukt, pro Kopf gerechnet, kann sich mit demjenigen Englands messen.

Und schließlich *fünftens*: Ein vorsichtiger Frieden, nicht nur mit Ägypten, sondern auch mit Jordanien, und ein erstes Abkommen mit den Palästinensern wurden erreicht – man gelangte an die Wurzel, an den eigentlichen Kern des hundertjährigen Konflikts zwischen Arabern und Juden. So zumindest sah es noch vor wenigen Monaten aus.

Die Versöhnung mit den Palästinensern war kein sentimentaler Ausgang, kein Happy-End einer traurigen Geschichte von scheinbar endlosem Krieg. Ganz sicher war es nicht wie in einem dieser russischen Romane, wo sich die Feinde nach langen und blutigen Schlachten in die Arme fallen. Das Ende war unschön, giftig und unvollkommen, die Sprache oft abstoßend. In verqualmten Zimmern wurde viel geflucht. Doch der Prozeß war in Gang gekommen, weil den Beteiligten jede andere Möglichkeit als potentiell viel schlimmer erschien.

Auch das war neu. Jahrzehntelang hatte man geglaubt, daß die Situation noch nicht »reif« für den Frieden sei. Immer war es zu früh oder zu spät. Krieg folgte auf Krieg. Nach jedem Akt griffen die Kontrahenten, wie in einer Shakespeareschen Tragödie, zu einem vergifteten Schwert. Es wimmelte von Leichen auf der Bühne. Nach dem dritten oder vierten Akt hätte man am liebsten gerufen: »Moment mal, wo bleibt die Katharsis?« Zu einer Katharsis ist es nie gekommen. Israelische Eltern hatten das Gefühl, daß ihre Kinder ihnen nur geliehen seien. Die irritierend abstrakte Rhetorik der in- und ausländischen Politiker führte zu Fatalismus, zu Erstarrung. In den arabischen Staaten wurde die Bereitschaft, neue politische Strategien zu entwickeln, gelähmt durch eine Mischung aus Angst und Arroganz, und in Israel durch die antiquierte und gefährliche Vorstellung von »sicheren Grenzen« – antiquiert, weil sie den veränderten Charakter der modernen Waffentechnologie ignorierte, und gefährlich, weil sie den allertödlichsten Zirkelschluß aus dem Europa des neunzehnten Jahrhunderts aufgriff: Eine Grenze galt erst dann als sicher, wenn die andere Seite so verunsichert war, daß es zwangsläufig zum Krieg kommen mußte.

Auf dieser Grundlage bildete sich eine Theologie des Konflikts heraus. In der arabischen Theologie figurierte Israel als Speerspitze des westlichen Imperialismus. In der israelischen Theologie ging man von einer naturgegebenen, spezifisch arabischen Variante des Antisemitismus aus. Hinter jedem Araber sah man einen SS-Mann. Nasser war ein zweiter Hitler am Nil. Der Konflikt wurde, weil vermeintlich einzigartig und aus diversen anderen Gründen psychologischer, theoretischer und religiöser Natur, als unlösbar hingestellt. Auch diese Auffassung wurde schließlich widerlegt. Zuerst mit Ägypten, später mit Marokko und Tunesien, dann mit Jordanien und unlängst mit einigen der Golfstaaten. Schließlich mit den Palästinensern.

Es ist interessant, über die tieferen Gründe dieses Wandels nachzudenken. Auf der palästinensischen Seite waren das Ende des kalten Krieges und der Zusammenbruch der Sowjetunion wichtige Faktoren. Die wichtigste Veränderung auf der israelischen Seite – die Anerkennung der Tatsache, daß auch die Palästinenser triftige Gründe für ihre Sache vorbringen können – war kein Sieg »jüdischer Ethik« über rechtsextremes, kryptofaschistisches Denken, wie Peres während des Wahlkampfs behauptete. Es war auch nicht, wie Arafat in Anspielung auf ein Wort de Gaulles meinte, ein »Frieden der Mutigen«. Es war ein Frieden der Ermüdeten.

Im jahrzehntelangen palästinensisch-israelischen Konflikt wirkte die Erschöpfung als große Friedensstifterin. Zwei nationale Bewegungen stritten sich fast ein Jahrhundert lang um dasselbe Stück Land. Auf beiden Seiten kam man gleichzeitig zu der Einsicht, daß der einzig praktikable Ausweg darin besteht, das Land zu teilen. Ich betone: gleichzeitig. Es hatte Zeiten gegeben, in denen die Juden für eine Teilung waren (vielleicht weil sie schwach waren), aber die Palästinenser dagegen (vielleicht weil sie sich für stark hielten). Oder umgekehrt. Entscheidend war immer das Timing, und bis zum Osloer Abkommen vor drei Jahren war der Zeitpunkt immer falsch.

Seit Netanyahus Wahlsieg ist das Timing wieder aus den Fugen geraten. Netanyahu hat nie verhohlen, daß er das Osloer Abkommen für einen Ausverkauf an eine Bande von Terroristen und Mördern hält. Im Gegensatz zu Peres war er nicht bereit, besetztes Gebiet im Austausch für Frieden abzugeben.

Ob der Friedensprozeß durch bloße Rhetorik oder durch Drohgebärden vorangetrieben werden kann, bleibt abzuwarten. Ich bezweifle es. Netanyahu hat in seinen ersten hundert Tagen als Ministerpräsident – sei es mit Absicht, sei es aus Mangel an Erfahrung, in jedem Fall aber mit bemerkenswerter Gründlichkeit – viel, ja fast alles von dem zerstört, was in drei Jahren der Aussöhnung mit den Palästinensern erreicht worden war. Und mit einem wirklich seltenen Talent, alles kaputt zu machen, was er anpackt, hat er der Wirtschaft, dem Kapitalmarkt, dem Tourismus, der Justiz, der Börse, den Beziehungen zu Jordanien, Ägypten, zu den USA und Europa und seiner eigenen Partei Schaden zugefügt. Seit seinem Wahlsieg hatte es manchmal den Anschein, als würde Israel wieder im schwarzen Loch der Geschichte verschwinden. Netanyahu hat Israel um Jahre zurückgeworfen. Der Bruch mit Ägypten und schlimmer noch: mit Jordanien war fast komplett. Die kürzlich erst aufgenommenen diplomatischen Beziehungen mit den Golfstaaten wurden eingefroren oder völlig suspendiert. Trotzdem glauben viele Leute noch immer, daß Netanyahu keine andere Wahl habe, als den Friedensprozeß fortzusetzen, und daß auch Arafat keine andere Wahl habe.

Bei Arafat bin ich mir nicht sicher. Ich weiß, daß Netanyahu nicht nur mit sich selbst Probleme hat, sondern auch mit seiner eigenen Partei. Wenn er den Palästinensern und Syrern entgegenkommt, um Frieden zu schließen, läuft er Gefahr, die Unterstützung seiner Partei und seiner nationalreligiösen Koalitionspartner zu verlieren. Wenn er seine Partei und seine Koalitionspartner zufriedenstellt, setzt er den Frieden aufs Spiel und riskiert einen neuen Krieg. Bislang versucht er, beides zu tun – mit katastrophalen Ergebnissen. In seiner Rede nach dem Wahlsieg kündigte er vollmundig an, die tiefen Gräben zuschütten zu wollen, die die Nation spalten. Doch die Gräben sind eher noch tiefer geworden. Wer geglaubt – oder gehofft – hatte, Netanyahu werde sich als Pragmatiker erweisen, hat die starke ideologische Komponente seiner politischen und intellektuellen Ausrichtung zweifellos unterschätzt. Unerfahrenheit kann man im Laufe der Zeit überwinden, eingefleischte dogmatische Fixierungen schüttelt man nicht so schnell ab.

Die Eroberer:
Nach dem Sechs-Tage-Krieg

1968

Israels Politiker sitzen so unbequem auf ihren Lorbeeren wie auf einem Ameisenhaufen. Der Sechs-Tage-Krieg hat hier alles gründlich durcheinandergebracht – die Parteien, die Bevölkerung, die öffentliche Meinung, militärische Strategien, das Wirtschaftsleben –, aber es geschieht wenig. Vieles scheint für Bewegung bereit zu sein, dennoch sind die offiziellen Reaktionen weiterhin langsam, sprunghaft und von begrenztem Umfang. Kabinettssitzungen – in Israel stets lange und wortreiche Veranstaltungen, weniger dem Beschlußfassen gewidmet als der Kunst, laut zu denken – haben noch nie so lange gedauert und so häufig stattgefunden. Nie zuvor hat es so viele Ausschüsse, Unterausschüsse, ministerielle Braintrusts, Arbeitsgruppen gegeben. An einem Augustsonntag begann eine Kabinettssitzung, die, unterbrochen nur von Essens- und Schlafpausen, bis zum darauffolgenden Mittwoch dauerte. Diskutiert wurde über die Frage, was mit den besetzten jordanischen Gebieten geschehen solle.

Man erörterte verschiedene Vorschläge, was man tun oder nicht tun sollte, doch beschlossen wurde am Ende nichts. In den besetzten Gebieten selbst liegen die Entscheidungen (die sich politisch und ökonomisch mehr als nur mittelfristig auswirken werden) inzwischen in den oft widersprüchlichen Händen von Zivilverwaltung und Armee. Ein enttäuschtes Kabinettsmitglied: »Israel ähnelt einer ungeheuer starken Maschine, deren Getriebe nicht funktioniert.«

Für diese Verzögerung gibt es verschiedene Gründe. Einer ist naheliegend und sehr menschlich. Die Männer von Jerusalem, die nun über die Auswirkungen eines Krieges diskutieren, den sie nicht gewollt hatten, waren psychisch einfach nicht darauf vorbereitet. Der Sieg hat sie gewissermaßen betäubt; unter seiner Last versagt ihre Phantasie. Israels alternde Machtelite, erschöpft von soviel Erfolgen, scheint von einem erdrückenden Gefühl der Verantwortung gelähmt zu sein. Wie groß diese Verantwortung ist, wird erst jetzt allmählich klar. Die besetzten Gebiete, namentlich die ehemals jordanische West Bank, seit je eine

Hochburg gewalttätiger Nationalisten, bewohnt von etwa 950 000 Arabern, erscheinen manchmal wie ein Krokodil, das man zum Geburtstag geschenkt bekommen hat; man weiß nicht, ob man es möglichst schnell in die Toilettenspülung werfen, mehr oder weniger dauerhaft in der Badewanne unterbringen oder ob man es im Wohnzimmer hinter Sicherheitsglas ausstellen soll.

Israel, das schon immer »mehr Geschichte als Geographie« hatte, hat plötzlich beides. Es kontrolliert 90 000 Quadratkilometer statt 20 000 vor dem Krieg; es hält das Ostufer des Suezkanals; seine Armeen stehen fünfundvierzig Kilometer vor Amman, fünfzig vor Damaskus und hundert vor Kairo. Vor dem 6. Juni lag Tel Aviv im Bereich der jordanischen Geschütze. Die Annexion von Ostjerusalem und Umgebung hat enorme, ungeahnte Möglichkeiten im Bereich des Tourismus eröffnet; mit der Eroberung der ägyptischen Ölfelder auf der Sinaihalbinsel könnte Israel, zumindest zeitweilig, unabhängig von Ölimporten sein, eventuell sogar exportieren.

Der überwiegende Wunsch, jedenfalls bei den meisten Ministern, heißt jedoch Frieden und nicht Landgewinn. Diese Hoffnung ist durch fortdauernde arabische Unversöhnlichkeit noch nicht zerstört worden. Die Regierung weiß, daß sie nicht mehr über einen Industriekredit oder über eine Steuererhöhung diskutiert, die man am Jahresende nach Belieben zurücknehmen kann, sondern über eine Frage, die das Schicksal Israels wahrscheinlich auf Generationen hinaus entscheiden wird. Und so zögert man.

Die Schwerfälligkeit der Regierung erklärt sich auch daher, daß die aus 21 Ministern bestehende »Nationale Koalition«, am Vorabend des Krieges hastig zusammengeschustert, noch immer keine leere Phrase ist; sie wird praktisch von der gesamten Knesset getragen. Die allgemeine Tendenz geht dahin, Entscheidungen nicht per Mehrheitsbeschluß, sondern vorzugsweise einstimmig zu treffen. Konflikten im Kabinett liegen eher private Meinungsverschiedenheiten als parteipolitische Divergenzen zugrunde. Zwischen Dayan, Allon, Eban, Schapira, Begin und Eschkol gibt es ernsthafte Differenzen, doch im Moment ist keiner von ihnen bereit, seine Ansicht einfach durch Mehrheitsbeschluß durchzusetzen.

Ein dritter Grund dürfte nicht weniger wichtig sein. »Wir wissen zwar, wie man kämpft und einen Krieg gewinnt«, schrieb unlängst ein Kolumnist, »aber wir wissen noch nicht, wie man Entscheidungen fällt.« Die Art und Weise, wie hier Regierungspolitik gemacht wird, ist oft als altmodisch bezeichnet worden, als ein Verfahren, das eher in die Anfangsphase der zionistischen Kolonisierung als in einen modernen, höchst komplexen Staat passe. Es gab zwar Pläne für den Kriegsfall, aber, wenn überhaupt, kaum Pläne für den Frieden; obwohl die Regierung, gestützt auf Prognosen der Armee, berechtigterweise an den Sieg glauben durfte, hatte niemand darüber nachgedacht, was mit den Gebieten geschehen sollte, die mit Sicherheit erobert würden. Alle Planung war rein militärischer Natur. Es gab und gibt noch immer keine politischen Planungseinrichtungen, ob in der Regierung oder an den Universitäten, die es mit dem effizienten Planungsstab der Armee aufnehmen könnten. Politik hierzulande wird in Ausschüssen gemacht, aber die Abwesenheit eines kompetenten Vorsitzenden ist allenthalben zu bemerken. Die Ereignisse vor dem letzten Krieg, die darin gipfelten, daß General Dayan auf einer Welle geradezu hysterischer Popularität in das Kabinett eintrat, brachten die Führungskrise in Israel sehr gut zum Ausdruck. Dayans Ernennung beruhigte die Öffentlichkeit, aber die Führungskrise dauert an. Ministerpräsident Eschkol, der seiner eigenen Partei noch immer verübelt, daß sie ihm kurz vor dem Sieg das Verteidigungsministerium weggenommen hat, charakterisierte unbewußt seine Position, als er – halb im Scherz, halb in bitterem Ernst – bemerkte, er sei nunmehr »ein Minister ohne Geschäftsbereich«.

In Jerusalem und anderswo glaubte man unmittelbar nach dem Krieg, daß eine rasche Verständigung am ehesten mit dem jordanischen König Hussein möglich sei. Von allen arabischen Herrschern hatte er die schlimmste Niederlage hinnehmen müssen, er hatte fast die Hälfte seiner Bevölkerung verloren, ein Drittel seines Nationaleinkommens und die Hälfte der Agrarproduktion. Ägypten und Syrien, so glaubte man, würden abwarten, sich die Wunden lecken und sie mit sowjetischer Medizin weiterhin heilen können – ganz im Gegensatz zu Jordanien. Außerdem war der »mutige junge König« als der moderateste arabische Herrscher bekannt, der auf vernünftige Vorschläge aufgeschlossener reagiere als andere und zudem auf das Wohlwollen des Westens angewiesen sei. Hatte er nicht eifrig zu verhindern versucht, daß in Syrien ausgebildete Infiltranten von seinem Staatsgebiet aus Terrorangriffe auf israelische Siedlungen unternahmen, selbst nach dem äußerst umstrittenen Vergeltungsangriff, den Israel im letzten Jahr auf das jordanische Dorf Samua unternahm – an Stelle einer Attacke gegen Syrien, dessen Sicherheit seinerzeit von Rußland garantiert wurde? Hatte nicht Husseins Großvater vor seiner Ermordung im Jahre 1951 »beinahe« einen formellen Friedensvertrag mit Israel unterzeichnet? Wenige Tage nach dem Krieg wurde General Dayan in einem Interview über Friedensgespräche mit den Arabern befragt. Seine lakonische Antwort lautete: »Wir warten auf ihren Anruf.« Seitdem sind einige Monate vergangen. Weder Hussein noch irgendein anderer arabischer Führer hat bei Dayan angerufen. Und ob es dazu kommen wird, erscheint immer fraglicher. Auf der Allenby-Brücke, die bei Jericho über den Jordan führt, haben mehrere Treffen zwischen israelischen und jordanischen Vertretern stattgefunden, aber gesprochen wurde nur über technische Fragen, etwa den Wiederaufbau der zerstörten Brücke oder die Repatriierung von Flüchtlingen. Soweit sich derlei eruieren läßt, hat es keine weiteren Besprechungen gegeben, und die Jordanier haben keine weiteren politischen Fühler ausgestreckt, außer einmal, durch Vermittlung einer unbekannten dritten Seite; nach dem, was Ministerpräsident Eschkol in einem Interview kürzlich über diesen Kontaktversuch berichtete, scheint es nicht sehr ernst gewesen zu sein. Und von israelischer Seite dürfte nicht sehr viel Ermutigung gekommen sein, wenn solche Ermutigung überhaupt helfen kann, die Stagnation zu überwinden. Manche Beobachter glauben, daß es sich für Hussein nicht mehr lohne, den Kopf zu riskieren. Nach der Annexion von Ostjerusalem und Umgebung und bestimmten Grenzkorrekturen im Jordantal und in der Küstenebene verfügt er allenfalls über karges Weideland, das von einer unruhigen Bevölkerung bewohnt wird, die sein Regime schon lange ablehnt.

In ihrer gegenwärtigen Siegerlaune zerbrechen sich die meisten Israelis nicht allzusehr den Kopf über solche Dinge, und was die Araber gesagt oder getan haben, war auch nicht dazu angetan, sie zu einer anderen Sichtweise zu ermutigen. Beide Seiten haben einander also in Positionen gedrängt, die kaum kompromißfähiger sein dürften als zuvor. Hussein hat die Araber der West Bank aufgerufen, sich gegen die israelischen Unterdrücker zu erheben, und Dayan hat eine immer unnachgiebigere Haltung eingenommen. Im letzten Sommer, als Rudolf Augstein, Herausgeber des *Spiegels*, General Dayan fragte, wie er glaube, Frieden erreichen zu können, kam es zu folgendem Dialog:

Dayan: Indem wir eisern stehenbleiben, wo wir stehen, so lange, bis die Araber sich zum Frieden bequemen.

– *Dann kommt nur König Hussein als Verhandlungspartner in Frage. Der ist aber nicht stark genug, zu Dayans Bedingungen abzuschließen.*
Dayan: Dann sollen sie sich einen anderen König suchen.
– *Das Land Jordanien als solches ist aber nicht kräftig genug, zu Dayans Bedingungen Frieden zu machen.*
Dayan: Dann sollen sie sich ein anderes Land suchen.
– *Unter solchen Umständen ist an einen baldigen Frieden wohl nicht zu denken.*
Dayan: Wohl kaum.

Dayans Tonfall mag sein persönliches Temperament reflektieren, die Einstellung, die aus seinen Antworten hervorgeht, ist für einen sehr viel größeren Personenkreis charakteristisch – einen Kreis, der die Möglichkeiten eines Friedens äußerst skeptisch beurteilt und jeden denkbaren Vertrag mit den Arabern (falls ein solcher Vertrag je zustande käme) mit großem Mißtrauen betrachten würde. Ihre Argumente sind schwer zu widerlegen. Dutzende von »Pakten«, »brüderlichen Abkommen« und »Vereinigungen« haben die Araber in den letzten zwanzig Jahren untereinander abgeschlossen; wenige waren von Dauer. »Sie sind wertlose Fetzen Papier«, meinte ein jüngerer Minister kürzlich, »es wäre verrückt, wenn wir uns ausschließlich darauf verließen.« In den Monaten nach dem Krieg ist daher immer stärker die Tendenz zu beobachten, grundlegende Grenzkorrekturen zur Voraussetzung für jedwede Vereinbarung mit Jordanien, Ägypten oder Syrien zu machen – insbesondere die ständige Stationierung von israelischen Truppen am Jordan, an der Meerenge von Tiran und auf den syrischen Golanhöhen, von denen aus die Siedlungen im Norden Israels kontrolliert werden können. Als Generalstabschef Yitzhak Rabin (zu Recht) verkündete, daß die israelischen Streitkräfte den Kriegsschauplatz bald in arabisches Territorium verlegen würden, fügte Ministerpräsident Eschkol sogleich hinzu, daß Israel keinen Landgewinn anstrebe. Von Alt-Jerusalem abgesehen, ist das noch immer die offizielle Haltung der Regierung, zumindest verbal. Doch selbst ein so gemäßigter Mann wie Außenminister Abba Eban sagte unlängst, daß auf jeder Friedenskonferenz zuerst über eine »neue Landkarte« der Region gesprochen werden müsse. Wie diese Landkarte aussehen soll, ist Thema vieler hitziger Debatten, innerhalb des Kabinetts (wo noch keine Entscheidung gefallen ist) und außerhalb, bei politischen Veranstaltungen und in der Presse. Hohe Minister haben ihre »privaten« Ansichten schon recht detailliert entwickelt. Am lautesten sind Verteidigungsminister Dayan und Arbeitsminister Yigal Allon, beide »Sabras« und mit 52 beziehungsweise 49 Jahren die jüngsten Kabinettsmitglieder. Beide gelten als mögliche Nachfolger von Ministerpräsident Eschkol, was vielleicht auch der Grund sein dürfte, weshalb sie in letzter Zeit öffentlich und privat erklären, daß immer mehr der besetzten Gebiete als untrennbarer Bestandteil des israelischen Stammlands zu betrachten seien.

Ursprünglich hatte General Dayan, als Gegenleistung für einen Friedensvertrag und angemessene Sicherheitsgarantien, eine lockere Föderation zwischen Israel und West- und Ostjordanien (offenbar unter König Hussein) befürwortet. Wenig später sprach er sich für einen eigenen palästinensischen Staat unter israelischer Oberhoheit aus. Im Juli wurde er mit der Äußerung zitiert, daß der Gazastreifen zu Israel gehöre; diese Erklärung, obwohl auf Band aufgenommen, wurde später dementiert, sorgte aber trotzdem für einige Verärgerung im Kabinett. Im August erklärte General Dayan auf einer politischen Kundgebung, daß Israel niemals zu seinen früheren Grenzen zurückkehren dürfe. Er zitierte David Ben Gurion, der einmal sagte, daß die Grenzen von 1948 für Generationen »Anlaß von Klagen« seien, weil sie das Westjordanland nicht einschlössen. Die Grenzen von 1948, erklärte Dayan, seien mit ein Grund dafür, weshalb die Araber dreimal versucht hätten, Israel zu erobern. Was Israel zum Frieden brauche, sei nicht nur ein Abkommen mit den Arabern, sondern »den Raum und die Grenzen«, die den Feind nicht mehr zu einem Angriff herausforderten. Die Grenzen von 1948 seien insofern keine »Friedensgrenzen«, wohl aber die von 1967. Hier biete sich, so Dayan, die in der Geschichte der Nationen seltene Gelegenheit, Grenzen zu korrigieren, und Israel dürfe sich diese Gelegenheit nicht entgehen lassen.

Dayan unterschied zwischen den verschiedenen eroberten Gebieten; Sinai, Suez und die Golanhöhen seien zwar »unseren Herzen teuer«, aber nicht zu vergleichen mit der »Wiege unserer Geschichte, Hebron, Schiloh und Anathot«. Wer die besondere Beziehung zwischen dem Volk der Bibel und dem Buch der Bibel akzeptiere, müsse auch erkennen, daß es ein »Land der Bibel« gebe. Sein Herz sei das Land der Richter, von Abraham, Isaak und Jakob, in Jericho, Jerusalem und am Ufer des Jordan. Dayan erklärte seinen begeistert applaudierenden Zuhörern, daß dies kein politischer Plan sei, sondern etwas viel Gewaltigeres – die Verwirklichung des Traums einer Nation. Dayan räumte ein, daß die gegenwärtige Bevölkerung von Jerusalem, Nablus oder Hebron nicht unter israelischer Herrschaft leben wolle, aber Israel sei nicht da, »weil es die Araber so wollten«. Wenn ihre Vorstellungen verwirklicht worden wären, dann säßen die Araber jetzt in Tel Aviv, und alle Städte Israels lägen in Schutt und Asche.

Wenige Tage vor Dayans Rede hatte Arbeitsminister Allon in einer Ansprache vor dem Nationalverband der Kibbuzbewegung einige seiner Ansichten und Vorstellungen dargelegt. Seine Vorschläge, obschon im Ton weniger an nationale und religiöse Gefühle appellierend, liefen mehr oder weniger auf das gleiche hinaus. Allon forderte die Annexion des gesamten Jordantals, vom See Genezareth bis hinunter zum Toten Meer – ein Gebiet, das gegenwärtig nur dünn besiedelt ist –, und der dicht besiedelten Region zwischen Jerusalem und Hebron, so daß Bethlehem und Hebron auf israelischem Gebiet lägen. Die einzige Enklave, also Samaria, bewohnt von rund 400000 Arabern, würde die Unabhängigkeit erhalten, allerdings mit engen politischen, wirtschaftlichen und militärischen Bindungen an Israel. Ferner schlug Allon vor, überall in den besetzten Gebieten, besonders auf den unfruchtbaren Bergen am Jordan, jüdische landwirtschaftliche Siedlungen als strategische und politische Bollwerke zu errichten.

Allon, dem das Flüchtlingsproblem durchaus bewußt war, schlug vor, Israel solle sofort darangehen und die Hunderttausende von Arabern ansiedeln, die, seit dem Krieg von 1948 vertrieben, nunmehr unter israelischer Kontrolle stehen. Aus humanitären und politischen Überlegungen dürfe man diese Gelegenheit nicht versäumen. Wenn Israel ein phantasievolles, durchdachtes und großzügiges Umsiedlungsprojekt in Gang bringe, sei zweifellos mit umfangreicher internationaler Unterstützung zu rechnen. Einen Teil der Flüchtlinge könne man auf ehemals ägyptischem Territorium ansiedeln, im nördlichen Sinai bei El-Arisch, einer wasserreichen Gegend, die Anfang des Jahrhunderts (in Gesprächen zwischen der zionistischen Bewegung und der britischen Regierung) als mögliche jüdische Heimstatt erwogen worden war. Eine andere Gruppe könnte in der unabhängigen Enklave Samaria angesiedelt werden. Ein dritter Teil könnte, mit großzügiger finanzieller Hilfe, veranlaßt werden, nach Kanada, Australien, Neuseeland oder Brasilien auszuwandern, in Länder, die ihre Bereitschaft signalisiert hätten, durch die Aufnahme von Flüchtlingen zu einer dauerhaften Lösung des Nahostkonflikts beizutragen.[*]

---

[*] Wenige Tage nach Dayans Rede wurde gemeldet, Allon sei empört über Dayans Bemerkung gewesen, daß die historischen Grenzen Israels nur das Westjordanland einschlössen. Er erklärte,

Wenn sich das Kabinett diese Vorschläge auch noch nicht offiziell zu eigen gemacht hat, so geht die Regierungsmeinung doch eindeutig in diese Richtung. Immer öfter wird hier die Ansicht vertreten, daß Israel den Frieden braucht, aber auch ohne ihn leben kann. Für diesen »Nicht-Frieden« werden sogar vernünftige Argumente vorgebracht. So schrieb etwa Professor G. Baer (der stellvertretende Direktor des Instituts für Islamwissenschaft an der Universität Jerusalem) in *Haaretz*, daß Spannungen und Gefahren bei der Herausbildung einer neuen Nation eine nützliche Rolle spielen, insofern sie ihr zu »Rückgrat und Einigkeit« verhelfen. Einige Minister, namentlich die der linken Mapam, der nationalreligiösen Front, der unabhängigen Liberalen und der alten Mapai-Garde, angeführt von Abba Eban und Bildungsminister Zalman Aranne, würden noch immer ein Abkommen mit Hussein vorziehen. Aber sogar einer von ihnen meinte kürzlich im Gespräch, daß, »sollte das Unerwartete eintreffen und Hussein Dayan anrufen, wir ziemlich dumm dastehen würden ...«

In der letzten Zeit hat man immer mehr den Eindruck, daß die Regierung eine Gefangene der öffentlichen Meinung ist. Diese wiederum speist sich aus den »persönlichen Erklärungen« einiger Minister und einer Presse, die mehrheitlich gegen die Rückgabe besetzter Gebiete ist, vor allem der West Bank. Neben der Boulevardpresse und natürlich *Hayom*, dem Organ der rechten Herut-Partei, hat sich auch Minister Allons *Lamerchav* in gewissem Grade zum Vorkämpfer von »*Eretz Israel Haschlema*« (dem gesamten Land Israel) gemacht.

In den besetzten Gebieten hat die Armee der Reservisten der Armee der Touristen Platz gemacht. Zehntausende von Israelis mit Frauen und Kindern haben in den vergangenen Monaten die historischen Orte Hebron, Bethlehem, Jericho und Nablus gestürmt, sich in die Kirchen und Moscheen gedrängt, die Stadtmauern bestiegen, unglaubliche Verkehrsstaus verursacht, die malerischen Basare durchstreift und sofort englische Marmelade, geräucherte japanische Austern und Plastikspielzeug aus Rotchina aufgekauft. Nach den schieren Menschenmassen zu urteilen, hätte ein Araber leicht den Eindruck gewinnen können, daß es mindestens zehn Millionen Israelis gibt. Anfangs fand dieser Ansturm die Mißbilligung der Behörden, und man versuchte, ihn durch ein kompliziertes System von Besuchsgenehmigungen ein-

daß zum biblischen Israel auch der Sinai sowie die Golanhöhen gehörten. Und so geht der Streit weiter.

zudämmen. Doch Israel ist nicht nur ein Staat, sondern auch eine *mischpoche*: Da fast jeder einen Verwandten, Freund oder den Verwandten eines Freundes in einer der Passierscheinstellen hatte, brach das Verfahren bald zusammen. Die massenhaften Reisen in den Gazastreifen, in den Nordsinai, in die alten Städte und die atemberaubend schöne Landschaft von Samaria, Jericho oder Hebron sind in ihrer politischen Wirkung ein nicht unbedeutender Faktor. Für den Neueinwanderer ist die kürzere Busstrecke nach Jerusalem, die nun von Tiberias auf der neuen (in Wahrheit alten) direkten Route via Nablus führt, alltägliche Normalität geworden. Die Vorstellung, wieder den längeren Umweg über die Küstenebene nehmen zu müssen (vor dem Krieg die einzige Verbindung), ist für ihn undenkbar. Die praktischen Überlegungen sind durchaus einleuchtend; doch es gibt emotionale Faktoren, die eine viel größere Rolle zu spielen scheinen. Der emotionale Faktor hat offenbar eine so elementare Kraft, daß man sich fragen kann, ob eine Regierung es jemals wagen würde, sich ihm entgegenzustellen. Israel, obschon reich an römischen, byzantinischen und nabatäischen Ruinen und solchen aus der Zeit der Kreuzfahrer, besaß vor dem Sechs-Tage-Krieg tatsächlich nur sehr wenige historische Monumente, die von der jüdischen Vergangenheit zeugten. Israels Territorium lag nicht auf den Siedlungsgebieten der alten Hebräer, eines Bergvolks, sondern in den Tälern ihrer Feinde, der Philister, im Negev der Edomiter und im »Galiläa der Gojim«. Der Sechs-Tage-Krieg hat den Staat Israel unversehens mit seiner Geschichte konfrontiert. Seine Wiege stand nicht in Tel Aviv, sondern, wie Dayan es ausdrückte, im Bergland von Judäa, in Hebron und Jericho, in Anathot, dem Geburtsort Jesajas, und im Schatten der mächtigen Festungsmauer, die Jerusalem, die alte Stadt Davids, umgibt, in ihren engen Gassen und vor allem auf dem Berg Moriah, dem Tempelbezirk, auf dem heute zwei große Moscheen stehen. Hierher brachte David die Bundeslade, hier baute Herodes der Große seinen Tempel, von dem nur noch die Klagemauer übriggeblieben ist. Dennoch hat der Anblick der eher spärlichen Ruinen die Phantasie der Menschen so sehr beflügelt, daß sogar die »Kanaaniter«, eine esoterische Gruppe, die dafür eintrat, jüdische Traditionen abzulegen und sich den Arabern zu assimilieren, sagen können, einige ihrer besten Freunde seien Juden. Erklärte Atheisten haben sich mit bewegenden und frommen Worten über die göttliche Heiligkeit der Klagemauer geäußert.

Die Tagespresse hat in der jüngsten Zeit wiederholt Landkarten der Eroberungen von Josua, Salomo und Herodes beiderseits des Jordan abgedruckt und Artikel veröffentlicht, in denen Israels Recht auf das ganze Palästina begründet wurde, ungeachtet der Wünsche seiner gegenwärtig 950000 arabischen Einwohner. Die ansässige Bevölkerung würde natürlich nicht belästigt, aber sie müsse still und ruhig in einem jüdischen Staat leben, denn ganz Palästina stehe rechtmäßig den Juden zu. Die Väter des Zionismus hatten gehofft, Palästina könne eine nationale Heimstätte für Juden und Araber sein. Für viele jedoch war das inzwischen eine aussichtslose Idee, an die nur Verrückte und politische Traumtänzer glaubten. Angesichts der jüngsten Entwicklung mag das traurige Wahrheit sein, aber es ist trotzdem schwer, solchen Meinungen zuzustimmen, wie sie etwa Aharon Amir, ein bekannter Verleger und Dichter, äußert. Er schrieb, die Israelis müßten den »Komplex« (der Teilung Palästinas) überwinden – für ihn der unnatürliche Komplex derjenigen, die sich das Land nicht als das vorstellen könnten, was es sein sollte – ein Ganzes. In einer einsamen, aber richtigen Antwort argumentiert Dov Bar-Nir in *Al Haschimar* (dem Blatt der Mapam), daß zwei legitime nationale Bewegungen wegen Palästina aneinandergeraten seien und daher die Teilung kein »Komplex«, sondern vielmehr die einzig gerechte und moralische Lösung sei. Warum, schrieb er, soll das jetzt wieder rückgängig gemacht werden?

Mit dem Schwert in der einenHand und der Bibel in der anderen erklären einige der Leidenschaftlicheren, daß die heutigen, in der späten Bronzezeit erworbenen Ansprüche – sei es auf Land oder auf politische Macht ganz allgemein – juristisch und moralisch gerechtfertigt seien. Als Beispiel nennt man die Grabeshöhle von Abraham, Isaak, Jakob und ihren Frauen in Hebron (heute steht dort eine Moschee). Die Höhle (so argumentierte der israelische Religionsminister, Dr. Zerah Wahrhaftig) sei nicht nur um 2000 v. Chr. von Kaleb, dem Sohn Jephunnes, erobert worden und ein zweites Mal von General Dayan im Juni des letzten Jahres, sondern Abraham habe sie auch Ephron dem Hethiter für gutes Geld abgekauft, und das moderne Israel sei der Besitzer. Dasselbe gelte für den Tempelberg in Jerusalem, der heute, nach Mekka und Medina, das größte islamische Heiligtum ist. Israel, so Dr. Wahrhaftig, sei berechtigt, den (wunderschönen) Felsendom zu zerstören, um den Tempel wiederzuerrichten; es werde dieses Recht aber nicht ausüben, weil gemäß der Helacha der dritte Tempel nur von Gott gebaut werden kann. »Ich bin also sehr zufrieden«, sagte Wahrhaftig, »daß wir auf diese

Weise einen unangenehmen Konflikt mit den Moslems, die sich gegenwärtig dort niedergelassen haben, vermeiden.«

Selbst ein so gemäßigter und seriöser Mann wie Professor J. Praver von der Hebräischen Universität Jerusalem trug auf einem von dem Massenblatt *Maariv* veranstalteten Symposium die erstaunliche Ansicht vor, daß Jerusalem im Laufe seiner Geschichte zwar viele Herrscher gehabt habe, daß es aber nur den Juden gelungen sei, dort »Wurzeln zu schlagen«.

Ein neuer, beinahe animistischer Kult heiliger Stätten breitet sich aus, eifrig propagiert vom Ministerium für Religiöse Angelegenheiten und dem obersten Militärgeistlichen, um so mehr, als in den besetzten Gebieten fast täglich »authentische« biblische Stätten und Gräber von Propheten und Rabbis entdeckt werden (Ende Oktober waren es, offiziellen Angaben zufolge, mehr als 300 neue »Entdeckungen«, inklusive der angeblich authentischen Gräber von vergleichsweise unbedeutenden biblischen Figuren wie etwa Avner Ben Ner, dem Feldherrn von König Saulus, oder dem Propheten Nathan). In einer offiziellen Verlautbarung kritisierte der Religionsminister den Archäologen Professor Yigael Yadin, der, wie ein israelischer Reporter empört berichtete, in New York gesagt haben soll, daß Abraham, Isaak und Jakob vermutlich nicht in der Höhle von Machpela in Hebron begraben seien. Ein paar alte Steine unbekannten Ursprungs sind Gegenstände einer Anbetung geworden, die an Fetischismus grenzt. Mit dieser Praxis, die in gewisser Hinsicht an katholische Formen erinnert – die Verehrung von Teilen des Kreuzes oder des Schweißtuchs oder von Fußabdrücken Jesu –, wird ein neues Element in den traditionell abstrakten Charakter des jüdischen Glaubens hineingetragen. An der Klagemauer riß man über Nacht ein dicht bevölkertes Wohnviertel ab, um für Zehntausende von Besuchern Platz zu machen. Allein mit ihren Klängen und Bildern bietet die Szenerie an der Klagemauer einen Anblick, der an Massenversammlungen in Süditalien nach einem »Wunder« erinnert.

Der Dichter-Verleger Amir hat Israel aufgerufen, sich der »intellektuellen und moralischen Herausforderung der neuen Grenzen des Sieges« zu stellen – das große Israel zu errichten, das fest stehen und seinen Willen, trotz des Drucks der Weltmächte, unbeirrbar durchsetzen werde.

Herr Amir will diejenigen seiner Leser beruhigen, die sich womöglich Sorgen machen, daß es bis 1990 eine arabische Bevölkerungsmehrheit in einem vereinten Land geben könnte. Mehrheiten seien nicht unbedingt das Entscheidende, schreibt er. Schließlich hatten auch die alten Römer keine zahlenmäßige Mehrheit in ihrem Reich, ebensowenig die Russen in der heutigen Sowjetunion. Israel sei »offenkundig dazu ausersehen«, die vorherrschende Macht im Nahen Osten zu werden, indem es seine gegenwärtige militärische Überlegenheit ausnutze und Schutzmacht aller politischen, ethnischen oder religiösen Minderheiten der Region werde, von den Maroniten im Libanon bis zu den Kurden im Irak und den Kopten in Ägypten. Ebenfalls in die Diskussion eingegriffen hat Nathan Alterman, Israels wohl größter Lyriker, der durch seine politischen Essays seit langem als »das Gewissen« der israelischen Arbeiterbewegung bekannt ist. Auch er ist für eine Annexion der West Bank. Die West Bank an Jordanien zurückzugeben, sagt er, selbst im Austausch für einen Friedensvertrag, sei ein zweites »München«. München sei nicht nur zwischen zwei Nationen möglich, sondern auch zwischen einer Nation und ihrer Geschichte, zwischen der Gegenwart eines Menschen und seinem historischen Bewußtsein.

Die israelische Besetzung der West Bank ist einerseits von einer Menschlichkeit und Großzügigkeit gekennzeichnet, wie sie selten von Besatzern gezeigt wird, und andererseits von wachsender Unruhe und der Weigerung (etwa bei Lehrern), mit Israel zusammenzuarbeiten. Ein anderer Autor, der bekannte politische Kommentator von *Yediot Aharonot*, Erel Ginai, behauptet, daß es »nur eine zuverlässige Methode gibt, wie man die Araber der West Bank dazu bekommt, mit Israel zusammenzuarbeiten: Man muß ihnen klarmachen, daß Israel auch nicht die leiseste Absicht hat, sich aus den von ihnen bewohnten Gebieten zurückzuziehen.«

Der Dichter Haim Guri schrieb in der Zeitung *Lamerchav*, man müsse sich wegen der Möglichkeit, daß die arabische Bevölkerung am Ende dieses Jahrhunderts durch natürlichen Zuwachs die Mehrheit erlangen werde, keine Sorgen machen, solange weiterhin massenhaft Juden nach *Eretz Israel Haschlema* einwanderten. Sollte es aus irgendeinem Grund keine Einwanderung aus dem Westen mehr geben, so könne man einen »Appell an Christen« richten – Norweger, Holländer, Dänen, Mexikaner, Franzosen und Italiener –, die, so Guri, für Israels Botschaft vielleicht empfänglicher seien als die Juden der Diaspora.

»Wir werden ihnen zurufen: Kommt und beteiligt euch an dem wunderbaren Abenteuer, Eretz Israel aufzubauen ... Wir werden alles mit ihnen teilen. Wir werden ihnen unsere schönen Töchter zu Frauen geben, und ihre dunkel- oder hellhäutigen Frauen werden feststellen, daß die Männer hier ihrem Namen Ehre machen. Wir werden ihnen den Übertritt zum Judentum erleichtern, und all jene, die nicht konvertieren wollen, können hier, uns in Herzen und Seele verbunden, als gleichgesinnte Minderheit von Christen oder Atheisten, als Bürger leben.«

Seit dem Krieg hat ein kurioser Rollentausch zwischen »Intellektuellen« und »Machtelite« stattgefunden, der für Israel fast schon charakteristisch ist. Hier wie anderswo sind Intellektuelle, Dichter, Schriftsteller u. a. oft als Kritiker von tatsächlichem oder vermutetem Mißbrauch staatlicher Macht aufgetreten. Hier wie anderswo haben die Intellektuellen versucht, als Korrektiv gegen undemokratische oder allzu nationalistische Elemente in der Politik zu wirken. Seit dem Krieg stehen Intellektuelle und Liberale in der vordersten Front einer lautstarken Kampagne, an den »befreiten Gebieten« festzuhalten, während viele der traditionellen Falken in Regierung und Armee zur Mäßigung raten, da aus ihrer Sicht Frieden mit den Nachbarstaaten wichtiger sei als Landgewinn. Ein hoher Offizier meinte neulich über Israels kämpferische Dichter: »Sie machen mir angst, diese Intellektuellen und Dichter. Es ist komisch: wäre ich siegestrunken, dann wäre das schlecht, aber naheliegend. Aber sie ...?«

Wie charakteristisch ist all dieses Gerede von der Stimmung im Land insgesamt? Manche Beobachter bezeichnen vieles davon als marginal und unbedeutend. Andere sind da weniger sicher. Professor J. L. Talmon von der Hebräischen Universität schrieb kürzlich, warum er ein Gegner der Annexion der West Bank und der Errichtung eines Marionettenstaates dort sei: »Das Beispiel anderer Nationen läßt mich mit Sorge an die Gefahren denken, die der moralischen Verfassung, der seelischen Gesundheit und den geistigen Werten eines Herrschervolks drohen.« Einige der Briefe und Artikel, die in der jüngsten Zeit in der israelischen Presse erschienen sind, könnten als erste Illustrationen dessen dienen, woran Talmon gedacht haben muß: Proteste gegen die »übertrieben große Menschlichkeit« der Behörden in den besetzten Gebieten, Forderungen nach Wiedereinführung der Todesstrafe, das Angebot des Lesers einer Boulevardzeitung, sich als Henker zur Verfügung zu stellen, oder die Ankündigung von Eytan Livny (dem ehemaligen Operationschef der *Irgun Zvai Leumi*), daß »Hunderte von alten Irgunisten bereitstehen, die feindliche Bevölkerung in Schach zu halten«.

Andere glauben, daß die meisten Israelis im Grunde Realisten sind und sich von schwärmerischen Dichtern und emotionalistischen Rabbis, die in den besetzten Gebieten herumreisen und ihr Schofar blasen wie weiland Josuas Krieger vor der Mauer von Jericho, nicht mitreißen lassen. Die richtigen Politiker vorausgesetzt, so ist zu hören, werde eine beträchtliche Mehrheit der Israelis die Bewährungsprobe bestehen und Frieden wichtiger als Land finden und Sicherheit wichtiger als historische Stätten. Mit einer solchen Bewährungsprobe scheint aber kaum jemand zu rechnen. Nichts deutet darauf hin, daß die Araber zu einer Vereinbarung bereit wären. Stagnation liegt in der Luft.

Die Siedler auf der West Bank:
Ein Psychogramm

1979

Nebel hängt in den steinigen Bergtälern, wie so oft in dieser Jahreszeit am frühen Morgen. Kleine Steinhäuser, Olivenbäume und Weingärten verschwimmen in den grauen Schwaden. Die schmale Straße von Bethlehem nach Hebron windet sich durch das Bergland. Die Sicht ist begrenzt, der Verkehr spärlich und langsam. Ein paar Kilometer vor Hebron eine Straßensperre der Armee, alle Fahrzeuge werden angehalten. Soldaten in nassen, schweren Mänteln durchsuchen sorgfältig die Ladung eines kleinen Transporters nach versteckten Waffen. Der arabische Fahrer wartet am Straßenrand. Ein junger Soldat sieht unsere Gesichter und unser Kennzeichen und winkt uns ungeduldig weiter.

»Weiterfahren, los, weiterfahren!«

»Hey, woher weißt du, welches Gesicht zu wem gehört?«

»Ganz einfach«, ruft er zurück. »Wer jüdische Augen hat, ist ein Araber.« Es klingt einstudiert, zu schnell und zu mechanisch. Andere vor uns müssen die gleiche Frage gestellt haben. Wir fahren an fünf, sechs palästinensischen Autos vorbei, die vor dem Kontrollposten warten.

Am Stadtrand von Hebron lichtet sich der Nebel, und aus dem wolkenverhangenen Himmel fällt jetzt dünner Regen. Minarette und kuppelförmige Steinhäuser kommen in Sicht. Ein Schild am Straßenrand verkündet auf arabisch und englisch: *Willkommen in Hebron*. Dann ein zweites Schild, nur auf hebräisch: *Willkommen in Kiryat Arba*. Kiryat Arba ist die jüdische Siedlung außerhalb von Hebron, die nach dem Sechs-Tage-Krieg von rechtsextremistischen Landbesetzern eines Nachts gegründet wurde, angeblich gegen den Willen der damaligen israelischen Regierung, bald darauf aber von derselben Regierung anerkannt, mit hohen Subventionen und billigen Krediten überhäuft und sich auf Boden, der den arabischen Besitzern (aus »Sicherheitsgründen«) weggenommen wurde, immer weiter ausdehnt.

Von der schmalen Straße, die nach Hebron weiterführt, geht links eine neue, vierspurig ausgebaute Straße ab, auf der man die Altstadt von

Hebron in einem östlichen Bogen umfährt. Nach etwa anderthalb Kilometern kommt man an den Rand eines breiten, mit Rebstöcken bestandenen Tals. Plötzlich ein unerwarteter Anblick: die unzähligen Betonklötze von Kiryat Arba auf dem steilen Hügel. Die vielen kleinen, eckigen Häuser aus Fertigbauteilen sind so häßlich, daß es einem fast die Sprache verschlägt. Die gesamte Siedlung ist umgeben von Stacheldrahtzäunen, bewaffneten Wachposten, hohen Suchscheinwerfern und Beobachtungstürmen aus Fiberglas. Selbst wer die öden Neubauviertel am Stadtrand von Jerusalem kennt, dürfte diesen Anblick eher abstoßend finden. Die Siedlung ist streng und kahl, in der Architektur eine Mischung aus Maginot-Linie und Konzentrationslager. (Pier Paolo Pasolini soll bei seinem jüngsten Israelbesuch gesagt haben, daß nur jüdische Masochisten in ihrem eigenen Land auf KZ-Architektur zurückgreifen würden.) Kiryat Arba wirkt hart und eckig, schwer und aufstrebend, fremd und brutal in dieser sanften Berglandschaft, die man früher als »biblisch« bezeichnete und zu lieben behauptete, eine Landschaft mit kleinen Bauernhäusern aus rosaroten behauenen Steinen, Oliven- und Mandelbäumen auf dem terrassierten, gepflügten braunen Boden, Schafherden und Weingärten. Fast elf Jahre ist es jetzt her, seit ein Rabbi namens Mosche Levinger und seine Anhänger von der rechtsextremen Groß-Israel-Bewegung in Hebron eintrafen und sich im *Park Hotel* als Schweizer Touristen ausgaben, die dort nur Pessah feiern wollten, sich dann aber so lange weigerten abzureisen, bis die Armee schließlich einwilligte, sie vorübergehend in einem Militärcamp unterzubringen, bis über ihre Forderung nach ständiger Ansiedlung in Hebron entschieden sei. Der offizielle Chronist von Kiryat Arba, Mosche Mayefsky, verglich in einer Broschüre, die im letzten Jahr mit staatlicher Unterstützung gedruckt wurde, diese List mit dem »Erwerb« der Höhle von Machpela durch Abraham (1. Mose 23,9–16). So wie Abraham dem Besitzer der Höhle den vollen Preis bezahlt habe, schreibt Mayefsky, so hätten die Besetzer dem Hotelier einen Dollar pro Zimmer bezahlt (siebzig Cents für jedes zusätzliche Klappbett), gemäß dem Talmudwort: »Die Taten der Väter weisen den Söhnen den Weg.«

»Das Einzigartige an Hebron«, schreibt Mayefsky, »ist seine geistige Bedeutung, die auf die Morgendämmerung der Geschichte unserer Nation zurückgeht. Hier begann, in einem ganz konkreten Sinne, die Inbesitznahme von Eretz Israel.« Die ersten Hebräer, so Mayefsky weiter, kamen in der späten Bronzezeit nach Hebron, achthundert Jahre vor König David, und erwarben von Ephron dem Hethiter für vierhundert

Silberschekel die Machpela als Begräbnisstätte – wie es die Heilige Schrift berichtet. Mit diesem Rechtstitel in der einen Hand und einer Maschinenpistole in der anderen haben sich die militanten Aktivisten der Groß-Israel-Bewegung und ihre Anhänger seit mehr als einem Jahrzehnt hier breitgemacht, zuerst ohne, dann mit der stillschweigenden und schließlich mit der aktiven Unterstützung der israelischen Regierung. Es ist ein bunter Haufen von nichtreligiösen Siedlern und ultraorthodoxen Schülern eines fanatischen Rabbi namens Yehuda Zwi Kook aus Jerusalem, der – mitunter als Khomeini Israels bezeichnet – verkündet hat, daß das Reich Gottes nun überall in Eretz Israel mit den Bajonetten der israelischen Armee errichtet werde.

Es gibt auch ein paar Dutzend russische und amerikanische Neueinwanderer sowie eine Handvoll deutsche und französische Konvertiten. Unter den Siedlern ist seit kurzem auch ein Rabbi namens Meir Kahane, Führer der Jewish Defence League in New York, der eine Zeitlang als FBI-Spitzel tätig gewesen war und nach einer Reihe blutiger Auseinandersetzungen mit Schwarzen sein Tätigkeitsfeld von Brooklyn nach Hebron verlegt hat. Kahane bewohnt eine subventionierte Dreizimmerwohnung in Kiryat Arba, für die er monatlich achtundvierzig Dollar Miete zahlt. Bei der Party, die er im letzten Monat anläßlich seines Einzugs gab, waren auch Pressevertreter zugegen. Er nutzte die Gelegenheit, um eine feurige Ansprache zum Thema »Herr, bringe deinen Zorn über die Gojim, die deinen Namen leugnen« zu halten. Das heiße nichts anderes, erklärte er, als daß sämtliche Araber des Landes verwiesen werden müßten. »Andernfalls wird es bei uns wie in Nordirland aussehen.«

An der Einfahrt zu Kiryat Arba wird man von einem bewaffneten Posten angehalten und nach dem Ausweis gefragt. Hinter dem Stacheldrahttor steigt die Straße steil an, hinauf in dichtbesiedeltes Wohngebiet. Es ist kaum jemand unterwegs. Wie viele Menschen hier inzwischen leben? Niemand weiß es genau. Die Angaben sind widersprüchlich; einer Version zufolge gibt es 850 staatliche Wohnungen, von denen 550 tatsächlich bewohnt seien, der Rest stehe leer. Andere sagten, nur 400 seien bewohnt. Vor einem Jahr gab des Wohnungsbauministerium die Einwohnerzahl offiziell mit 1800 Seelen an. Zweifellos sind es jetzt mehr. Mindestens 100 Wohnungen sind kürzlich an Leute verkauft oder vermietet worden, die in Jerusalem arbeiten, wo der Wohnungsmarkt weniger stark subventioniert ist und Wohnungen etwas das Fünffache kosten.

Jerusalem ist etwa vierzig Autominuten entfernt. In Kiryat Arba gibt es ein kleines Industriegebiet, wo etwa 100 Leute Arbeit finden, davon zwei Drittel Araber aus dem nahe gelegenen Hebron. Angeblich sollen bis zu 70 Prozent aller berufstätigen Einwohner von Kiryat Arba tagtäglich nach Jerusalem zur Arbeit fahren.

Kiryat Arba hat in den letzten zehn Jahren als Modell und Inspirationsquelle für die vielen offiziellen, halboffiziellen, inoffiziellen oder wilden jüdischen Siedlungen in den besetzten Gebieten gedient. Die vier Hauptphasen, wie sie hier erstmals mit Erfolg praktiziert wurden, sehen folgendermaßen aus:

1. Eine Tatsache schaffen. Still und leise tauchen irgendwo Siedler auf, angeblich gegen den ausdrücklichen Befehl des zuständigen Militärgouverneurs, gleichwohl werden sie – offen oder versteckt – von einzelnen Offizieren und einflußreichen Politikern innerhalb oder außerhalb der Regierung unterstützt.

2. Kompromiß. Die Landbesetzer erklären sich bereit, das von ihnen besetzte Grundstück zu räumen. Sie lassen sich »vorübergehend« in einem nahe gelegenen Militärcamp nieder, »bis ihr Fall von den Behörden abschließend entschieden ist«. Sie werden weiterhin von namenlosen Wohltätern in Israel und im Ausland finanziell unterstützt. Einige fahren täglich zur Arbeit in eine nahe gelegene israelische Stadt. Ständig kommt es zu Streit und bisweilen gewalttätigen Auseinandersetzungen zwischen den Siedlern und der Armee wegen der Errichtung von festen Gebäuden innerhalb des geschlossenen Camps, erst für Schulen oder Kindergärten, dann für Wohnungen und kleinere Industriebetriebe. Die Militärbehörden geben regelmäßig nach. Unterdessen wird in Jerusalem immer mehr politischer Druck ausgeübt, um dem Provisorium Dauer zu verleihen.

3. Schließung. Die Regierung, die zunächst erklärt hatte, sie sei gegen die Siedlung, beugt sich schließlich diesem Druck. Ein großes Stück Land in der Nähe des ursprünglich besetzten Gebietes wird erst »geschlossen« und dann legal »beschlagnahmt«, und zwar unter den noch immer geltenden britischen Notstandsgesetzen, die, als sie 1946 von der Mandatsregierung erlassen wurden, von der jüdischen Führung als »Nazigesetze« gebrandmarkt wurden. Begründet wird die Beschlagnahme stets mit dem Verweis auf die »öffentliche Sicherheit«. Da das Land in dieser Phase noch nicht offiziell enteignet wird, haben seine arabischen Eigentümer noch keinen Anspruch auf Entschädigung. Später, wenn Entschädigung angeboten wird, weigern sich die rechtmäßi-

gen Besitzer meist, darauf einzugehen. Das Areal wird, gewöhnlich von der Armee, eingezäunt und planiert.

4. Bebauung. Das aus »Sicherheitsgründen« beschlagnahmte Land wird dem Wohnungsbauministerium übergeben, das nun damit beginnt, Häuser zu bauen und ein Industrieviertel anzulegen, um Arbeitsplätze für die Einwohner zu schaffen. Als Bauarbeiter werden meist Araber aus der Umgebung eingestellt. Die Siedler ziehen in ihre neuen Wohnungen ein. Mit staatlichen Zuschüssen und billigen, langfristigen Krediten werden kleine Industriebetriebe gegründet.

Jede dieser vier Phasen geht mit wütenden Protesten der Öffentlichkeit einher, mit Anklagen und Gegenanklagen. Oft kommt es zu Zusammenstößen mit der Polizei oder ortsansässigen Arabern; die Siedler rechtfertigen ihre Gewalt üblicherweise mit dem Hinweis auf ihre »idealistischen Ziele«. Da die Regierung, zumindest bis 1977, als Begin an die Macht kam, keine klare Haltung bezüglich der Siedlungspolitik in den besetzten Gebieten hatte, ließ sich die jeweils nächste Phase nie genau vorhersagen. Im nachhinein scheint es, als sei Kiryat Arba – und ähnliche jüdische Siedlungen, in die Millionen von Steuergeldern flossen – wie das britische Empire »in einem Anfall von Geistesabwesenheit« gegründet worden.

Die formelle Entscheidung der Regierung Eschkol, mit der den Landbesetzern vom *Park Hotel* im Jahre 1968 gestattet wurde, sich »vorübergehend« im Camp des Militärgouverneurs in Hebron niederzulassen, besagte eindeutig, daß staatliche Hilfe nur für die Errichtung eines »Rabbinerseminars« im alten Hebron gewährt würde, wo es solche Einrichtungen bis 1929 gegeben hatte. Ebenso eindeutig wurde festgehalten, daß dies keineswegs die Erlaubnis darstelle, »in Hebron eine jüdische Stadt (oder Vorstadt)« oder »eine Fabrik oder Werkstätten einzurichten«.

Im privaten Gespräch bezeichneten Eschkol und einige seiner Kollegen, darunter auch Mosche Dayan, die Landbesetzer vom *Park Hotel* als »religiöse Wirrköpfe« und »geisteskranke Fanatiker«. Man rechnete nicht damit, daß viele von ihnen in einem unbequemen Armeecamp bleiben würden, ohne Wohnung und ohne Arbeit. Als das erste, begrenzte staatliche Wohnungsbauprogramm begann, waren die meisten Minister theoretisch noch immer gegen eine Besiedlung der besetzten Gebiete. Sie waren überzeugt, daß Kiryat Arba eine vorübergehende

Angelegenheit sei, mit der man »die Rechte besänftigen« könne. Politiker tun immer so, als könnten sie die Zukunft vorhersehen, gar planen. Aber in Israel, wie anderswo auch, ist Politik nie ein fertiges Stück, sondern eher eine Commedia dell'arte oder besser eine traurige Farce, in der die Schauspieler ständig improvisieren. Im Fall Kiryat Arba haben die Schauspieler den Text schon längst weggeworfen.

Die Akteure: Einer der Hauptdarsteller in Kiryat Arba ist Eliakim Haetzni, 54. Vor fünfundzwanzig Jahren, als Jurastudent in Jerusalem, gründete er eine »Bürgerwehr«, die es sich zum Ziel gesetzt hatte, »staatliche Korruption« zu bekämpfen. Seine Art, ohne hinreichende Beweise Anschuldigungen vorzubringen, führte zu einer großen öffentlichen Kontroverse. Nach einem sensationellen Verleumdungsprozeß stellte Haetzni seine halb-geheimen Operationen ein. Er wurde ein erfolgreicher Anwalt in Tel Aviv und kaufte sich ein schönes Haus in einem Villenvorort. Im Sechs-Tage-Krieg bekam er, wie er sagte, »einen Elektroschock«, der »mein Leben von Grund auf veränderte«. Seitdem, sagt er, »laufe ich Amok«.

»Der Zionismus ist ein großartiges Abenteuer«, ruft er, »ein wunderbarer Trapezakt!« Haetzni, ein säkularer Mann, begegnete 1968 dem orthodoxen Mosche Levinger während dessen erster »Besetzung« im Hebroner *Park Hotel*. Er wurde Levingers juristischer Berater. 1971 vermietete er seine Villa, gab seine Anwaltskanzlei in Tel Aviv auf und zog nach Kiryat Arba. »Achtzig Prozent meiner Zeit widme ich inzwischen dem Kampf gegen das Friedensabkommen mit Ägypten und den Autonomieplan für Palästinenser. Alles ist eine Frage der Gefühle«, sagt er. »Glauben Sie ja nicht, es ist nur eine Frage des Verstandes! Was glauben Sie, was wir in diesem Land in erster Linie tun ... alles beruht auf Gefühlen ... ich kann sie nicht erklären. Für mich sind sie einfach schön, wie die Matthäuspassion.« Bei diesen Worten flackert ein merkwürdiges Licht in seinen Augen, und er ballt die Hände in kurzen, nervösen Bewegungen. Haetzni spricht nicht; er hält Ansprachen, während er in seinem kleinen, mit Büchern vollgestopften Wohnzimmer hin und her läuft.

1954 habe er noch an den Traum eines kleinen Israel geglaubt, »eines kleinen, in jeder Hinsicht vollkommenen Staates, mit Blumentöpfen überall in den Fenstern, wie in der Schweiz«. Er weiß jetzt, daß selbst dann, wenn dieser Traum in Erfüllung gegangen wäre, das Volk von Israel nicht seine Erlösung gefunden hätte. »Was? Sie glauben, Juden geben sich damit zufrieden, einfach ein zweites Schweden hier aufzubauen und sich zu betrinken? Nie und nimmer!« Seit 1967 zieht Haetzni eine andere, »viel grandiosere« Form des Rauschs vor. Im kleinen Israel vor 1967 »ging es mir schlecht«. Im neuen Groß-Israel, mit Kiryat Arba als seinem Mittelpunkt, »bin ich unbeschreiblich glücklich«. Er ist noch immer entschieden nichtreligiös, glaubt aber an die nationale Sendung, wie sie von den extremeren Orthodoxen definiert wird. Haetzni ist ein säkularer Khomeini. Er erinnert einen an die französischen Integralisten des neunzehnten Jahrhunderts, die Väter des europäischen Faschismus, die nicht an Gott glaubten, sondern an den Katholizismus als den wahren Ausdruck der Größe Frankreichs.

»*Hier* ist das Land, in Kiryat Arba, und nicht in Tel Aviv!« ruft er und eilt vom Fenster wieder zu seinem Sessel unter dem großen, ziemlich groben Ölgemälde eines harfespielenden König David. »Sichere Grenzen? Alles Quatsch! Kiryat Arba ist nicht da, um Tel Aviv vor einem arabischen Angriff zu schützen, sondern umgekehrt. Tel Aviv ist da, um Kiryat Arba zu schützen. Wir haben Kiryat Arba nicht aus Sicherheitsgründen gebaut. Auch nicht für den Frieden. Sondern um den Zionismus zu verwirklichen. Basta.«

Haetzni behauptet, daß die Araber von Hebron sehr froh seien »über unsere Anwesenheit hier«. Davon ist er überzeugt. »Die Araber können einfach nicht die wirren Gedanken von selbsthasserischen Juden verstehen, die verlangen, wir sollen nicht das tun, was alle normalen Leute hier tun würden, was sie selbst getan hätten, wenn sie an unserer Stelle wären. Im Gegenteil, indem wir unsere Anwesenheit hier einschränken, verhalten wir uns wie unsere schlimmsten Feinde. Die schlimmsten Feinde, verstehen Sie? So ist es. Basta.«

Gewiß, räumt er ein, gebe es kaum Kontakt zwischen den Siedlern und den Arabern von Hebron. Warum? »In der jüngsten Zeit hat sich hier eine gewisse Engstirnigkeit entwickelt. Auch wir haben unsere Fanatiker.« Kürzlich gab es einen Streit zwischen Haetzni und Levinger. Haetzni drohte damit, eine unabhängige jüdische Miliz in Hebron aufzustellen – vergleichbar den christlichen Milizen im Libanon –, um die Autonomiepläne für ein arabisches Hebron zu verhindern. »Jawohl, unsere Patrouillen werden das arabische Hebron kontrollieren. Wir werden dort keine arabische Autonomie dulden. Ich kann das besser als die christlichen Milizen im Libanon.« Levinger sind diese Drohungen peinlich. Es ist eigenartig, wenn man hört, wie ein Fanatiker einen anderen Fanatiker als Fanatiker bezeichnet.

Fanatiker: Jeden Tag bei Sonnenuntergang versammeln sich etwa zwei Dutzend jüdische Männer zum abendlichen Gebet in der großen Moschee von Hebron, dem Haram al-Khalil. Die Moschee, ein islamisches Heiligtum seit dem siebten Jahrhundert, ist dort errichtet, wo, laut Überlieferung, die Gräber von Abraham, Isaak, Jakob und ihren Frauen sind. Zwei Dutzend betende Juden stehen um einen großen Steinblock, der sich angeblich genau über dem Grab Rebekkas, der Frau Isaaks, befindet. Der Stein ist nur wenige Schritte von dem reich verzierten *minbar* entfernt, vor dem zur selben Zeit etwa dreißig Muslime auf dunklen persischen Teppichen sitzen und beten. Argwöhnisch beäugen die beiden Gruppen einander. Rings um den großen Steinblock, vor dem die Juden beten, stehen zehn, zwölf israelische Soldaten im Kampfanzug mit automatischen Gewehren. Ein Offizier spricht durch sein kleines Funkgerät mit einer entfernten Befehlszentrale.

Jüdische und muslimische Gebete alternieren in eigentümlicher Kakophonie. Die Juden rufen: »Herr der Heerscharen, wie lieblich ist deine Wohnung.« Ihre inbrünstigen Stimmen hallen durch die große, gewölbte Kammer. Die Muslime, ein paar Schritte entfernt, lassen sich in ihrer eigenen Moschee nicht überstimmen. Ihre Rufe erschallen und übertönen die der Juden. »Allah, der Barmherzige, der Eine ...« Die Soldaten stehen unbeweglich dazwischen. Nach dem Gebet sagen die Juden »Amen« und ziehen sich in einen angrenzenden Raum zurück, der jetzt »Zelt von Abraham und Sarah« heißt. Es ist ein fünfhundert Jahre alter islamischer Andachtsraum, der den Muslimen vor ein paar Jahren weggenommen und zu einer Synagoge umgebaut wurde. Die Thorarollen haben nun hier, unter dem reichen islamischen Schmuckwerk, ihren ständigen Platz gefunden. In der Haupthalle der Moschee beten die Muslime noch immer. Die Soldaten haben sich zurückgezogen.

»Die Gebete haben zur gleichen Zeit stattgefunden«, sage ich beiläufig zu einem der Theologiestudenten, die sich in dem kleineren Raum versammelt haben.

»Haben Sie Gebete gesagt? In Wirklichkeit beten die doch nicht«, antwortete er. »Sie sprechen nur einen Text herunter. Um uns zu ärgern.«

»Laß sie bellen«, sagt ein anderer.

»Aber sie haben gekniet«, sage ich, »und den Teppich neben dem *minbar* der Moschee mit der Stirn berührt.«

»Welche Moschee?« erwidert der erste scharf. »Hier gibt es keine Moschee. Dies hier ist eine Synagoge, und sie gehört uns.«

In diesem Augenblick tritt ein hagerer Mann in einem alten Regenmantel durch eine Nebentür und marschiert in den Hauptraum, direkt an den betenden Muslimen vorbei. Es ist Mosche Levinger. Jeder Israeli hat ihn hundertmal im Fernsehen gesehen, bei Demonstrationen vor dem Amtssitz des Ministerpräsidenten oder beim Händedruck mit Generälen und Politikern, bei Ansprachen vor Demonstranten oder wie er von Polizisten an Händen und Füßen weggetragen wird. Levinger geht zur Südwand, wo zwei alte muslimische Frauen auf einem Teppich knien. Er bleibt drei Schritte von ihnen entfernt stehen. Die Frauen bedeuten ihm mit heftigen Handbewegungen, sich zu entfernen. Ein Soldat tritt auf ihn zu. »Das ist die Frauenabteilung«, sagt er schüchtern, »sie wollen nicht, daß Sie hier stehen.« Das Gesicht des Rabbis läßt keine Gemütsregung erkennen. Er kneift die Augen zusammen, als suche er irgend etwas hinter der geschnitzten Trennwand. Dann wendet er den Kopf und sagt: »Die wollen uns sowieso nicht hier haben«, und entfernt sich langsam.

Später frage ich Levinger, ob er, als ordinierter Rabbi, Kontakt zu den muslimischen Geistlichen dieses Heiligtums habe, für das er so oft gleiche Rechte gefordert hat.

»Nein, ich habe noch nie mit ihnen gesprochen.«

»Warum nicht?«

»Mit Ismaeliten spricht man nicht.« Levinger sagt nie Muslime oder Araber, sondern nur Ismaeliten. »Nein, es darf keinesfalls Verhandlungen mit ihnen geben. Wir haben hier die Macht. Wir müssen bestimmen, nicht diskutieren. Sie haben uns hier schon einmal hinausgeworfen.« (Das war im dritten Jahrhundert.) »Notfalls müssen wir sie jetzt hinauswerfen.«

»Wieso hinauswerfen?«

»Wir müssen dieser Schande ein Ende bereiten. Die Juden sind hier in einer untergeordneten Position.«

»Wieso untergeordnet?«

»Die Machpela gehört uns. Es soll zumindest Gleichheit herrschen.«

»Es macht Ihnen nichts aus, den Gottesdienst in einer Moschee zu halten?«

»Nein. Maimonides sagt, daß der Islam nicht gottlos ist wie das Christentum. Wenn es hier ein Kruzifix gäbe, sähe die Sache natürlich anders aus.«

Levinger spricht betont langsam, und ein Ausdruck von besserwisserischer Gelangweiltheit liegt auf seinem schmalen Gesicht. Sein Teint ist furchtbar blaß. Er dreht sich um, will gehen. Eine Gruppe Araber kommt näher. Sie sehen durch ihn hindurch, als gäbe es ihn nicht. Nur der blinde Alte am Eingang mit seinem langen weißen Stock wendet Levinger die toten Augen zu, als er vorbeigeht, und murmelt mechanisch einen Segenswunsch.

Die Moschee über der Höhle von Machpela dürfte, zumindest seit dem 15. Jahrhundert, das einzige Gotteshaus in einem zivilisierten Land sein, wo eine Konfession die andere verdrängt hat. Ermöglicht wurde dies durch ein militärisches Besatzungsregime, das stolz darauf ist, oder war, eines der humansten in der Welt zu sein. Es stimmt, daß Juden und Christen vor 1967 die Moschee nicht betreten durften. Das israelische Militär hob dieses unsinnige Verbot nach der Besetzung von Hebron 1967 auf und verfügte dann auch die Umwandlung eines Teils der Moschee in eine orthodoxe Synagoge. Soweit sich das durch archäologische Quellen belegen läßt, ist die Machpela, obschon teilweise auf den Grundmauern eines massiven herodianischen Gebäudes aus dem ersten Jahrhundert errichtet, nie eine Synagoge gewesen. Die Behauptung, daß es jüdische Gräber darunter gebe, ist oft zurückgewiesen worden, zuletzt von dem Archäologen Yigael Yadin (dem heutigen stellvertretenden Ministerpräsidenten), der 1967 erklärte, daß es sich bei den Gräbern vermutlich um die von arabischen Scheichs handelte.

Bis vor kurzem durften Juden nur in zwei Nebenräumen der Moschee Gottesdienste abhalten. Im Februar erzwang die Armee, auf Levingers Initiative, daß auch die Haupthalle der Moschee für jüdische Gebete geöffnet wurde. Verteidigungsminister Ezer Weizman hatte Levinger kurz zuvor gewarnt, daß weitere Zusammenstöße innerhalb der Moschee antiisraelische Demonstrationen im Iran auslösen könnten. Weizman gab schließlich nach. Die Scharmützel innerhalb der Höhle sind laut Levinger nur der »Schwäche« der Militärregierung zuzuschreiben. Diese Schwäche werde von den »ismaelitischen Provokateuren« ausgenutzt. Immer wieder spricht er, mit einem Ausdruck heiliger Verachtung, von den »Ismaeliten«. Der Schriftsteller A. B. Yehoschua fragte kürzlich, was Juden an sich hätten, daß sie andere immer wieder gegen sich aufbringen.

Die Akteure: Haetzni steht am militärischen Sicherheitszaun von Kiryat Arba, den die Siedler unlängst an mehreren Stellen eingerissen haben. Er zeigt auf eine solche Stelle: »Wir wollen nicht in einem Ghetto eingeschlossen sein.«

»Wenn Sie nicht in einem Ghetto leben wollen, warum sind Sie dann hierhergekommen? Die Einwohner von Hebron wollen Sie hier nicht haben auf dem Land, das Sie ihnen weggenommen haben.«

»Falsch. Nur ein neurotischer Jude kann auf einen solchen Gedanken kommen.«

»Ist das ein Sicherheitszaun?«

»Ich habe nichts gegen Sicherheit, aber die Armee kann mir nicht vorschreiben, wie groß Kiryat Arba sein darf. Zu Ihrer Information, es werden bald fünfzigtausend Menschen hier leben!« Er macht eine weit ausholende Armbewegung. »Sehen Sie den Berg dort drüben? Er wird uns gehören. Und der da. Und der da auch.«

Die Siedler haben den Bergen in der Gegend andere Namen gegeben. Dschebel Dschaabra heißt *Har Ha'avot* (Berg der Väter). Andere Berge sind nach Jakob, Isaak und Abraham benannt worden. Dschebel Dschalas heißt nun *Har Eretz Israel Haschlema* (Berg Groß-Israel). Von hier hat man einen phantastischen Blick bis in den nördlichen Negev und nach Beerschava. »Die ganze Sache ist gar nicht so groß und bedeutend, wie viele denken. Es ist *gornischt* [jiddisch: nichts], ein Witz.«

Der Snobismus des Absoluten: Mosche Levinger antwortet nicht sofort, wenn er gefragt wird. Seine Augen schweifen unablässig suchend durch den Raum. Nach einer halben Minute sagt er: »Was haben Sie gefragt?«

»Sind Sie dafür, den Arabern in Groß-Israel das Stimmrecht zu geben?«

Levinger sagt, es sei sehr schwer, diese Frage »direkt« zu beantworten. »Sie ist zu kompliziert, verstehen Sie.« Wieder eine Pause. »Einverstanden, auch die Araber wurden nach Gottes Ebenbild geschaffen. Das Problem ist nur, sie sind gegen den *jüdischen* Staat. Daher muß der jüdische Charakter dieses Staates Vorrang haben vor der Tatsache, daß sie nach dem Bilde Gottes geschaffen sind ... Die Demokratie muß sich den nationalen und religiösen Bestrebungen Israels unterordnen. Haben Diebe und Räuber in den Vereinigten Staaten etwa bürgerliche Rechte?«

Levinger ist 43, geboren in Jerusalem. Sein Vater, ein Arzt, kam 1934 aus München nach Palästina. Levinger ist mittelgroß, das Gesicht hager, kränklich, der sehnige Hals von Adern durchzogen. Die Lippen sind fleischig, blaß und von einer leichten Hasenscharte gezeichnet, die graublauen Augen leicht blutunterlaufen, die Zähne bräunlich und beschädigt. Die Nase ist rot und flach. Dieser ungewöhnliche Mann, dessen merkwürdige Stimme und Erscheinung bei einer Figur der Öffentlichkeit normalerweise kontraproduktiv wären, rüttelt dieses Land seit Jahren auf und manipuliert seit 1968 jede israelische Regierung. Worin liegt das Geheimnis seiner Macht?

Er ist einer der Chefideologen der Groß-Israel-Bewegung. Er hat Kiryat Arba gegen den erklärten Willen der Regierung errichtet. Hätte er ohne die offene und verdeckte Unterstützung gewisser Kabinettsmitglieder oder ungenannter Offiziere der Besatzungsbehörden so erfolgreich sein können? Zweifellos nicht. Levinger hat bewiesen, daß er sie meisterhaft zu manipulieren versteht. Er beeindruckt die Öffentlichkeit, indem er von einer Wahrheit spricht, die selbst jene, die sie nicht teilen, oft als »idealistisch« respektieren. Er ist wegen Verstoßes gegen die öffentliche Ordnung verhaftet, freigelassen, wieder verhaftet worden, er ist angeklagt, freigesprochen, abermals verhaftet und abermals freigelassen worden. Seit seinem Erfolg in Kiryat Arba hat er ein Dutzend anderer, zunächst illegaler Siedlungen in den besetzten Gebieten inspiriert.

Levinger hat in Israel eine kleine »Kulturrevolution« mit weitreichenden politischen Folgen in Gang gesetzt. Indem sie vollendete Tatsachen schafft, die einen künftigen Friedensvertrag unmöglich machen, könnte sie sich sehr wohl als Katastrophe herausstellen.

Seine Ideen haben sich wie Schmetterlingsnetze auf zu viele Menschen gelegt. Mit seinem Ersatzzionismus hat er viele innerlich orientierungslose Israelis erreicht. Vor dem demoralisierenden Hintergrund einer von Skandalen und Streit geplagten Regierung entwarf er ein neues, kämpferisches Ideal, das in gewissen Kreisen eine Art Katharsis bewirkte. Er gab den Siedlern eine religiöse Ideologie, mit der sie in arabische Städte und Dörfer eindrangen. Diesen Gipfel hätte er nie erreicht, wenn die humanen, moderaten Ideale des praktischen Zionismus, wie ihn Weizman und Ben Gurion vertraten, eines Zionismus, mit dem die israelische Gesellschaft aufgebaut wurde, nach dem Sechs-Tage-Krieg nicht langsam verkümmert wären. Noch vor dem Amtsantritt Menachem Begins hatten Levinger und seine Leute derart viele Siedler in die besetzte West Bank geschleust, daß jeder vernünftige Territorialkompromiß schwierig wurde. Levinger und seine Anhänger berufen sich auf eine ferne biblische Vergangenheit. Er verkündet die Demokratie des Todes, eine arrogante Oligarchie, die den Lebenden das Recht bestreitet, selbst über ihr Schicksal zu bestimmen und mit ihren arabischen Nachbarn in Frieden zu leben.

Die hohlen Technokraten und Karrieristen, die in der Arbeitspartei in den letzten Jahren das Sagen haben, beobachten empört, wie Levinger die Gesten einer vergangenen Pionierepoche imitiert. Ihre Reaktion geht völlig daneben, wenn sie Levinger vorwerfen, er sei als Pionier »unseriös«, oder wenn sie fragen, wie viele potentielle Siedler überhaupt hinter ihm stehen. Allein in Kiryat Arba leben mehr Personen als in all den »legal« errichteten Sicherheitssiedlungen, die die Arbeiterregierung vor ihrem Sturz 1977 entlang des Jordans errichtet hat.

Yitzhak Ben Aharon, der ehemalige Generalsekretär der Histadrut, sagte kürzlich bei einer Konferenz der Arbeitspartei völlig zu Recht über Levinger: »Er konfrontiert uns mit einer *Idee*, auf die wir noch keine überzeugende Antwort gefunden haben.« Er hätte W. B. Yeats zitieren können: »Den Besten mangelt es an Überzeugung, während die Schlechtesten von leidenschaftlicher Inbrunst erfüllt sind.«

Die Demokratie der Toten: Sarah und Baruch Nachschon sind seit elf Jahren in Kiryat Arba. Als vor zwei Jahren ganz plötzlich ihr vier Monate altes Baby starb, nahmen sie die Leiche und veranstalteten eine makabre Demonstration, um Druck auf die Regierung auszuüben. Bis dahin hatte die Regierung großen Wert darauf gelegt, die beiden Gemeinschaften so weit wie möglich auseinanderzuhalten. Aus Sorge vor Zusammenstößen durften Juden ihre Toten nicht auf dem alten jüdischen Friedhof von Hebron bestatten, einem Friedhof, der seit dem Araberaufstand von 1929 nicht mehr benutzt worden war. Außerhalb von Kiryat Arba hatte man einen neuen jüdischen Friedhof angelegt.

Das Kind war in einem Jerusalemer Krankenhaus gestorben. Frau Nachschon schaffte heimlich die Leiche ohne amtlichen Totenschein aus dem Krankenhaus, legte sie auf den Rücksitz ihres Autos und fuhr zurück nach Hebron. Unterdessen waren Siedler in den alten, ungenutzten Friedhof im Herzen der arabischen Stadt eingedrungen und hatten ein Grab ausgehoben.

Die Armee hatte Wind von der Sache bekommen, und so wurde Frau Nachschon am Stadtrand nicht nur von 300 Siedlern, sondern auch von 200 Soldaten erwartet. Alles war bereit für eine häßliche Konfrontation. Ein Offizier teilte der Mutter mit, er habe Befehl, sie am Betreten der arabischen Stadt zu hindern; sie dürfe das Kind dort nicht beerdigen. Es müsse auf dem neuen Friedhof begraben werden, sagte er und zitierte die einschlägigen Paragraphen der Militärverwaltung, die ihm das Recht gaben, diese Entscheidung mit Gewalt durchzusetzen.

Zwei Stunden lang dauerte der Streit an der Straßenkreuzung, während der tote Säugling auf dem Rücksitz des Autos lag. Mit dem Ausruf, daß dies für Groß-Israel geschehe, versuchte Frau Nachschon schließlich, sich mit ihrem toten Kind durch die Reihe der verlegenen Soldaten zu drängen. Erst unter Androhung von Waffengewalt zog sie sich zurück. Immer wieder wurde die Leiche in das Auto gelegt und herausgeholt. Unterdessen verhandelten die Politiker in Jerusalem mit dem Generalstabschef über den Fall. Bei Sonnenuntergang lenkten die Behörden ein.

Seitdem Herr Nachschon mir diese Geschichte in ihrer ganzen Schauerlichkeit erzählt hat, muß ich an sie denken. Welche dunklen Schuldgefühle mochte diese bedauernswerte Frau haben, die die Leiche ihres Kindes als politische Fahne benutzte? Was kompensierte sie damit? Was wollte sie sich und anderen beweisen? Es ist kaum vorstellbar, daß nur sogenannte »politische« Motive eine Rolle bei diesem furchtbaren Drama spielten. Es hat etwas Rohes, Barbarisches, Schreckenerregendes, das fast an griechische Mythen erinnert. Wie Antigone, so schreckte auch diese Frau vor nichts zurück.

Haetzni behauptet, der Vorfall mit dem toten Kind habe ihn zu »Freudentränen« gerührt. Neurotiker haben ein eigenes Charisma. Haetzni ist vor kurzem in Scharm el-Scheich auf der besetzten Sinaihalbinsel gewesen, wo er die jüdischen Siedler fragte, ob sie einen Friedhof hätten. Sie antworteten mit Nein. »Dann seid ihr verloren«, meinte Haetzni. »Ihr habt keine Wurzeln.«

Wie kann man diese Orgie von Gefühlen verstehen, in der sich Enttäuschung mit Sehnsucht, Nationalismus mit Fundamentalismus, Religion mit Gräberkult, Fetischismus mit Maimonides verbinden? Die Höhle von Machpela ist die einzige Begräbnisstätte in diesem Land, die als reguläre Synagoge dient, eine Verbindung, die Maimonides als unakzeptabel betrachtet hätte. Je näher man Angehörige dieser merkwürdigen Gemeinschaft kennenlernt, desto mehr ist man versucht, nach Gründen jenseits der üblichen religiösen und politischen Phrasen zu forschen. Haetzni sagt: »Souveränität ist wie eine Frau. Teilen Sie sich Ihre Frau mit jemand anderem?« Viele derjenigen, die hierherkommen, um ihren Gott auf diesen toten Steinen anzubeten, sprechen von Glauben, meinen tatsächlich aber Macht. Immer wieder sagen sie »dies gehört uns, nicht ihnen«, »wir haben es erobert«, »wir haben den Krieg gewonnen, nicht sie.«

Enttäuschungen: W. D., ein hochgewachsener, schlanker, gutaussehender junger Mann, wohnt seit vier Jahren in Kiryat Arba. Als Dreizehnjähriger, sagt er, habe er sich im westfälischen Hamm auf die Suche nach dem »wahren« Gott gemacht. Sein Vater war Nazirichter gewesen. W. D., ein sensibler, intelligenter, guterzogener Junge, wuchs in der philosemitischen Atmosphäre auf, die in den sechziger Jahren in Westdeutschland herrschte. Seine Suche nach dem »wahren« Gott führte ihn nicht sofort zum Judentum. Eine Weile rief er mit anderen jungen Linken »Ho, Ho, Ho Chi Minh«. Dann wandte er sich dem Buddhismus zu, von dem er sich nach einer Weile aber wieder trennte. Das Christentum seiner Eltern überzeugte ihn nicht, sagte er. »Was nicht logisch ist, kann nicht wahr sein.«

Am 1. Januar 1972, erinnert er sich, fing er damit an, die 613 kanonischen Gesetze des jüdischen Glaubens, die Mitzwoth, streng einzuhalten. Im Juni jenes Jahres fuhr er auf seinem Fahrrad nach Brindisi und bestieg dort eine Fähre nach Israel. Seine Eltern hatten ihm ein Jahr gegeben, »zu sich selbst zu finden«. Sechs Monate später wurde er vom Rabbinatsgericht in Haifa offiziell in den jüdischen Glauben aufgenommen – nur wenige Konvertiten schaffen es, das Übertrittsverfahren in so kurzer Zeit zu absolvieren. Mit seiner Inbrunst und seinen Kenntnissen jüdischen Brauchtums muß er die Rabbis überzeugt haben. Er wurde, gemäß Rückkehrgesetz, israelischer Staatsbürger. In diesem Moment erkannte er, daß der Judaismus eine »Staatsreligion« ist. Das hatte er nicht erwartet. In Deutschland hatte er eher antinationalistisch gedacht. Jetzt wurde ihm klar, daß »Gott uns aufgetragen hat, das ganze Land Israel zu befreien und zu besiedeln und keinen einzigen Quadratzentimeter an diejenigen zurückzugeben, die außerhalb des Glaubens stehen.« Heute ist W. D. ein ebenso ultranationalistischer Jude wie Haetzni und Levinger. »Im Judaismus«, erklärt er, »ist alles anders.«

Er leistete seinen Militärdienst bei einer Panzereinheit und ließ sich dann in Kiryat Arba nieder. Er ist nicht der einzige Konvertit dort. Es gibt noch Dutzende von anderen. Das Interessante an diesem aufgeweckten jungen Mann ist, daß er nicht einfach zum jüdischen Glauben übertrat (aus Motiven, die nie ganz zu ergründen sind), nicht nur nach Israel auswanderte und Israeli wurde, sondern, daß er, in einer faszinierenden Mischung aus talmudischer Dialektik, deutscher Gründlichkeit und kohlhaasscher Unbedingtheit, auf seine Weise versucht, den Judaismus konsequent zu Ende zu »denken«.

Ironischerweise ist er dabei an einen Punkt gelangt, der an seine Herkunft erinnert: ein Volk, das, einer höheren Moral gehorchend – er nennt es einen göttlichen Auftrag –, auf Kosten eines anderen Volkes seine nationale Aufgabe verfolgt. Ob Recht oder Unrecht – das interessiert diesen jungen Yeschiwa-Studenten nicht. In der Weltpolitik gibt es keine Moral, sagt er, sondern nur Macht. Nur der Starke hat recht, ruft er aus. »Welches Recht hätten wir sonst gehabt, Eichmann zu hängen? Als Eichmann stark war, brachte er die Juden um. Dann waren die Juden stark und haben ihn umgebracht.« Es gibt keinen logischen Unterschied zwischen Nazirecht und jüdischem Recht, sagt er, nur einen gefühlsmäßigen Unterschied. »Der Starke kann tun, was er will.«

Aus dem Munde eines Yarmulke-Trägers klingen diese Worte fast so unheilvoll wie von einem Mann mit schwarzer SS-Mütze. Ein Volk. Eine Religion. Ein Rabbi ... Yehuda Kook. W. D. sagt, er würde für Kook durchs Feuer gehen. Israel sei nicht nur mächtig, sondern setze auch den Willen Gottes um. Der Mensch habe die Aufgabe, seinem Schöpfer zu gefallen. Danach möchte W. D. unbedingt streben. Er wird mit aller Kraft die palästinensische Autonomie in Hebron zu verhindern suchen, denn »jüdischer Besitz darf nicht in die Hände von Nichtjuden übergehen«. Zu diesem Zweck ist es sogar erlaubt, »gegen die Sabbatgebote zu verstoßen«.

W. D. hat kürzlich ein jüdisches Mädchen irakischer Herkunft aus Jerusalem geheiratet. Er wohnt mit seiner jungen Frau in einer Einzimmerwohnung. An den Wänden lauter Bände des Talmud und der Mischnah, außerdem *The Revolt* von Menachem Begin und eine große Landkarte von Groß-Israel. Der Aschenbecher auf dem Schreibtisch ist aus leeren Patronenhülsen gemacht. Hinter einer dicken Konkordanz steht *Der Prozeß* in einer deutschen Taschenbuchausgabe. »Ach, Kafka!« sagt W. D. »Der Held meiner Jugend!« Er liest kein Deutsch mehr, sagt er, er ist Student an der Atereth Talmud-Yeschiwa in Hebron. Er besucht täglich den Unterricht, von morgens bis zum späten Abend, »außer wenn wir zu nationalen Aufgaben herangezogen werden«, zu Demonstrationen in Jerusalem etwa oder um Landbesetzer anderswo in den besetzten Gebieten zu unterstützen.

Am Tag nach unserem mehrstündigen Gespräch rief W. D. an und bat mich, seinen Namen nicht vollständig zu nennen. Wenn er bloß gesagt hätte, daß eine Veröffentlichung seines Namens seine Privatsphäre verletze oder daß es niemanden etwas anginge, daß er ein zum Judentum übergetretener Deutscher sei! Doch das war nicht seine Begründung. Er meinte vielmehr, sein Name dürfe »aus Gründen der Staatssicherheit« nicht erwähnt werden.

Die Erklärung bringt uns zu der weiter vorne aufgeworfenen Frage zurück, die in jedem gewöhnlichen politischen oder religiösen Zusammenhang so schwer zu beantworten ist.

Die Siedler in Kiryat Arba behaupten, daß es in Hebron heutzutage »wahre Koexistenz« zwischen Arabern und Juden gebe. Die Koexistenz, von der sie sprechen, scheint mir eher die zwischen Reiter und Pferd zu sein. Ihr einziger Garant ist die Präsenz einer großen Armee. Koexistenz in der Höhle von Machpela bedeutet heutzutage, daß Juden in der Moschee neben Muslimen beten dürfen, die die Eindringlinge wohl nur deswegen nicht abschlachten, weil Dutzende von schwerbewaffneten Soldaten in ihrem Heiligtum stehen.

Wann wird es hier zum nächsten Pogrom kommen? Wer werden die Opfer sein? Die Araber, mit denen ich rede, sprechen von unablässigen »Provokationen« der Siedler. Zweifellos sind diese Araber nicht dieselben Araber wie jene, mit denen Haetzni oder Nachschon sprechen. Nachschon sagt, er kenne hauptsächlich Schafhirten. W. D. sagt, er kenne nur einen Araber in Hebron, seinen Schuster. Levinger spricht aus Prinzip nicht mit Ismaeliten.

Offiziere in der Militärverwaltung von Hebron teilen nicht das Selbstvertrauen, das von den Siedlern hinter dem Stacheldrahtzaun demonstriert wird, in dem bewaffneten Ghetto, das sie mit staatlichen Geldern auf einer kahlen Bergkuppe, einen Kilometer vom Stadtzentrum Hebrons entfernt, errichten durften. Der uralte Haß und die uralten Leidenschaften, die Ängste und Mythen, die hier durch jeden Abwasserkanal fließen und gelegentlich in Worten und blutigen Handlungen ausbrechen, erfüllen die Stadt mit ihrem üblen Gestank und weisen auf die Zukunft.

Nur Mystiker oder Narren sehen das nicht. Im besten Fall könnte es einen pluralistischen Staat geben, der jedoch weder demokratisch noch säkular wäre. Im schlimmsten Fall wäre eine permanent israelisch beherrschte West Bank ein zweites Nordirland oder ein zweiter Libanon. An Wunder darf geglaubt werden. Der Wind wirbelt ein Stück Papier in die Luft, doch am Gesetz der Schwerkraft ändert das nichts. Ein großer Visionär, der oft von den Leuten in Kiryat Arba zitiert wird, weil sie ihn falsch verstehen, schrieb: »Nur Verrückte oder Unwissende ignorieren die Naturgesetze« (Theodor Herzl).

Flug nach Ägypten:
Der Frieden von Camp David

1979
Prolog

Ein Land, so nah und doch so fern. So nah bei Israel (wo ich lebe) wie Holland bei Belgien oder New Hampshire bei Maine. Und doch ist es einunddreißig Jahre lang, mein ganzes Erwachsenenleben, wie die andere Seite des Mondes gewesen – unbekannt, bedrohlich, fern und geheimnisvoll. Eines Morgens, im grellen Licht, Staub und Lärm eines drückend heißen Werktages, dreht sich der Mond plötzlich um seine Achse. Die dunkle Seite zeigt sich. Auf dem Flughafen Tel Aviv startet ein Passagierflugzeug, und fünfundsiebzig Minuten später landet es friedlich in Kairo.

Wie es dazu kommt, daß ich in diesem Flugzeug sitze, ist eine andere Geschichte. Es war hauptsächlich das Ergebnis ungewöhnlicher Anstrengungen, die in eigentümlichem Detail das befremdende Ganze andeuten, das Araber und Israelis Lichtjahre voneinander getrennt hat, solange die meisten von uns denken können. Transatlantische Telefongespräche zu nächtlichen Stunden, Briefe, Telegramme, Verhandlungen mit einem ägyptischen Botschafter in einer westlichen Hauptstadt, einem freundlichen, wirklich hilfsbereiten Mann. Viele Monate lang kam er mit Antworten wie »Ich habe Kairo vorgeschlagen, daß man Ihnen die Einreise erlaubt. Kairo sagt, ›der Zeitpunkt ist nicht opportun‹«; nächste Woche sei vielleicht »günstiger«, oder die übernächste. Nie war es soweit. Verschiedene wohlgesonnene Mittelsleute intervenierten. Auch das führte nicht weiter. Die Entscheidung in einer solchen Angelegenheit, die manchen unbedeutend erscheinen mag, lag in Ägypten offenbar bei den höchsten staatlichen Stellen, manche meinten sogar, beim Präsidenten persönlich. Und während sich die ägyptisch-israelischen Verhandlungen hinzogen, vom Besseren zum Schlechten und wieder zum Besseren, und beide Seiten endlos über Euphemismen, Kommas und Strichpunkte stritten, schien Präsident Sadat es jedesmal an mir auszulassen, wenn er sich über Ministerpräsident Begin ärgerte. Mit der Zeit entwickelte ich eine ziemliche Paranoia.

Vorgestern nacht rief der Botschafter schließlich an. Es dürfte das erste Mal gewesen sein, daß ein ägyptischer Botschafter sich direkt mit Jerusalem verbinden ließ. Er sagte, wenn ich es schaffte, an Bord des Sonderflugzeuges mitzukommen, das Sicherheitsleute und technisches Personal nach Kairo bringen würde, die dort den zweitägigen Besuch des israelischen Ministerpräsidenten vorbereiten sollten, sowie etliche Journalisten (die allerdings nach zwei Tagen wieder abreisen müßten), dann würde er veranlassen, daß ich länger bleiben dürfe.

Nun ja, ich habe es geschafft, und nur das zählt, sage ich mir; mit fürchterlichen Kopfschmerzen zwar, verschlafenen Augen (um vier Uhr morgens mußten wir am Flughafen sein) und einer heiseren Kehle von zu vielen Zigaretten, aber endlich bin ich unterwegs nach Ägypten. Biblische Bilder tauchen in mir auf.

Nicht, daß ich nicht schon einmal dort gewesen wäre – quasi. Vor einigen Jahren kam ich durch einige der entlegeneren Landesteile, allerdings in recht unpassender Weise beziehungsweise Aufmachung, nämlich in Uniform. Wie anders es jetzt ist, sage ich zu mir, während ich mich anschnalle und mich innerlich auf den Schock des Wiedererkennens und Entdeckens einstelle. Im nachhinein finde ich das ein bißchen selbstgefällig. *Wiedererkennen* war zweifellos das falsche Wort. Es implizierte das Identifizieren von etwas Bekanntem, aber Vergessenen – oder vielleicht Verdrängten.

Schon der Abflug ist ungewöhnlich. In Tel Aviv können wir fast nicht starten. Ein Teil des Flughafenpersonals ist plötzlich in Streik getreten, sie verlangen eine Lohnerhöhung von dreißig Prozent. Als es nach einer beträchtlichen Verspätung schließlich losgeht, müssen wir einen umständlichen Weg einschlagen. Der Friedensvertrag zwischen Israel und Ägypten ist erst drei Tage alt. Er ist von den ägyptischen und israelischen Parlamenten noch nicht ratifiziert worden. Die Ratifikation wird nur eine Formalität sein, aber theoretisch befinden wir uns noch im Kriegszustand. Der Paßbeamte am Flughafen erklärte mir das sehr genau, als er meine Reisedokumente langsam, Seite für Seite, studierte; er suchte nach dem besonderen Stempel: *Gültig für Ägypten.* Ich war am Nachmittag zuvor losgerast, um mir diesen Stempel von einem unwilligen, höchst mißtrauischen Beamten geben zu lassen, der in Tel Aviv in einem schmuddeligen kleinen Zimmer seines Amtes waltet. Und dort setzten auch die Kopfschmerzen ein, die mich jetzt plagen.

»Ist Ihnen klar, daß wir in Kairo keine Botschaft haben?« fragte er.

Ja.

»Ist Ihnen ganz klar, was das heißt?«

Natürlich.

»Nehmen Sie die Sache nicht auf die leichte Schulter.«

Nein.

»Wenn Sie Schwierigkeiten haben, wird Ihnen niemand helfen können.«

Ja, ich weiß. Aber ich rechne nicht mit Schwierigkeiten.

»Es könnte aber welche geben.«

Weshalb?

»Weil es Feindesland ist.«

Noch immer?

»Technisch gesehen ja. Wenn es irgendwelche Schwierigkeiten gibt, bleibt Ihnen nur eines«, fügte er hinzu.

Und zwar?

»Sich so schnell wie möglich an die amerikanische Botschaft zu wenden.«

In Ordnung. Kann ich jetzt meinen Stempel haben?

»Und geben Sie nicht mit Ihrem israelischen Paß an. Stecken Sie ihn weg.«

Im Hotel muß ich ihn aber zeigen.

»Vermutlich. Aber zeigen Sie ihn wirklich nur an der Rezeption vor.«

Ja. Kann ich jetzt meinen Stempel haben? Bitte!

»Und vor allem, sprechen Sie nicht mit Fremden.«

Wieso?

»Haben Sie mich verstanden, nicht mit Fremden sprechen. Das ist die erste Regel. Verstanden?«

Ja.

Wumms. Der Stempel fuhr hinunter. Ich ging hinaus.

Die Maschine fliegt zuerst auf das Mittelmeer hinaus und biegt dann südlich von Zypern in Richtung Nildelta ab. Da es noch keinen offiziellen Luftkorridor zwischen Israel und Ägypten gibt, müssen wir einen Umweg nehmen. Für die direkte Route über die alten Schlachtfelder hätten wir nur fünfundvierzig Minuten gebraucht.

Während sich im Dunst langsam die Küstenlinie abzeichnet, sage ich mir, daß einunddreißig Jahre in fünfundsiebzig Minuten trotzdem gar nicht so schlecht ist. Ich sehe hinaus auf die Sanddünen und das Marschland unter mir, und mein Mund ist plötzlich ganz trocken vor Aufregung, und ich packe meine Armlehne, obwohl der Flug ruhig ist. Eine größere Entfernung als die, welche Israelis und Ägypter bis jetzt getrennt hat, ist kaum vorstellbar. Proust, ein Fachmann für die große Distanz zwischen den Menschen, schrieb in *Sodom und Gomorra*, daß Entfernungen nur die Beziehung zwischen Raum und Zeit seien und sich mit ihr wandelten. Beide entzögen sich dem Einfluß des Menschen. In einunddreißig Jahren Krieg herrschte totale Feindseligkeit, war die Entfernung zwischen den Menschen so groß, daß sie fast schon metaphysisch war. »Er scheint so nah und doch so fern zu sein«, schrieb Tennyson im Jahre 1833, einer ruhigeren Zeit. Jedenfalls bezog sich das auf einen Liebenden. In der romantischen Literatur haben Liebende immer die Götter angefleht, Zeit und Raum aufzuheben, meist ohne Erfolg. In demselben Gedicht schrieb Tennyson:

Wien habe ich nicht gesehen, werde ich nicht
Sehen; eher träumen, daß dort,
In dreifachem Dunkel, das Böse die
Geburt jagt, die Hochzeit; Freund vom Freund
Ist öfter getrennt, Väter beugen sich
Über mehr Gräber.

Wir fliegen ziemlich niedrig. Kurz hinter der Küste liegt ein großer Friedhof. Es könnten die Außenbezirke von Port Said sein. Wellblechdächer säumen eine Wüstenstraße. Dort ist der Suezkanal, ein schmales grünes Band, eingebettet in den Sand. Und auf der anderen Seite, unter einer diesigen Luftschicht, die Sinaiwüste. Ich erinnere mich, daß ich vor etwa zehn Jahren irgendwo dort unten in einem Graben lag, mit einem Fernglas schwache und flimmernde Bilder auf dieser Seite des Kanals auszumachen versuchte, während die weite Mondlandschaft um mich herum im Granatfeuer explodierte. Aus der Luft sieht die Wüste flach aus, kaum eine Bodenwelle. Sie erstreckt sich bis an den östlichen Horizont. Nichts als Sand, zumindest ist das der Eindruck. Über diesen kahlen Dünen haben zwei Generationen von Ägyptern und Israelis seit 1948 einander ausgeblutet. In der Ferne erkenne ich eine Reihe Palmen – sonst nichts.

Die Stewards kommen nun durch den Gang und servieren Champagner. Die drei Sicherheitsbeamten auf der anderen Seite lehnen die angebotenen Plastikbecher ab. Seit wir an Bord gegangen sind, versuchen sie, in ihren fast identischen blauen Blazern bemüht unauffällig zu wirken. Meine beiden Sitznachbarn, ein englischer TV-Nachrichtenstar und sein Kameramann, schlürfen seelenruhig aus ihren Bechern. Für sie muß sich der Prozeß der ägyptisch-israelischen Aussöhnung im vergangenen Jahr vom Drama über Melodrama zur kitschigsten Seifenoper des Jahrzehnts entwickelt haben. Ich kann verstehen, daß sie anfangen, sich zu langweilen.

Die israelischen Journalisten hinter mir wirken angespannt und gereizt. Makabre Witze machen seit einer Weile die Runde. »Wir hätten den direkten Weg nehmen sollen – wie die Phantomjets, hahaha.« Und noch mehr Witze dieser Art. Sie sind weniger ein Indiz von schlechtem Geschmack, sage ich mir, als von Nervosität und Angst vor dem Unbekannten. Einer der Israelis, ich kenne ihn seit Jahren, wohnt in Jerusalem in einer Straße mit dem martialischen Namen *Eroberer des Mitla-Passes*. Am Mitla-Paß fand 1967 eine berühmte Schlacht statt, in der die Ägypter ihre wohl verheerendste Niederlage erlitten: die aufgegebenen Panzer und Schuhe und ausgebrannten Stahlskelette symbolisierten für sie ihre schmachvollste Niederlage in der modernen Geschichte. Nach dem Blitzsieg von 1967 bekamen viele Straßen in israelischen Städten solche Namen. Dies ist keineswegs eine typisch israelische Gepflogenheit. Europäische Städte sind voll von ähnlichen Zeugnissen militärischer Glorie. Ich hatte einen Freund in Athen, der in der *Basilius-der-Schlächter-der-Bulgaren-Straße* wohnte; ich habe ihn einmal gefragt, welche Adresse er angab, wenn er auf dem Flughafen von Sofia eintraf, wohin ihn sein Beruf häufig führte. »Ach, ihnen ist es egal«, sagte er, »es ist vor über tausend Jahren passiert.«

Hier ist alles noch frisch; auf ihrer Seite die Erinnerung an eine ganz junge Demütigung, auf unserer Seite der Schmerz und das Mißtrauen. Ich bin plötzlich dankbar für die harmlose Jerusalemer Adresse, die ich dem Paßbeamten am Flughafen von Kairo werde nennen können – ich wohne in der Diskin-Straße, benannt nach nichts Inkriminierenderem als einem Rabbi des neunzehnten Jahrhunderts.

Jemand fragt: »Glauben Sie, daß dieser Vertrag mehr als ein Fetzen Papier ist?«

Das kann man noch nicht sagen.

»Ich bin sicher, es ist nur ein Fetzen Papier.«

Warum sind Sie so sicher?

»Seien Sie doch nicht so naiv. Was wissen Sie von den Arabern?«

Nicht viel, räume ich ein.

»Sie wissen überhaupt nichts von ihrer *Men-ta-li-tät*! Ich traue ihnen nicht.«

Mir bleibt nichts anderes übrig, sage ich.

»Frieden, das sind die Lügen, die die Menschen einander zwischen zwei Kriegen erzählen.«

Der Steward kommt mit seinem Tablett Champagner vorbei.

Danke, nein.

»Es ist gratis.«

Ein Glas Wasser wäre mir lieber.

»Ich bitte Sie – Wasser. Sie sollten Champagner trinken.«

Danke, nein.

»Mögen Sie Champagner nicht?« El-Al-Stewards sind manchmal ein bißchen arrogant.

Na schön. Danke.

»Warum nicht gleich?«

Durch das Fenster noch immer nichts als Sand. Der Champagner prickelt kühl. Der Plastikbecher ist gesprungen. Die gräulichen Dünen haben die Farbe eines dreckigen Jutesacks. Sie verbergen die Überreste von zahllosen Panzern und gepanzerten Schützenwagen, die im Sand vor sich hin rosten, und die verkohlten Knochen derer, die in ihnen verbrannt sind. Asche und Schrott der Politik. Achtzigtausend Ägypter und Israelis sollen in den letzten dreißig Jahren in diesen Dünen umgekommen sein. Manche sagen hunderttausend. Niemand weiß die genaue Zahl. Wenn die Toten zurückkommen könnten, hätte es dann früher Frieden gegeben?

»Noch ein Croissant zu Ihrem Champagner!«

Danke.

Das Flugzeug wackelt ein paarmal mit den Tragflächen. Der Pilot versichert uns über den Bordlautsprecher, daß niemand betrunken sei; er mache das absichtlich, sagt er, zur Feier des Tages. Noch mehr Drinks werden serviert. Der Humor des Piloten neigt ebenfalls zum Makabren.

»Das letzte Mal, daß ich diesen Anblick hatte«, verkündet er, »war vom Cockpit eines Jagdbombers aus ... In wenigen Minuten landen wir in Kairo, die Temperatur dort beträgt... Im Namen von El Al und der Besatzung... wir hoffen, Sie hatten einen angenehmen Flug ...Sie bald wieder begrüßen zu dürfen... äh, sobald wir die regelmäßige Flugverbindung auf dieser Strecke aufnehmen dürfen.«

Wir überqueren ein dunkelgrünes Band. Das Nildelta, dicht bevölkert wie ein Bienenkorb. Vor einunddreißig Jahren, fast auf den Tag genau, prophezeite der bekannte ägyptische Politiker Azzam Pascha ein Blutbad an den Juden, das noch schrecklicher sein würde als das von Tamerlan. In der Tel Aviver Zeitung, die auf meinem Schoß liegt, lese ich, daß Präsident Sadat, der gestern aus Washington nach Kairo zurückgekehrt ist, wieder die »Macht der Liebe« gepriesen habe, »die alles überwindet, jedes Problem löst ... Wo Haß war, säen wir die Saat der Liebe.« Liebe, Liebe. Aus Kairo kommt heutzutage immer nur Liebe. Seit Monaten spricht Sadat so. Er fühlt sich Gott und den Menschen und allen »israelischen Müttern« in Liebe verbunden. Er betrachtet die israelischen und ägyptischen Mütter als seine Hauptverbündeten. Staatskunst, sagte er neulich, sei das »Gesetz der Liebe«. Mir erscheint dieses ständige Gerede von Liebe ein wenig abstoßend. Wir sind so konditioniert, daß wir uns gegen eine solche Rhetorik zur Wehr setzen, sogar bei unseren Frauen. Sind wir zu zynisch? Auden schrieb, daß wir letzten Endes anfangen müssen zu lieben, einfach um nicht krank zu werden.

In der Zeitung steht auch, daß Ägypten eine neue Nationalhymne hat; gestern wurde sie am Flughafen bei der Begrüßung des Präsidenten gespielt. Es ist die dritte Hymne der Ägypter in den letzten sechsundzwanzig Jahren. Die erste war die alte königliche Hymne, die zur Melodie von Verdis Aida-Marsch gesungen wurde.

Die zweite lautete:

> O meine Waffe,
> Ich sehne mich nach dir
> Nach der Schlacht, sei auf der Hut,
> Ich werde immer sagen:
> Ich bin bereit für den Krieg.

Die letzte Hymne ging so:

> Mein Land! Mein Land!
> Dir schenke ich
> Meine Liebe und mein Herz.
> Ägypten, Mutter des Universums,
> Du bist mein Ziel, meine Hoffnung.
> Allen Menschen schenkt dein Nil seine Segnungen.

Die Melodie ist ebenfalls neu. Dem Komponisten, Mohammed Abdul Wahhab, wurde der Rang eines Generals ehrenhalber verliehen. Ich beschließe, dies als gutes Omen zu betrachten, eingedenk der Nachricht aus Melbourne, daß die Australier in einer Abstimmung kürzlich beschlossen haben, daß das alte Lied *Waltzing Matilda* ihre Nationalhymne sein soll und nicht *God Save the Queen* ... »*Send her victorious, happy and glorious*...« Ja, überall sollte es mehr *Waltzing Matildas* geben und weniger glorreiche Siege.

Inzwischen sind die Pyramiden zu sehen. Aus dieser Höhe wirken sie eher klein, staubig und gelb inmitten der staubgelben Wüste. Dann Gizeh und die Inseln im Nil, irgendwie unwirklich mit ihren smaragdgrünen Rasen und Palmen und Polofeldern und weißgetünchten Hotels, inmitten von so viel Land und Staub wie eine Fata Morgana von Tahiti. Dahinter ragen die Wolkenkratzer aus der Dunstglocke. Der Rest der Stadt liegt unter einer Smogschicht begraben. Das Flugzeug setzt auf und bleibt schließlich stehen. Wir treten der Reihe nach durch den Hinterausgang, betäubt vom Licht und der Hitze, angespannt, etwas dümmlich grinsend, unsicher. Und offensichtlich von der Frage bewegt, ob dies, nach so vielen Jahren, real ist oder bloß »eine furchtbare Stille, weit schlimmer als Waffenlärm, ein Intervall des Friedens«. Diese blöden Redensarten, denke ich. Es ist so heiß, so gottverdammt heiß. Der Pilot hatte gerade gesagt, es sei achtunddreißig Grad im Schatten. »Sie haben die Hitze extra für uns eingeschaltet.« Wir betreten das glühende Rollfeld; die Hitze dringt durch meine dünnen Schuhsohlen. Der heiße Wind haut mich fast um.

Es gibt keine Zollkontrolle. Keine Formulare müssen ausgefüllt werden. Sobald wir aus dem Flugzeug gestiegen sind, werden wir in Omnibussen, die auf dem Rollfeld gewartet haben, davongeschafft. Den Flughafen schmücken noch immer Fahnen und Transparente vom gestrigen Empfang für Präsident Sadat. Im starken Wind macht alles einen ziemlich zerzausten Eindruck. Überall hängen Porträts von Sadat, an Hangars und Zäunen und Lampenmasten, und ein besonders großes Bild hängt vom Dach des weißgetünchten VIP-Empfangspavillons herunter. *Held des Friedens, Soldat des Friedens, willkommen in der Heimat.* Wir verlassen den Flughafen durch eine Seitenausfahrt. Es sind nur wenige Menschen da. Eine Million Kairoer sollen sich gestern hier gedrängt und gerufen haben: »Sadat, *ya* Sadat! Dir opfern wir unser Leben!«

Die paar Leute, die wir jetzt sehen, meist Flughafenarbeiter offenbar, in blauen Overalls oder langen Bauerngalabijas, winken und rufen »Salaam«, »Schalom«. Ein Außenstehender würde uns vermutlich für Kriegsgefangene halten, die zu einem Internierungslager geschafft werden. Wir fahren in halsbrecherischem Tempo, ohne auf rote Ampeln oder Stop-Schilder zu achten. Zwei Polizeimotorräder donnern mit heulender Sirene vor uns her und winken den entgegenkommenden Verkehr zur Seite. Hinter uns fährt ein Transporter voll bewaffneter Soldaten. In großer Geschwindigkeit geht es die breiten Boulevards von Heliopolis entlang, der antiken Sonnenstadt, wo Plato und Herodot mit den Priestern des pharaonischen Ägypten zur Schule gingen, heute ein Vorort von Kairo. Die breiten Straßen sind von protzigen Villen gesäumt und barfüßigen Kindern, die sich im Sand wälzen. Wir kommen vorbei an überladenen Türmen und grotesken Statuen und Toreinfahrten und Überresten von Gärten, die früher einmal grün gewesen sein mochten, jetzt aber gelb und vernachlässigt und staubbedeckt sind. Es gibt erstaunlich wenig Bäume. Obwohl es ein bebautes Viertel ist, hat man, wie zuvor schon am Flughafen, den überwältigenden Eindruck, daß überall Sand ist. Überall gelber Sand, der zwischen den Häusern und auf den Gehsteigen und Straßen durch den Asphalt dringt, als wollte sich die Wüste das Werk des Menschen einverleiben. Die wenigen Leute, die im grellen Mittagslicht unterwegs sind, drehen sich um und sehen uns hinterher. Wir kommen an einem Slumviertel vorbei. Lehmhäuser und Wellblechhütten ducken sich am Straßenrand hinter Bretterzäunen, auf denen Reklame für amerikanische Zigaretten und Kuwait Airlines gemacht wird. Mein Nachbar murmelt: »Sieh dir nur das gräßliche Elend an. Wie an der Flughafenstraße nach Delhi.«

Aber trotz des unverkennbaren Elends freue ich mich darüber, daß ich endlich hier bin, daß ich das Leben auf der anderen Seite spüre. Ein wenig schuldbewußt sage ich: »Galabijas tragen heißt nicht unbedingt, daß es ihnen schlechtgeht. Auch bei uns gibt es Armut.«

»Aber nicht solche Armut«, sagt er. Dem kann ich nichts entgegenhalten. Wir biegen in eine Seitenstraße ein, auf der wir etwa anderthalb Kilometer entlangfahren. Zu beiden Seiten nichts als leere Wüste, in einiger Entfernung die lange, eintönige Fassade einer Mietskaserne. Wir halten an einem eisernen Tor, das von bewaffneter Polizei bewacht wird. Sobald wir es passiert haben, verändert sich die Landschaft abrupt. Wir fahren durch einen grünen Tunnel von Bäumen, vorbei an gepflegten Rasenflächen und Tennisplätzen und Reitwegen. Ein blauer Swimmingpool. Rosenbeete. Ein großes C-förmiges Gebäude mit weiß-goldener Pseudo-Régence-Fassade. Weißlackierte gußeiserne Tische unter schattenspendenden rotblaugestreiften Sonnenschirmen. Und niemand zu sehen außer Soldaten, Hunderte von Soldaten mit Stahlhelmen und dicken schwarzen Winteruniformen, trotz der großen Hitze. Jeder trägt ein automatisches Gewehr mit aufgepflanztem Bajonett. Die Klingen funkeln in der Sonne. Über der Zufahrt hängt ein Transparent, auf dem steht: »Willkommen im Hotel Al-Salaam. Cabaret. Sports Club.« Das Hotel, hören wir, ist das beste, neueste in Kairo. Es ist erst vor kurzem eröffnet und im richtigen Augenblick auf den richtigen Namen getauft worden. Der Türsteher ist der erste Zivilist, den wir sehen, seit wir das Tor passiert haben, obwohl auch er eine prächtige rote Uniform mit goldenen Epauletten trägt. Wir betreten eine weitläufige Halle. Der Fußboden, sauber und spiegelglatt, ist aus italienischem Marmor. Unter einem gigantischen Kronleuchter bleiben wir stehen.

»Willkommen, meine Herren, willkommen in Ägypten«, ruft Herr Sherif Ahmad und kommt auf uns zu, um uns zu begrüßen. Vielleicht ist das sein richtiger Name, vielleicht auch nicht; später stellt sich heraus, daß er Oberst im ägyptischen Staatssicherheitsdienst (Mukhabarat) ist. Er ist ein untersetzter, breitgesichtiger Mann im blauen Zweireiher, die Freundlichkeit und Herzlichkeit in Person. Er erklärt, daß wir unter keinen Umständen allein nach Kairo dürfen, das heißt, nicht ohne bewaffnete Begleitung, die er uns jederzeit stellen werde. Wir sind die einzigen Hotelgäste. Die anderen hat man alle an diesem Morgen hinausgeworfen, um uns wirklich jeden Komfort bieten zu können. Meine Güte, denke ich beklommen. Das wird ja eine tolle Reise werden. Wie weit ist es bis zur Innenstadt?

»Fünfzehn Kilometer ungefähr.«

Oh.

Überall stehen nagelneue Telefonapparate – und Farbfernseher –, doch die Leitungen nach Kairo sind anscheinend tot. Man kann niemanden anrufen, weder in der Stadt noch sonstwo auf der Welt.

Was ist passiert? Seit wann sind die Verbindungen unterbrochen?

»Oh, seit einigen Monaten.«

Der Journalistentrupp steht am Rande eines hysterischen Anfalls. Ich gehe in mein Zimmer, um meine Sachen auszupacken. Vom Fenster aus kann ich die bewaffneten Posten beobachten, die in doppelter Linie, offenbar in einem geschlossenen Kreis, um das Hotel stehen. Jeweils nur ein paar Meter voneinander entfernt, stehen sie bewegungslos in der

Hitze. Vom Fenster aus sehen sie wie schwarze Kerzen aus. Ich sehe nur ihre Rücken. Alle wenden sie dem Hotel den Rücken zu, stehen mit dem Gesicht zum Stacheldrahtzaun, der das Hotel umgibt. Welche furchtbaren Gefahren drohen dort draußen, in dem kahlen Wüstenstreifen in Richtung Heliopolis, wo, wie ich mich erinnere, der Phönix auf einem Scheiterhaufen aus aromatischen Hölzern starb, um wiedergeboren zu werden? Ich spüre eine leichte Klaustrophobie in mir hochsteigen. Wir sind prominente Geiseln, von einem wohlmeinenden Pharao in einem Luxushotel einquartiert.

Die ominöse Anwesenheit so vieler Sicherheitskräfte war natürlich irreführend. Etwas später gelingt es mir ohne große Mühe, wenn auch klopfenden Herzens, mich aus dem *Al-Salaam* zu verdrücken. Ich vertraute mich einem alten Bekannten an, der für die französische Zeitung *Le Matin* schreibt, einem großen, stämmigen Burschen, der den einen oder anderen Trick kennt und fließend Arabisch mit deutlich ägyptischem Akzent spricht. Wir gehen einfach zum Tor. Er zeigt auf mich und erklärt dem Posten beiläufig: »Er ist okay. Laß ihn durch.« Im nachhinein, während ich dies schreibe, bin ich mir nicht mehr sicher, ob der Posten wirklich auf unseren Trick hereingefallen ist. Ich glaube eher, daß es ihm viel zu peinlich gewesen wäre, uns bloßzustellen.

Ich erinnere mich aber, daß wir rasch, mit einem gewissen Stolz auf unsere Aktion, die leere Straße entlanggingen. Ein paar hundert Meter weiter erwischten wir einen Bus nach Kairo. Der Bus war ziemlich voll. Er fuhr auf der Hauptstraße in Richtung Innenstadt, eine lange Dieselwolke hinter sich herziehend. Freie Sitze gab es nicht. Wir standen im vorderen Teil.

»Wo kommt ihr her?« fragte der Fahrer. »Amerikaner? *Ingliz?*«

»Israel«, sagten wir beiläufig, und sofort war die Hölle los. Der Fahrer bremste abrupt.

»Was?« rief er auf arabisch. »Soll das ein Witz sein?«

Wir sagten, nein.

Der Fahrer drehte sich zu den anderen Fahrgästen um. »Habt ihr gehört? Sie sagen, sie sind aus Israel.«

Ein paar Leute drängten sich durch den Gang nach vorne. »Willkommen! Willkommen!« Der Fahrer sagte: »Israel sehr gut. Ägypten sehr gut. Frieden sehr gut.«

Unterdessen hatte sich hinter uns eine Schlange von wartenden, hupenden Autos gebildet. Der Fahrer beugte sich aus dem Fenster. »Hier sind Leute aus Israel! Echte Israelis!« Die anderen Fahrer gaben die Nachricht weiter und reckten die Hälse, um bessere Sicht zu haben. Ich glaube, ich habe noch nie so im Mittelpunkt gestanden. Überall im Bus riefen uns die Leute zu: »*Mabrouk, mabrouk.* Frieden sehr gut.«

Ein älterer Herr mit Panamahut schüttelte mir die Hand und sagte: »Kennen Sie Mr. Levi aus Alexandria? Er ist vor zwanzig Jahren nach Israel gegangen.«

Leider nein. Der Fahrer legte schließlich den Gang ein und fuhr weiter. Langsam näherten wir uns dem größten Platz der Stadt, Midan al-Tahrir, am Nilufer. Zuerst war nicht sehr viel Verkehr, doch je näher wir ins Zentrum kamen, desto deutlicher wurden die riesigen Ausmaße der Stadt und – noch erstaunlicher – die schieren Massen, die dort wohnen. An einer Haltestelle wartete eine große Menge auf den Bus. Als wir schließlich weiterfuhren, hing eine Menschentraube draußen an der Tür. Ein paar Leute waren aufs Dach gestiegen und hockten auf dem Gepäckträger.

Die Menschenmassen: Die Bevölkerung Kairos hat sich in den letzten fünfunddreißig Jahren vervierfacht. Die Straßen dieser riesigen Stadt, ohnehin immer voll, sind in den frühen Abendstunden noch belebter. Das Gedränge wächst so sehr an, daß man sich fragt, ob es je wieder abnehmen wird. Man denkt an Hesekiel: »Klag, Menschensohn! Ein Klagelied stimm auf das große Volk Ägypten an.« Noch nie habe ich solche Menschenmassen gesehen. Wohin ich auch gehe, fast überall finde ich mich in einem dicken Schwarm wieder, bewege mich langsam mit den anderen auf den schmalen Gehsteigen. Eine dunkle Sonne hängt in einem nebligen Himmel voller Staub und Schmutz. Die Luft ist schwer und feucht.

Im dunstigen Licht wirkt die Stadt noch voller und verstopfter. Zweieinhalb Millionen haben hier in den vierziger Jahren gewohnt. Heute sind es knapp zehn Millionen. Die gesamte Bevölkerung Israels würde in einem einzigen Viertel von Kairo Platz finden.

Doch das sind bloß Zahlen. Andere Städte haben ihre Einwohnerzahl in einem ähnlichen Zeitraum ebenfalls vervierfacht. Was an Kairo so überwältigt, ist die Tatsache, daß die Infrastruktur nur andeutungsweise mitgewachsen ist. Überall springt einem das daraus resultierende Chaos ins Auge: der beklagenswerte Zustand der Kanalisation, das überlastete Telefonnetz, der Wassermangel, der regelmäßige Kollaps der Stromversorgung, die staatlichen Schulen, an denen in zwei, manchmal drei Schichten pro Tag unterrichtet wird. Die hohe Analphabetenrate (70 Prozent) ist in den letzten dreißig Jahren quasi unverändert geblieben, trotz der gestiegenen Anzahl von Bildungseinrichtungen und examinierten Lehrern. Gigantische Slumviertel haben sich über unbebaute Flächen ausgedehnt, einschließlich Friedhöfen und Moscheen.

1948, vor dem ersten arabisch-israelischen Krieg, betrug die durchschnittliche Bevölkerungsdichte in Kairo 11 704 Personen pro Quadratkilometer. Im Jahre 1966, kurz vor dem Sechs-Tage-Krieg, waren es 20 549. Heute soll diese Zahl bei 40 000 Einwohnern pro Quadratkilometer liegen. Im Slumviertel Bab el-Scharia wohnen gegenwärtig 1,3 Millionen Menschen (das heißt etwa 4 Personen auf knapp 3 Quadratmetern) – indische Verhältnisse.

Der bekannte ägyptische Publizist Anis Mansour, der als enger Freund von Präsident Sadat gilt, schrieb nach der dramatischen Reise des Präsidenten nach Jerusalem: »Wer ist gegen den Krieg? Die Soldaten! Der Krieg hat sie verbittert. Der Krieg hat ihnen Wohnung, Straße und Lebensunterhalt genommen. Wer nach einem Telefonhörer greift und keine freie Leitung bekommt, wer den Hahn öffnet, und es fließt kein Wasser, wer stundenlang auf der Straße steht und auf den Bus wartet, der nicht kommt, und wenn er kommt, dann gibt es keinen Platz mehr, nicht einmal auf den Trittbrettern; der junge Mann, der keine Arbeit findet, und wenn er Arbeit findet, findet er keine Wohnung, und wenn er eine Wohnung findet, kann er die Miete nicht bezahlen, und so kann er nicht heiraten und denkt an Auswanderung – sie alle wollen keinen Krieg. Keiner von ihnen braucht eine Philosophie, um sein Schicksal zu verfluchen. Sie verfluchen diejenigen, die die Reichtümer und alle Bodenschätze Ägyptens an sich gerissen und sie für Rüstungsgüter und endlose Kriege ausgegeben haben. Sie verfluchen diejenigen [Araber], für die wir gekämpft haben, die selbst aber immer reicher werden. Nein, dem Fluß von Gold und Blut müssen wir ein Ende bereiten.«

Dennoch schrieb derselbe Anis Mansour in einer jüngeren Ausgabe der vielgelesenen Zeitschrift *Oktober*, deren Chefredakteur er ist: »Gib [den Juden] eine Chance, und sie werden beweisen, welche Tiere sie sein können ... Was tun sie auf der ganzen Welt? Sie schmuggeln Drogen, betreiben Nachtclubs und organisieren weißen Sklavenhandel.« Mir wurde gesagt, daß Mansour früher häufig in diesem Tonfall geschrieben habe. Alle Schandtaten der Juden sprechen jedoch nicht gegen Frieden. Im Gegenteil, in der aktuellen Nummer von *Oktober* spricht sich Mansour rückhaltlos für den Friedensvertrag aus: »Ägypten tut nichts Radikales«, schreibt er. »Es folgt lediglich dem Beispiel des Propheten Muhammad, der ebenfalls Frieden mit den Feinden des Islam geschlossen hat. Frieden wird Wohlstand bringen. Der Kreuzzug für Wohlstand hat angefangen!«

In der ganzen Stadt eine überwältigende Präsenz von Polizei und Miliz. Nicht hier und da ein Polizist, sondern Gruppen von zehn oder zwanzig, schwer bewaffnet, und Motorradpatrouillen von vier und sechs Mann. Auf dem Midan al-Tahrir, dem großen Platz, wo früher einmal die britische Kaserne stand, warten zwanzig-, dreißigtausend Menschen auf die Busse, die sie in die Vorstädte bringen werden. Vor dem Eingang zum riesigen Fernsehgebäude am nahe gelegenen Nilufer haben sich ein paar Soldaten hinter Sandsäcken verschanzt – wie Schiffbrüchige auf einer Insel inmitten des unablässigen Menschenstroms: arme Leute in Lumpen, Bauern in weiten Gewändern, Städter in eleganten Zweireihern. Ähnliche Menschenmassen kann ich mir in Tokyo oder Bombay vorstellen; viele Ausländer vergleichen Kairo mit Kalkutta. Aber ich frage mich, ob man in diesen Städten auch derselben unheimlichen Ruhe begegnet. Bismarck hat irgendwo vom »Fanatismus der Ruhe« gesprochen. Meine erste Reaktion darauf ist eine Art von Angst. Ich weiß, woher diese Angst rührt. Dann sage ich mir, daß ich nicht Verallgemeinerungen erliegen darf. Wer aus dem Westen kommt, empfindet den Orient entweder als unberechenbar heimtückisch oder als rührend simpel.

   Das Alltagsleben hier hat eine Würde und Freundlichkeit, wie ich sie selten woanders gesehen habe. Trotz der furchtbaren Enge wird kaum gedrängelt, getreten oder die Stimme gehoben. Das Tempo ist gemächlich und langsam. Die Begegnung mit der Menschenmasse, die mich fast überall umgibt, produziert einen sehr starken ersten Eindruck: Ich bin verblüfft. Und unweigerlich fallen mir die Fernsehbilder ein, die ich 1967 sah, von der gleichen Menschenmenge, die, am Vorabend des Sechs-Tage-Kriegs, auf den gleichen Straßen völlig außer Rand und Band nach Blut schrie.

Ich weiß nicht, ob ich jemals etwas Derartiges erlebt habe. Es hat natürlich mit der Erregung zu tun, daß ich an einem bislang verbotenen Ort bin. Woher diese Erregung rührt, ist offenkundig. Es sind auch die sinnlichen Eindrücke. In den letzten dreißig Jahren konnte niemand von uns hierherkommen, weder für Geld oder gute Worte noch mit Waffengewalt. Und doch sind die Ägypter, denen ich begegne, ausnahmslos herzlich und gastfreundlich und liebenswürdig, und viele sagen »Willkommen, Willkommen!« und »Wie gut, daß es vorbei ist.« Doch anders als die Araber in den besetzten Gebieten heißen sie einen Israeli nicht aus Angst oder Berechnung willkommen, sondern aus freien Stücken oder vielleicht auch, weil sie müde sind.

Und noch etwas fällt mir auf, was ich woanders noch nicht erlebt habe. Ich würde es als das Gewicht der Zeit bezeichnen. Es kommt von dem merkwürdigen Aufeinandertreffen zwischen Sichtbarem und Erinnertem. Die Vergangenheit ist in Kairo sogar noch sinnfälliger als in Jerusalem, wo ich wohne. In Jerusalem lebt die ferne Vergangenheit ebenfalls in Steinen weiter, aber es sind verstreute Fragmente von Mauern und Fundamenten, die sorgfältig ausgegraben, gesäubert und beschildert werden, um eine Illusion des Ganzen zu vermitteln. Jetzt wird mir klar, daß die Zeit kein so abstrakter Begriff ist, wie wir denken. In Israel haben wir die Schrift. Das Zeitgefühl, das sie produziert, ist längst nicht so konkret greifbar wie eine fünftausend Jahre alte, perfekt erhaltene Grabkammer mit leuchtend bunten Wandfresken.

Die Pyramiden sind mehr oder weniger intakt. Diejenigen in Gizeh sind von den oberen Stockwerken vieler Häuser in Kairo aus zu sehen. Die noch ältere Stufenpyramide von Saqqara – eines der frühesten bekannten Exemplare menschlicher Baukunst – ist vom Stadtzentrum nicht einmal eine halbe Autostunde entfernt. Es ist nicht nur, daß man hier ständig auf sechs- oder siebentausend Jahre ununterbrochener Geschichte hingewiesen wird, sondern ein Syndrom, das von einer Kombination aus materiellen Dingen und Erinnerung herrührt. Anders als der überwältigende Eindruck der unendlichen Menschenmasse ergreift es einen erst allmählich, und dann ist man hoffnungslos darin gefangen. Ich schaue über die Dächer hinweg bis zu den Pyramiden und hinunter auf den Müll der Straße. Der Staub steigt in Spiralen hoch. Der Mond hängt sichelförmig am Himmel, dünn und spitz wie ein Dolch. Ein großes Transparent quer über die breiten Straße zeigt Sadat in der Uniform eines Feldmarschalls, mit einem goldenen Szepter in der Hand, das demjenigen ähnelt, das der junge Kind-König in seinem Sarkophag im ägyptischen Antikenmuseum hält. Die Schrift darunter sagt: »Warum Frieden? Nun, was haben wir vom Krieg gehabt?« Ich erfahre, daß dies der Refrain eines gegenwärtig sehr populären Songs ist.

Der Sänger ist Mohammed Nuh, einer der bekanntesten in Ägypten. Sein Gebiet ist Volksmusik. Herr Nuh ist ein breitschultriger, korpulenter Mann Anfang Fünfzig, die grauen Haare über der hohen Stirn zurückgekämmt, rabenschwarze Augen. Er trägt eine weite, maßgeschneiderte Galabija, die fein bestickt ist. Seine Platten, sagt er, werden zu Zehntausenden verkauft. Während des Yom-Kippur-Kriegs – hier sagt man Oktoberkrieg – trat er vor den Soldaten an der Front auf. Sein gewinnendes Lächeln breitet sich rasch über das runde Gesicht mit dem olivfarbenen Teint aus. »Nein, nein. Ich habe keine Kriegslieder gesungen. Patriotische Lieder habe ich gesungen«, sagt er. »Liebeslieder. Liebe für dieses arme Land, davon habe ich den Soldaten gesungen.«

Herr Nuh steht in der Halle eines alten Kairoer Theaters, in dem gerade sein neues Musical geprobt wird. Es trägt den Namen *Liebe in einer Kiste*. Es ist ein Angriff, sagt Herr Nuh, auf Nassers Mukhabarat (Staatssicherheitsdienst), zu dessen Praktiken es zählte, ägyptische Oppositionelle in Europa zu kidnappen – ein israelischer Agent wurde auf solche Weise entführt – und betäubt in einer Kiste nach Ägypten zurückzuschaffen. Warum *Liebe* in einer Kiste? Ganz einfach, erklärt Herr Nuh in seiner durchdringenden Tenorstimme. Liebe ist Freiheit. Wir wollen damit sagen, daß man die Freiheit nicht mehr betäuben und in Kisten verschleppen kann.

»Seit 1976 singen wir nur über den *Frieden*«, sagt Herr Nuh. Ich weiß nicht genau, was ich von ihm halten soll. Ein arabisches Sprichwort lautet: Wenn das Kalb fällt, werden die Messer gezückt. Jeder macht beim Schlachten mit. Ob das Gegenteil auch zutrifft? Wenn das Kalb wiederaufgerichtet würde, wären dann alle bereit, es aufzupäppeln? Herr Nuh ist für meinen Geschmack etwas zu glatt.

Doch dann erzählt er mir, daß er in drei Kriegen drei Brüder verloren hat: einen 1956, den zweiten 1967, den dritten 1973. Der vierte arbeitet jetzt als Schlagzeuger für ihn. Wir schlürfen Tee mit Minze aus schmalen, hohen Gläsern. Dann spielt er mir eine seiner Platten vor. Seine Stimme ist sanft und kommt mit einem leisen, tiefen Brummen daher.

Kurz vor Mitternacht fahre ich mit dem Taxi ins Hotel zurück. Im trüben Licht versuche ich mühsam, die Schlagzeilen der morgigen Ausgaben von *Al-Achbar* und *Al-Ahram* zu entziffern, und ich frage mich, ob jemals zwei Nationen Frieden geschlossen haben, die so wenig voneinander wußten. Die Straßen sind voll mit *Friedens*-Parolen und Porträts von Sadat. Noch immer drängen sich die Menschen. Bis jetzt sind Worte die einzige Brücke zwischen uns gewesen, eine zerbrechliche, schmale Brücke, die zu betreten nur die Spezialisten sich bemüht haben. Auf der letzten Seite einer der Zeitungen fällt mir eine kleine Meldung auf, daß Professor Schimon Schamirs Buch *Ägypten unter Sadat* ins Arabische übersetzt worden sei und in Kürze bei Al-Maaref in Kairo erscheine.

Schamir ist Professor an der Universität von Tel Aviv. Sein Buch – eine Analyse des tiefgreifenden Wandels im postnasseristischen Ägypten – wurde vor über einem Jahr auf hebräisch veröffentlicht. Schamir ist einer der wenigen Nahostexperten in Israel, der die Stimmung der Ägypter in den letzten sieben Jahren richtig eingeschätzt hat. Er schreibt, daß Ägypten unter Sadat nach Frieden mit Israel strebe, zumindest als mögliche Option, im Gegensatz zum nasseristischen Ägypten, das sich fast ausschließlich dem Krieg verschrieben hatte. Wie viele von uns mögen dieses Buch gelesen haben, überlege ich, während wir durch die Nacht fahren. Ich selbst habe es erst vor einer Woche gelesen, in großer Eile.

Und was können Ägypter über uns lesen? So gut wie nichts, scheint mir, abgesehen von dem, was an Propagandaschriften erhältlich ist. Jahrelang haben wir isoliert voneinander gelebt oder sogar in tödlicher Umarmung verstrickt wie zwei Giftschlangen. Durch den besonderen Charakter dieses Verhältnisses bekam jeder Kontakt zwischen uns etwas Zerstörerisches. Das Bild, das wir voneinander hatten, war verzerrt. Hinter jedem israelischen Soldaten sahen die Ägypter einen französischen Fremdenlegionär oder einen englischen Imperialisten. Hinter jedem ägyptischen Soldaten sahen die Israelis einen SS-Mann, der nur an Genozid dachte. Jahrelang haben wir in einer Welt voller Dämonen und Teufel gelebt. So wie Nasser Ben Gurion als den »schlimmsten Kriegsverbrecher des Jahrhunderts« bezeichnete, so haben viele Israelis Nasser, und später Sadat, als »Hitler am Nil« bezeichnet. Nasser verkündete, daß allein schon die Existenz Israels ein aggressiver Akt sei. Ben Gurion behauptete, daß er nichts anderes als Frieden wolle, beteiligte sich aber 1956 an der anglo-französischen Militärexpedition gegen Ägypten. Die Feindseligkeit der Ägypter gegenüber den Israelis war nicht nur politischer Natur. Im Laufe der Jahre wurde sie in den Rang einer Ideologie und eines Glaubens erhoben. Israelis – und Juden – wurden Symbole einer Scheußlichkeit, die nötigenfalls in einem Heiligen Krieg vernichtet werden mußte, wie seinerzeit das Königreich der Kreuzfahrer. In

Ägypten entwickelte sich eine Schule antisemitischer Propagandaliteratur. Sie nahm solche Ausmaße an, daß in der Bibliothek meines Freundes, des Orientalisten Yehoschafat Harkabi, eine repräsentative Auswahl von antisemitischen Büchern, veröffentlicht von ägyptischen Staatsverlagen, ein langes Regal beansprucht. Ich habe miterlebt, wie Professor Harkabi, der diesen Schund sammelte, las und kommentierte, mit den Jahren über dieser deprimierenden Arbeit grau und dann weiß geworden war. Zu Harkabis Sammlung gehörten mehrere ägyptische Reprints, in arabischer Sprache, der *Protokolle der Weisen von Zion*, angeblich einer »Geheimrede Herzls auf dem Zionistischen Kongreß«. Nasser selbst hat die *Protokolle* einem indischen Besucher wärmstens empfohlen. »Es ist wichtig, daß Sie sie lesen«, sagte Nasser. »Ich werde Ihnen eine Ausgabe schenken. Es beweist zweifelsfrei, daß dreihundert Zionisten, die einander kennen, das Schicksal des europäischen Kontinents bestimmen und ihre Nachfolger unter sich wählen.« Dieser Satz findet sich in der offiziellen Sammlung von *Nassers Reden und Presseinterviews*, herausgegeben, ebenso wie die *Protokolle*, von einem Kairoer Staatsverlag.

Andere Beispiele aus Harkabis Sammlung: »Der jüdische Gott gibt sich nicht mit Tieropfern zufrieden. Um ihn zu besänftigen, sind Menschenopfer erforderlich. Daraus erklärt sich der jüdische Brauch, kleine Kinder abzuschlachten und an Passah ihr Blut mit dem ungesäuerten Brot zu mischen.«

»Jesus hat uns gesagt, wer sie waren. Mohammed hat uns vor ihnen gewarnt. Gott hat sie verflucht und ihr Land zerstört.«

Das eindeutige Ziel der Zionisten sei es, die jüdische Weltherrschaft zu errichten, »indem sie die Moral untergraben, durch Finanzspekulationen, durch die Verbreitung von Gemeinheit, die Zerstörung von Religion, und schließlich durch den Einsatz von Mord als einem Mittel, ihre Ziele zu erreichen«. (Hassan Sabri al-Khouli, Nassers »persönlicher Vertreter«, in einer Ansprache vor den Truppen, veröffentlicht vom Oberkommando der ägyptischen Streitkräfte [Kairo, 1965].)

Wo dieser al-Khouli heute wohl ist? Ich habe Musa Sabri danach gefragt, den Chefredakteur von *Al-Achbar*, den ich heute abend in seinem Büro besucht habe. Er wußte es nicht. Herr Sabri ist witzig, kultiviert, sanft, ein wenig gebeugt, von ungezwungener und liebenswürdiger Art. Er war mir sofort sympathisch. Sein Büro ist mit Büchern in drei Sprachen vollgestopft. Neben seinem Schreibtisch, auf einem kleinen Beistelltisch, liegt ein Stapel von neuesten Ausgaben der *Jerusalem Post*.

Täglich lese er die *Post*, sagte er, und zwar »mit beträchtlichem Vergnügen. Seit Jahren schon«. Wir sollten einander im Geist der Liebe und des Verständnisses begegnen, sagte Herr Sabri. Wir hatten ein sehr gutes Gespräch. Dennoch hat jemand, der Musa Sabri vor weniger als einem Jahr hier besuchte, mir berichtet, daß an den Wänden seines Büros 1978 noch immer Karikaturen aus arabischen Zeitungen hingen, die im Stil und im zeichnerischen Detail an Karikaturen des *Stürmers* erinnerten.

Während wir miteinander plauderten, fiel mir auf, daß die Karikaturen nicht mehr an der Wand hingen. Nur Fotos von Sadat und eines von Nasser in bekannter Pose, das markante Kinn entschlossen vorgestreckt.

Ja, es habe vor einigen Jahren antisemitische Literatur gegeben, sagte Herr Sabri. Er selbst habe diese Bücher aber nie gelesen. Gegeben habe es sie. Ich solle das nicht allzu wichtig nehmen. Sie seien ein Nebenprodukt des Krieges gewesen, nicht der Grund, sagte er, eine Form von »Kriegsrassismus«. Ich fragte ihn, was er darunter verstehe.

»Nun, so etwas Ähnliches wie die antijapanische Propaganda in Amerika nach dem Überfall auf Pearl Harbor.« Antisemitismus sei nichts typisch Ägyptisches. Bilder und Parolen seien von Europa übernommen. Es sei eine Form von Entwicklungshilfe – Herr Sabri lächelt jetzt, ein wenig verschmitzt, wie ich fand –, wie der Nationalismus, der ebenfalls von außen komme.

Ein interessanter Gedanke, sagte ich und hoffte, etwas ironisch zu klingen. Leider könne die feinsinnige Unterscheidung zwischen genuinem Rassismus und »Kriegsrassismus« die Holocaust-Überlebenden nicht sonderlich beeindrucken. Herr Sabri pflichtete mir sofort bei. Antisemitische Propaganda, fuhr er fort, habe in Ägypten aber nie wirklich Fuß fassen können, nicht einmal zu Zeiten Nassers. Und inzwischen sei das so gut wie vergessen.

Ägypten und Israel werden in Frieden leben, sagte Herr Sabri. Er sei überzeugt davon. Er sprach warm von Israel, das er 1977 zusammen mit Sadat besucht hatte. Bald werde es kulturelle und wirtschaftliche Beziehungen geben zwischen den beiden Nationen, wie zwischen Juden und Moslems im Mittelalter. Man könne sehr viel voneinander lernen. Wenn beide Seiten sich weise verhielten, würde ein neues Zeitalter anbrechen, ein Goldenes Zeitalter. Er beschrieb es so schön, so überzeugend und mit so viel Wärme, daß ich es einfach nicht fertigbrachte, ihn zu fragen, was aus den Karikaturen geworden sei, die sechs Monate zuvor in seinem Büro gehangen hatten.

Doch andererseits bin ich in Kairo und nicht in Tel Aviv, nervös und befangen, dankbar für die Gastfreundschaft, die mir entgegengebracht wird, und überschüttet von Freundlichkeit: Ich möchte glauben, daß alles wirklich vorbei ist, und bin mir auch all der Dummheiten und Fehler bewußt, die auf israelischer Seite jahrelang begangen wurden, die mit zu jener ägyptischen Feindseligkeit beitrugen, bis sie sich quasi verselbständigte und aus sich selbst heraus lebte. Ist dieser Teufelskreis jetzt unterbrochen? Irgendwo habe ich gelesen, daß die letzte Wirklichkeit nur intuitiv, durch einen Akt des Wollens und des Fühlens wahrgenommen werden kann. Hier in Kairo bin ich von einer neuen Realität umgeben, zumindest hoffe ich das. Ich schärfe meine Sinne und bete, daß ich keiner Täuschung erliege. Ich ahne, daß in Israel die Intuition der meisten Menschen anders funktioniert. Musa Sabri sagt, daß 99 Prozent der ägyptischen Bevölkerung für den Friedensvertrag seien; nur einige wenige Leute in Sadats Regierung überlegten noch immer, ob Ägypten den richtigen Schritt gemacht habe. In der Regierung, sagte Sabri, gebe es noch immer Mißtrauen im Hinblick auf die israelischen Motive und Angst, von Begin »verraten« zu werden.

In Israel schien mir das Gegenteil der Fall zu sein. Die Regierung gab sich überzeugt, das Richtige zur richtigen Zeit getan zu haben. Die Öffentlichkeit wurde noch immer von einem Mißtrauen beherrscht, das ans Neurotische grenzt. Der Unterschied zwischen Israel und Ägypten ist nicht schwer zu verstehen. Er hat mit dem Unterschied zwischen einer parlamentarischen Demokratie und einem autoritären Staat zu tun. Demokratien ziehen nicht so schnell in den Krieg. Wenn sie es tun, so statten sie den Konflikt mit einer letzten, apokalyptischen Qualität aus. Bei meiner Abreise aus Israel war wenig von dem uneingeschränkten Enthusiasmus für den Friedensvertrag zu spüren, den ich seit meiner Ankunft fast überall unter den ägyptischen Massen spüre. In Israel gab es eher eine seltsame, saure Atmosphäre von grenzenlosem Mißtrauen und von Besorgnis. Als der Moment schließlich kam, den die Israelis seit Jahrzehnten ersehnt hatten – Frieden mit dem größten und mächtigsten arabischen Nachbarn –, war es fast ein wenig enttäuschend. Die Friedensverhandlungen hatten sich zu lange hingezogen, unter übelstem Geschacher, furchtbarem Gezerre und ausgesuchten Gebärden der Ablehnung und Geringschätzung. Die Verhandlungen hatten zu viele Rückschläge erlitten, als alles verloren schien, und zu viele Fortschritte gemacht, an die niemand mehr glaubte. Bis zum letzten Moment war keiner von uns sicher, ob wir den Rubikon überschreiten würden oder ob wir nur ein wenig darin geangelt hatten. Das Abkommen wurde schließlich in der lächerlich hollywoodhaften Manier eines größeren Showspektakels besiegelt.

Was für ein seltsamer Anblick es gewesen war, als Ministerpräsident Menachem Begin in Tel Aviv das Flugzeug bestieg, das ihn zur Unterzeichnung des Friedensvertrags nach Washington bringen sollte. Ich erinnere mich noch, wie ich diese Szene am Fernseher verfolgte. Es war düster. Nur Begin lächelte breit, aber doch etwas angestrengt, wie mir schien. Die Leute, die ihn am Flughafen verabschiedeten, behandelten ihn vorsichtig und rücksichtsvoll, als würde er zu einer Beerdigung fliegen. »Wir bauen Jerusalem wie Männer, die den Galgen errichten«, schrieb der Dichter Sch. Schalom einmal und faßte in einer denkwürdigen Zeile die Mischung aus Ironie und Enthusiasmus zusammen, die viele Generationen von zionistischen Pionieren erfüllt hat.

An jenem Freitag, den 23. März, waren die israelischen Zeitungen von düsterer Skepsis erfüllt. Der Schriftsteller Aharon Megged schrieb, sein Herz zittere »vor Sorge« bei dem Gedanken, daß Israel den Berg Sinai verlieren werde, daß es die »Wüste aufgibt – den Wind, die Sonne und die Toten« – eine erstaunliche Bemerkung, wenn man bedenkt, daß der Sinai von etwa fünfzigtausend Beduinen bewohnt wird. Die Ägypter hatten bereits Pläne bekanntgegeben, in Teilen des Sinai, die durch zugeführtes Nilwasser fruchtbar gemacht würden, weitere zweihunderttausend Ägypter anzusiedeln.

»Hat man in der Geschichte der Nationen derlei schon gehört«, fragte Megged. »Nach Siegen, nicht Niederlagen?« Er kritisierte Außenminister Dayan, den Friedensvertrag als »sehr gute Sache« bezeichnet zu haben. Er, Megged, könne darin nur wenig Gutes sehen; er verstehe auch nicht, wie Menschen auf den Frieden trinken und »L'chayim« sagen könnten. »Wie kann man glücklich sein, wenn das Herz vor Sorge bebt?«

Haim Gouri, ebenfalls ein bekannter Autor, veröffentlichte ein ähnliches Loblied auf die verlorene Wüste, von der er sich verabschiedete wie von einer Frau, die er, mit Tränen in den Augen, zum letzten Mal in seinem Leben zärtlich umarmt. »Leb wohl, Sinai. Leb wohl, du weites Land, das du dich bis zum Horizont erstreckst. Lebt wohl, alte Erinnerungen.« Ich wunderte mich über diese letzte Bemerkung. Wollte Gouri damit sagen, daß er seine Erinnerung jetzt verlieren würde? Offenbar. »Lebt wohl, alte Erinnerungen, Erinnerungen an den Auszug aus Ägypten und den Empfang der Thora [auf dem Berg Sinai].« Dem entnahm ich, daß Gouri nicht die Absicht hatte, weiterhin Passah zu feiern. Die Wüste Sinai, fuhr er melancholisch fort, sei uns lieb gewesen »seit den frühesten Tagen dieser Nation«. Ich bin sicher, er hat das irgendwo überprüft; ich finde nirgends einen Anhaltspunkt dafür. »Lebt wohl, magische, schweigende Korallenküsten [des Roten Meers]. Lebt wohl.« Gouri plagte der Gedanke, die Ägypter könnten nun denken, daß dieses wundersame Land »in Wahrheit ihnen gehört, nicht uns«.

Ich erwähne diese Artikel als Beispiele nicht nur eines schrillen, militanten Nationalismus – Stimmung einer Minderheit –, sondern auch der allgemeinen Verwirrung und Besorgnis und Müdigkeit, die durch Jahrzehnte der Unsicherheit und des Kriegs erzeugt worden waren. Viele Menschen konnten sich einfach nicht vorstellen, daß diejenigen Ägypter, »die ihr heute seht, werdet ihr nimmermehr sehen ewiglich«, wie es im 2. Buch Mose 14,13 heißt. Andere hatten nur ihren Vorteil im Sinn. »Die einfachen Leute in Israel«, sagte der Schriftsteller Amos Oz, »wollen Frieden haben, ohne dafür zu bezahlen.« Zwölf Jahre Besatzungsregime hatten die Menschen an materielle Vorteile gewöhnt. Sie hatten vergessen, wie es überhaupt dazu gekommen war.

Vor 1967 hatte kaum jemand in Israel Ansprüche auf die Sinai-Halbinsel erhoben. Als Israel am 5. Juni 1967 die Wüste eroberte, verkündete Mosche Dayan, daß wir »keine territorialen Forderungen« hätten. Das Gebiet sollte als Faustpfand dienen, das gegen Frieden eingetauscht würde. Der Appetit war erst später gekommen. Zu viele Leute hatten sich zu lange an den permanenten Kriegszustand gewöhnt. Es war schwer, sich davon zu befreien.

Ein Vorfall, der sich wenige Tage vor meiner Abreise nach Kairo an einer Jerusalemer Oberschule ereignete, schien mir charakteristisch zu sein. Der Friedensvertrag sollte am 26. März, einem Montag, in Washington unterzeichnet werden. Die Schüler der beiden obersten Klassen jener Schule tun Dienst als Hilfsluftschutzwarte. Von ihrem Oberluftschutzwart wurde ihnen tatsächlich erklärt, daß am darauffolgenden Dienstag höchstwahrscheinlich Krieg ausbrechen werde. Sie bekamen Codeparolen, die im Ernstfall über Radio ausgestrahlt würden. Sobald sie diese Meldungen hörten, sollten sie loslaufen und den Leuten helfen, in die Luftschutzräume zu kommen.

Am Tag der Vertragsunterzeichnung kam es zu einem scharfen Kursverfall an der Tel Aviver Börse, als wollte man sich an Brechtsche Fiktionen halten. »Der Messias«, wie es in einem alten jüdischen Sprichwort heißt, »kommt in Lumpen«.

Die Zeitungen meldeten an diesem Montag, daß ein alter Mann einen Zettel in die Ritzen der Klagemauer gesteckt habe, auf dem stand: »Bitte, lieber G-t, mach, daß es länger als eine Nacht dauert.« Das erinnerte mich an eine Stelle in Brechts *Mutter Courage*:

Der Feldprediger: Wir sind eben jetzt in Gottes Hand.
Mutter Courage: Ich glaub nicht, daß wir schon so verloren sind.

Soweit war es nicht, aber viele Menschen schliefen in dieser Nacht nicht gut.

Sadats Autobiographie, *Unterwegs zur Gerechtigkeit*, wurde teils von ihm selbst diktiert, teils von einem Ghostwriter geschrieben. Es ist in mancherlei Hinsicht ein faszinierendes Buch, nicht unbedingt wegen seiner historischen Genauigkeit, die zu wünschen übrig läßt, sondern als reiche Quelle voller Hinweise auf den Charakter und das Selbstverständnis dieses außergewöhnlichen Menschen.

Ich hatte dieses Buch schon vor meiner Abreise nach Ägypten gelesen. In Kairo, in meinem Zimmer über dem Nil, nehme ich es mir oft wieder vor, besonders in den frühen Morgenstunden, wenn mich der Verkehrslärm unten auf der Straße aus dem Schlaf reißt. Ein solches Buch in seiner eigenen Umgebung zu lesen, in einer Umgebung auch, die der Autor so gründlich verändert hat, entbehrt nicht einer gewissen Faszination. Man sollte das nicht allzu pedantisch betreiben, wie jene etwa, die das Badezimmer eines Autors inspizieren, um sein Werk besser zu verstehen. Aber Sadats Buch ist politisch. Es ist nicht nur von seiner Person geprägt, sondern auch von dem Land, in dem er aufwuchs und heranreifte und das er nun als mehr oder weniger gütiger Diktator regiert. Hat man erst einmal die ägyptische Landschaft gesehen und ist vertraut mit der Gesellschaft und den Menschen, wie sie in Sadats Buch beschrieben werden, so gewinnt das Bild, das sich bei neuerlicher Lektüre in Ägypten einstellt, eine zusätzliche Schärfe und wird vielleicht noch verständlicher.

Es gibt zwei Fassungen des Buches. Eine erste Fassung – nur auf arabisch – wurde in Anis Mansours Zeitschrift *Oktober* vorabgedruckt. Der gebildete, vielsprachige Mansour gilt als einer der Ghostwriter. In dieser ersten Fassung ist der Frieden nicht der dramatische Höhepunkt oder überhaupt ein größeres Thema wie in der zweiten Fassung, die von Sadats amerikanischem Verlag stark lektoriert und überarbeitet wurde.

In der arabischen Originalausgabe beispielsweise beschäftigt sich Sadat mit seinem Denken. Er vergleicht es mit einer Schweizer Uhr. Manchmal zieht er seine Uhr heraus und betrachtet sie voller Bewunderung und denkt, daß so sein Denken funktioniert. All das und noch vieles andere fehlt in der zweiten Fassung. Trotzdem werden die kuriosen, oft charmanten, gelegentlich verblüffenden Seiten von Sadats Persönlichkeit deutlich.

Sein Gefühl für Dramatik: Wenn er beispielsweise enthüllt, daß er vor der Reise nach Jerusalem eigentlich beabsichtigt hatte, die Führer Chinas, der Vereinigten Staaten, der Sowjetunion, Großbritanniens und Frankreichs einzuladen, sich mit ihm in Jerusalem zu treffen und gemeinsam den Grundstein für den Frieden zu legen. (Später sollte er vorschlagen, die Unterzeichnung des Friedensvertrags auf dem Berg Sinai abzuhalten, wo er gewissermaßen in der Asche des brennenden Dornbuschs stehen würde.) Als Kind wollte Sadat zuerst Schauspieler werden, dann Anwalt. »Ich bin ein Künstler«, sagt er. Er zählt die großen Momente auf, die ihn in seinem Leben, als Kind, als Gefangener, inspiriert, und die großen Bücher, die ihn beeinflußt haben: den Koran, H. C. Armstrongs Atatürk-Biographie (*Der Graue Wolf*) und *Reader's Digest*. Sein Lieblingsautor ist der amerikanische Schriftsteller Lloyd Douglas.

Als er in den sechziger Jahren Generalsekretär der Islamischen Weltunion war, erklärte er einem amerikanischen Geistlichen, daß er soeben eine weltbewegende Entdeckung gemacht habe: Christentum, Judentum und Islam seien ein und dasselbe. Der Geistliche bat ihn, das näher zu erläutern. Sadat ging mit der brüsken Bemerkung darüber hinweg, daß die Theologen die Einzelheiten ausarbeiten müßten.

Er ist gesellig und zugleich Einzelgänger: offen, warm, freundlich, praktisch, und gleichzeitig launisch, grüblerisch, ja mürrisch, und zwar so sehr, daß er fast wie ein Mystiker wirkt oder ein heiliger Tor. Vor allem aber besitzt er Bauernschläue. Er ist ein Meister in der Kunst des Überlebens, gewissermaßen ein ägyptischer Schwejk, aber anders als Schwejk – auch er Symbol eines getretenen, unterdrückten Volkes – nie ohne eine grandiose Strategie und einen Traum.

Er ist der Mann, der fast zwanzig Jahre lang als Nassers treuer Paladin von niemandem richtig ernst genommen wurde; der Mann mit dem Spitznamen »Oberst Jawohl«, der nur lächelte, wenn er als Nassers Schoßhündchen bezeichnet wurde. Er war der Gründer und erste Führer des geheimen Bundes Freier Offiziere. Erst nach seiner Verhaftung im Jahre 1942 wurde sein enger Freund Nasser sein Nachfolger. Doch selbst Sadats Rolle als einer der Anführer des Staatsstreichs von 1952 erscheint in seinem Buch in unerwartetem, fast charmantem Licht.

Am Vorabend der Revolution befand er sich zufällig in der Sinaiwüste, weit entfernt von Kairo. Nasser ließ ihm mitteilen, daß er sofort zurückkehren solle, die Revolution stehe kurz bevor. Sadat fuhr eiligst nach Kairo zurück. Da Nasser aber nicht am Bahnhof war, wie sonst immer, sagte sich Sadat, daß die Revolution verschoben worden sei; er fuhr nach Hause und ging mit seiner Frau ins Kino.

Unterdessen besetzen die Rebellen das Hauptquartier der Armee. Sadat kommt aus dem Kino nach Hause und findet eine Nachricht von Nasser vor. Er begibt sich rasch zur Al-Abbassia-Kaserne, wird aber, da er nicht das geheime Losungswort weiß, von einem Wachposten angehalten. Er protestiert, weist darauf hin, daß er der Oberst Sadat sei. Als der Wachposten hört, daß ein hoher Offizier vor ihm steht, stellt er ihn unter Arrest – wie es die Aufständischen für alle höheren Offiziere angeordnet hatten ...

1970 wird er übergangsweise Nassers Stellvertreter, während die ernsthaften Kandidaten für das Amt sich um eine möglichst günstige Ausgangsposition bemühen. Sadat selbst gilt als unbedeutend. Der amerikanische Gesandte in Kairo meldet nach Washington, daß Sadat sich höchstens vier Wochen werde halten können. Diese Ansicht wird von Experten des israelischen militärischen Geheimdienstes geteilt. Sie melden, daß Sadat vermutlich rauschgiftsüchtig sei. Und doch zeigt sich dieser scheinbar unbedeutende Verlegenheitskandidat hellsichtiger und stärker, als irgend jemand gedacht hätte. An seinem ersten Tag im Amt wirft er Nassers Chefberater hinaus, der mit Protokollen von abgehörten Telefongesprächen zu ihm gekommen war. Schaffen Sie den Quatsch weg, sagt er.

Binnen eines Jahres baut er Nassers »alte Machtzentren« in Staatsapparat und Geheimpolizei ab. Diese Aktion, später bekannt als die zweite, »korrektive Revolution« vom Mai 1971, war der Anfang vom Ende des nasseristischen Polizeistaats. Und Sadat lanciert seine erste Friedensinitiative; er spricht das Tabuwort *salam* aus – und wird *nicht* ermordet, anders als Nasser, der im privaten Gespräch oft erklärt hatte, daß man ihn in diesem Fall umbringen würde.

Der Rest ist bekannt. Die Israelis verstanden Sadats frühe Friedenssignale falsch. Sieben Jahre später, in Jerusalem, fragte Sadat Dayan nach den Gründen. Dayan räumte ein, daß man von Sadats Glaubwürdigkeit nicht überzeugt gewesen war. Wäre er nur schon 1971 nach Jerusalem geflogen, um die psychologische Schranke einzureißen ... Statt dessen sprach er weiterhin über Frieden und Krieg als zwei gleichermaßen möglichen Optionen. Die Israelis waren eitel und berauscht vom Triumph von 1967; kaum etwas schwächt so sehr wie ein großer Sieg. Dayan erklärte offen, ihm sei ein besetzter Sinai ohne Frieden lieber als Frieden ohne Sinai.

Offenkundig unterschätzte Sadat die psychologischen Dimensionen eines Konflikts, der schon seit Generationen andauerte und sich nicht einfach dadurch beenden ließ, daß man das verbotene Wort *salam* aussprach. Die Arabisten in Israel suchten mit feinsinnigen linguistischen Argumenten nachzuweisen, daß Sadat, wenn er wirklich Frieden wolle, nicht das Wort *salam* (Frieden), sondern *sulh* (Aussöhnung, Fraternisierung unter Feinden) verwendet hätte. In dieser Debatte wurden etliche Haare gespalten, und am Ende setzte sich die Sulh-Fraktion durch. Es paßte auch besser in die aktuelle israelische Politik. Dayan glaubte, daß Sadat politisch zu schwach sei, um sich halten zu können, und daß die ägyptische Armee außerstande sei, zu seinen Lebzeiten je wieder einen Krieg zu führen.

Sadat sollte beweisen, daß sich Dayan in beiden Punkten getäuscht hatte. In seinem Buch kommt er darauf zu sprechen, freilich ohne Häme. Bei neuerlicher Lektüre fällt wieder der seltsame Kontrast zwischen seinen schwammigen Theorien (»Politik ist die Kunst, eine Gesellschaft aufzubauen, in der der Wille Gottes verwirklicht wird«) und den rationalen Zielen auf, die er für Ägypten formuliert. Der große Unterschied zwischen Sadat und Nasser springt deutlich ins Auge. Nasser verfolgte unrealistische Ziele mit bedauernswert beschränkten Mitteln. Sadat verfolgt beschränkte Ziele, ist aber bereit, jede Anstrengung dafür auf sich zu nehmen. Zum ersten Mal seit der Revolution, schreibt Sadat, weiß Ägypten genau, was es will.

Er spricht natürlich viel von seiner eigenen Identität und derjenigen Ägyptens. Für ihn ist das ein und dasselbe, die Geschichte und das Ich, als Last und als Schicksal. »Ich, Anwar el-Sadat, ein Bauer, geboren und aufgewachsen an den Ufern des Nils, wo die Menschheit zum ersten Mal die Morgendämmerung der Zeit erblickte, stelle dieses Buch ... Es ist die Geschichte meines Lebens und zugleich die Geschichte Ägyptens seit 1918 – denn das Schicksal hat es so gefügt.«

Seit früher Kindheit hatte er ein bestimmtes »Bild« von sich und von Ägypten, so wie de Gaulle, der seine Memoiren mit dem Satz be-

ginnt: »*Toute ma vie je me suis fait une certaine idée de la France.*« Sadat
ähnelt de Gaulle in mehrfacher Hinsicht. Er liebt Ägypten, aber nicht
unbedingt die Ägypter. Sein Buch vermittelt den Eindruck, als habe
er, bevor er an die Macht kam, unter seinen Landsleuten in einem
Alptraum von Trägheit und Intrigen, Chaos, Egoismus und Erbitte-
rung gelebt. Nur die »Macht der Liebe« habe ihn befähigt, so viele
Jahre in ihrer Gesellschaft auszuhalten. Im Gefängnis entdeckte er die
mystischen Dimensionen der Liebe; der Schöpfer wurde sein »Feund«,
und er »stellte eine bewußte Verbindung mit allem Sein her ... Meine
Seele stieg empor wie ein Vogel, der in den Raum hinausfliegt ... in
die Unendlichkeit.«

Während des Zweiten Weltkriegs wurde Sadat unter dem Verdacht
der Kollaboration mit den Deutschen ins Gefängnis geworfen und noch
einmal 1946 als Komplize bei der Ermordung des pro-britischen ägyptischen Politikers Amin Osman: Sadat ist, wie Begin, ein politischer
Terrorist gewesen. Er übergeht dieses dunkle Kapitel in einem kurzen
Absatz; es spielte sicher eine größere Rolle, als seine Beschreibung
vermuten läßt. Amin Osmans Verbrechen hatte darin bestanden, daß
er erklärt hatte, Ägypten dürfe niemals seine Bindungen an England
aufgeben. Dies, schreibt Sadat, sei einem selbstverhängten Todesurteil
gleichgekommen. Sadat und seine Freunde beeilten sich, es zu voll-
strecken, auch wenn Sadat während des eigentlichen Attentats in einem
nahe gelegenen Café saß. Verhaftet wurden jedoch alle Beteiligten.

In Zelle 54 des Kairoer Zentralgefängnisses, schreibt Sadat, lernte er,
»die Grenzen von Zeit und Raum zu überwinden«; allmählich wurde
»die Liebe der Quell all meiner Taten und Gefühle«. Die Implikationen
des Begriffs Liebe, den Sadat so oft verwendet, sind bedenkenswert. Da
er Politiker ist, unterstellt man ihm zunächst Rhetorik, bewußt oder
unbewußt. Wenn Politiker aber an überhaupt etwas glauben, dann an
sich selbst und ihre Worte; ein Wort wird in der Wiederholung so etwas
wie ein Glaubensartikel. Wenn es nicht bloße Rhetorik ist, ist es dann
etwas Ephemeres, etwas Abstraktes, wie Sadat behauptet, ein religiöses
Gefühl? In seinem Buch spricht er von einem »inneren Licht«, in Worten, die an den amerikanischen Erweckungsschriftsteller Lloyd Douglas
erinnern. Was soll man mit solchen Worten im Bereich der praktischen
Politik anfangen? Man wird sie nicht als bloßen Zierat abtun können.
Als Königin Isabella von Spanien eine Ausgabe von Elio Nebrijas *Gra-
mática* überreicht wurde (eine der ersten Grammatiken in einer modernen Sprache), fragte sie ganz offen: »Wofür ist das gut?«

Der Bischof von Avila antwortete. »Majestät, die Sprache ist das vollkommene Instrument des Herrschers.«

Zu Sadats »Liebe« gehört, wie er schreibt, auch eine realistische Einschätzung der eigenen Person, der eigenen Ziele und eine chamäleonhafte Fähigkeit, Stürme zu überdauern, indem man schweigt und geduldig auf die passende Gelegenheit wartet. Nur »die Liebe« habe ihn befähigt, unter Nasser in der Politik zu bleiben, »als der einzige unter den Revolutionsführern von 1952, denen [Nasser] nichts angetan hat«. Kurz vor seinem Tod habe Nasser sich umgesehen, schreibt Sadat, und erkannt, daß »es tatsächlich einen Mann in seiner Umgebung gab, mit dem er nie gestritten hatte« – Sadat. Er habe Nasser sehr »geliebt«, obwohl nicht recht klar wird, warum. Vielleicht wußte er es. Tewfik al-Hakim hatte noch weniger Grund (anders als Sadat war er nicht Nassers Freund in der Armee gewesen); auch er sagt, er habe Nasser geliebt. Sadat und Nasser begeisterten sich anfänglich für dieselben Ideen, von denen sich viele als katastrophal für Ägypten herausstellen sollten. Sadat war, wie er selbst sagt, manchmal verwegener als Nasser.

Und doch scheint er, anders als Nasser, gelernt zu haben, daß ein Mensch, der nicht imstande ist, seine Denkweise zu ändern, niemals die Realität verändern kann; vielleicht hat er das in der Isolation von Zelle 54 gelernt. Er beschreibt die Gefängniszeit als die prägende Phase seines Erwachsenenlebens. Staatskunst ist oft nur ein Aushalten, die Kunst, einen Status quo zu bewahren, der das Ergebnis von vergangenen Kriegen, gegenwärtigen Ängsten und der oft verspäteten, einseitigen und unbefriedigenden Verwirklichung von Träumen älterer Generationen ist. Wie viele Staatsmänner sind heute in der Lage, aus einer festgefahrenen Situation herauszufinden, einen Status quo zu überwinden? Wenn ihnen das gelingt, wie Sadat, so scheint es fast, als würde das Leben eine neue, höhere Qualität gewinnen.

Wie und *warum* er dazu kam, bleibt in beiden Fassungen von Sadats Buch unklar. Vielleicht täuscht er sich und seine Leser, wenn er sagt, er habe den Krieg von 1973 nur geführt, um Ägyptens Selbstvertrauen wiederherzustellen und um das diplomatische Patt zu durchbrechen – um Frieden zu erreichen. Hätte er die israelischen Truppen besiegt – und daran hat nicht viel gefehlt –, wäre er dann nicht weitermarschiert, um Tel Aviv zu »befreien«? Oder wenn er schreibt, er sei »blutenden Herzens« gezwungen gewesen, einem Waffenstillstand zuzustimmen? Er habe akzeptiert, schreibt er, nicht weil die Israelis den Kanal abermals überquert hätten und neunzig Kilometer vor Kairo standen, auch nicht, weil am Ende klar war, daß keine Seite gewinnen könne, sondern weil deutlich geworden sei, daß er in Wahrheit gegen die Vereinigten Staaten von Amerika kämpfte … Er deutet an, daß die Vereinigten Staaten eine Atombombe über Kairo hätten abwerfen können, wie seinerzeit auf Hiroshima.

Sadat zitiert Henry Kissinger, der ihm mit den Worten gedroht haben soll:»Das Pentagon wird einen Schlag gegen Sie führen.« In der arabischen Fassung wurde dieser Aspekt stärker betont als in der englischen. Sie war für den heimischen oder innerarabischen Markt gedacht. Sadat ist Politiker, kein Historiker. Die Lücken bleiben. Sie verwirren den Leser, vor allem dann, wenn er, allein mit Sadats Buch in einem Zimmer in Kairo hoch über dem Nil, Mutmaßungen über den tatsächlichen Ablauf der Ereignisse anstellt und ihre wahren Motive zu rekonstruieren versucht.

Als Sadat zu seiner Pilgerfahrt nach Jerusalem aufbrach, wurde er weithin für seinen Mut gepriesen. Natürlich gab es auch Menschen, die das alles sehr viel nüchterner sahen. Zu ihnen gehörte mein guter Feund Ze'ev Schek, seinerzeit israelischer Botschafter in Italien, ein sehr aufrichtiger Mann. Er konnte die ganzen Lobhudeleien nicht mehr ertragen und brachte seine Verärgerung schließlich zu einem undiplomatischen Höhepunkt, als Staatspräsident Leone ihn während eines Staatsempfangs zu Sadats Größe und Couragiertheit beglückwünschte.

Schek, Überlebender eines Konzentrationslagers, erzählte Leone eine Geschichte. Kurz nach dem Zweiten Weltkrieg erklärte ein russischer Offizier einem tschechischen Bauern die vielen Orden, die seine Uniform schmückten.»Diesen habe ich bekommen, weil ich bei Stalingrad mitgekämpft habe«, sagte er. Diesen für Leningrad, diesen für Charkow, Berlin, Prag und so weiter.»Und diesen«, sagte er schließlich und zeigte auf den letzten,»bekam ich, weil ich ein nettes tschechisches Mädchen vor einer Vergewaltigung bewahrt habe.« Der Bauer wollte natürlich mehr hören. Wie sei es zu dieser letzten heldenhaften Tat gekommen?

»Ganz einfach«, sagte der Offizier.»Ich habe es mir anders überlegt.«

Andere fragen sich noch immer, ob Sadat wirklich»wußte«, was er tat. Seinerzeit schien es, als sei er quasi von einem Tag zum anderen auf den Gedanken gekommen, nach Jerusalem zu fliegen. Seine Berater – und die Israelis – hatten nur zweiundsiebzig Stunden, um sich darüber klarzuwerden, was sie einander sagen sollten. Manche Leute haben daher angenommen, er habe spontan gehandelt, ohne richtig zu bedenken, wohin dieser Impuls ihn führen würde; oder aber er habe an ein bestimmtes Ziel gedacht und ein anderes erreicht. Vieles spricht für die letztere Vermutung. Unterstützt wird diese Annahme auch durch zwei dicke Bände von Tolstois *Krieg und Frieden* und, eher zynisch, durch A. J. P. Taylors bekanntes Wort, daß die größten Meister der Staatskunst diejenigen sind, die nicht wissen, was sie tun.

Wenn ich aber alle bekannten »Fakten« resümiere, so neige ich zu der Annahme, daß Sadat sehr wohl wußte, was er tat. Aus meinen Gesprächen mit vielen Ägyptern weiß ich, daß Sadat mit seiner Friedensbereitschaft das ägyptische Volk nicht führte, sondern ihm folgte. Die ersten vagen Signale, die er 1971 und 1972 aussandte, wurden falsch verstanden. Er muß nach dem Grund dafür gefragt haben. Indem er nach Jerusalem flog, schätzte Sadat die Dimension des psychologischen Problems, das der arabische Haß im Laufe der Jahre bei den Israelis hatte entstehen lassen und das er bis dahin nicht erkannt hatte, völlig richtig ein. Er hätte auch geheim oder über Mittelsleute mit Irsrael verhandeln können. Doch er scheint erkannt zu haben, wie wichtig es war, Israel durch eine grandiose Geste sowohl in arabischen als auch in israelischen Augen erst zu »legitimieren«. Nasser wollte die arabische Welt führen, indem er zum Krieg gegen Israel aufrief; Sadat will sie führen, indem er Frieden mit Israel macht.

Sollte der gegenwärtige Vertrag, aus welchem Grund auch immer, scheitern, wird niemand mehr zum alten Status quo zurückkehren können. Die totale Feindschaft, die diesen Konflikt seit fast fünfzig Jahren geprägt hatte, wurde von Präsident Sadat beendet. Selbst für viele Palästinenser hat Sadat die Natur des Konflikts verändert: vom totalen Krieg über heiliges Prinzip bis hin zu einem – in der Geschichte eher üblichen – Konflikt über dieses oder jenes Stück Land. Mit einer einzigen dramatischen Geste führte er die Ägypter – und viele Araber – wieder »in die Geschichte zurück«, aus einer Unterwelt tödlicher Abstraktionen, in der Kompromisse unmöglich waren. Er hat Israelis und Arabern wieder ein Stück »Normalität« zurückgegeben.

Ich spreche darüber mit meinen Freunden Joe Kraft und Tahsin Bashir, mit denen ich mich am Abend zu einem Drink getroffen habe. Kraft ist kein Mann der Superlative. Er findet, Sadat sei ein wirklich großer Mann, der hoffentlich noch lange weitermacht. Bashir glaubt, daß dies bis zu einem gewissen Punkt auch von Israel abhängt. Der Kreis schließt sich.

Der Präsident empfängt mich in seiner Landvilla am Nil, etwa dreißig Kilometer nördlich von Kairo. Ein wunderschöner Park. Alte Bäume, frisch gemähter Rasen. Rosenbüsche und Wicken. Ein Wachhäuschen in pseudogotischem Stil, uniformierte Posten, aber erstaunlich wenige. Die Villa, mit einer breiten, überdachten Terrasse ringsum, steht im Schatten einer riesigen Platane, die sorgfältig gestutzt ist, selbst oben an der Spitze, fünf Stockwerke hoch; der Baum sieht aus, als sei er von einem Hubschrauber aus beschnitten worden.

Präsident Sadat erwartet mich in seinem Salon. Er ist ein schlanker Mann, mittelgroß, tadellos in der Haltung und so tadellos gekleidet, mit gestreiftem grauem Anzug und passendem Hemd und Krawatte, daß man einen erstklassigen englischen Schneider in seinem Kleiderschrank vermutet. Sein Gesicht ist dunkel, fast schwarz. Unter der niedrigen, fliehenden Stirn zwei funkelnde warme Augen; eine breite Nase, weiche, volle Lippen, ein hartes Kinn. Er pafft an seiner Pfeife. An der Wand hängt eine große Landkarte des Nahen Ostens, auf der Israel noch immer geschwärzt ist. Er wendet ihr aber den Rücken zu. Er weiß von meinen Gesprächen mit Sana Hassan[*]. »Ich hätte sie hängen können«, sagt er barsch.

Warum, frage ich. Weil er kein junger Mann sei und wie die meisten Ägypter die meiste Zeit seines Lebens für die nationale Sache gekämpft habe. Diese Sana Hassan habe sich von ihren Landsleuten entfernt. »Ich war sehr zornig auf sie. Sehr zornig.«

Aber hat sie 1974 nicht einfach das gesagt, was er selbst drei Jahre später in der Knesset gesagt hat?

Ja, das stimmt. Er ist jetzt nicht mehr zornig. Ich möge ihr das ausrichten. »Wir haben jetzt keine Komplexe mehr.« Es ist Frieden. Bald wird es Reisefreiheit, Handelsbeziehungen geben. Eine neue Epoche beginnt, sagt er, in der einen Hand seine Pfeife, mit der anderen gestikulierend. Seine tiefe Stimme klingt ein wenig rauh. Als ich ihn frage, ob Handel und Tourismus und die anderen Formen von Normalisierung zwischen Ägypten und Israel eingestellt oder beschränkt werden, falls keine befriedigende Lösung für das Palästinaproblem gefunden wird, ruft er laut: »Schämen Sie sich! Das ist die Sprache des Konflikts! Damit sind wir fertig. Der Frieden ist eine Tatsache. Die Normalisierung ist eine Tatsache.« Welche Schwierigkeiten auch bestehen blei-

[*] Amos Elon / Sana Hassan, *Dialog der Feinde. Ein leidenschaftliches Streitgespräch um die Zukunft der Araber und Israels.* Übersetzt von Traudl Lessing. Wien und München: Molden Verlag, 1974.

ben, wir haben Frieden, »und dahinter können wir nicht mehr zurück«.

Ich frage Sadat, warum es so lange gedauert hat. Warum sei er nicht schon früher nach Jerusalem gekommen. Vier Kriege. Hunderttausend Tote.

»Ja«, fängt er an, »wissen Sie…« Er antwortet nicht sofort. Er lehnt sich in seinem Chippendale-Sessel zurück und spielt mit seiner Pfeife. Das Leiden der Völker wird irgendwann Schulstoff, aber vorher sprechen die Politiker beiläufig darüber. Warum nicht früher? Es habe viele Gründe gegeben, sagt Sadat. Historische Gründe, persönliche und politische. Vor dem Krieg von 1973 sei es jedenfalls nicht möglich gewesen. In diesem Krieg konnten die Ägypter Würde und Stolz wiedererlangen. Er habe sie von den Komplexen befreit, die fast ein Jahrzehnt schlimmster Demütigungen verursacht hatten. »Wir sind gedemütigt worden«, sagt er wieder. »Aus diesem Grund habe ich Kossygins Angebot, 1972 mit Golda Meir zusammenzukommen, abgelehnt.«

Andererseits habe Israel zweimal die Chance zu einem Friedensschluß verhindert. Die erste Gelegenheit kam unmittelbar nach dem Sechs-Tage-Krieg, die zweite 1971. Hätte Mosche Dayan 1967 die »Psychologie der Araber« nur besser verstanden, wäre er, statt zu sagen »Ich warte auf einen Anruf von ihnen«, in ein Flugzeug gestiegen und mit einem ritterlichen Angebot direkt nach Kairo geflogen (so, wie Sadat 1977 nach Jerusalem flog), »glauben Sie mir, neunundneunzig Prozent der Ägypter hätten ihn als Helden bejubelt«. Er ist überrascht. Dayan sei in der Region geboren, »er hätte uns besser verstehen müssen. Er hätte sich klarmachen müssen, daß er, nachdem er uns so furchtbar gedemütigt hat, nicht erwarten konnte, daß wir ankriechen und betteln, Israel möge die Bedingungen diktieren.«

1971, sagt er, sei eine weitere Gelegenheit verpaßt worden. Im Februar, kurz nachdem er an die Macht gekommen sei, habe er vor dem Parlament erklärt, daß er bereit sei, Frieden zu schließen. Er sei der erste arabische Führer gewesen, der das öffentlich gesagt hat. Golda Meir habe ihn ignoriert. »Sie hatte keinen Mumm«, klagt er. Oder sie muß gedacht haben, daß Ägypten keine Rolle spielt.

Ich unterbreche ihn mit dem Hinweis, daß er, wenn ich mich recht erinnere, noch 1975 als Gegenleistung für einen vollständigen israelischen Rückzug nur einen äußerst vagen Deal angeboten habe: keine demilitarisierten Zonen und weder diplomatische noch Handelsbeziehungen, die »künftigen Generationen« vorbehalten seien.

Das stimmt, sagt er. Aber im Sommer 1977 habe er seine Meinung geändert. »Mir wurde klar, daß Ihre Seite bereit war, mit dem Zustand des Weder-Krieg-noch-Frieden auf unbestimmte Zeit weiterzumachen. Mir reichte das nicht.« Die Situation auf der arabischen Seite in jenem Sommer sei »noch schlimmer« gewesen. Er habe erkannt, daß die anderen Araber schlicht unfähig waren, wirklich Frieden zu schließen, »wegen Ignoranz, Rückständigkeit, Minderwertigkeitskomplexen und korrupten Führern«. Die Araber wollten an ihrer »totalen Ablehnung« festhalten, wie sie es heute noch tun. Das sei noch schlimmer gewesen als die Haltung Israels. »Als mir das klar wurde, faßte ich meinen Entschluß. Ich war meiner selbst sicher. Der Oktoberkrieg hatte uns von all unseren Komplexen befreit. Ich sagte mir, daß ich nur die eine Möglichkeit hatte, zu euch zu gehen und euch in eurer Knesset herauszufordern. Nun, da wir Frieden haben, hoffe ich, daß möglichst viele Israelis hierherkommen und selber entdecken, daß wir es von ganzem Herzen ehrlich meinen.«

Zwischen seinen Betrachtungen zur aktuellen Lage kommt der Präsident auf die weiter zurückliegende Geschichte zu sprechen. Es klingt alles so geordnet in der vornehmen Atmosphäre dieses elegant eingerichteten Salons. Wohlschmeckender Kaffee wird in winzigen, außerordentlich dünnen Porzellantäßchen serviert. Historisch, sagt Sadat, wurde Israel aus Sicht der Ägypter mit dem britischen Kolonialismus und Unterdrückung assoziiert. »Meine erste politische Lektion als Junge war das Massaker von Denschway. Ich bin mit einem Haß auf die Briten aufgewachsen.«

Als junger Mann habe er gelesen, daß die Briten in der Balfour-Erklärung Palästina den Juden als nationale Heimstätte versprochen hatten. »Mit anderen Worten, Sie waren der Verbündete meines Hauptfeindes.« Doch das ist lange her. Während er spricht, bin ich mir nicht sicher, wie lange. Vielleicht ahnt er meinen Gedanken. »Ich bin mit einem Haß auf die Briten aufgewachsen«, sagt er noch einmal. Und fügt verschmitzt lächelnd hinzu: »Was für eine Ironie – ich wußte damals nicht, daß meine Frau halbe Engländerin sein würde.«

Sadat ist ein Mann tiefer Gefühle, der sich virtuos zu beherrschen weiß. Doch sobald er über die anderen arabischen Politiker redet, die »Neinsager«, bebt seine Stimme vor Zorn. Am liebsten verwendet er psychologische Ausdrücke. Sie sind »Irre«. Wenn er nicht verhindern könne, daß sie verrückt werden, werde er sie zumindest in eine

Zwangsjacke locken, die nicht nachgeben werde, solange er da ist. König Hussein von Jordanien habe sich seiner Friedensinitiative nicht angeschlossen, weil er »schizophren« sei. Ob ich ihn zitieren darf? Selbstverständlich. »Jedermann weiß, daß Hussein schizophren ist. Sein Vater war schon schizophren.« Sadat hält nicht viel von Ideen, obschon er mit ihrer Hilfe Erfolge erringt, auch nicht von Interessen oder Ängsten, selbst wenn sie legitim sind. Welche Probleme es auch geben mag, ihre Wurzeln sind »psychologischer« Natur. Nur Ägypten hat sich völlig von all seinen Komplexen befreit. Daß die Israelis den Palästinensern bislang das Selbstbestimmungsrecht vorenthalten – zeitweilig, wie er glaubt –, beweist nur, daß sie die »psychologische Blockade« noch nicht überwunden haben, die achtzig Prozent des Problems ausmacht. Es klingt, als sähe er seine Hauptaufgabe darin, eine große psychiatrische Klinik für Syrer, Jordanier, Palästinenser und Israelis gleichermaßen einzurichten.

Bevor ich nach Ägypten kam, war mir nicht richtig klar, welche enorme psychologische Wirkung der Oktoberkrieg auf so viele Ägypter gehabt hat. Ich wußte, was er Israel gebracht hatte: eine allgemeine Wirtschaftskrise, den endgültigen Abtritt der alten Politikergarde, einen ausgeprägteren Realitätssinn.

Es ist doch bestimmt ein Fehler, sagte ich voreilig zu einem ägyptischen Bekannten ein paar Tage nach meiner Ankunft, so viele Brücken und Plätze, ja selbst eine neue Stadt in der Wüste nach dem Oktoberkrieg zu nennen. Wir gingen an der Corniche spazieren. Vor uns lag die neue 6.-Oktober-Brücke, die den Nil in Richtung Gezira überspannt und an diesem Ufer, über die Dächer hinweg, bis zum Ramses-Bahnhof führt.

»Wieso?« fragte der Ägypter und sah mich erstaunt an.

Wir wissen doch, sagte ich, daß der Oktoberkrieg in einer völligen Sackgasse endete. Außerdem wurde ein ganzes ägyptisches Armeekorps umzingelt. Und die Israelis hätten fast vor Kairo gestanden.

Meine Bemerkung löste eine längere Erwiderung aus, und ich habe seither sorgfältig vermieden, sie zu wiederholen. Ich hätte es wissen sollen. Obwohl der Krieg von 1973 militärisch unentschieden ausging, beendete er das politische Patt. Er bereitete den Weg zum Frieden (wie wir heute wissen, auch wenn es uns damals nicht klar war), einem Frieden zwischen »Gleichen«, wie viele Ägypter sagen.

Das Stichwort ist *gleich*. Es ist nicht einfach für Israelis, die jahrelang von Arabern terrorisiert wurden, das Wort *gleich* in seiner ganzen Bedeutung zu erfassen – bis man immer wieder hört, daß, ob zu Recht oder Unrecht, ein ähnlicher, vielleicht schlimmerer Terror auch auf der anderen Seite geherrscht hat. Manche Ägypter waren so überzeugt von Israels »qualitativer Überlegenheit« in militärischen Belangen, in Wissenschaft, Diplomatie, Finanzen, Technologie und Propaganda, daß sie an die »Unbesiegbarkeit« von 3½ Millionen Israelis – anscheinend Supermännern – gegenüber 80 Millionen Arabern glaubten. Psychologisch produzierte das einen ungeheuren Komplex, fast so etwas wie Selbsthaß und die nagende Furcht, sie könnten »minderwertige« Menschen sein. Wir vergessen, daß die gleiche Weltpresse, die heute das Wiedererstarken der arabischen und islamischen Macht austrompetet, im Jahre 1967 zu verstehen gab, daß mit den Arabern genetisch etwas nicht stimmen könne. Obwohl die Araber eine lange Reihe von Kriegen provoziert hatten, erzeugten die israelischen Siege eine Angst vor Israel als einem geheimnisvollen Krebs, einem Oktopus, der sie am Ende schlucken würde. Dieses Syndrom wurde noch verstärkt durch die traditionelle Verachtung, die Araber über Generationen hinweg Juden entgegengebracht hatten, als einer feigen Rasse, deren Blut das Schwert eines Mannes nur besudeln würde. Die furchtbare Schande von 1967 machte aus der Angst eine lähmende Wut. Sadat schreibt in seinen Memoiren, er habe sich drei Wochen lang in seinem Haus nahe den Pyramiden eingeschlossen. Vom Schmerz überwältigt, grübelte er über die Folgen der »Schmach«. Er befürchtete, sie könnte für die Araber ein ähnliches Ende signalisieren wie für die »amerikanischen Indianer ... Das Überleben Ägyptens wurde meine alles beherrschende Leidenschaft.«

Es ist unerheblich, daß die Araber den ruinösen Kriegszyklus angefangen haben; es ist unerheblich, daß die Israelis vielleicht niemals das Image von Phantasiefiguren bekommen hätten – von Seeräubern, gnadenlosen Kämpfern, »blonden« Juden, Juden als Gojim, mit der Bibel in der einen Hand und einem Granatwerfer in der anderen –, wenn Ägypten 1948 den jungen Staat Israel nicht angegriffen hätte. Es ist sogar unerheblich, daß Ägypten 1967 im Austausch für Frieden sein Territorium und seine Ölquellen hätte zurückbekommen können, statt dessen aber mit den anderen Arabern erklärte: »Kein Frieden, keine Verhandlungen, keine Anerkennung Israels.« Je stärker eine Neurose im Denken eines Menschen verankert ist, desto schwerer kann er sich vorstellen, daß alles auch ganz anders hätte kommen können. Oder daß sich alles noch ändern kann, denn inzwischen – wie Haikal und die anderen nasseristischen Propagandisten oft sagen – »geht alles seinen unvermeidlichen Gang.«

Was diese neurotische Haltung gegenüber den eigenen Politikern und gegenüber sich selbst in den Jahren nach 1967 bedeutet haben muß, kann man noch heute der qualvollen Atmosphäre und den Erzählungen von Nagib Mahfouz, Youssef Idris oder dem jungen Suleiman Fuad entnehmen, Autor der halluzinatorischen Erzählung *Juni Blues*. Halbverrückte Protagonisten, verkrüppelt und entstellt, stammeln unvollständige Proteste aus arabischen Alpträumen.

Und auch die Art und Weise, wie Ägypter über den Krieg von 1973 reden, macht deutlich, wie es gewesen sein muß. Der Begriff, der am häufigsten verwendet wird – »Übergang« –, hat fast etwas Symbolhaftes. Die eigentliche Überquerung, die militärische Überwindung einer wenige hundert Meter breiten Wasserstraße, ist als Leistung eher nebensächlich; entscheidend ist das neue Selbstbewußtsein der Menschen, die von ihrer Unterlegenheit fast schon überzeugt waren. Insofern diese Aktion zeigte, daß Israel kein Land »unbesiegbarer« Teufel und Monster war, entmythologisierte sie den ganzen Konflikt und wurde paradoxerweise ein Katalysator für den Frieden. Nach Beendigung der Kämpfe, schreibt Sadat in seinen Memoiren, »hegten wir nichts als Respekt füreinander«. Ein solcher Satz wäre nach 1967 undenkbar gewesen. Sadat verlor unmittelbar nach Ausbruch des Krieges von 1973 seinen jüngeren Bruder, »den ich wie einen Sohn geliebt habe«.

»Wir werden nicht mehr von Komplexen motiviert«, schreibt Sadat, »ob es sich um defätistische Minderwertigkeitskomplexe handelt oder um solche, die aus Mißtrauen und Haß erwachsen.« Ein kurioser, vielleicht unbewußter Lapsus unterläuft ihm bei der Beschreibung seiner Ankunft 1977 in Israel. Von den Personen, die ihn am Flughafen begrüßen, erwähnt er nur diejenigen, gegen die er 1973 gekämpft hat, während er Begin, der am Fuß der Gangway auf ihn wartet, unerwähnt läßt. »Sobald ich aus dem Flugzeug getreten war, stand ich Golda Meir gegenüber, die ihren Besuch in den Vereinigten Staaten abgebrochen hatte, um mich begrüßen zu können. Wir schüttelten einander die Hand.« Dann erwähnt er Mosche Dayan, Abba Eban und General Ariel Scharon, »der den berühmten Gegenangriff geleitet hatte«. Anschließend wurden er und »Präsident Ephraim Katzir (ein Professor, ein hervorragender Mann) nach Jerusalem gefahren«. Begin war ebenfalls erschienen, aber er erwähnt ihn nicht. Es ist, als hätte er ihn nicht gesehen. Er war gekommen, um die Männer (und die Frau) zu begrüßen, gegen die er gekämpft hatte, und von denjenigen empfangen zu werden, denen er »noch nie dagewesene Verluste zugefügt hatte«.

Warum begrüßten sie ihn? »Weil sie Männer respektieren, die kämpfen« (d. h. nicht weglaufen, wie 1967) und, noch wichtiger, weil sie einen Mann respektieren, der »nach dem Sieg aufstehen und sagen kann: Der Oktoberkrieg soll der letzte aller Kriege gewesen sein. Wir wollen uns hinsetzen und wie zivilisierte Menschen miteinander sprechen über das, was ihr haben wollt, nämlich Sicherheit, statt wieder Gewalt anzuwenden.«

Nach all der aggressiven Rhetorik früherer Zeiten ein erfreulicher Wandel. Aber warum brauchte es dafür so viel unnötiges Blutvergießen? In den Außenministerien und Generalstäben sollten Psychologen, nicht Juristen und Raketenspezialisten sitzen. Auch die Israelis waren zu lange Gefangene ihrer eigenen Psychologie, und zu der langen Abwesenheit von Frieden haben vermutlich auch sie unbewußt beigetragen. Ich erinnere mich an einen israelischen General, der am fünften Tag des Sechs-Tage-Kriegs, wir saßen am Ufer des Suezkanals, zu mir sagte: »Wir werden hier noch hundert Jahre sein. Diese Leute taugen nicht für den Krieg« und auf die Hütten auf der anderen Seite zeigte und auf die magere Kuh, die, wie zu Zeiten Thutmosis', im Kreis an einem Göpel lief.

Ein anderer General telegrafierte seinem Sohn im Jubel des Blitzsieges: »Habe die Sache auch für dich ausgefochten. In Zukunft wird es keine Kriege mehr geben.« Und ein paar Tage darauf prägte ein junger Politiker (heute ist er Begins Justizminister) einen später sehr populären, wenngleich sprachlich und auch sonst ziemlich holprigen Ausspruch:

Schetach Meschuchrar / Lo yuchsar.

[Befreites Land / bleibt in unsrer Hand]

Dem Nebel des Krieges, über den sich die Strategen immer beklagen, folgte nach dem Sieg bald der Nebel in den Köpfen der Politiker, die sich einredeten, daß die militärische Vorherrschaft ein für allemal bei Israel liege. Für diesen Fehler zahlte man 1973 einen hohen Preis. Die ägyptische Armee kämpfte 1973 genau deswegen so viel besser, weil sie nicht, wie 1967 und 1948, auf fremdem Territorium stand, sondern weil sie einen Befreiungskrieg auf eigenem Boden führte.

Ich erinnere mich noch daran, wie wir uns, nicht ohne Grund, in den Jahren vor 1967 über die Haltung gewisser Araber erregten, die sich weigerten, Israelis die Hand zu geben, selbst bei Kongressen oder einer harmlosen Cocktailparty. Ein französischer Diplomat fragte mich einmal, warum das so wichtig für uns sei. »Was ist schon ein Händedruck?« sagte er. Aber es war wirklich wichtig. Die Weigerung zeigte, daß sie uns nicht als Menschen akzeptierten. Die Ägypter mußten erst, zu einem sehr viel höheren Preis für alle Beteiligten, ihren beschädigten Stolz wiedererlangen, bevor sie uns als Menschen gegenübertreten konnten. Die Tragödie wird nicht leichter durch die lächerliche, aber nicht ganz abwegige Überlegung, daß dieselben israelischen Generäle, die wegen des »Fiaskos von 1973« unehrenhaft entlassen wurden, eigentlich einen Orden verdient hätten. Wenn man sie an Yom Kippur 1973 nicht im Schlaf überrascht hätte, würde es jetzt Frieden geben?

Eine Fahrt durch die Kanalzone: Das Seeufer ist mit Eukalyptusbäumen und Rasen bepflanzt. Urlauber liegen auf Liegestühlen in der Sonne. Ein Geruch von Jasmin und Sonnenöl, Eis und Kuchen liegt in der Luft. Der Wind zeichnet Kreise auf das Wasser. Kinder planschen. Kaum vorstellbar, daß dieser friedliche Ferienort, wenige Kilometer von Ismailia, der Schauplatz einer der blutigsten Schlachten von 1973 war. An dieser Ecke stößt der Timsah-See auf den Nordabschnitt des Suezkanals. Ein paar hundert Meter von hier überquerte die ägyptische Armee den Kanal und nahm die schwer befestigten israelischen Stellungen am Ostufer. Eine junge Frau donnert auf ihren Wasserski vorüber. Von der Bar-Lev-Linie, die seinerzeit als unüberwindbar galt, ist nichts mehr übrig. Ich erinnere mich noch, wie sie 1973 aussah, Bunker aus Stahl und Beton, nach oben hin schmaler, umgeben von Minenfeldern, Sandwällen und Stacheldraht. Aus der Ferne sahen die Befestigungen wie aztekische Pyramiden oder die Begräbnisstätte eines prähistorischen Volkes aus. Alles ist verschwunden. Der Kanal ist an dieser Stelle verbreitert worden. Die Ägypter haben sich beeilt, die letzten Spuren der Befestigung zu beseitigen. Alles ist in Sand oder unter Wasser begraben – gleichsam unterdrückt wie Sex in einem viktorianischen Roman.

Im letzten Jahr ist ein zweiter Kanal angelegt worden, eine von drei neuen Ausweichstellen, um Gegenverkehr zu ermöglichen. Zwischen den beiden Kanälen ist eine flache Sandbank übriggeblieben, die sogenannte Tourismusinsel. Dort soll ein Hotel gebaut werden. Die Insel ist übersät mit Kriegsschrott und Disteln und Sträuchern. Der Schrott wird wahrscheinlich bald begraben sein, oder man wird ihn als Uferbefestigung verwenden. Über diesen kahlen Sandhügeln haben die beiden Armeen im Stellungskrieg einander ausgeblutet. Das war der Endpunkt, hier ging es nicht mehr weiter. Hier hielten sie an. Von hier aus wurde die andere Seite des Kanals unter Granatfeuer genommen. Und umgekehrt. Hier entstand eine fatale Legende. Hier schimmerte eine Fata Morgana, die ein ganzes Volk betäubte. Die »unüberwindbare« israelische Bar-Lev-Linie, mit ihren unterirdischen Gewölben, Krankenstationen, Munitionslagern, ihrer hochentwickelten Elektronik, den Kinos und Küchen und Beobachtungsposten, den eingegrabenen Panzern und Geschützen. Hier brach an einem heißen Nachmittag schließlich alles wie ein Kartenhaus zusammen: militärische Strategien, eine Politik, die ganze Lebensphilosophie einer kleinen belagerten Nation, die irgendwie ihren Sinn für Proportionen und Realität verloren hatte. Die Sandbank begrub das Schreien, das Stöhnen und das Blut.

Heute ist davon nichts mehr zu sehen. Statt dessen fahren Schiffskonvois durch den Kanal, durchschnittlich siebzig pro Tag. Morgens fahren sie nach Süden, nachmittags in der entgegengesetzten Richtung. Kurz nach zwei Uhr – an den kleinen Tischen auf dem Rasen wird gerade das Dessert serviert (omali, eine ägyptische Spezialität, hauptsächlich aus Milch und Nüssen) – kommen die ersten Schiffe des Nachmittagskonvois in Sicht. Ein russischer Tanker, dann ein saudischer und ein panamaischer Frachter. Und Zacharia Abu Hamat, PR-Mann der Kanalbehörde, sagt: »Bald wird ein israelisches Schiff passieren. Wir werden ihm zu Ehren eine kleine Feier veranstalten.«

Abu Hamat ist ein junger Mann, groß und muskulös, in grauer Flanellhose und dünner Jacke. Er hat eine junge Frau mitgebracht, die kürzlich erst wegen ihrer fließenden Hebräischkenntnisse von der Kanalbehörde eingestellt wurde. Er raucht pausenlos englische Zigaretten. Es ist nicht das einzige, was er mit vielen Israelis gemeinsam hat: wie viele Israelis kann er nicht von einem Job leben. Er hat noch zwei andere, in einem Reisebüro und als Stellvertreter eines Hotelmanagers. »Wir hoffen, bald Zehntausende von israelischen Touristen hier begrüßen zu können«, sagt er mit der uneingeschränkten Wärme und Begeisterung vieler Ägypter außerhalb Kairos, die keine höheren Regierungsbeamten sind. »Sehen Sie nur, wie schön es hier ist!« ruft er. Die mächtigen Palmen spiegeln sich im Wasser. »Finden Sie nicht? Glauben Sie nicht, daß Tausende hier in der Sonne sitzen und die vorbeifahrenden Schiffe beobachten wollen? Bei meinem Leben, was für ein schöner Anblick! Ich kann die Augen nicht abwenden.«

Im nahe gelegenen Clubhaus essen wir zu Mittag. Ich sitze neben einem Angestellten der Kanalbehörde. Als Hauptgericht gibt es fritiertes Hirn, eine ägyptische Spezialität. Das erinnert meinen Nachbarn an eine Anekdote. Ägyptischer Humor mit seiner bissigen Selbstironie ist dem jüdischen nicht unähnlich. Nach dem Krieg von 1967, sagt mein Nachbar lächelnd, gab es zwei Fleischerläden am Kanalufer, direkt gegenüber. Der eine hieß »Dayan«, der andere »Nasser«. Eines Tages kam ein Mann aus Ismailia in Nassers Laden und verlangte seine übliche Portion Hirn. »Wir verkaufen hier nur *Zunge*«, sagte der Fleischer. »*Hirn* gibt's bei Dayan.«

Drei nagelneue Schlepper der Kanalbehörde liegen an der Pier. Sie heißen *Salaam I, Salaam II* und *Salaam III*. Am gegenüberliegenden Ufer wirbelt ein Bulldozer den Sand auf.

Ich erinnere mich an einen Ausflug an dieses Ufer im Frühjahr 1971. Ismailia lag in Ruinen. General Ariel Scharon, Kommandeur der israelischen Südfront, führte uns zu diesem Sandstreifen gegenüber von Ismailia, südlich von Al-Kantara. Das Klubhaus, in dem wir jetzt sitzen, war mit Sandsäcken verbarrikadiert und diente ägyptischen Scharfschützen als Stellung. Der General hatte Pinhas Sapir zu Gast, den damaligen Finanzminister. Scharon wollte ihm das ausgedehnte Straßennetz vorführen, das seine Pioniere zwischen der Bar-Lev-Linie und dem Hinterland angelegt hatten, und ihn mit dem Hinweis beeindrucken, daß diese Straßen 20 Prozent weniger pro Quadratmeter gekostet hatten als von Zivilisten gebaute Straßen in Israel.

Der alte Sapir, schläfrig vor Hitze oder Erschöpfung, nickte mit dem schweren Kopf. Ich weiß noch, wie er antwortete: »Ja, eine sehr gute Straße.« Und nach einer kurzen Pause auf jiddisch: »*Aber wohin fort man do?*« Dann sank er zurück und schlief hinten auf seinem Ecksitz ein.

1971 waren wir ein dissynchrones Volk. Unsere Vorfahren waren die fanatischsten Zivilisten der Welt gewesen, Gelehrte und Händler, zu einer Zeit, als andere Völker, in Europa und anderswo, diese oder jene Armee priesen. 1971, als die meisten Europäer und Amerikaner nichts mehr von Armeen, Uniformen oder gar Fahnen hören wollten, waren wir Soldaten, die ihren staubigen, zerknitterten Uniformen vertrauten, als wären es die Windeln ihrer Väter und Vorväter.

Es ist noch vor Sonnenaufgang. Um sechs Uhr soll ich am Flughafen sein. Mit dem Auto braucht man eine Stunde dorthin. Ich packe meine Sachen zusammen und steige in den Lift. Ich verlasse Ägypten, wie ich gekommen bin – mit furchtbaren Kopfschmerzen. Zwischen der neunten und achten Etage bleibt der Fahrstuhl stehen. Es ist stockdunkel. Ich kann den Alarmknopf nicht sehen. Wenn ich das Flugzeug verpasse, überlege ich nicht ohne eine gewisse Freude, werde ich warten müssen, eine Woche vielleicht. In dieser Jahreszeit sind Flüge ins Ausland völlig ausgebucht. Keine menschliche Stimme ist durch die dicht verschlossenen Türen zu hören. Mit mir ist noch ein zweiter Tourist im Aufzug. Er verliert ein wenig die Nerven und hämmert mit den Fäusten an die Tür. Nichts. Dieser Auszug aus Ägypten ist weit entfernt von jenem anderen, als sich das Meer teilte und zugunsten der abziehenden Hebräer noch diverse andere Naturgesetze aufgehoben wurden. Ein paar Minuten später hören wir ein leises Geräusch wie metallisches Schaben. Eine schwache Glühbirne leuchtet auf. Dann bewegt sich der Lift wieder, durch Schwerkraft, sehr langsam. Das Notstromaggregat ist angesprungen. Der andere Tourist muß ein Flugzeug erwischen, das noch früher abgeht als meines. Er schwitzt und flucht ausgiebig. Der Portier ist freundlich wie immer. Der andere Tourist ruft: »Taxi! Taxi!«

Draußen auf den Stufen stolpert er. Ich gerate kurz in Panik, weil ich meinen Paß nicht finden kann. Wir sind Reisende in einem fremden Land. Ich entsinne mich, irgendwo gelesen zu haben, daß das Wort *travel* von *travail* kommt, dieses wiederum auf das lateinische *tripalium* zurückgeht, ein aus drei Haken bestehendes Folterinstrument, mit dem der Körper gestreckt und zerrissen wurde. Je schlimmer die Reise, desto mehr hofft man auf gute Lektüre, weshalb die Romane von Graham Greene so faszinierend sind.

Die Fahrt zum Flughafen dauert bloß fünfzehn Minuten statt der angekündigten Stunde. Der Taxifahrer jagt, raffinierte Abkürzungen nehmend, über enge Straßen und Gassen quer durch die Stadt. Er sagt, daß das nur am frühen Morgen ginge. Er zeigt auf einen offenen Platz, der mit Lastwagen vollgeparkt ist. Dort stand die berühmte Kairoer Oper, ehe sie abbrannte. Sie war ganz aus dekorativem Holz und Gips, hatte aber, laut Coquelin, die beste Akustik der Welt. Zu ihrer Eröffnung im Jahre 1869 sollte Verdi im Auftrag des Khediven die Oper *Aida* schreiben. Das Werk des Meisters wurde aber nicht rechtzeitig abgeliefert, in Italien ging es ebenso menschlich zu wie in Ägypten. Irgendwelche bösen Folgen wurden nicht bekannt, und mit zwei Jahren Verspätung fand die Uraufführung von *Aida* statt. Der berühmte Marsch lieferte die Melodie zu Ägyptens erster Nationalhymne. Der Fahrer fragt: »Hattet ihr

1869 kein Opernhaus in Israel?« Nein. Noch ein Vergleich. Ist das Entspannung?

Im Flughafen drängen sich Massen von Emigranten, die auf der Suche nach Arbeit in die Golfstaaten oder nach Saudi-Arabien fliegen. Als ich den Warteraum betrete, ist mir, als hätte ich Ägypten schon verlassen. Flughäfen sind Unorte. Selbst das *Hilton* am Nil kam mir »real« vor, verglichen mit diesem anonymen Förderband, das Menschen und Gepäck von einem Unort zum nächsten transportiert. Der Polizist am Schalter blättert langsam in meinem Paß, mit echter Neugier, so scheint es, ungläubig und staunend. Gemessen an den Erwartungen, mit denen ich angekommen war, fahre ich optimistischer wieder ab. Ich fliege via Athen nach Hause, um alles zu verarbeiten.

In der Hektik des Aufbruchs hatte ich mir nicht vorgestellt, wie schwer das sein würde. *Einerseits* und *andererseits* – wer von einer solchen Reise zurückkehrt, wird von einem Monster begleitet. Es sitzt neben einem im Flugzeug, piesackt und nervt mit Fragen und Einfällen. Man versucht es wegzudrängen, doch es läßt sich nicht abwimmeln. Schließlich habe ich keine Lust mehr, auf hundert »Einerseits« mit hundert »Andererseits« zu antworten; ich reiße mich zusammen und sage mir, kämpf nicht gegen das Problem an. Entscheide dich. Wie leicht gesagt, aber wie schwer umzusetzen! Wie »verarbeitet« man eine Situation, die noch so roh ist, von beiden Seiten beladen mit Argumenten, die sich im Kreis bewegen und noch immer vergeblich eine Moral suchen? Die Hoffnungen und Ängste auf beiden Seiten sind real, von der Staatsmacht und Propaganda werden sie aber auch zynisch manipuliert. Gewiß, dieser neue Friedensvertrag erscheint logisch. Er dient den Interessen beider Seiten und denen der Supermacht, die sie beschützt. Der arabisch-israelische Konflikt ist aber nie eine abstrakte Dichotomie gewesen, unparteiisch wie die Mathematik, sondern ein Zusammenprall zwischen Menschen, die in ihrer Angst und ihrem Zorn unwiderruflich tragische Entscheidungen getroffen haben. Die Mischung aus Irrtum und Gewalt eignet sich nicht für saubere Schlußfolgerungen. Ausgangspunkt war ein verhängnisvoller Kampf zwischen zwei Rechten, zwei Vorstellungen von Gerechtigkeit, Inbegriff der Tragödie – das Recht der Juden auf einen eigenen Staat und das Recht der Araber, die in diesem Land schon wohnten. Ägypten behauptete immer, die Rechte jener Araber zu verteidigen. Es behauptet das weiterhin, verzichtet aber in der jetzigen Situation auf die Anwendung von Gewalt. Die Palästinenser – zumindest viele derjenigen, die als ihre Sprecher auftreten – sind zu einem solchen Kompromiß noch nicht bereit.

Der große Durchbruch, den ich hier zu beschreiben versucht habe, ist trotz Pomp und Dramatik noch immer überschattet von zu vielen widersprüchlichen Wahrheiten und glatten diplomatischen Einfällen und Umständlichkeiten. Es ist nicht so, als hätte ich nur Lügen gehört, sage ich mir auf dem Rückflug über dem östlichen Mittelmeer, sondern eher Halbwahrheiten. Eine Halbwahrheit freizulegen ist immer schwieriger, als die Unwahrheit zu erkennen. Nur Dummköpfe erzählen richtige Lügen, und ich glaube nicht, daß ich während meines Aufenthalts in Ägypten ausgesprochenen Dummköpfen begegnet bin.

Dann bin ich wieder in Israel, in der Hektik von Tel Aviv mit seiner verrückt machenden Gleichförmigkeit und Eckigkeit und seinen dreistöckigen Häusern, gesund und langweilig. Tel Aviv ist nicht »amerikanisiert«, wie oft behauptet wird; es ist kein zweites Miami, sondern eine Mischung aus Warschau und Bagdad, planlos am Ufer des Mittelmeers hingeworfen, eine nahöstlich-litauische Küstenmetropole. Es ist eine Stadt von wenig Würde und noch weniger Stil, ein Treibhaus voller Leidenschaften und Streit und Menschen, die extrem überschwenglich, angeberisch, besserwisserisch, zurechtweisend und belehrend sind. Ein englischer Freund von mir hat Tel Aviv einmal als den Tribut an das jakobinische Element im Zionismus bezeichnet. Die verbreitete Neigung zum Schwarzsehen ist den Menschen hier, nach all der traurigen Zufälligkeit und erschreckenden Launenhaftigkeit des Lebens in den vergangenen drei, vier Jahrzehnten, fast schon zur zweiten Natur geworden.

Ich bin zwar wieder zu Hause, aber das macht es nicht leichter, sich Klarheit zu verschaffen. Im Gegenteil, wenn ich mir die Probleme von Tel Aviv aus angucke, in der Gesellschaft zweifelnder und erregbarer Freunde und Kollegen, statt von Kairo aus, wo die meisten Menschen ruhig und selbstsicher schienen, ist mir plötzlich, als hätte ich ein Gemälde aus einem Zimmer in ein anderes getragen und betrachtete es nun in einem anderen, ungewohnten Licht. Eine der ersten Zeitungsmeldungen, die ich nach meiner Landung in Tel Aviv lese, ist eine Erklärung des Trainers der Fußballnationalmannschaft.

»In Zukunft sollte es weniger Zionismus und mehr Fußball geben«, wird er zitiert. Dafür wird er von einem Redakteur heftig attackiert. Ich sehe auch die Ankündigung einer wissenschaftlichen Konferenz in Jerusalem zum Thema »Wenn der Friedensvertrag scheitert...« Die Tinte unter dem Vertrag ist kaum getrocknet, und schon debattieren sie über die militärischen und wirtschaftlichen Folgen eines möglichen Scheiterns. Warum diese Nervosität? Wenn der Friedensvertrag scheitert, wäre das bedauerlich für Ägypten, vielleicht sehr bedauerlich, aber für Israel wäre es ganz einfach eine Katastrophe.

Nach dem libanesischen Abenteuer

1985

In einer Dreizimmerwohnung mit Blick auf die Berge am westlichen Stadtrand von Jerusalem sitzt ein alter Mann einsam im Halbdunkel hinter geschlossenen Fensterläden. Er liest eifrig die Tageszeitungen. Er hört die Radionachrichten. Mit anderen Menschen spricht er fast nur noch am Telefon. Er bekommt wenig Besuch. Es ist Menachem Begin, der ehemalige Ministerpräsident von Israel. Selten hat man ihn auf seiner großen Terrasse gesehen – von der, wie durch einen merkwürdigen, ironischen Zufall, die Überreste des arabischen Dorfes Deir Yassin zu sehen sind. Während des Krieges von 1948 fand in Deir Yassin ein berüchtigtes Massaker statt, für das Begin als Chef der jüdischen Terrorgruppe Irgun Zwai Leumi verantwortlich gemacht wurde und woran ihn seine politischen Gegner immer wieder erinnert haben.

Schon vor seinem abrupten Rücktritt im September 1983, während der laufenden Amtszeit, hatte sich Menachem Begin aus der Öffentlichkeit zurückgezogen. Seit fast zwei Jahren lebt er nun, ein Eremit in seiner Zelle, ein politischer Marabut, in selbstauferlegtem Hausarrest. Nur zweimal wurde er beim Verlassen seiner Wohnung gesehen – das eine Mal, um an einem Gedenkgottesdienst für seine verstorbene Frau teilzunehmen, das andere Mal, um sich in einem Jerusalemer Krankenhaus einer Prostataoperation zu unterziehen. Bei den Wahlen im vergangenen Jahr gab er seine Stimme nicht ab, und er weigerte sich auch, eine öffentliche Erklärung zugunsten seiner eigenen Likud-Partei abzugeben. Er hat nie einen Grund für seinen Rücktritt genannt, außer der sehr persönlichen, in einer parlamentarischen Demokratie nicht sehr befriedigenden Erklärung *»Eyni yachol«* – »ich kann nicht mehr«. Er hat sich nie zu seinem Schritt geäußert.

Die wenigen Fotos von Begin, die in der jüngsten Zeit in den Zeitungen erschienen sind, haben viele schockiert, die ihn auf seinem Höhepunkt erlebt haben, vor sieben Jahren, als einen der Unterzeichner des Friedensabkommens von Camp David. Das Gesicht ist jetzt eingefallen und hager, die Figur skelettartig. Die Stimme, einst fest und kräftig, wird als stockend, schwerfällig beschrieben; die Augen sind glasig. Für viele Israelis hat Menachem Begins Zusammenbruch etwas von einer griechischen Tragödie, andere fühlen sich nur an ein Bild abstoßender Verwesung in Gabriel García Márquez' Roman *Tod eines Patriarchen* erinnert. Über die »wahren« Hintergründe wird noch immer viel spekuliert – vom Sentimentalen bis zum Medizinischen. Einige von Begins ehemaligen Mitarbeitern betrachten den Tod seiner Frau Aliza im November 1982 als Hauptursache für seine seelische Krise. Andere sind überzeugt davon, daß er aus Reue über den furchtbaren Libanonkrieg abtrat. Die Hölle, sagt man, ist zu spät erkannte Wahrheit.

Dieser Theorie zufolge fühlt er sich schuldig am Tod der mehr als sechshundertfünfzig israelischen Soldaten und an den mehr als dreitausendachthundert Verwundeten, zum Teil lebenslang Verkrüppelten, die das Libanonabenteuer bislang gefordert hat. Wieder andere sind überzeugt, daß Begin nicht von der Geschichte, sondern von Krankheit besiegt wurde. Obgleich ihn die Ärzte, trotz eines Schlaganfalls und zwei Herzattacken, als relativ gesund bezeichnet hatten, hielten sich schon seit Jahren hartnäckige Gerüchte, er leide unter den Nebenwirkungen starker Medikamente und an häufig ausbrechenden manisch-depressiven Zuständen, gekennzeichnet von plötzlichen Schüben exzessiver Lebensfreude und dann wieder Niedergeschlagenheit, Passivität und Antriebslosigkeit. Sabbatai Zwi, der »falsche Messias« des siebzehnten Jahrhunderts, war, wie sein Biograph Gerschom Scholem schreibt, ebenfalls manisch-depressiv. Wie dem auch sei, Begins jüngstes Schicksal ist von einer alptraumhaften Logik. Welche Gründe es für seinen Zusammenbruch auch gegeben haben mag, er war symptomatisch für die moralische Agonie, das politische Scheitern und die militärische Krise am Ende seiner sechsjährigen Amtszeit: eine demoralisierte Nation, in sich zerrissen wie nie zuvor in ihrer Geschichte; ein sinnloser, kostspieliger, noch immer nicht beendeter Krieg im Libanon; ein wackliger Frieden mit Ägypten sowie eine wertlose Währung, eine dreistellige Inflation und eine Wirtschaft, die sogar sein eigener Finanzminister als kurz vor dem Bankrott stehend bezeichnete: Nullwachstum, gefährlich dezimierte Devisenreserven und eine Auslandsverschuldung in Höhe von einundzwanzigeinhalb Milliarden Dollar (die weltweit höchste Pro-Kopf-Verschuldung; seit Begins Amtsantritt war sie um mehr als das Doppelte angewachsen).

Schimon Peres, der einundsechzigjährige Chef der Arbeitspartei, der im letzten Herbst antrat, um den Karren aus dem Dreck zu ziehen, ist ein Technokrat und ehemaliger Verteidigungsminister. In jungen Jahren war er das Wunderkind der israelischen Bürokratie, mit dreißig war er David Ben Gurions wichtigster Mitarbeiter, Architekt der israelischen Waffenindustrie und »Vater« der Atombombe, die Israel zumindest theoretisch produzieren könnte. Er wurde Ministerpräsident in der ernüchternden Atmosphäre nach den Wahlen von 1984. Für die meisten Israelis waren es die entscheidendsten und zugleich frustierendsten Wahlen in der Geschichte des Landes. Das Ergebnis brachte keine Wende. Es hob nur die innere Zerrissenheit hervor, denn es führte zum Patt zwischen den beiden großen politischen Blöcken – dem nationalistischen Likud unter Begins Nachfolger Yitzhak Schamir, und dem Maarach, der Arbeiterkoalition von Mitte und linker Mitte unter Peres. Die beiden Blöcke, so verschieden in Sprache und politischer Ideologie, gewannen zusammen zwar die Mehrheit der hundertzwanzig Knesset-Mandate, doch jeder war schwächer als vorher. Keiner verfügte über genügend Sitze, um selbst eine Regierung bilden zu können. Beide versuchten, mit wilden und letztlich erfolgreichen Manövern zu verhindern, daß der jeweils andere mit Hilfe einer der extremistischen Splitterparteien eine knappe Mehrheit bekam. Eine erneute Wahl hätte höchstwahrscheinlich zu ähnlichen Resultaten geführt. Als Ausweg einigte man sich auf eine Koalitionsregierung der »nationalen Einheit« unter zwei rotierenden Ministerpräsidenten – erst zwei Jahre lang Peres, dann Schamir, bis zu den nächsten Wahlen 1988. Eine Koalitionsregierung war keine neue Idee. Sie war von Schamir vor den Wahlen vorgeschlagen und von Peres als sicherer Weg zu nationaler Lähmung abgelehnt worden. Hinterher jedoch, in der allgemeinen Katerstimmung, betrachtete Peres den Vorschlag in einem anderen Licht. Vor den Wahlen hatten ihn seine Gegner oft als »unpatriotisch« verleumdet. Seine Hauptaufgabe sah er darin, die Arbeitspartei in den Augen einer zunehmend nationalistischen, zunehmend nach rechts tendierenden Wählerschaft zu »legitimieren« und sich selbst als politischen Führer zu empfehlen, der sich auf einen breiten Konsens stützen konnte. Die Öffentlichkeit war im großen und ganzen für die große Koalition. Diese würde sich auf mindestens drei Viertel der Knesset-Mandate stützen können. Sie könnte eine Wahlrechtsreform auf den Weg bringen, die unter den bisherigen Regierungen nicht möglich gewesen war. Sie könnte die erste Regierung in Israels Geschichte sein, die sich nicht in lähmende Abhängigkeit von winzigen ethnischen oder ultraorthodoxen religiös-fundamentalistischen Splitterparteien begeben würde. Und schließlich glaubte man, daß nur eine große Koalition in der Lage wäre, die beiden dringlichsten Probleme des Landes anzupacken: die daniederliegende Wirtschaft anzukurbeln und den Krieg im Libanon zu beenden. Die Arbeitspartei würde die von ihr kontrollierten Gewerkschaften zu Mäßigung aufrufen und auf diesem Wege die tiefgreifenden Wirtschaftsreformen ermöglichen, die notwendig waren, um die Handelsbilanz zu verbessern und die dreistellige Inflation zu reduzieren. Als Gegenleistung würde Likud, der politisch mit dem Libanonkrieg identifiziert, wenn nicht für ihn verantwortlich gemacht wurde, einem raschen Rückzug der israelischen Truppen zustimmen.

Doch es kam anders. Kaum war die Koalitionsregierung gebildet, schickten sich beide Parteien an, sie zu Fall zu bringen, indem sie abermals die Splitterparteien umwarben. Von Wahlrechtsreform war keine Rede mehr, und allenthalben wurde über vorgezogene Wahlen noch vor Ablauf von Peres' zweijähriger Amtszeit spekuliert. Die neue Regierung blieb in der Libanonfrage tief gespalten. Und Peres war auch nicht in der Lage, die Gewerkschaften, wie erhofft, zu mäßigen. Zunächst schien es, als hätte er einen zeitweiligen Teilerfolg im Kampf gegen die Inflation errungen. Im Dezember betrug der Preisanstieg nur 3,7 Prozent (zuvor hatte der monatliche Anstieg bei 24 Prozent gelegen). Doch anschließend begannen die Preise wieder stark anzusteigen (in der ersten Hälfte dieses Jahres umgerechnet eine Steigerungsrate von 299 Prozent), da ein künstlicher Preisstopp, der im Dezember verfügt worden war, nicht von entsprechenden Haushaltskürzungen begleitet wurde und weil die Regierung weiterhin Milliarden von Schekel drukken und in die Wirtschaft einfließen ließ, um Massenarbeitslosigkeit zu verhindern.

In all diesen letzten Monaten hat Peres mit geradezu grimmiger Entschlossenheit an seinem Amt festgehalten. Manche Leute fragen sich noch immer, warum es ihm so wichtig war, in einer derartig schwierigen Zeit die Regierungsverantwortung zu übernehmen. Die meisten Wirtschaftswissenschaftler vertraten die Meinung, daß kaum eine Aussicht auf Besserung bestand, falls nicht sehr unpopuläre Maßnahmen ergriffen würden, die höchstwahrscheinlich zu großer Arbeitslosigkeit führen würden. Der Rückzug aus dem Libanon, der in diesem Sommer abgeschlossen sein soll, erhöhte zwangsläufig das Risiko, daß schiitische und palästinensische Terroristen der israelischen Besatzungsarmee über die Grenze nach Israel folgen würden. Abermals würde Nordisrael Artilleriefeuer und Terrorüberfällen aus dem Libanon ausgesetzt sein. Welche Partei würde politisch dafür verantwortlich gemacht werden? Likud, der den Krieg angefangen hatte, oder die Arbeitspartei, die, um weitere Verluste zu vermeiden, die Truppen zurückholt? Ich hörte neulich, wie jemand zu Schimon Peres sagte, daß es politisch vielleicht klüger gewesen wäre, die unpopulären Maßnahmen dem Likud zu überlassen. Peres antwortete: »Schon möglich, aber es wäre nicht sehr patriotisch gewesen.«

Peres ist nicht das, was man gemeinhin einen charismatischen Führer nennt. Im Fernsehen tritt er immer etwas unsicher auf. Er hat sich selbst einmal als »übermäßig optimistisch« bezeichnet. »Das ist meine Art. Ich kann mich geradezu berauschen an dem Potential, das in einer Sache steckt.« Verteidigungspolitisch war er früher als Falke bekannt. In den Jahren der Opposition, während Begin Regierungschef war, näherte er sich linken Positionen an. Als Ministerpräsident umgibt er sich mit jungen Beratern, die Anfang Dreißig sind und meist der *Frieden-Jetzt*-Bewegung nahestehen. Mit ihrer Hilfe hat er das Image des nüchternen Staatsmannes erworben, der sich einer beinahe aussichtslosen Aufgabe stellt, dabei aber ein Mann des Kompromisses und der Mäßigung bleibt. In einem Land, in dem sich so viel Enttäuschung in den letzten Jahren breitgemacht hat, das so heillos zerrissen ist, in dem so hochgradig emotionalisierte Diskussionen geführt werden, hat ihm die unbeirrte Suche nach Konsens jedoch zwangsläufig den Vorwurf der Unentschlossenheit und der Führungsschwäche eingebracht. Die Wirtschaft, mit der es im Jahr nach Peres' Amtsantritt noch weiter bergab ging, ist ein typisches Beispiel. Es gibt andere, unlängst etwa der Fall der TWA-Maschine, die zwischen Athen und Rom von schiitischen Fanatikern nach Beirut entführt wurde, um die Freilassung von rund siebenhundert überwiegend schiitischen Libanesen zu erzwingen, die noch immer ohne Anklage in einem israelischen Gefängnis einsaßen. Es gab keinen Grund, die Entlassung der Gefangenen so lange hinauszuzögern und damit die Beziehungen zu den Vereinigten Staaten zu strapazieren, zumal die Gefangenen ohnehin freigelassen werden sollten, wie Yoel Marcus in der unabhängigen Tageszeitung *Haaretz* schrieb. (Dreihundertundeinunddreißig sind seitdem entlassen worden.)

Seit seinem Amtsantritt hat Peres nach seiner großen Chance gesucht – nach der großen Botschaft, dem großen Ereignis, dem Durchbruch, der seiner Politik Auftrieb geben würde, so wie Sadats Jerusalembesuch ein bedeutender Impuls für Begin in dessen erstem Jahr war. Er ist noch nicht fündig geworden. Im Januar überredete er sein Kabinett, angesichts der anhaltenden Verluste unter den jungen Wehrpflichtigen, die in libanesischen Ortschaften und Straßen patrouillierten, trotz des großen Risikos mit dem Rückzug aus dem Libanon zu beginnen. Die meisten Likud-Minister, darunter auch Yitzhak Schamir, waren gegen den Rückzug, aber zwei von ihnen stimmten für Peres und verschafften ihm so die erforderliche Mehrheit. Im Februar schlug ihm der ägyptische Ministerpräsident Mubarak direkte Friedensgespräche zwischen Israel, Jordanien und den Palästinensern vor. Ob dies freilich der große Durchbruch war, den er gesucht und auf den er wahrscheinlich insgeheim hingearbeitet hatte, blieb abzuwarten. Daß er Mubaraks Vorschlag als »konstruktiv« begrüßte, trotz der Befürchtungen, die PLO könne durch die Hintertür an den Verhandlungstisch kommen oder die Koalition könne auseinanderbrechen oder beides, war charakteristisch. In einem Interview sagte er einmal, daß »Stil« für ihn nicht nur eine technische Frage, sondern auch Bestandteil seiner Vision sei. Er legt großen Wert auf Stil und Sprache. Einem anderen Interviewer erklärte er, daß er sehr gern eine Bitte erfüllen werde, die Präsident Sadat an ihn gerichtet habe, nämlich »in seinen öffentlichen Äußerungen großzügig zu sein«. Seit seinem Amtsantritt wird in Israel besonders gegenüber den arabischen Staaten ein umgänglicherer Ton angeschlagen. Aber noch ist es Peres nicht gelungen, die Beziehungen mit Ägypten zu verbessern, die vergiftet sind seit dem israelischen Einmarsch in den Libanon, durch die Absicht der Ägypter, sich der arabischen Welt wieder anzunähern, und durch den bizarren Streit um eine Hotelanlage auf einem Wüstenstreifen bei Taba, unweit von Eilat, am oberen Ende des Golfs von Akaba.

Im Friedensvertrag von 1979 war die Zukunft von Taba im gegenseitigen Einvernehmen offen geblieben. Einige Berater des Ministerpräsidenten haben ihm in den letzten Monaten erklärt, daß der israelische Standpunkt völkerrechtlich nicht sehr plausibel ist, und er neigt zu einem internationalen Schiedsspruch, falls es zu keiner Einigung zwischen den beiden Seiten kommen sollte. Schamir hat diesen Vorschlag jedoch als »defätistisch« abgelehnt. Peres soll zu Schamir gesagt haben: »Wir sind keine Gangster. Wir werden uns Taba nicht mitten in der Nacht unter den Nagel reißen. Taba ist nicht so wichtig, und es ist nicht das Goldene Jerusalem.« Schamir zeigt sich in dieser Frage jedoch unnachgiebig. Vielleicht setzt ihn der extreme Flügel des Likud, angeführt von Ariel Scharon, unter Druck. Wahrscheinlicher ist, wie ein Leitartikler der *Jerusalem Post* jüngst schrieb, daß Schamir nach entsprechenden Diskussionen zu der Auffassung gelangt ist, daß »jede verbindliche Regelung des Taba-Streits aus genau demselben Grund abgelehnt werden muß, weshalb sie von Peres befürwortet wird: weil sie Fortschritt nicht nur in bezug auf eine Normalisierung, sondern für die gesamte arabisch-israelische Friedensfront bedeuten könnte«. Nach Peres' erstem Amtsjahr fragen sich manche Leute, ob er nicht recht gehabt hatte, als er im Sommer 1984 Schamirs Koalitionsangebot als sicheres Rezept für eine innenpolitische Lähmung ablehnte.

Peres' alter Plan, König Hussein von Jordanien mit einem großzügigen territorialen Kompromiß oder dem Angebot einer gemeinsam verwalteten West Bank entgegenzukommen, wurde von Schamir ebenfalls zurückgewiesen. Vor den Wahlen hatte Peres im privaten Kreis seine Bereitschaft signalisiert, »den größten Teil der West Bank« an Jordanien zurückzugeben. Auf die Frage nach den Bewohnern der Siedlungen, die unter vorangegangenen Regierungen dort errichtet worden waren, antwortete er, daß sie sich einfach damit abfinden müßten, unter jordanischer Herrschaft zu leben. Unter den gegebenen Verhältnissen hieß das nichts anderes, als daß die Siedlungen aufgelöst würden. 1982 begrüßte er Reagans Friedensinitiative (Selbstverwaltung für die Palästinenser unter jordanischem Dach), die Begin kategorisch als völlig unannehmbar abgelehnt hatte. Aus Sorge um den Fortbestand seiner Koalitionsregierung hat Peres derartige Erklärungen nicht wiederholt. Einige seiner Mitarbeiter sagen jedoch, wenn König Hussein und die moderateren Palästinenser sich bloß zu Friedensgesprächen mit Israel durchringen könnten, wie Sadat 1977 und wie Mubarak es jetzt vorschlägt, könnte das die gesamte politische Situation verändern. Einige Likud-Abgeordnete würden der Regierung »Verrat« vorwerfen, andere würden sie unterstützen. Gespräche mit Jordanien könnten beginnen, Neuwahlen könnten angesetzt werden, Peres könnte mit einer »Friedensgespräche jetzt«-Plattform gewinnen.

»Ich mache mir keine Sorgen«, soll Mosche Katzav, der Minister für Arbeit und Soziales und ein führender Likud-Hardliner, im Februar gesagt haben – ein wenig zu voreilig vielleicht. »Ich verlasse mich da völlig auf den kleinen König. Er ist noch nicht bereit für den Frieden. Mit seiner Hilfe werden wir die Koalition zumindest fortsetzen können, bis Schamir an der Reihe ist, das Amt des Ministerpräsidenten zu übernehmen.« Wenn Peres in der letzten Zeit von einer neuen Ära in der israelischen Politik gesprochen hat, so leben viele noch in der alten. Viele Menschen hier, ausgenommen vielleicht die Fanatiker der äußersten Rechten, sind müde. Diese Ermüdung mag damit zu tun haben, daß sie so lange – manche ein Leben lang – in einem nicht enden wollenden Ausnahmezustand leben. Oder auch damit, daß Israel sich sowohl emotional als auch geographisch übernommen hat. Es gab einmal eine Zeit, da hieß es, daß Israel zuviel Geschichte und zuwenig Land habe. Seit 1967 ist es umgekehrt. Die Anstrengungen sind den Menschen anzumerken. Vielleicht rührt die Müdigkeit auch aus überzogenen Träumen und Erwartungen. Der klassische Zionismus suchte den utopischen Heilstraum zu verwirklichen. Wie jeder -ismus erzeugte er wilde Hoffnungen, denen Zynismus und Verzweiflung folgten. Die frühen Zionisten wollten ja nicht nur einen Nationalstaat wie all die anderen gründen. Sie suchten einen sicheren Hafen für Juden und auch ein neues Paradies, eine neue Welt, in der es kein Leiden und keine Sünden mehr geben würde. Erst sehr viel später erinnerte man sich daran, daß in der jüdischen Tradition selbst der Garten Eden kein friedlicher Ort war, sondern ein himmlischer Käfig, der bald von Angst, Streit, Arroganz und Lügen erfüllt war. Vielleicht erwachen die Israelis erst jetzt allmählich aus dem, was sie lange Zeit und liebevoll ihren zionistischen Traum genannt haben. Als die frühen Zionisten beschlossen, Politik zu machen, hatten sie nicht bedacht, daß zu den uralten Schwierigkeiten jüdischer Existenz die vielleicht noch größere Schwierigkeit kommen könnte, als kleiner Staat in einem sehr unruhigen Teil der Welt überleben zu müssen.

Und so spürt man, wie die gesamte Gesellschaft von einer Art Materialermüdung erfaßt wird, die zu rationalen und irrationalen Therapievorschlägen einlädt. Die ungebrochene, manche sagen zunehmende Popularität General Ariel Scharons trägt zu letzterem bei. Das gleiche gilt für das Auftreten eines jüdischen terroristischen Untergrunds und den Aufstieg von zwei neuen ultrarechten Parteien – der Tehiya (Erweckung) von General Rafael Eytan und der Kach von Meir Kahane. Beide setzen so sehr auf allgemeine Ängste und Haß und Vorurteile, daß es, sofern die Wölfe im Nahen Osten nicht plötzlich bei den Lämmern liegen und die Löwen Stroh essen wie die Ochsen, sehr schwierig sein wird, diese Parteien künftig in Schach zu halten. Die Tehiya, die bei den Wahlen fünf Sitze gewann, konnte ihre Mandate in der neuen Knesset fast verdoppeln und wurde drittgrößte Partei. Der ultrarechte Flügel hat die teils stille, teils offen ausgesprochene Unterstützung von wichtigen Teilen des orthodoxen Establishments. Bei dem Prozeß gegen eine Gruppe jüdischer Terroristen vor dem Bezirksgericht Jerusalem wurde bekannt, daß die prominenten Vorsteher von zwei staatlich geförderten Yeschiwas und ein ehemaliger Oberrabbiner von Israel die Angeklagten insgeheim zum Massenmord ermuntert haben sollen. Einer soll die Terroristen, die den Felsendom, das islamische Heiligtum auf dem Jerusalemer Tempelberg, in die Luft sprengen wollten, als Heilige bezeichnet haben, die das Werk Gottes ausführten. Ein anderer soll sich bereit erklärt haben, an einem Terroranschlag auf unschuldige arabische Businsassen mitzuwirken. Und Yitzhak Schamir hat, gemeinsam mit anderen prominenten Likud-Vertretern und herausragenden religiösen Politikern, den Staatspräsidenten aufgefordert, die Terroristen zu begnadigen, da ihre Verbrechen (einschließlich der Attentate auf drei palästinensische Bürgermeister der West Bank – einer verlor dabei beide Beine, einem zweiten mußte der Fuß amputiert werden) von Patriotismus und Liebe zu Eretz Israel getragen seien, wie Schamir erklärte. Meir Kahane appellierte offen an die Bevölkerung, die Terroristen als Helden der Nation anzuerkennen.

Mag sein, daß Meir Kahanes Kopf, wie einige meinen, zu den unterentwickelteren Regionen des Nahen Ostens gehört, wie zuvor schon in Brooklyn, doch auch er hat seine politische Position erheblich verbessert, seit er überraschend ein Knesset-Mandat errang. Wenn heute Wahlen stattfänden, würde der aus Amerika stammende Rabbi und Gründer der in Brooklyn ansässigen Jewish Defense League doppelt so viele Stimmen bekommen wie noch im letzten Juli. Sein Programm ist offen rassistisch. (Die Araber, sagt er, vermehrten sich »wie die Hunde«, sie müßten hinausgeworfen werden, bevor sie den jüdischen Charakter Israels »vergiften«. Araber, die mit jüdischen Mädchen schlafen, sollten »kastriert« werden. Die Moscheen in Jerusalem sollten abgerissen werden, denn schließlich »gibt es in Mekka auch keine Synagoge«). In den sechziger Jahren baute er seine Bewegung in New York mit Hilfe der Medien auf, und sein Geschick, die israelische Presse für seine Zwecke zu benutzen, wird nur noch übertroffen von seiner Verachtung für sie, wie seine Äußerungen bezeugen: »Wenn ich an die Macht komme, werde ich die arabischen Hunde und jüdischen Verräter in der Presse fertigmachen.« »Ich bin kein Demokrat, ich bin Jude.« »Ich werde dieses Land aufmischen, und die Presse wird über jeden meiner Schritte berichten.« Als ein jüdischer Terrorist im Herzen Jerusalems eine Rakete auf einen vollbesetzten arabischen Bus abschoß, pries Kahane ihn mit den Worten: »Gelobt seien die Hände, die diese Tat vollbrachten.«

Noch ernster ist der wachsende Einfluß rechtsextremer Tendenzen auf die jungen Wähler. Hätte das Land als Ganzes bei den letzten Wahlen so abgestimmt wie die Soldaten, hätte der Likud, zusammen mit der kleinen Tehiya-Partei und seinen Verbündeten unter den ultraorthodoxen Fundamentalisten, vermutlich eine satte Mehrheit in der Knesset gewonnen. Einer Meinungsumfrage zufolge, die von der privaten Jerusalemer Van-Leer-Stiftung in Auftrag gegeben worden war, erklärten immerhin vierzig Prozent der Oberschüler, daß sie die Ansichten der Partei von Rabbi Kahane unterstützen (in den orthodoxen Schulen lag die Prozentzahl etwas höher). Eine andere Umfrage desselben Instituts ergab, daß nur ein Drittel der befragten Jugendlichen in der Altersgruppe 15–18 Jahre »konsistent demokratische Einstellungen« vertrat (d. h. sich mit der bestehenden Regierungsform identifizierte). Die übrigen waren mehr oder minder totalitär in ihrer Haltung, besonders gegenüber den arabischen Mitbürgern. Etwa vierundzwanzig Prozent sprachen sich dafür aus, Kritik an der Außen- und Verteidigungspolitik der Regierung gesetzlich zu verbieten; zweiundvierzig Prozent befürworteten eine Einschränkung der Rechte nichtjüdischer Bürger, siebenunddreißig Prozent eine Einschränkung der Rechte von Christen, siebenundvierzig Prozent fanden, daß Moslems keine höheren Ämter im Staat bekleiden dürften, sechzig Prozent erklärten, daß Araber nicht die vollen Bürgerrechte genießen dürften. Immerhin achtunddreißig Prozent erklärten, daß sie mit jüdischen Terrororganisationen sympathisierten, und neun Prozent sagten, daß sie persönlich bereit seien, einer solchen Organisation beizutreten.

Der Bericht erregte großes Aufsehen. Das Erziehungsministerium ordnete an, daß besondere Unterrichtseinheiten »zur Vertiefung des Demokratieverständnisses unter Schülern« entwickelt werden sollten. Auf Einladung von Schlomo Hillel, dem Sprecher der Knesset, kamen etwa dreißig Professoren, Lehrer und Schriftsteller zusammen, um über die Bildung eines neuen Rates für Demokratie zu diskutieren. Bei der ersten, und bislang einzigen, Sitzung dieser Kommission erklärte Yonatan Schapiro, Soziologieprofessor an der Universität Tel Aviv, daß das Problem wohl nicht eine Frage des Alters sei, wie die meisten Leute annahmen, sondern vielmehr ein strukturelles Problem. Es bestehe nämlich ein deutlicher Zusammenhang zwischen undemokratischen Haltungen, der Einstellung zu den besetzten Gebieten und der Tendenz zu religiöser Orthodoxie: undemokratische Haltungen seien durchweg häufiger unter denjenigen anzutreffen, die einen orthodox-theokratischen Staat fordern, und denjenigen, die für eine Annexion der besetzten Gebiete sind.

Unter dem Eindruck seines Vietnambesuchs im Jahre 1966 pflegte Mosche Dayan die israelischen Generäle vor Kriegen zu warnen, die man nicht beenden könne. »Das sind die schlimmsten«, fand er. »Schlimmer als diejenigen, die man verliert.« Heute sind viele Israelis klüger, und für den unbeendeten Libanonfeldzug machen sie Begins angebliche Naivität und General Scharons Brutalität und mangelnden Realitätssinn verantwortlich. Tatsache aber ist, daß der Krieg anfänglich von beiden großen Parteien unterstützt wurde. Auch die Arbeitspartei war, von wenigen Ausnahmen abgesehen, für einen Einmarsch. Eine Handvoll Abgeordneter der Arbeitspartei enthielt sich in der Knesset der Stimme, und nur einer, Yossi Sarid, sprach sich offen gegen den Krieg aus; ihm und den anderen wurde von der eigenen Partei vorgeworfen, es mangele ihnen an minimaler patriotischer Solidarität. Ein Veteran der Arbeitspartei, fünfundzwanzig Jahre in der Politik, erklärt heute voller Bitterkeit, daß er vor allem dies gelernt habe: wenn sich das gesamte Establishment – wie im Fall Libanon – bei einer Sache einig sei, so gehe es fast zwangsläufig um etwas Unrechtes. Generalmajor Mosche Levy, der gegenwärtige Generalstabschef der israelischen Armee, erklärte düster im Fernsehen, daß er jetzt »sehr viel mehr über den Libanon weiß als noch vor drei Jahren« – ein mutiges, aber zutiefst beunruhigendes Geständnis, wie Hedda Bosches tags darauf in *Haaretz* schrieb. Schließlich war General Levy bei Kriegsbeginn stellvertretender Generalstabschef gewesen.

Kriege beginnen natürlich immer in großem Durcheinander, wie in einem dichten Nebel oder in einer billigen Hafenkneipe. Was jetzt so sehr schmerzt, ist die allgemeine Erkenntnis, daß die israelische Stärke im Libanon zum ersten Mal ihre Glaubwürdigkeit eingebüßt hat. Israelis philosophieren gern über »Stärke«, und bis zu einem gewissen Grad ist sie immer ein fester Bestandteil des zionistischen Selbstverständnisses gewesen. Der Zionismus sollte schutzlosen Ghettojuden, bis dahin abhängig von der schwankenden Toleranzbereitschaft unter nichtjüdischen Herrschern, ein gewisses Maß an Stärke geben, damit sie ihr eigenes Schicksal in die Hand nehmen könnten. Und nun ist das große Stärkeparadox des Libanonkrieges eingetreten. Wie Abba Eban jüngst erklärte: »Militärische Stärke ist etwas sehr Merkwürdiges. Legt sie [in einem Land wie Israel] ihre defensive Rolle ab, zeigt sie sich eigentümlich machtlos.«

Nach allgemeiner Auffassung hat Scharon, und damit zwangsläufig auch Begin, zwei Kriegsziele verfolgt: erstens Yassir Arafat und die PLO aus dem Libanon zu vertreiben, um Terrorüberfälle in Galiläa zu beenden und die Palästinenser politisch so weit zu schwächen, daß Israel freie Hand auf der West Bank und im Gazastreifen hätte; zweitens die Syrer aus dem Südlibanon und aus Beirut zu vertreiben und eine neue, christlich geführte Regierung unter dem Gemayel-Clan mit seinen von Israel bewaffneten und ausgebildeten Falangisten zu etablieren. Im Juni 1982 sprach Begin, überwältigt vom schnellen Vormarsch auf Beirut und der raschen Beseitigung der PLO-Strukturen im Südlibanon, von einem unmittelbar bevorstehenden Friedensvertrag mit dem Libanon und erinnerte ekstatisch an das Buch der Richter: »Das Land wird Ruhe haben vierzig Jahre.«

Und doch ging von Anfang an fast alles schief. In diesem Fall kam keine Stärke aus Scharons Gewehren. Er hat seine wichtigsten politischen Ziele nicht erreicht. Die libanesischen Christen standen am Ende politisch schwächer da als vor dem Krieg. Beschir Gemayel wurde Präsident, nach seiner Ermordung dann Amin Gemayel, doch beide lehnten es ab, mit Israel Frieden zu schließen. Die syrische Luftwaffe wurde vernichtet, aber Präsident Hafiz el-Assad erwies sich als der wahre Herr des Libanon. Die PLO wurde vertrieben, aber an der israelischen Nordgrenze tauchte statt dessen eine fundamentalistische schiitische Miliz auf, noch gefährlicher, als es die PLO je gewesen war. Angesichts des politischen Aufstiegs der libanesischen Schiiten wird in Israel befürchtet, der ganze Südlibanon könne sich bald in eine Bastion islamischer Fanatiker verwandeln, die von wildgewordenen iranischen Ayatollahs kontrolliert werden – mit unausdenkbaren Folgen für die israelische Sicherheit in Galiläa. Tatsächlich könnte aber genau das eine der unvorhergesehenen Konsequenzen von Begins Libanonkrieg sein, der die Schiiten des Libanon an die politische Front katapultierte. Überdies mußte die Erfahrung des Libanon, wo schiitische Guerillakämpfer der israelischen Armee gnadenlos zusetzten, sich auf die Palästinenser auswirken, vor allem die der West Bank. Die Schiiten haben im Südlibanon gezeigt, daß es tatsächlich möglich ist, israelische Truppen zu einem Rückzug aus besetzten Gebieten zu *zwingen*, wenn man nur eine genügend große Zahl israelischer Soldaten tötet. Hätten die Schiiten nicht

Handgranaten auf israelisches Militär geworfen, hätten sich die Soldaten bestimmt nicht zurückgezogen. Die Nach-Holocaust-Generation hat in bezug auf Stärke immer eine sehr differenzierte, manchmal sogar neurotische Haltung eingenommen. Im Libanon jedoch ist es den Israelis, zumindest anfänglich, nicht gelungen, die notwendige Unterscheidung zwischen Stärke und Gewalt zu treffen. Ein israelischer Schriftsteller verglich den israelischen Krieg im Libanon mit einem Schachspiel, bei dem alle Figuren den Rand des Bretts erreicht hätten und umgekippt seien.

Im Juni wurde der Abzug der israelischen Streitkäfte aus dem Libanon offiziell für »abgeschlossen« erklärt. Inoffiziell dauert die Präsenz in einer fünf bis fünfzehn Kilometer breiten Sicherheitszone noch an – vom Berg Hermon bis zum Mittelmeer, nordöstlich und westlich von Metulla, der nördlichsten Ortschaft Israels. Metulla liegt direkt an der libanesischen Grenze. Alte Eukalyptusbäume säumen die Straßen. Ein Souvenirshop, der noch vor einem Jahr glänzende Geschäfte mit T-Shirts machte, auf denen die Fahnen Israels und des Libanon gekreuzt waren, und mit den üblichen Kreuzen und Davidssternen aus Olivenholz mit kleinen Thermometern daran, ist inzwischen verrammelt. Eine große Tafel verkündet zur libanesischen Seite: »Soldat! Du betrittst israelisches Territorium. Entlade Deine Waffe!« Die Wache ist frisch getüncht und macht einen sauberen Eindruck. Sobald ein vollbesetzter Transporter auftaucht, der Soldaten nach Israel zurückbringt, bricht in der Stille plötzlich ohrenbetäubender Lärm aus. Die Soldaten brüllen im Chor, stampfen mit den Stiefeln und hämmern mit ihren Feldgeschirren gegen die Sitzbänke, und der Fahrer drückt auf die Hupe. Die Militärpolizisten, die am Übergang Dienst tun, winken sie einfach durch. An solche Szenen, heißt es, sind sie gewöhnt. Die latente Hysterie deutet auf starke psychische Spannungen hin, wie ich bei einem Besuch, vor Abschluß der letzten Rückzugsphase, kürzlich bemerkte. Die Soldaten verhielten sich, als wären sie gerade einer Naturkatastrophe entkommen. Rufe wie »Wir haben es geschafft!« und »Nie wieder zurück!« waren zu hören. Ein hoher Offizier stand dabei. Er meinte, daß derlei noch nie vorgekommen sei in der israelischen Armee, die stolz ist auf ihre anerkannt hohe Moral. Dies ist der erste Krieg, den viele Soldaten, selbst in den höchsten Rängen, als sinnlos oder falsch betrachtet haben. Auch beschränken sich die Verluste nicht auf diejenigen, die im feindlichen Feuer sterben. Einundzwanzig Soldaten begingen während ihres Einsatzes im Libanon Selbstmord, allein zehn von ihnen im letzten Jahr, wie Verteidigungsminister Yitzhak Rabin unlängst in der Knesset bekanntgab. In den letzten beiden Jahren sind hundertdreiundvierzig aktive Soldaten und Reservisten ins Gefängnis gewandert, weil sie sich weigerten, im Libanon eingesetzt zu werden. Dr. Ruth Linn von der Universität Haifa fand in einer Untersuchung heraus, daß die meisten dieser Verweigerer Kampfeinheiten angehörten, eine akademische Ausbildung haben und im Durchschnitt einunddreißig Jahre alt sind. Dr. Linn zufolge liegt die tatsächliche Zahl der Verweigerer »sehr viel höher« als hundertdreiundvierzig, da viele von ihnen in aller Stille freigelassen oder von verständnisvollen Vorgesetzten an andere Orte statt in den Libanon abkommandiert wurden. Bei einem Fünftel der Verweigerer soll es sich um Offiziere handeln.

Neu ist auch, wie die Soldaten heute darüber sprechen. »Dieser Zynismus, dieses bittere Gefühl von Nutzlosigkeit angesichts der schieren Verschwendung von Menschenleben – haben so auch die US-Soldaten in Vietnam gesprochen?« fragte kürzlich ein Journalist in *Haaretz*. Der bekannte Dichter Yitzhak Laor, Autor der *Ballade vom törichten Soldaten*, eines in der hebräischen Dichtung beispiellosen Werks, ist einer der Herausgeber der jüngst erschienenen Anthologie *Fighting and Killing Without End*. Fast jeder bessere israelische Dichter ist in diesem Band vertreten (veröffentlicht 1983 von dem bekannten Verlag Hakibbutz Hameuchad). Laor sprach für eine kleine, aber nicht unbedeutende Minderheit, als er in einem Gedicht schrieb, daß in dieser Zeit »wahrer Mut darin besteht, den Krieg von weitem zu betrachten, vielleicht im Fernsehen«.

Jenseits der libanesischen Grenze windet sich die Straße kilometerlang dahin, bevor sie sich gabelt – rechts in die christlichen Dörfer Kelia und Marjayoun, die heute von der israelisch-kontrollierten christlichen Miliz des Generals Antoine Lahad, der sogenannten SLA (Südlibanesischen Armee), gehalten werden, und nach links zu größeren schiitischen Dörfern beiderseits des Litani. 1982 wurden die israelischen Truppen dort mit Reis und Blumen als Befreier von der PLO begrüßt. Doch die israelische Besatzung dauerte an, die Schiiten waren von ihren Märkten und ihren politischen und religiösen Führern in Beirut abgeschnitten, und so verschlechterte sich das Verhältnis zwischen Israelis und Schiiten. Im Sommer 1984 führte Amal, die größte Schiitenmiliz, angeführt von dem sich moderat gebenden Nabih Berri, bereits einen offenen Krieg gegen israelische Truppen, wo immer möglich. Es verging kaum ein Tag, an dem Soldaten nicht aus dem Hinterhalt beschossen wurden, auf eine Landmine stießen oder das Ziel einer Handgranate waren, die von einem Balkon heruntergeworfen wurde.

Als ich kürzlich mit einer israelischen Militäreskorte durch Teile des Südlibanon fuhr, regnete es, aber die Sonne drang durch die Wolken und fiel auf die schimmernden Büsche. Israelis dürfen diese Straße nur in bewaffneten Konvois befahren. Jedermann muß eine kugelsichere Weste tragen. Aus den geöffneten Fenstern eines jeden Fahrzeugs müssen stets zwei schußbereite Gewehre in Fahrtrichtung weisen. Kalter, regennasser Wind peitschte den Soldaten ins Gesicht. Hier mußte man hinter jeder Straßenbiegung mit Maschinengewehrfeuer rechnen, am Steuer eines jeden Kleintransporters könnte ein schiitisches Selbstmordkommando sitzen, jeder Mercedes, der vorbeifuhr, konnte eine Rakete abfeuern. Die Religion ist ein beständiges, tödliches Element in diesem speziellen Herzen der Finsternis. Schiiten und Sunniten, Drusen, Maroniten und Melkiten [Griechisch-Katholische] sind seit dem Ausbruch des libanesischen Bürgerkriegs übereinander hergefallen. Bei so vielen bewaffneten Sekten und Clans und so vielen blutigen Auseinandersetzungen konnte hier in den letzten Jahren kaum von Politik oder Sachfragen die Rede sein. Nur Angst und Haß gibt es, und der letztere konzentriert sich nun vor allem auf die israelischen Besatzer. Selbst die Christen gehen inzwischen auf Distanz, wollen die Allianz mit Israel aufkündigen, die sie im libanesischen Machtpoker geschwächt hat. »Ihr habt uns kein Glück gebracht«, erklärte mir ein christlicher Milizkommandant aus Saida. Nur einige wenige der militanteren Maroniten sind weiterhin für eine Fortsetzung der israelischen Präsenz im Libanon. Vor einer alten Kirche in Kelia nahm ein maronitischer Priester meinen Arm und rief: »Wir Maroniten warten seit dem zwölften Jahrhundert!« Auf Nachfragen stellte sich heraus, daß er »seit der Schlacht von Hattin« meinte, die der Anfang vom Ende des christlichen Kreuzfahrerkönigreichs Jerusalem war. »Israel wird uns helfen. Israel muß uns helfen, um seiner selbst willen«, sagte er. »Jerusalem wird ihnen gehören, der Libanon uns. *Beau Liban, pauvre Liban!* Er muß uns wieder gehören!«

»Der ganze Libanon?« fragte ich.

»Selbstverständlich! Vor vierzig Jahren, in Palästina, da waren die Juden doch auch eine Minderheit. *Mais ils étaient courageux.* Und jetzt gehört ihnen alles. Wenn die Juden sich zurückziehen, werden die

Moslems zuerst uns abschlachten, und dann gehen sie über die Grenze und schlachten die Juden ab.«

Im nächsten Dorf empfing uns ein schiitischer Geschäftsmann und ließ, während wir in seinem großen Salon mit zwei Dutzend vergoldeten, bestickten Lehnstühlen ringsum an der Wand saßen und plauderten, Kaffee für uns bringen, der aus Silberkännchen in allerfeinste Porzellantassen geschenkt wurde. Die israelische Besatzung habe zu lange gedauert, klagte er. Die Israelis hätten sich ihre einstigen Freunde zu Feinden gemacht. Geschäfte seien ruiniert, unschuldige Bürger müßten für Aktionen bezahlen, die von irgendwelchen Ortsfremden verübt worden seien. Es sei töricht von den Israelis, sich ausschließlich auf ihre maronitischen Söldner zu stützen. Sobald die Israelis abgezogen seien, würden die Maroniten sie verraten. »Ich sage zu Ihnen, ›Passen Sie auf, *Messieurs les Israéliens!* Immerhin hat sogar Danny Chamou‹« – der Chef einer maronitischen Miliz – »›die Waffen, die er von den Israelis bekam, an die PLO verkauft.‹«

Ein hoher israelischer Offizier, mit dem ich in seinem libanesischen Befehlsstab sprach, meinte, je länger israelische Truppen im Libanon blieben, und sei es nur als Berater der SLA innerhalb der sogenannten Sicherheitszone, desto radikaler würden die Schiiten und desto größer sei die Aussicht, daß schiitische und palästinensische Terrorgruppen nach dem Abzug der Truppen über die Grenze nach Israel eindringen. »Aber die Politiker wollen ja nicht hören«, fuhr er fort. »Sie müssen ihren Fehler rechtfertigen, mit dem sie uns in diese Sache reingeritten haben.«

Der nächste widerspricht dieser Meinung, doch bevor man irgendeine Meinung hört, fährt man durch die merkwürdige Geisterstadt, die seit 1982 nördlich von Metulla entstanden ist, auf der libanesischen Seite des israelischen Sicherheitszaunes – eine Ansammlung von Wohnhäusern und Geschäften, die aufgegeben wurden, noch ehe sie fertiggebaut waren, Läden, die nie eröffnet wurden, Tankstellen für Autos, die nie hier vorbeikamen, und die Stahlbetonskelette eines fünfgeschossigen Hotels und eines Spielkasinos. Das Kasino, sagt der Bauunternehmer, der bis vor einem Jahr daran arbeitete, sollte Spieler aus Saudi-Arabien und Israel zusammenbringen. Ja, er habe geglaubt, es würde Frieden geben und eine offene Grenze, wie zwischen der Schweiz und Frankreich. Nein, ganz entmutigt sei er noch nicht.

Durch die klaffenden Löcher in den Kasinomauern zu steigen oder das wacklige Gerüst des halbfertigen und schon jetzt verfallenden Gebäudes hinaufzuklettern, beobachtet von Krähen, die in der Luft ihre Kreise ziehen – das alles gleicht einer sehr libanesischen Situation, einer Situation, in der man nie festen Boden unter den Füßen hat und kein Urteil so sicher ist, als daß es sich nicht über Nacht in sein Gegenteil verkehren könnte. Der Bauunternehmer war ein liebenswürdiger, älterer Mann, schlank und sehnig, ein einziges Energiebündel. Sein Auto, ein schwarzer Mercedes mit Schweizer Nummernschild, stand draußen vor dem Kasino. Er sagte, er habe einige hunderttausend Dollar in das Unternehmen investiert. »C'est fini?« fragte er uns und schnipste mit den braungefärbten Fingern. Am brennenden Stummel zündete er sich eine neue Zigarette an. Als Libanese, erklärte er, sei es unwahrscheinlich, daß er an Lungenkrebs sterbe. Es sei schade, sagte er, daß er keinen israelischen Partner für sein Kasino gefunden habe. Er habe wirklich gesucht. Viele Libanesen wären gekommen, um zu spielen.

Wir fragten ihn, ob er dessen sicher sei.

»Natürlich!« rief er. »Jeder Libanese ist ein Spieler. Es liegt uns im Blut. Ich bin auch ein Spieler.« Dann zitierte er ein libanesisches Sprichwort: »Gott hat den Garten Eden den Verrückten geschenkt.«

Mit ihrer galoppierenden Inflation ist die israelische Wirtschaft in der letzten Zeit gewissen lateinamerikanischen Staaten bedenklich nahe gekommen. Die dreistellige Inflationsrate macht aus Geschäftsleuten Glücksspieler und aus Verbrauchern Don Quijotes, die meist vergeblich gegen die Windmühlen der täglich neuen Preiserhöhungen ankämpfen. Der Verbraucher ist fast immer der Dumme. Er zahlt die Preise von morgen mit dem, was er heute verdient. Angestellte stecken den größten Teil ihres Gehalts in Schwarzmarktdollars oder tätigen ihre Einkäufe wie verrückt in der ersten Woche des Monats, um sich vor den unvermeidlichen Preiserhöhungen der zweiten Woche zu schützen. Bankcomputer stoßen an die Grenzen ihrer technischen Möglichkeiten, weil sie mit mehr als fünfzehnstelligen Zahlen nicht umgehen können. Vier Prozent des Bruttosozialprodukts werden nur dafür aufgewendet, die übrigen sechsundneunzig Prozent vor inflationsbedingter Aushöhlung zu bewahren. Dies sind nur einige der äußeren Aspekte einer Malaise, die sehr viel mehr als nur den Wert des Geldes beeinflußt. Sie betrifft die meisten Menschen hier unmittelbarer als der arabisch-israelische Konflikt.

Der Libanonkrieg soll Israel bislang dreieinhalb Milliarden Dollar gekostet haben, und noch immer wird eine beträchtliche Summe für die christliche SLA und ihre israelischen »Berater« ausgegeben. Doch der Militärhaushalt ist keineswegs der einzige Grund für die Hyperinflation. Die anderen sind: die wachsende Auslandsverschuldung; der Rückgriff auf die Notenpresse, um das unzureichende beziehungsweise sinkende Steueraufkommen auszugleichen; die automatische Verknüpfung der Löhne und Gehälter mit dem Preisindex, der allmonatlich vom Zentralen Statistischen Büro bekanntgegeben wird; der (trotz Nullwachstum) konstante Anstieg der Realeinkommen bis 1984 unter einer im wesentlichen populistischen Regierung; und schließlich, bedingt durch Überbeschäftigung und Ineffizienz, die relativ hohen Lohn- und Produktionskosten.

Dennoch ist weithin unbestritten, daß vor allem die außerordentlich hohen Ausgaben für Verteidigung eine Rolle spielen – schätzungsweise sechseinhalb Milliarden Dollar im Jahr 1984, das ist rund ein Viertel des Bruttosozialprodukts (verglichen mit sieben Prozent in den Vereinigten Staaten, vier Prozent in den meisten europäischen NATO-Ländern und einem Prozent in Japan). Wie groß diese Belastung in finanzieller und sozialer Hinsicht ist, wird deutlich, wenn man sich vorstellt, daß Luxemburg für den Unterhalt der französischen Streitkräfte aufkommen müßte. Professor Haim Barkai von der Hebräischen Universität in Jerusalem hat kürzlich darauf aufmerksam gemacht, »daß Westdeutschland, wenn dort derselbe Prozentsatz der Bevölkerung unter Waffen stünde wie in Israel, ein stehendes Heer von vier Millionen Mann hätte« – und nicht vierhundertundfünfzigtausend, womit es die größte europäische Streitmacht innerhalb der NATO ist. Barkai weiter: »Die Vereinigten Staaten würden vierzehn Millionen Mann unter Waffen haben, mehr als seinerzeit im Zweiten Weltkrieg. Tatsächlich unterhalten wir seit mindestens zehn Jahren eine Militärmacht in einer Größenordnung, wie sie für einen richtigen Krieg charakteristisch ist.« Selbst nach dem Friedensvertrag mit Ägypten 1979 stieg das Verteidigungsbudget noch weiter an, wenn auch nicht ganz so schnell. Einige israelische Regierungen haben es zwar versucht, aber noch keine hat es geschafft, das Militärbudget zu kürzen, außer Ben Gurion, der 1952 eine Rücktrittsdrohung seines Generalstabschefs ignorierte und das Budget in Höhe von dreiunddreißig Millionen Dollar um achtzehn Prozent kürzte. Ben Gurions Nachfolger haben mit dem Trauma zu vieler Kriege gelebt, und sie hatten nicht sein Selbstbewußtsein, den Generalen zu erklären, daß eine stabile Wirtschaft für die Sicherheit des Landes ebenso wichtig ist wie Waffen und Soldaten.

»Ich will keinen zweiten Yom-Kippur-Krieg«, soll Peres im Januar zu Finanzberatern gesagt haben, die deutliche Kürzungen des Verteidigungshaushalts forderten. Peres hat sich statt dessen vorgenommen, die Ausgaben im zivilen Bereich um zwei Milliarden Dollar zu kürzen, ein schwieriges – manche Beobachter sagen: unmögliches – Unterfangen, da mehr als die Hälfte des Staatshaushalts von vierundzwanzig Milliarden Dollar unantastbar ist (etwa dreizehneinhalb Milliarden gehen in die Verteidigung beziehungsweise in den Schuldendienst). Lebensmittelsubventionen, öffentliche Arbeiten, Renten sowie Gesundheits- und Schulwesen sind bereits eingeschränkt worden. Auf ohnehin stark besteuerte Importgüter und Auslandsreisen werden neue hohe Steuern erhoben. Ein europäischer Kleinwagen – ein Fiat 127 etwa – kostet inzwischen über elftausend Dollar, davon mehr als siebentausend Dollar Steuern. Wenn ein Israeli ins Ausland fährt, bezahlt er jedesmal eine pauschale Ausreisesteuer von dreihundert Dollar, eine zwanzigprozentige Steuer auf den Preis seines Flugtickets sowie eine Gebühr von fünfzehn Prozent auf seinen Devisenfreibetrag von achthundert Dollar. Trotzdem sind die Devisenreserven seit Oktober konstant um hundertvierzig Millionen Dollar pro Monat geschmolzen. In diesem Juni fielen die Reserven auf die Zwei-Milliarden-Dollar-Marke, was als absolutes Minimum betrachtet wird. Wenn nicht damit zu rechnen wäre, daß die Vereinigten Staaten einen Zuschuß von mehr als einer Milliarde Dollar bewilligen (neben der ohnehin schon bewilligten Hilfe von drei Milliarden Dollar), wäre die internationale Kreditwürdigkeit Israels ernsthaft beschädigt. Bankiers und Wirtschaftsfachleute überlegen, ob es möglich ist, auf ausschließlich administrativem Wege Fortschritte zu erzielen, also ohne Strukturveränderungen, Kürzungen des Militärbudgets und eine drastische Abwertung – Maßnahmen, die natürlich zu Massenarbeitslosigkeit führen würden.

Peres hat solche durchgreifenden Schritte bislang abgelehnt. Hohe Arbeitslosigkeit zählt ebenfalls zu den Tabus, die anzutasten keine Regierung seit 1965 gewagt hat. Die Arbeitslosenziffer wird gegenwärtig bei relativ niedrigen vier bis sechs Prozent gehalten. Peres hat nachdrücklich vor Abwertung und Arbeitslosigkeit gewarnt und erklärt, daß es naiv und kindisch sei, anzunehmen, die Inflation ließe sich von heute auf morgen beenden. Es seien schwierige Entscheidungen erforderlich, die aber nur »von Arbeitgebern und Gewerkschaften gemeinsam« getroffen werden könnten. Peres hofft auf mehr US-Hilfe. Gad Ya'acobi, Minister für wirtschaftliche Zusammenarbeit und einer seiner ältesten, loyalsten politischen Statthalter, hat ihn jedoch gewarnt, dies als selbstverständlich zu betrachten. Ya'acobi hat auch darauf hingewiesen, daß bislang nur wenige Gesellschaften eine Inflation wie diejenige Israels überlebt haben, ohne der einen oder anderen Form von Totalitarismus zu erliegen.

In dieser Zeit fast durchweg schlechter Nachrichten war die plötzliche Ankunft von äthiopischen Juden eine willkommene moralische Stärkung, eine Erinnerung daran, daß Israel in manchen Dingen noch nicht so ist wie alle anderen Länder. Nur wenige hätten so viele Anstrengungen unternommen, mitten in einer Wirtschaftskrise vierzehntausend notleidende Afrikaner, darunter viele Analphabeten, ins Land zu holen. Die Nachricht, daß Tausende von Juden über eine geheime Luftbrücke aus Äthiopien evakuiert würden, einem Land, das unter einer furchtbaren Hungersnot litt und von dem marxistischen Regime Mengistu drangsaliert wurde, stieß auf selten einmütige Genugtuung. Das Rettungsunternehmen – rasch »Operation Moses« getauft – verhalf Israel zu den ersten positiven ausländischen Pressestimmen seit Jahren. Viele Israelis erinnerte die Operation Moses für einen Moment an die Aktion von Entebbe.* Viele dürfte es auch an die verlorene Unschuld und Romantik der frühen zionistischen Jahre erinnert haben. Israel war von seinen Gründern schließlich als Hafen für verfolgte Juden gedacht, nicht als Polizist, der im Libanon fundamentalistische Moslems bekämpft oder in Nablus Studentendemonstrationen unterdrückt.

Der schlichte Glaube der Äthiopier rührte viele Herzen. »Man muß sie einfach lieben«, soll ein Arzt in einem der Aufnahmespitäler gesagt haben. Er meinte vielleicht, daß sie anders waren als die modernen Israelis. Als sie aus dem Flugzeug traten, abgemagert, fast verhungert, noch immer mit den Fetzen von Sackleinen bekleidet, in denen sie Hunderte von Kilometern von Gonder in Nordäthiopien nach Gedaref im Sudan gezogen waren, sahen einige der Neuankömmlinge wie KZ-Überlebende nach dem Zweiten Weltkrieg aus.

Auch wenn es in Israel ebenso Bigotterie gibt wie anderswo, wurden die schwarzen Juden aus Äthiopien doch mit ungewöhnlicher Herzlichkeit aufgenommen. Man begrüßte sie als Angehörige des jüdischen Volkes und weniger als Angehörige des jüdischen Glaubens. Der einzige ernstzunehmende Einwand gegen ihre Aufnahme wurde von or-

---

* Geiselbefreiung durch ein israelisches Militärkommando auf dem Flughafen Entebbe nach einer Flugzeugentführung durch die PFLP im Juni 1976 (A. d. Ü.).

thodoxen Rabbinern vorgebracht, die den Judaismus der Äthiopier als »unvollständig« bezeichneten, da er allein auf den Lehren des Alten Testaments gegründet sei und nicht auf dem jüngeren talmudischen Gesetz. Als »ungerecht und entwürdigend« haben die äthiopischen Neuankömmlinge die Forderung des Oberrabbinats zurückgewiesen, sich Konversionsriten zu unterwerfen, einschließlich einer symbolischen Beschneidung, bei der jedem Mann aus der Penisspitze ein Blutstropfen entnommen werden soll. Im großen und ganzen steht die Öffentlichkeit auf seiten der Äthiopier, doch die Kontroverse war in diesem Sommer noch keineswegs beendet. Die meisten jungen Äthiopier lehnen es noch immer ab, sich Konversionsriten zu unterziehen. Das Rabbinat weigert sich, diese Leute zu trauen, was in einem Land, in dem es nur rabbinische Eheschließungen gibt, durchaus ein Problem ist. Die Proteste dagegen wies Arye Dulzin, der Vorsitzende der Jewish Agency, die für ihre Integration zuständig ist, mit dem Hinweis auf die »kommunistische Indoktrination« in Äthiopien unter Mengistu zurück.

Die Lektion blieb nicht unbeachtet. »Die Neuankömmlinge haben uns abermals mit einigen der dunkleren, inhumanen Aspekte orthodoxen Denkens konfrontiert«, schrieb der bekannte Kolumnist Gideon Samet. Offiziellen Angaben zufolge sind im letzten Jahr nur 18766 Personen nach Israel eingewandert; ohne den plötzlichen Zustrom der äthiopischen Juden hätte die Zahl der Immigranten einen nie dagewesenen Tiefstand erreicht. Die neuen Einwanderer, fügte Samet hinzu, »haben uns etwas über uns selbst deutlich gemacht – genauer gesagt, vielleicht helfen sie uns, an unseren Illusionen wieder festzuhalten«. Die verbitterte, sarkastische, ja geradezu verzweifelte Stimmung im Land wurde von Yoel Marcus ausgedrückt, als er im Juni in *Haaretz* schrieb: »Die Willensstärke dieses Volkes ist einfach erstaunlich. Niemand gab dem jüdischen Staat eine Chance, und doch haben wir ihn gegründet. Überall hieß es, wir würden dem Angriff von sieben arabischen Staaten nicht standhalten, doch wir hielten stand [und überlebten] ... Alle sagten, daß es Krieg geben werde, wenn der Likud an die Macht kommt: trotz dieser Warnung brachten wir den Likud an die Regierung, und sie führten Krieg. Jetzt sagen alle, daß die Israelis beschlossen haben, Selbstmord zu begehen. Man sollte ihrer Willenskraft vertrauen. Keine Macht auf Erden kann sie aufhalten.«

Brief aus Alexandria

1988

Im Griechisch-römischen Museum von Alexandria, das ich im vergangenen April mit einem ägyptischen Freund besuchte, standen wir bewundernd vor einer Marmorbüste, die Kleopatra darstellen soll. Kinn, Stirn, die unverkennbar kraftvoll geschwungenen Lippen – der strenge Gesichtsausdruck ließ Zweifel an dem konventionellen Bild von Kleopatras großer Schönheit aufkommen. Während wir noch darüber diskutierten, trat plötzlich ein Aufseher hinzu und forderte uns zum Gehen auf. »Wir schließen«, sagte er. Es war kurz vor elf an einem Freitagvormittag. Mein Freund – er ist Architekt und heißt Abdul Rahman –, mit dem ich eine knappe Stunde zuvor das Museum betreten hatte, war überrascht. »Was ist los?« fragte er, vielleicht etwas zu heftig. »Wir sind doch gerade erst gekommen.«

Der Aufseher antwortete ebenfalls gereizt. Er tippte auf seine Armbanduhr und sagte, das Museum schließe, weil die Angestellten das Recht hätten, am Freitagsgebet teilzunehmen. »Es ist ihr Recht«, fügte er hinzu. Er hörte sich an wie ein Gewerkschafter, der aus einem Tarifvertrag zitiert.

»Seit wann das?« fragte Rahman, ein Muslim, der schon lange nicht mehr im Museum gewesen war. Inzwischen war auch der Oberaufseher gekommen, nachdem er ein paar Touristen aus dem benachbarten Raum gescheucht hatte, dessen Hauptattraktion eine Krokodilmumie war.

»Schon seit einigen Jahren«, sagte der Oberaufseher. »Ich bin überrascht, daß Sie davon nichts wissen.« Er fügte hinzu, daß es ihm leid tue, uns Unannehmlichkeiten zu bereiten – man hätte uns vorher darauf hinweisen sollen –, und versicherte uns, daß wir, wenn wir bereit seien, um zwei Uhr nachmittags zurückzukommen, keine neuen Eintrittskarten lösen müßten.

Ich sagte, daß ich sehr gern wiederkommen würde. Das Museum war klein, aber voller hochinteressanter Dinge, wie etwa jenen wunderschön bemalten hellenistischen Figurinen, die das Alltagsleben und die Mode bei den Ptolemäern zeigten. Sie allein wären eine Reise nach Alexandria wert gewesen. Das Museum war 1895 von italienischen Architekten in vager Anlehnung an klassische Vorbilder gebaut worden. Gründer und erste Förderer waren reiche Baumwollbarone − Alexandria war lange Zeit das Zentrum der ägyptischen Baumwollindustrie − und andere Angehörige der damals ziemlich großen europäischen Bevölkerungsgruppe, griechische, italienische, französische, englische, spanische und maltesische Grundbesitzer, Bankiers, Schiffsmakler und andere *commerçants*, Ärzte und Hoteliers. (Ehe Präsident Gamal Abdel Nasser Ende der fünfziger Jahre den überwiegenden Teil der ägyptischen Baumwollproduktion an die Sowjetunion verpfändete, war Baumwolle das Haupterzeugnis von Alexandria. Ein Drittel der anbaufähigen Fläche Ägyptens wurde mit Baumwolle bewirtschaftet, und Alexandria lieferte sechs bis acht Prozent des Weltbedarfs.) »Einer der ersten Direktoren dieses Museums war ein Italiener namens Breccia«, sagte Rahman, während wir zum Ausgang gingen. »Seine Nichte heiratete meinen Großonkel. Alexandria war damals kosmopolitisch. Alexandriner einer bestimmten Schicht waren weltoffen, viele sprachen vier oder fünf Sprachen fließend. Die Stadt war weder griechisch noch italienisch oder arabisch oder ägyptisch, sondern alles zusammen. Damals wären wir an einem Freitag nicht hinausgeworfen worden. Selbst unter Nasser wäre das nicht passiert. Nasser war zwar fremdenfeindlich − er warf die Ausländer hinaus und ruinierte die Wirtschaft −, aber er zwang einem keine Religion auf.«

Während wir blinzelnd in das grelle Licht hinaustraten, fiel uns auf, daß der kleine Platz vor dem Museum sich total verändert hatte. Eine Stunde zuvor war er noch völlig verstopft gewesen. Autos und Karren hatten sich in den Staub- und Abgaswolken kaum bewegen können. Jetzt lag er still und friedlich da, bedeckt von Gebetsmatten. Leintücher, die mit Seilen an improvisierten Stangen befestigt waren, schützten vor der Sonne. Drei-, vierhundert Männer hockten auf dem Boden und warteten auf den Beginn der Gebete. Das war nicht die einzige improvisierte Freiluftmoschee in Alexandria an diesem Vormittag. Überall in der dichtbesiedelten Innenstadt wurden an freien Stellen und in den engen Gassen zwischen den Häusern Strohmatten ausgelegt. Ganze Straßen waren blockiert − ziemlich provozierend, fand Rahman und meinte, daß es dergleichen in Kairo nicht gebe −, und vor den schäbigen, heruntergekommenen Fassaden einstiger Paläste, die heute als Filialen verstaatlichter Banken und Büros ägyptischer Behörden dienen, verneigten sich betende Männer.

»So sieht es im modernen Ägypten aus«, sagte Rahman. »Nicht genug Moscheen.« Ich entsann mich, daß Edward Lane im neunzehnten Jahrhundert in seinem mittlerweile klassischen *Account of the Manners and Customs of the Modern Egyptians* berichtet hatte, daß die großen ägyptischen Moscheen selten voll waren und selbst freitags nur spärlich besucht wurden. »Hunderte von Moscheen sind in der letzten Zeit gebaut worden«, sagte Rahman, »aber es gibt noch immer nicht genug.« Beziehungsweise es gibt zu viele Ägypter. Der jüngsten Schätzung zufolge gibt es zweiundfünfzig Millionen Ägypter – mehr als doppelt soviel wie 1960. Die Anstrengungen der Regierung, das Bevölkerungswachstum zu begrenzen, sind relativ erfolglos geblieben, und wenn das Wachstum in seinem gegenwärtigen Tempo weitergeht, wird es am Ende des Jahrhunderts etwa vierundsechzig Millionen Ägypter geben. Je mehr die Bevölkerung anwächst, desto stärker wird anscheinend die islamische Wiedererweckung. »Angefangen hat alles unter Sadat«, sagte Rahman. Anwar el-Sadat pflegte sich als islamischer Präsident eines islamischen Volkes in einem islamischen Land zu bezeichnen. Bei anderen Gelegenheiten verspottete er die Fundamentalisten als Dummköpfe oder attackierte sie als kleine Gruppe kommunistischer Staatsfeinde, die ihr wahres Gesicht hinter frommen Bärten versteckten. Kurz vor seinem Tod versuchte er, die fundamentalistische Flut mit Hilfe von Massenverhaftungen einzudämmen. Seit seiner Ermordung durch islamische Fanatiker hat der Einfluß der Fundamentalisten auf allen Ebenen weiter zugenommen – vor allem an den Universitäten und in den akademischen Berufen. Die Fundamentalisten beherrschen inzwischen die großen Studentenverbände und kontrollieren drei große Berufsverbände – der Ingenieure, der Ärzte und der Apotheker. In Alexandria sollen die Fundamentalisten besonders stark sein. Bereits 1980 forderten Studenten der Universität Alexandria Geschlechtertrennung in Hörsälen und Mensen. Ihrer Forderung wurde stattgegeben. Die Fundamentalisten sollen unlängst mit einer Massendemonstration an der Universität gegen den Unterricht in Fremdsprachen protestiert haben. Selbst in der naturwissenschaftlichen und medizinischen Fakultät gibt es Hunderte von bärtigen Studenten und verschleierten Studentinnen, deren Religion es verbietet, daß Männer einen nackten Frauenkörper zu sehen bekommen. Ein Konzert auf dem Campus wurde jüngst auf Druck von fundamentalistischen Professoren und Studenten abgesagt, die behaupteten, daß Musik – jede Musik – ein heidnisches Laster sei. Die Fundamentalisten bezeichnen das moderne Ägypten als verdorben, als ein einziges Bordell. Die staatlichen Behörden seien gelähmt, weil sie nur der Selbstbereicherung dienten. Das einzige Heilmittel gegen diese Übel, sagen sie, bestehe darin, zur ursprünglichen Reinheit des Islam zurückzukehren, das moderne Bildungswesen, die Industrialisierung und die Verwestlichung der Gesellschaft mitsamt ihren gefährlichen Begleiterscheinungen moralischer Laxheit und Sittenlosigkeit zu beenden.

Auf der Corniche, Alexandrias prächtiger Uferpromenade, fuhren wir zurück. Die Strandabschnitte hier tragen noch immer die Namen, die ihnen in unterschiedlichen Epochen gegeben wurden – Stanley, Camp de César, Glymenopoulos, Sporting, San Stefano, Cleopatra, Côte d'Azur. Frauen müssen heutzutage extrem züchtige Badeanzüge tragen. »Viele Frauen gehen vollständig bekleidet ins Wasser«, sagte Rahman. Wir hielten an einem Café am Stanley Beach an. Ein paar Kanonenboote ankerten in der Bucht. Hinter uns erstreckte sich eine lange Reihe von hohen Apartmenthäusern – die Sommerwohnungen wohlhabender Kairoer, zu dieser Jahreszeit leer. Im Untergeschoß vieler neuer Luxusgebäude findet man inzwischen kleine Moscheen (Moscheen sind von Steuern befreit; eine Moschee im Keller schützt den Hausbesitzer nicht nur vor dem Finanzamt, sondern auch vor den Fundamentalisten, die gegen zur Schau gestellten Luxus und »Materialismus« einschreiten könnten). Unmittelbar hinter den neuen Apartmenthäusern labyrinthartig verschlungene, enge, ungepflasterte Gassen, gesäumt von Holzhütten und anderen Elendsbehausungen. Halbnackte Kinder spielten im Staub. Einige sahen jünger als zehn Jahre aus, doch in ihren Gesichtern lagen zwanzig Jahre Elend und Entbehrung. »Du glaubst, *das* ist Armut?« sagte Rahman. »Ihnen geht es relativ gut. Die wirklich Armen leben auf den Müllkippen und in den Erdlöchern am Stadtrand.« In seiner Kindheit, erinnerte er sich, standen am Stanley Beach nur die Prachtvillen der Baumwollpaschas, weit voneinander entfernt auf den Feldern.

Ein Kellner kam, wir bestellten Bier. Er zögerte einen Moment und hob dann zu einer langen Erklärung an, die Rahman mir übersetzte. Der Kellner sagte, daß in diesem Café bis vor kurzem Bier serviert worden sei. Es sei ein bekanntes Lokal – in den Sommermonaten kämen Schauspieler und Schriftsteller aus Kairo hierher. Er persönlich sei völlig dafür, jedem Kunden das Gewünschte zu servieren. Es sei falsch, jemanden gegen seinen Willen zu zwingen, religiöse Vorschriften einzuhalten. Aber er sei nur Keller. Der Besitzer, sagte er, habe kürzlich eine

Pilgerfahrt nach Mekka unternommen und dort geschworen, daß in seinem Café nie mehr Alkohol ausgeschenkt werden dürfe. »Wir werden immer weniger«, meinte Rahman zu mir.

Vom antiken griechischen Alexandria ist wenig mehr als der Name übriggeblieben. Die Araber nennen es Iskandarijah. Abgesehen von der Pompejussäule (von den Kreuzfahrern irrigerweise so genannt – sie war zu Ehren des Kaisers Diokletian errichtet worden), die E. M. Forster als »imposantes, aber unschönes Objekt« bezeichnete, und einem reizvollen römischen Amphitheater gibt es kaum noch archäologische Überreste. Eben deswegen, weil es so wenig zu sehen gibt, fand ich E. M. Forsters *Alexandria: A History and a Guide* so außerordentlich anregend. Das Buch wurde 1922 von einem englischen Drucker in Alexandria verlegt. Lange Zeit vergriffen, ist es vor kurzem wieder veröffentlicht worden, in England von Michael Haag Ltd. und in den Vereinigten Staaten von Oxford University Press.

Alexandria war das New York der Antike. Es war die erste Weltstadt, ungeheuer reich, laut Strabon »das größte Handelszentrum der bewohnten Welt«. Wie Manhattan lag es am Wasser, und seine schnurgeraden Straßen wurden von prächtigen Alleen gekreuzt. Es war außerdem der Schnitt- und Schmelzpunkt von verschiedenen Rassen, Sprachen, Kulturen und Religionen, und es war weltweit die Stadt mit dem größten jüdischen Bevölkerungsanteil. Hier begann, lange vor dem Fall Jerusalems, die Diaspora. In Alexandria wurde, in einer Mischung aus orientalischem Mystizismus und hellenisch kühlem Verstand, aus Jerusalem und Athen, die Legende Ägyptens neu gestaltet.

Mehr als drei Jahrhunderte lang war Alexandria das Zentrum von Forschung und Wissenschaft. Hier wurde erstmals vermutet, daß die Erde rund sei und sich um die Sonne drehe. Die große Bibliothek soll vierhunderttausend Schriftrollen enthalten haben. Aber sie existierte schon nicht mehr, als der arabische Feldherr Amr im Jahre 641 Alexandria eroberte. Die Stadt ergab sich Amr nahezu kampflos – vielleicht, weil sie »keine Seele« hatte, wie Forster meinte, oder vielleicht wegen der Dekadenz, für die der Name Alexandria oft ein Symbol gewesen ist. Zu jener Zeit hatte Alexandria, einer zeitgenössischen Chronik zufolge, noch viertausend Paläste, viertausend Bäder, vierhundert Theater und vierzigtausend steuerpflichtige Juden. In dieser Aufzählung taucht zu oft die Zahl vier auf, als daß wir die Angaben wörtlich nehmen dürfen, aber zweifellos war Alexandria eine große Stadt. Unter den Arabern ging es dann bergab. Napoleon fand nur noch ein einfaches Fischerdorf vor. Die moderne Stadt wurde im neunzehnten Jahrhundert von europäischen Unternehmern gebaut, die den größten Teil von Industrie und Handel in Ägypten kontrollierten, von Steuern befreit waren und außerhalb des ägyptischen Rechts standen.

All das und noch viel mehr steht in Forsters Buch – einem kleinen Klassiker, der noch heute sehr nützlich ist. Forster konstruiert eine riesige »Geisterstadt«. Er führt uns durch die modernen Straßen und stellt sich dabei die antiken Prachtstraßen vor. Er breitet alte Stadtpläne vor uns aus und fordert uns auf, die Texte antiker oder neuzeitlicher Autoren zu studieren – Shakespeare, Dryden, Kallimachos oder Plutarch. Während des Ersten Weltkriegs hielt sich Forster drei Jahre lang als Angehöriger des Sanitätskorps in Alexandria auf. Er freundete sich mit Konstantinos Kavafis an, »dem großen griechischen Dichter, der die Kultur seiner auserwählten Stadt so treffend vermittelt«. Für Kavafis war Alexandria eine Stadt von Antihelden: ambivalent, träge, dekadent, durch und durch *fin-de-siècle*. Die englische Übersetzung eines seiner bekanntesten Gedichte [»Der Gott verläßt Antonius«] erschien erstmals in Forsters Buch, eingefügt zwischen den beiden Teilen »Geschichte« und »Stadtführer«. Der erste Teil schildert, in der Art eines historischen Festspiels, manchmal sehr drollig, die wichtigsten Epochen der Stadt. Er ist voll von gelungenen Charakterskizzen und bemüht sich, fast alle nationalen und religiösen Empfindlichkeiten zu verletzen. Forster hat ein waches Auge für Strukturen und verräterische Einzelheiten. Das Buch beginnt mit der überragenden Figur des mazedonischen Eroberers, der die Stadt gründete, und endet mit der, aus Forsters Sicht bedauerlichen, britischen Besetzung im Jahre 1882. Dazwischen finden sich kurze Abschnitte über die sonderbare Dynastie der Ptolemäer (ihre inzestuösen Verbindungen waren Ausdruck eines »extremen Rassenstolzes«), über die Bibliothekare von Alexandria, über die Dichter, die Astronomen, die Kirchenväter (wie Gibbon betrachtete Forster das Christentum als ziemliche Katastrophe), über Amr (eine »empfindsame und großzügige Seele«, dennoch wurde die Stadt durch den Islam »physisch und geistig ins Meer getrieben«) sowie über Napoleon (»Die Expedition scheiterte zwar, doch ihm blieb die Erinnerung: er hatte den Orient berührt, die Wiege der Könige«). Forsters Thema ist die bunte Mischung von Kulturen. Alexandria, die erste Metropole, wandte sich nicht Afrika zu, sondern Griechenland, Italien und Frankreich.

An einem Nachmittag fuhr mich ein Bekannter hinaus zu Bakos, das alte Stadtviertel, wo Gamal Abdel Nasser zur Welt kam, Sohn eines Postbeamten, der in einer ungepflasterten Straße wohnte. Die meisten Straßen hier sind ungepflastert oder voller Schlaglöcher. Autos kämpfen sich durch den Staub. Offene Kloaken ziehen sich durch die Gassen. Vor einer Moschee wandte sich ein radikaler Mullah über Megaphon an eine große Menschenmenge. Er sprach vom heiligen Islam und vom bösen Europa und Amerika, über schlechte Kommunisten und Juden, über Gerechtigkeit, Revolution, Reinheit, Korruption, Sünde und Erlösung. Mehrere tausend Leute hockten auf der Erde und folgten verzückt seinen Worten. Von Zeit zu Zeit beugten sie, wie in militärischem Drill, den Rücken zum Gebet. Die Menge verhielt sich ganz still. Sie bewahrte eine erstaunliche Ruhe. Es herrschte große Disziplin. In Ägypten stehen Leute nur selten an, und obschon gutmütig, neigen sie zu Unordnung, Gebrüll und Gedrängel. Bei dieser Versammlung beantworteten sie mit mechanischer Präzision die Gebote des Mullahs. Ich erfuhr, daß hier eine Woche zuvor eine Demonstration stattgefunden und die Polizei mehrere Personen verhaftet hatte. An diesem Nachmittag war keine Polizei zu sehen. Nach ungefähr einer Stunde verschwand der Mullah in der Moschee, und die Menge löste sich sehr diszipliniert auf. »Er hat mein Leben verändert«, erzählte einer der Anwesenden entrückten Blicks meinem Bekannten.

In jedem Abschnitt der »Geschichte« verweist Forster auf bestimmte Seiten im »Stadtführer«. Der Leser bewegt sich ständig zwischen Vergangenheit und Gegenwart, zwischen Abstraktem und Konkretem. Im Abschnitt über den Arianismus – eine theologische Doktrin, die im vierten Jahrhundert einen heftigen Streit in Alexandria auslöste (Arius glaubte an eine Wesensähnlichkeit zwischen Gottvater und Sohn, während Athanasius auf der Wesenseinheit bestand) – wird man auf den »Stadtführer« verwiesen und aufgefordert, eine Darstellung des Nicäischen Konzils zu betrachten, das den Arianismus verdammte. Und im Abschnitt über Alexander empfiehlt Forster, das Bildnis Alexanders auf einer der prächtigen Münzen im Griechisch-römischen Museum zu suchen und dann zu einer belebten Straßenecke im Stadtzentrum zu gehen, wo Alexander der Große in einem gläsernen Sarkophag bestattet worden sein soll. An dieser Stelle steht heute eine Moschee. In seinen Fußnoten zu Forsters Buch führt Michael Haag den Leser anschließend in die nahegelegene Rue Sharm el-Sheikh, die frühere Rue Lepsius.

Forster kannte sie gut. In der zweiten Etage von Nummer 10, der heutigen *Pension Amir*, einer schäbigen kleinen Absteige, verbrachte Kavafis die letzten fünfundzwanzig Jahre seines Lebens – die Blütezeit seines dichterischen Schaffens. Hier begann, wie Michael Haag schreibt, im Jahre 1907 »Alexandrias literarische Apotheose«. Im Stockwerk darunter befand sich ein Bordell, gegenüber war ein Hospital, an der Ecke eine griechisch-orthodoxe Kirche. Kavafis sagte: »Wo könnte ich besser leben? Das Bordell unter mir befriedigt das Fleisch. Und dort ist die Kirche, die Sünden vergibt. Und dort ist das Krankenhaus, wo wir sterben.«

Hier, in diesem heruntergekommenen Viertel, wohnten die meisten der barocken Figuren aus Lawrence Durrells *Alexandria-Quartett*: Justine, die klassische neurotische Jüdin, der ängstliche Lehrer Darley, der reiche Kopte Nessim sowie Clea und Balthasar. (Der letztgenannte trägt Züge von Kavafis; er hat die gleiche Vorliebe für die hellenistische Vergangenheit und für erniedrigende homosexuelle Affären.) Zwar versichert Durrell seinen Lesern, die Figuren in *Justine* seien alle erfunden, die Stadt aber sei »wirklich«. Ich habe da meine Zweifel. Als ich *Justine* in Alexandria wiederlas, erinnerte es mich eher an eine konventionelle viktorianische Phantasie – Alexandria als Ort exotischer Zerstreuung und sexueller Zügellosigkeit, ein inzestuöses, androgynes Paradies mit (so Durrell) »verwirrend vielfältigem sexuellem Angebot« und »mehr als fünf Geschlechtern«, was immer das heißen mag. (Die englische Sprache habe keine Worte dafür, schrieb Durrell, nur die griechische Umgangssprache sei dafür geeignet.) Für Durrell war Alexandria eine Bühnenkulisse: »Die Räder der Straßenbahnen rattern in ihren metallenen Adern, wenn sie über den jodfarbenen *meidan* von Mazarita rollen«; in den »Straßen, die zum Hafen führen, drängen sich ... die zerfallenen Häuser dicht aneinander, vornübergebeugt, ihr fauler Atem fließt ineinander«. Noch unheimlicher: »verschlossene Balkone, Rattengewimmel, alte Frauen, deren Haar verklebt ist vom Blut der Zekken«. Man muß Alexandria sehen, um zu wissen, daß Durrell in seinem *Quartett* eine innere Landschaft zeichnete – seine eigene.

Zu Forsters und Durrells Zeiten, wie überhaupt in der zweiten Hälfte des neunzehnten Jahrhunderts, wurde Alexandria oft als »europäische« Stadt porträtiert, die Marseille oder Genua verwandter sei als dem nahe gelegenen Kairo. Wie dieser Mythos entstanden ist, wäre sicher ein faszinierendes Kapitel in der Archäologie des Wissens. Das Zahlenverhältnis von Ägyptern und Europäern betrug immer mindestens vier zu eins, aber in den Augen vieler europäischer Reisender tauchte die arabische Bevölkerung meist nicht auf. 1844 kam Thackeray nach Alexandria, bereit, sich den Mysterien des Orients hinzugeben. Er hatte sich nachts »mit Hilfe einer Zigarre und in Betrachtung des Mondes an Deck« gewappnet, doch die Stadt, die er vorfand, erinnerte ihn nur an Portsmouth – voll von glattrasierten, wohlgenährten Händlern, schmuck und fett wie die an der Pariser Börse, und von kultivierten europäischen Lokalen, wo es Eis und französische Zeitungen gab. Flaubert machte hier 1850 Station, als er unterwegs nach Jerusalem war (eine Sadt, die er abscheulich fand). Er schrieb. *»Alexandrie . . . est presque un pays européen, tant il y a d'européens.«* (»Alexandria ist fast eine europäische Gegend, so viele Europäer gibt es hier.«) Es kann damals nicht mehr als zweitausend Europäer in Alexandria gegeben haben, die meisten davon Griechen und Italiener, gegenüber sechzig- bis achtzigtausend Ägyptern, Syrern, Libyern und Sudanesen. Für Kavafis war Alexandria ein mythisches Land, in dem fast ausschließlich antike und moderne Griechen wohnten. Reichtum und Macht der Europäer waren fraglos enorm und standen in keinem Verhältnis zu ihrer Anzahl. Ihre Ingenieure hatten das Herz der modernen Stadt (das heutige Stadtzentrum) nach europäischen Vorstellungen gestaltet, mit Gärten, von denen die meisten inzwischen verschwunden sind, mit einer schönen Seeuferpromenade und einem großen Platz, der Place des Consuls. Den gibt es heute noch. Er wurde später nach dem albanischen Gründer des modernen Ägypten in Place Mohammed Ali umbenannt. Die meisten Alexandriner haben weder den einen noch den anderen Namen verwendet. Sie nennen ihn Menschijeh, nach einer Polizeiwache, die früher dort stand.

Ende des letzten Jahrhunderts war Alexandria, laut James Morris in *Pax Britannica: The Climax of an Empire*, faktisch ein britischer Hafen. Über dem Hafen wehte die grüne ägyptische Fahne, aber verwaltet wurde er von britischen Offizieren mit Tarbusch. Der größte Teil der hier anlegenden Schiffe kam aus Großbritannien. Die Eisenbahnwaggons waren britisch, die Straßenbahnen immer sauber gestrichen. Das Telefonnetz, heutzutage eine höchst chaotische Angelegenheit, war von Schweizern installiert worden und seinerzeit der Neid durchreisender Europäer. Die (so Forster) »glänzende Enge« der Rue Chérif Pasha (heute ein Gewirr von ärmlichen Läden, in denen es billige Stoffe und schlecht gemachte Schuhe zu kaufen gibt) erinnerte den jungen Engländer Ronald Storrs[*] an die Londoner Bond Street. Forster spöttelte über die »ewig gutgekleideten Leute«, Europäer oder Levantiner vermutlich, die in ihren Luxus-Automobilen auf der Rue Rosette, der antiken Kanobischen Straße, hin und her fuhren, vorbei an den eleganten Geschäften, in denen Pariser Mode verkauft wurde; in der Antike hatte eine Marmorkolonnade die Straße gesäumt, die zwischen den beiden gegenüberliegenden Stadttoren verlief – dem Sonnentor und dem Mondtor.

Am Ende des Ersten Weltkriegs, als Forster seinen Aufenthalt dort beendete, lebte etwa eine halbe Million Menschen in Alexandria. Schätzungen, wie viele davon Europäer waren, gehen weit auseinander – zwischen achtzigtausend und hundertfünfzigtausend. Zwei Drittel der Europäer sollen griechische Einwanderer der zweiten oder dritten Generation gewesen sein. Bei den übrigen handelte es sich um Italiener, Franzosen, Briten, Malteser, Rumänen, Spanier, Deutsche, Ungarn und Weißrussen. Manche waren eine eindrucksvolle Mischung, wie etwa der Hauptmann Jorge y Nelken-Waldberg, Autor von *Mes Mémoires en Egypte*, einer wahren Fundgrube von anekdotischen Informationen über das Ägypten der Jahrhundertwende. Waldberg war Rumäne mit einem schwedisch-spanischen Namen, US-amerikanischer Staatsangehörigkeit und Offizier in der argentinischen Armee, der die französische Zeitung in Alexandria herausgab. Er wurde als Jude geboren, war aber Würdenträger der griechisch-orthodoxen Kirche in Alexandria.

Die meisten Alexandriner Juden waren levantinischer Herkunft – wie etwa der Baron de Menasce (vom österreichischen Kaiser nach dessen Orientreise in den Adelsstand erhoben) oder die Familien von Abdallah Levi und Ibrahim Valensi Pascha. Joseph de Picciotto Bey war Mitglied des ägyptischen Senats. Entgegen einem verbreiteten Mythos waren weniger als die Hälfte der Juden Ausländer; die anderen waren Ägypter oder Staatenlose.

Obschon die reichsten Ausländer Baumwollkaufleute, Grundbesitzer, Schiffsmakler, Importeure und Hoteliers waren, gab es doch auch viele Handwerker und kleine Händler unter ihnen. Diese Leute waren oft außerordentlich patriotisch in bezug auf ihre »alte Heimat«. Rudolf Heß, der Stellvertreter Hitlers, wurde in Alexandria geboren, desgleichen Giuseppe Ungaretti, der italienische Dichter. Im Ersten Balkan-

---

[*] Ronald Storrs (1881–1955), 1918 erster britischer Militärgouverneur von Jerusalem (A. d. Ü.).

krieg von 1912–13 schenkte die griechische Gemeinde von Alexandria dem Heimatland zwei komplett ausgerüstete Schlachtschiffe. Andere griechische Alexandriner finanzierten den Bau des großen Athener Stadions, das vollständig mit Mamor ausgestattet war. Die Comédie Française trat regelmäßig in Alexandria auf. Außerdem gab es ein Sinfonieorchester und ein Opernhaus. In dem zierlichen kleinen Theater von Zizinia (heute ein Kino) fanden während der Saison allabendlich Vorstellungen von Opern wie *Tosca*, *La Bohème* und *Lohengrin* statt (der schwerste Wagner, der seinerzeit südlich von Neapel akzeptabel war).

Die Beziehungen zwischen den diversen ausländischen Kolonien waren von gegenseitiger Antipathie geprägt. Eheschließungen zwischen den verschiedenen Nationalitäten und Religionen gab es selten, außer auf der höchsten oder untersten sozialen Ebene. Kavafis, der fast sein ganzes Leben hier verbrachte, hat, wie sein Biograph Robert Liddell schreibt, vermutlich nie ein ägyptisches Haus betreten; er sprach Griechisch mit einem leichten englischen Akzent. Arabisch sprach er so gut wie gar nicht. Sehr wenige Europäer sprachen Arabisch, und wenn, dann »nur in der Befehlsform«, wie mir eine Alexandrinerin erzählte, die jetzt in Athen wohnt. Das Leben in Alexandria, meinte sie, sei unbeschwert und vor allem *comfortable* gewesen. Sie erinnerte sich an Haushalte, in denen vier oder mehr Angestellte ausschließlich für das Bügeln zuständig waren.

Mehrere ehemalige Alexandriner haben in den letzten Jahren Memoiren oder autobiographische Romane veröffentlicht. Alle weisen ausdrücklich auf die Identitätskrise hin, die ihre behütete, aber schizophrene Jugend in Alexandria vor dem Zweiten Weltkrieg kennzeichnete. Zu Hause sprachen sie Französisch, aber sie waren keine Franzosen. Sie gingen auf eine englische Schule (Vorbild für das feine Victoria College war Eton) und waren doch keine Engländer. Rachel Maccabi, eine ehemalige Alexandrinerin, die vor ein paar Jahren in Israel ihre Memoiren unter dem Titel *Mizraim Sheli* (Mein Ägypten) veröffentlichte, erinnert sich an die vornehme Villa an der Rue de Rosette, in der sie aufwuchs (heute residiert dort die Banque de Misr), umgeben von sudanesischen Dienern, ägyptischen Hausmädchen, italienischen Köchen, einem Chauffeur und einem englischen Kindermädchen. Sie erzählt von endlosen Bridgepartys, alljährlichen Reisen, die man auf einem Luxusdampfer nach Europa machte, und von der überwältigenden bourgeoisen Langeweile, der sie sich 1938 schließlich durch Flucht in einen Kibbuz im damaligen Palästina entzog. Ihre Mutter reiste alljährlich, »wie alle Damen, ob jung oder alt«, nach Kairo, um die Königin zu besuchen, die ebenso Europäerin war wie ihre Gäste (sie war eine Großenkelin eines napoleonischen Generals). Der Vater der Autorin, ein Ingenieur, war in Kairo geboren, aber ungarischer Staatsbürger, und er pflegte König Fuad I. alljährlich einen ähnlichen Besuch abzustatten. »Auch er war ein verkleideter Ägypter«, schreibt Maccabi vom König. »Das Königreich Ägypten war für sie ein lukratives Geschäft.« Familien wie die Maccabis, auch wenn sie seit Generationen in Ägypten ansässig waren, lebten sozial und kulturell fast völlig isoliert von ihrer ägyptischen Umgebung. »Genau gegenüber der Maccabischen Villa gelangte man über ein paar Stufen zu einer engen, dunklen Gasse, die in ein schmutziges arabisches Viertel führte«, schreibt sie. »Es ist seltsam, aber ich bin diese Stufen nie hochgegangen.« Die Araber Alexandrias waren »gesichtslose Männer, dunkelhäutig und trübäugig, die auf niedrigen Hockern oder auf der Erde saßen, die Frauen mit verschleiertem Gesicht«. Der Leser dieses bewegenden, spannungsgeladenen Buchs hat immer das Gefühl, daß da eine Zeitbombe tickt. Sie explodiert unerwartet. Die Autorin beschreibt »einen älteren Mann von großer Würde«, der fünfundzwanzig Jahre lang Hausdiener gewesen war. Er wird zum Komplizen bei der brutalen Ermordung ihres Vaters.

Alexandria war seinerzeit die »Sommerhauptstadt« Ägyptens. Der König, sein gesamter Hofstaat sowie seine Minister und Staatssekretäre verbrachten den ganzen Sommer in Alexandria, zusammen mit dem diplomatischen Corps und der besseren Gesellschaft. Die Suiten des Hotels *San Stefano*, das heute noch existiert, aber sehr heruntergekommen ist, dienten als Arbeitszimmer. Der König residierte in einem der riesigen Paläste am Meer oder auf einer seiner vielen Jachten, auf die er reiche Ausländer einlud, um sich mit ihnen zu vergnügen. Er sagte oft, daß es nach ihm nur noch den König von England und die Könige in einem Kartenspiel geben werde. Seine Juwelensammlung umfaßte zwanzigtausend Objekte. Die Revolution von 1952 setzte all dem ein Ende und bereitete den Weg für die Abreise – beziehungsweise Vertreibung – nahezu aller Ausländer. 1957, nach dem Suezkrieg, warf man die Engländer und Franzosen hinaus und beschlagnahmte ihr Eigentum. Ein paar Jahre später wurden auch die meisten Griechen und Italiener hinausgeworfen. Heute sind nicht einmal zehntausend Europäer in der Stadt. Nach Angaben eines Sprechers des griechischen Konsulats haben einige der ehemaligen Besitzer verstaatlichten Eigentums in den letzten

Jahren nach den Bestimmungen eines ägyptisch-griechischen Vertrags eine gewisse Entschädigung erhalten. Viel Bitterkeit sei geblieben, sagte er.

Die nasseristische Revolution wird heute in Ägypten als weithin gescheitert angesehen. Nasser und seine Männer schwärmten und schwadronierten von Sozialismus und Nationalismus, aber letzten Endes fehlte es ihnen an Disziplin und Kompetenz, ihre Vision zu verwirklichen. Die Ernüchterung über die Ära Nasser kommt sehr deutlich in der zeitgenössischen ägyptischen Literatur zum Ausdruck. In *Der Mann, der seinen Schatten verlor* und in mehreren anderen Büchern attackiert Nagib Mahfouz, Ägyptens berühmtester lebender Romancier, das militärische Abenteurertum Nassers und die Brutalität seiner Geheimpolizei. Die Vertreibung der Ausländer wird noch immer als gerecht, zumindest aber als unvermeidlich betrachtet. In Mahfouz' Roman *Miramar*, 1967 veröffentlicht, gibt es eine Dialogstelle zwischen Amer, einem Vertreter des alten Regimes, und der Griechin Mariana, die nach der Vertreibung geblieben ist und eine kleine Pension am Meer führt:

»Monsieur Amer, ich weiß nicht, wie Sie sagen können, daß es keinen Ort wie Alexandria gibt. Alles ist anders. Lauter Gesindel treibt sich heutzutage auf den Straßen herum.«

»Meine Liebe, die Stadt mußte von ihren Bewohnern eingenommen werden.« Ich versuche, sie zu trösten, aber sie erwidert scharf:

»Aber *wir* haben sie aufgebaut.«

An einem Vormittag besuchte ich Isaac de Picciotto, den fünfundsiebzigjährigen Vorsteher der jüdischen Gemeinde. Er führte mich durch die große Synagoge, ein prunkvolles italienisierendes Gebäude, das 1872 restauriert worden war. Jetzt ist es praktisch verwaist. Gottesdienste finden nur noch statt, wenn ein Bus israelische Touristen vorbeibringt. De Picciotto, Alexandriner der sechsten Generation, ist ein Italiener nordafrikanischer Herkunft, der fließend Französisch, Italienisch, Hebräisch und Arabisch spricht. Er hat einen kleinen Laden, in dem er Elektroartikel verkauft. Er erzählte mir, daß von der alten jüdischen Gemeinde Alexandrias nur noch fünfzig alte Männer und zwölf alte Frauen übrig sind. Niemand ist jünger als fünfundsechzig. »1948 waren wir mehr als zwanzigtausend«, sagte er feierlich, als rezitierte er einen bekannten Text. »In wenigen Jahren werden wir alle gestorben sein.«

Nach einem kurzen Moment des Schweigens sagte er ruhig, daß die sogenannten pluralistischen Gesellschaften des östlichen Mittelmeers überall zusammengebrochen seien, nicht nur in Alexandria. Zypern sei in zwei Staaten geteilt, einen muslimisch-türkischen und einen christlich-griechischen. Der Libanon sei im Krieg zwischen den verschiedenen ethnischen, religiösen und politischen Gruppen völlig auseinandergefallen. Angesichts des jüngsten palästinensischen Aufstands sei ernsthaft zu bezweifeln, daß Juden und Muslime auch schon vor 1967 in Israel friedlich miteinander gelebt haben.

Heute leben etwa fünfmal soviel Menschen in Alexandria wie 1948. Dieses Jahr wurde die Einwohnerzahl auf viereinhalb Millionen geschätzt, fast ausschließlich Einheimische. Das »europäische« Alexandria ist gewissermaßen verdorrt und als nahezu rein ägyptische beziehungsweise afrikanische Stadt neu erstanden. Ein altes englisches Hotel in der Innenstadt trägt noch immer den Namen *Cecil*, doch es gehört einer staatlichen Holdinggesellschaft. Ehemals griechische Kaffeehäuser heißen noch immer *Pastroudis*, *Baudrot*, *Delice*, aber Besitzer und Kunden sind Ägypter. Im *Atheneion* drehen sich altmodische Ventilatoren träge unter einer wunderbaren Jugendstildecke. Ein alter Kellner zeigte auf einen Marmortisch in der Ecke und sagte, daß Kavafis in den Zwanzigern dort mit seinen Freunden gesessen habe. Er erinnere sich deutlich an den Dichter, erzählte er, er selbst habe in diesem Café als Achtzehnjähriger angefangen, habe die Gläser mit Eiswasser aus einem Krug auffüllen müssen. Er versicherte mir, daß er, obschon Muslim, geboren in Tanta im Nildelta, »im Herzen ein Grieche« geworden sei. »Ich kann ihre Gedichte aufsagen. Die meiste Zeit meines Lebens habe ich mit ihnen zu tun gehabt.«

Die Place Mohammed Ali, der große Platz, wurde unter Nasser in Midan el-Tahrir (Platz der Befreiung) umbenannt. Dort hielt er große Reden, dort wetterte er gegen »die Feinde Ägyptens« und entging einmal nur knapp dem Attentat eines islamischen Fanatikers. Dort rief er dem Westen zu, daß er sich einen Strick nehmen könne. Dort gab er die Verstaatlichung des Suezkanals bekannt. Den fanatisierten Massen rief er zu: »Der Kanal wird den Ägyptern gehören, den Ägyptern, den Ägyptern! Hört ihr? Den Ägyptern!«

In der Mitte des Platzes befindet sich eine Reiterstatue von Mohammed Ali, eine imposante Plastik in der Art französischer Herrscherbildnisse, aber als sie 1880 dort aufgestellt wurde, erregte sie den Unwillen der Muslime, und bis heute trägt sie keine Inschrift. Von Zeit zu Zeit wird sie von muslimischen Fundamentalisten entstellt, die gegen diese Verletzung des Verbots figürlicher Darstellung protestieren.

In der Nähe stehen neue, hohe Bürogebäude, und Verkehrspolizisten in eleganten weißen Uniformen walten ihres Amtes, doch der US-Generalkonsul in Alexandria fährt, wenn er in offizieller Mission unterwegs ist, in einer kugelsicheren Limousine durch die Stadt. Im Hafen, der einmal der größte des Mittelmeers war, ist vergleichsweise wenig los – nach den in der Lokalpresse veröffentlichten Listen machen hier nur vier, fünf Schiffe pro Tag fest. In der Stadt wimmelt es von arbeitslosen Zuwanderern aus den armen ländlichen Regionen im Süden. Ein Drittel der ägyptischen Industrie soll in Alexandria und Umgebung angesiedelt sein, und viele Betriebe sind erst in letzter Zeit gebaut worden. Der Himmel über der Stadt ist grau und die Luft verpestet von den Schornsteinen der Gießereien, Asphaltwerke, Papier- und Baumwollmühlen, Raffinerien und Lebensmittelfabriken in der Umgebung. Allein in den letzten drei Jahren sind zweieinhalb Milliarden Dollar in neue Chemiefabriken investiert worden, in eine neue Textilfabrik und einen riesigen neuen Eisen-Stahl-Komplex an der vierspurigen Straße nach Alamein.

Die Probleme des enormen Bevölkerungswachstums sind nirgends zu übersehen. Die Stadt erstreckt sich meilenweit an der Küste, von der Bucht von Abukir (wo Nelson die französische Flotte in der sogenannten Schlacht am Nil besiegte) bis zum Badeort Agami fünfzig Kilometer weiter westlich. In und zwischen den alten Villenvierteln haben sich Slums ausgebreitet. Die Häuser der Reichen und Superreichen sind nicht selten von unbeschreiblicher Armut umgeben. Dieses unmittelbare Nebeneinander von Reichtum und Elend ist charakteristisch für das heutige Alexandria. In den zwanziger Jahren führten die Reichen ein eher abgeschirmtes Leben an der Küste, in großen Villen, umgeben von Parks, in einem imaginären Europa. Von den rund zweitausend großen Villen, die es hier vor dreißig oder vierzig Jahren gab, existieren heute nicht einmal mehr zweihundert, wie die Kairoer Tageszeitung *El Goumhouriya* kürzlich schrieb. Einige stehen, fast völlig zerfallen, an der Corniche. Der Anblick dieser Ruinen und der heruntergekommenen Stuckfassaden überall in der Stadt verstärkt den Eindruck von Erschöpfung. Die Stadt wird versorgt (wenn dies das richtige Wort ist) von einer kommunalen Infrastruktur, die vor Jahren für einen Bruchteil ihrer gegenwärtigen Bevölkerung gebaut wurde. Telefon-, Wasser- und

Stromleitungen brechen oft zusammen. In Ibrahimiya, einem früher hauptsächlich von Griechen bewohnten bürgerlichen Viertel, platzte kürzlich ein Hauptkanalisationsrohr. Die Kanalisation war tagelang offen und gefährdete die Wasserversorgung, während die Arbeiter vergeblich versuchten, das Leck zu lokalisieren. Nach zwei Wochen hatten sie es noch immer nicht gefunden. Die originalen Konstruktionspläne waren in dem spinnwebverhangenen Chaos des Stadtarchivs nicht aufzufinden.

Das Rückgrat des gegenwärtigen ägyptischen Regimes ist die Armee. »Man schaffe die Notstandsgesetze ab, und das Chaos bricht aus«, meint ein US-Diplomat (die Notstandsgesetze erlauben es dem Präsidenten und seinem Innenminister, willkürliche Verhaftungen anzuordnen und politische Aktivitäten zu überwachen). Das Regime von Präsident Hosni Mubarak kümmert sich um die Armee. An der Corniche ist in den letzten beiden Jahren eine hübsche kleine Stadt von Apartmenthäusern entstanden, die, großzügig subventioniert, ausschließlich an Offiziere vermietet werden. Ein Freund zeigte sie mir, als wir eines Tages daran vorbeifuhren, in westlicher Richtung hinaus zum einstigen Sommerpalast Ras el-Tin, von wo aus König Faruk nach seinem Rücktritt im Jahre 1952, mit zweihundertvier Koffern und reichlich Champagnervorräten, an Bord seiner Jacht das Land verließ. Seine letzten Worte an die aufständischen Offiziere waren: »Sie haben sich viel vorgenommen. Ägypten ist nicht leicht zu regieren« – prophetische Worte. General Mohammed Nagib, der erste Präsident der neuen Republik, wurde von Nasser abgesetzt und unter Hausarrest gestellt, aus dem er 1960 angeblich befreit wurde. Anwar el-Sadat fiel einem Attentat zum Opfer.

Der Palast, heute ein Museum, dient bisweilen als Ort für Empfänge ausländischer Staatsgäste. Er ist bekannt für seine endlos langen vergoldeten Korridore, seine unübertroffene Sammlung der allerkitschigsten Möbel, Gemälde und Kerzenleuchter, für seine Pseudogotik und Marmorfußböden, seine rubinbesetzten Zigarrenkisten aus Ebenholz und für eine fensterlose Geheimkammer, in der die Kronjuwelen aufbewahrt wurden. Einige dieser Juwelen werden heute öffentlich ausgestellt, unter anderem auch eine mit schweren Diamanten besetzte Rassel, mit der Faruks Vater als Baby spielte.

Wir fuhren vorbei an Ras el-Tin, vorbei am Hafen und den neuen Industriezonen an der Straße nach Alamein und weiter in die westliche

Wüste. Hier in Alamein, damals nur eine einsame Bahnstation im schmalen Streifen zwischen Mittelmeer und Kattara-Senke, wendete sich, wie Churchill schrieb, im Jahre 1942 das »Gelenk des Schicksals«, und der deutsche Vormarsch auf Ägypten wurde schließlich zurückgeworfen. Viele glauben, Alamein liege weit draußen in der Wüste, und sind erstaunt, wenn sie sehen, daß es weniger als siebzig Kilometer von den Vororten Alexandrias entfernt ist. Mehrere Badeorte säumen heutzutage die neue Straße nach El-Alamein. Diese strategische Verkehrsverbindung führt vierhundert Kilometer weiter bis zur libyschen Grenze, die seit Jahren geschlossen ist – Ergebnis des Quasi-Kriegszustandes zwischen beiden Ländern. In El-Alamein ist die Wüste noch immer mit ausgebrannten Tanks und Schützenpanzern übersät. Meilenweit zieht sich Stacheldraht über die Dünen, und kleine rote Schilder warnen vor scharfen Minen.

In El-Alamein gibt es drei große Gedenkstätten: einen britischen Friedhof, ein deutsches und ein italienisches Mahnmal. Jeder dieser Orte fasziniert, wie so oft bei politischer Architektur, als – nicht unbedingt bewußter – Ausdruck des nationalen Temperaments. Riesige Blumenbeete – ein großartiger, wenn auch etwas irritierender Anblick in dieser öden Wüstenlandschaft – schmücken die britische Gedenkstätte, wo 8182 Tote (davon achthundertfünfzehn nicht identifiziert) unter schlichten Grabsteinen von gleicher Größe, aber mit individuellen Aufschriften liegen (»David McGuney – er hat seine Frau Tony sehr geliebt«).

Das deutsche Mahnmal ist ein wuchtiger, steinerner Bau mehrere Kilometer abseits der Straße. Aus der Ferne sieht er wie ein Bunker aus, von nahem wie eine mittelalterliche Burg. Seine Monumentalität hat etwas Einschüchterndes. In die massiven Mauern sind schmale Schießscharten für unsichtbare Krieger gehauen. Die britische Gedenkstätte ist im wesentlichen ein Friedhof, der an den einzelnen Menschen erinnert. Das deutsche Monument (auch als »Totenburg« bekannt) verherrlicht dagegen die Gemeinschaft. »Hier ruhen deutsche Soldaten«. Man sieht viele Wappen. Ein achteckiger Innenhof öffnet sich nach oben. Die gleißende Wüstensonne wird in der stehenden Luft von dem hellen Steinfußboden zurückgeworfen. Unter dem Fußboden liegt die Asche von mehr als viertausendzweihundert Deutschen in einem Gemeinschaftsgrab. Die Gedenkstätte wurde Ende der fünfziger Jahre von Robert Tischler entworfen, einem deutschen Architekten, der diesen Stil in den dreißiger Jahren, noch vor dem Dritten Reich, entwickelte. Er baute die erste der nationalsozialistischen Totenburgen während des Zweiten Weltkriegs (Tischlers Karriere als Architekt von Totenburgen für deutsche Soldaten ging nach 1945 bruchlos weiter). Eine Tafel verkündet: »IHR STERBEN SEI UNS VERMÄCHTNIS UND MAHNUNG«. Im Besucherbuch stehen viele sinnreiche Sprüche. – »Nie wieder Krieg, Frieden über alles«, »Betet für den Frieden«, und auch dies: »*S'il y a avait un Suisse comme Dieu tout cela n'aurait pas passé – g. h. Genève.*« (»Wäre Gott ein Schweizer gewesen, wäre das alles nicht passiert.«) Es war niemand da außer dem ägyptischen Wärter, der hinter uns das schwere Tor verschloß. Er sagte, jeden Sommer kämen hier Tausende von Deutschen vorbei, die unterwegs zu den Badestränden von Sidi Abd el-Rahman und Mersa Matruh seien. Erst am Vortag waren zwei Busse gekommen. Die Leute hatten kleine Fähnchen und getrocknete Blumen im Besucherbuch zurückgelassen.

Hinter dem deutschen Mahnmal verläuft die Küste weiter in westlicher Richtung, und das flache, blaßblaue Meer verschmilzt an einem fast unsichtbaren Horizont mit dem blaßblauen Himmel. Das italienische Mahnmal steht in der Nähe auf einem Hügel. Wie eine Kathedrale aus schneeweißem Stein und Carrara-Marmor ragt es empor. Im Innern, zu beiden Seiten eines Altars, wird an die tausenddreihundert vermißten italienischen Soldaten erinnert: »IGNOTI A NOI – NOTI A DIO!« (»Unbekannt für uns – bekannt für Gott«) steht da. Dann kommt die geradezu danteske Inschrift »GIACCIONO IN LUOGO SCONOSCIUTO NEL DESERTO« (»Sie ruhen an unbekanntem Ort in der Wüste«). Ein Pfeil weist nach Osten: »Alessandria 111 km.« Darunter der Hinweis »MANCARONO LA FORTUNA, NON IL VALORE«. (»Ihnen mangelte es an Glück, nicht an Tapferkeit«).

Ägypter sind bekannt für ihren selbstironisch-beißenden Humor. Mein Freund machte sich über die pompöse Erhabenheit des nahe gelegenen ägyptischen Militärmuseums lustig, das 1965 unter Nasser zur Verherrlichung der »Kriegskunst« errichtet worden war. Er spottete über die sorgfältig gewahrte »Neutralität« gegenüber den Nazis und den Briten in der Schlacht von El-Alamein und über die unterschiedslose Verehrung, die Hitler und Churchill, Rommel und Montgomery entgegengebracht wird – das Porträt des einen ebenso heroisch wie das Porträt des anderen. Militärmuseen sind oft langweilig und ermüdend – Uniformen über Uniformen –, als wäre das Wichtigste an so vielen Toten die Uniform, in der sie gefallen sind. Solche Museen zeigen meist nicht die Schrecken des Krieges, sondern die Ritterlichkeit von Armeen. Und dieses ist keine Ausnahme. Nach Aussage des jungen Gefreiten, der uns führte, kommen viele Touristen hierher. Viele Deutsche, aber auch ägyptische Kadetten. »Sie kommen, um zu lernen.« Was denn lernen? »Wie man kämpft«, sagte unser Führer. »Rommel war ein richtiger Gentleman. Montgomery und er hatten großen Respekt voreinander.«

Als wir am späten Nachmittag nach Alexandria zurückkehrten, waren die Straßen menschenleer. Es war Ramadan. Die meisten Leute hatten sich beeilt, um beim *iftar*, dem Fastenbrechen, das von Sonnenuntergang bis Sonnenaufgang dauert, zu Hause zu sein. Eine unheimliche Stille lag über den Straßen, die sonst mit Autos und Menschenmassen verstopft sind. Ausländer, die seit Jahren hier leben, sagen, daß der Ramadan noch nie so streng und sichtbar eingehalten wurde oder auch eine so große öffentliche Rolle spielte wie in den letzten Jahren. Das Fernseh- und Radioprogramm wird fünfmal am Tag zum Gebet unterbrochen. Alkoholgenuß ist überall verboten außer in den großen internationalen Hotels, und die meisten Restaurants sind geschlossen.

In den meisten islamischen Ländern geht es im Ramadan traditionell eher asketisch zu. In Ägypten aber – und das ist die Kehrseite der islamischen Wiedererweckung – kommt es allabendlich, sobald das Fasten vorbei ist, zu wahren Freß- und Kauforgien. Während des eigentlichen *iftar* sind die Straßen wie leergefegt. Kurze Zeit später strömen die Menschenmassen wieder hinaus, oft noch Süßigkeiten und Nüsse kauend, und die Geschäfte machen wieder auf. Hell erleuchtet, bleiben sie bis weit nach Mitternacht geöffnet und sind so voll wie tagsüber nie. Während des Ramadan werden mehr Lebensmittel, Kleider und Kinderspielsachen gekauft als in jedem anderen Monat des Jahres. In der Kairoer Presse wurde in diesem Jahr Klage darüber geführt, daß die hohen, edlen Grundsätze der Askese und Besinnung im Ramadan zunehmend ausgehöhlt würden.

Auf den kleinen Plätzen rings um die Hauptmoscheen von Kairo und Alexandria herrschte in diesem Jahr geradezu Karnevalsstimmung – was in den anderen sunnitischen Ländern sehr selten vorkommt, bei den asketischen Schiiten des Irak und Iran, die während des heiligen Monats oft Selbstgeißelung praktizieren, aber unvorstellbar wäre. Eines Abends, kurz nach dem *iftar*, sah ich einen Tanzbären vor der Hauptmoschee von Alexandria, Abu'l Abbas. Laienschauspieler traten auf, Kinder umringten Zuckerwatteverkäufer, und ein bekannter Sänger gab ein kostenloses Freiluftkonzert. Ein Karussell war aufgebaut. Ein Sufi drehte sich im Tanz. Männer schluckten Feuer oder Schwerter, und junge Leute schossen nach beweglichen Enten und gewannen Puppen und Süßigkeiten. Um zwei Uhr nachts war der Karneval noch immer in vollem Gang – eine Stunde vor dem *suhur*, der Mahlzeit vor Beginn des Fastens –, als Trommler unter der Menge ihre Runde drehten und sangen: »*Isha Ya Nayim. Wahhid ed-Dayim. Ramadan Gana.*« (»Wacht auf, ihr Schlafenden. Bezeugt, daß Gott der Einzige ist. Ramadan ist gekommen.«)

In der Halle des alten *Hotel Cecil*, wo ich mich einquartiert hatte und an dessen Wänden noch immer Autogramme von längst vergessenen europäischen Opernsängerinnen, englischen Lords und österreichisch-ungarischen Großherzögen hängen, wurden zu dieser frühen Stunde die von Ausländern gesponnenen Mythen eingerissen. Der Aufzugführer hatte seinen dekorativen Käfig verlassen und nahm, gemeinsam mit dem Nachtportier, dem Koch und dem Kassierer, das *suhur* ein. Ihr kleines rundes Tischchen, umgeben von verstaubten Zimmerpalmen und großen Spiegeln mit matten Goldrahmen, war beladen mit braunem Fladenbrot, kleinen Gläsern mit schwarzem Tee und einer großen Platte *ful* (Saubohnen) in Öl und Zwiebeln. Draußen, jenseits der breiten Corniche, rauschte das Meer. Die Sterne hingen groß und leuchtend am Himmel, wie damals, als Berenike, die Königin der Ptolemäer, eine Haarlocke verlor und Konon, der Hofastronom, ein Sternbild nach ihr benennen mußte. Das kalte, geisterhafte Licht der Sterne war in der Dunkelheit deutlich zu sehen.

Die Intifada. Erster Teil

1988

Dreizehn Wochen nach Beginn der Volkserhebung in der West Bank und im Gazastreifen – die von rechten israelischen Politikern und einem Teil der Presse noch immer als »Unruhen«, »Ereignisse«, »Auseinandersetzungen« und »Aufruhr« bezeichnet wird – kann man zumindest eine generelle Feststellung treffen. Der Status quo, den Likud-Politiker seit langem als die beste aller möglichen Welten betrachtet haben, ist endgültig zusammengebrochen.

Zwanzig Jahre kurzsichtiger israelischer Politik liegen zertrümmert auf den Straßen der West Bank, in Gaza und Ostjerusalem. Die Schrift an der Wand war seit Jahren zu lesen. Die meisten Israelis haben sie nicht beachtet. Einige ließen sich von realen oder imaginären Sicherheitserwägungen ablenken. Die verwirrenden Abstraktionen der politischen Rhetorik im In- und Ausland und das endlose Gerede (selbst unter vernünftigen Leuten) von einem nicht existierenden »Friedensprozeß« führte zu Abstumpfung. Selbstbetrug wurde zu einer Voraussetzung fürs Überleben. Viele Menschen übersahen die einfache Tatsache, daß Israel seit 1967 keinen Krieg mehr gewonnen hat. Andere ließen sich von nationalistischer und religiöser Rhetorik blenden und von der scheinbaren Mühelosigkeit und den geringen Kosten der militärischen Besatzung, die seit über zwei Jahrzehnten anderthalb Millionen Palästinenser als Schachfiguren beziehungsweise Faustpfand und als billige Arbeitskräfte hält, ihnen gleichzeitig aber die grundlegendsten Menschenrechte verweigert.

Die Schachfiguren haben sich nun erhoben, um ihrer Frustration, ihrer Verbitterung und ihrem politischen Willen mit einer Besessenheit und Entschlossenheit Ausdruck zu geben, die jedermann in Israel überraschte, auch sie selbst und ihre »Führer« und »Sprecher« im Hauptquartier der Palästinensischen Befreiungsorganisation im fernen Tunis. Der Aufstand begann offenbar völlig spontan. Ein übler Verkehrsunfall in Gaza, bei dem es mehrere Tote gab, löste wilde Gerüchte aus, wonach die israelischen Sicherheitskräfte den Vorfall gezielt verursacht hätten.

Die Protestdemonstrationen griffen rasch auf die West Bank über. Im nachhinein ist nicht verwunderlich, daß das Faß im Gazastreifen überlief, wo geradezu alptraumhafte Verhältnisse herrschen. In diesen schmalen Landstrich, der nur etwa zehn Kilometer breit und sechsunddreißig Kilometer lang ist und eine Bevölkerungsdichte hat, die ohnehin zu den höchsten der Welt gehört, wurden von den Israelis noch einmal zweitausend militante jüdische Siedler hineingestopft. Sie wohnen in ihren Villen, mitten im Elend der Flüchtlingslager, auf öffentlichem oder enteignetem Boden in ferienclubähnlichen Enklaven.

In Gaza sind die sozialen Probleme noch bedrückender als die politischen. Die Palästinenser, die hier leben, sind seit 1948 staatenlos. Weder Ägypten (vor 1967) noch Israel (nach 1967) mochten das Gebiet formell annektieren, weil sie befürchteten, sich ein riesiges soziales Problem aufzubürden. (Man schätzt, daß die Bevölkerungszahl von gegenwärtig 633 000 bis zum Jahre 2004 auf eine Million gestiegen sein wird.) Die Verbitterung, Hoffnungslosigkeit und Frustration, vor allem in den Flüchtlingslagern, wird noch verstärkt durch die Folgen von einundvierzig Jahren Unterdrückung – bis 1967 durch die Ägypter und seit 1967 durch die israelische Armee. Der Aufstand wurde in Gaza von starken islamisch-fundamentalistischen Emotionen getragen – so wie zehn Jahre zuvor die iranische Revolution. Der neue Protest richtet sich nicht nur gegen die traditionelle Führung, sondern gegen die Lebensbedingungen, in denen junge Leute keinen Ausweg mehr sehen.

In Gaza wie in der West Bank wurde der Aufstand von ein paar tausend Jugendlichen und Halbwüchsigen angeführt, die mit nichts anderem als Steinen und Schleudern und gelegentlich einem Molotowcocktail bewaffnet waren – ein Kinderkreuzzug. Innerhalb weniger Wochen scheinen sie mehr für die palästinensische Sache (nicht unbedingt auch für die PLO) erreicht zu haben als Yassir Arafat und seine reichen Anhänger oder die Terroristen in dreißig Jahren.

Der Aufstand hat Israel in eine tiefe politische Krise gestürzt und die Gesellschaft gründlich verändert. Die Überraschung und das Trauma erinnern an den Schock des Yom-Kippur-Kriegs von 1973. Der Aufstand selbst und die Tatsache, daß man ihn bislang nicht hat niederschlagen können, sind eine Lehre in Sachen Grenzen der Macht. Die Israelis haben seit langem ein Problem mit der Anwendung von Macht. Ziel des Zionismus war es, schutzlosen Juden so viel Macht zu geben, daß sie ihr Schicksal in die eigenen Hände nehmen können. Seitdem philosophieren Zionisten über Macht. Nach dem Holocaust wurde es ein zionistischer Glaubensartikel, daß die »Machtlosigkeit« der europäischen Juden die Hauptursache für ihre Vernichtung gewesen sei. Die israelische Einstellung zu Macht ist daher immer komplex und widersprüchlich, zuweilen neurotisch, gekennzeichnet von der eigentümlichen Unfähigkeit, die notwendige Unterscheidung zwischen Macht und Gewalt zu treffen.

Der militärische Sieg von 1967, der nicht in politische Ergebnisse, d. h. in Frieden, übersetzt wurde, hat das Problem nur noch komplizierter gemacht. Weil Israel 1967 die Gebiete im Zuge der Abwehr einer äußeren Bedrohung erobert hatte, gingen die Israelis aus diesem Krieg noch immer mit einem Gefühl der Schwäche hervor, während sie in Wirklichkeit die dominierende Militärmacht in der Region, also stark waren. Sie hätten nach 1967 »großzügige Sieger« sein und mit den Palästinensern in den besetzten Gebieten und mit den arabischen Nachbarn eine Art Frieden schließen können. Da sie aber Menschen sind und viele Jahre lang in so großer Unsicherheit gelebt hatten, wollten sie absolute Sicherheit – eine Sicherheit, die sie nur haben konnten, wenn sich die Araber absolut unsicher fühlten. Der israelische Historiker Jacob Talmon pflegte vor den »obsessiven Wünschen« zu warnen, die der Junikrieg geweckt habe; sie seien eine gefährliche Abkehr von dem, was Freud das Realitätsprinzip genannt hat.

Wie berechtigt Talmons Warnungen waren, zeigte sich auf tragische Weise während der israelischen Intervention im Libanon, die noch immer nicht beendet ist, und erst kürzlich wieder in der West Bank und in Gaza. Macht offenbart eine eigentümliche Ohnmacht, wenn sie, wie im Fall Israel, ihren defensiven Charakter verliert und zu purer Gewalt wird. 1967 benötigte die israelische Armee einen Tag, um Gaza zu erobern, und nicht einmal drei Tage für die gesamte West Bank. Die gleiche Armee – inzwischen mindestens dreimal stärker und ausgerüstet mit den modernsten Waffen – ist bis heute nicht imstande, die sogenannte »Ordnung« wiederherzustellen, das heißt, die Unruhen in diesen Gebieten zu beenden und eine aufrührerische Bevölkerung zu befrieden.

Der gegenwärtige Aufstand ist das Ergebnis eines erstaunlichen Mangels an Weitsicht, Phantasie und politischem Einfühlungsvermögen seitens der israelischen Politiker. Sie haben zugelassen, daß sich eine Situation in den besetzten Gebieten entwickelte, die von Anfang an aussichtslos war und über die Jahre hinweg nur durch Gewalt und noch mehr Gewalt aufrechterhalten werden konnte. Zu den politischen Fehlern kam die Unzulänglichkeit und Schlampigkeit der Militärverwaltung, die anfangs recht liberal war, im Laufe der Zeit aber – desinteressiert, unterbezahlt, zunehmend korrumpiert und mit grenzenloser, willkürlicher Macht ausgestattet – immer mehr verkam. Menschen geben ihre Fehler bisweilen zu, Bürokratien fast nie. Indem sie ihre Fehlentscheidungen ausführen, legitimieren sie sie im nachhinein.

Mehr als neunzig Palästinenser haben bislang den Tod gefunden. Die meisten wurden erschossen; einundzwanzig sollen durch Tränengas umgekommen sein, darunter drei Babys, die nicht einmal sieben Monate alt waren, ein Zwölfjähriger sowie ein Mann im Alter von hundert Jahren. Sieben sollen an Schlägen gestorben sein, darunter ein Vierzehnjähriger und ein Sechzigjähriger. Hunderte wurden verletzt und zusammengeknüppelt von schlagstockschwingenden Soldaten, die Befehlen folgen, die bestenfalls wirr und schlimmstenfalls ausgesprochen brutal sind. Doch die Demonstrationen gehen weiter. Die Krankenhäuser in Gaza und anderswo sind voll von Jugendlichen mit gebrochenen Armen oder Beinen oder beidem. Die Demonstranten sind von ihren »Erfolgen« überzeugt. Die resultierende Euphorie hat zu bemerkenswert kühnen Aktionen geführt und – trotz des Fehlens richtiger Anführer – zu der außerordentlich hohen sozialen Disziplin, die bei sogenannten revolutionären Bewegungen so oft beobachtet worden ist. Lebensmittel und andere Dinge des täglichen Lebens werden häufig geteilt.

Der zeitliche Ablauf der Unruhen – die erst hier, dann dort ausbrechen – läßt auf eine sorgfältige zentrale Koordinierung schließen. Palästinensische Ärzteteams bereisen regelmäßig die Unruhegebiete und versorgen die Verletzten, die aus Angst vor Verhaftung keine Krankenhäuser aufsuchen. Es gibt reichlich Waffen in den besetzten Gebieten, und es kann für die Demonstranten nicht sehr schwer gewesen sein, sich entsprechend einzudecken. Dennoch haben die Aufständischen, trotz des verbreiteten revolutionären Fiebers, in den drei Monaten des Aufstands keinen einzigen Schuß abgegeben. Sie folgen, wie es heißt, den strikten Anordnungen der Volkskomitees. Dr. Raphael Wolden, der in der Intensivstation des Krankenhauses Tel Hashamer bei Tel Aviv arbeitet (und zufällig der Schwiegersohn von Schimon Peres ist), berichtete der Presse, daß ein schwer verletzter Siebzehnjähriger, den man bei seiner Einlieferung nach seinem Namen fragte, nur »Dschihad, Dschihad« gestöhnt habe.

Tausende von Palästinensern sind verhaftet worden, Hunderttausende eingeschüchtert und bei den Ausgangssperren, die regelmäßig über Dörfer, Flüchtlingslager und ganze Städte verhängt werden, unter schärfsten Hausarrest gestellt worden. Doch der Aufstand, den die Behörden innerhalb weniger Tage glaubten niederschlagen zu können, geht in seinen vierten Monat. Ausgangssperre bedeutet oft unterbrochene Telefonverbindungen und Stromsperre. Männer werden mitten in der Nacht aus ihren Häusern gezerrt und müssen bis zum Morgen auf dem Dorfplatz stehen. Es gibt viele ähnliche Arten von Kollektivstrafen. Und doch geht der Aufstand weiter. Die Presse berichtet nicht mehr detailliert über jede Demonstration, sondern spricht ganz allgemein von zunehmenden oder abnehmenden Wellen von Gewalt oder Unruhe. Eine typische Nachrichtensendung des staatlichen Rundfunks lautete kürzlich: »Im Flüchtlingslager Schata in Gaza wurden gestern zwei Demonstranten erschossen … Dessenungeachtet war es gestern im Gazastreifen relativ ruhig.«

Selbst dann, wenn es in Gaza, in Nablus, Bethlehem oder Ostjerusalem keine Ausgangssperre gibt, wirken palästinensische Städte wie ausgestorben. Die Bevölkerung zieht sich in ihre Häuser zurück. Die Geschäfte sind geschlossen, außer zu bestimmten, von einem örtlichen Untergrundkomitee festgelegten Stunden, damit Nahrungsmittel und andere notwendige Bedarfsartikel eingekauft werden können. Die Regierung hat versucht, den Transfer von PLO-Geldern aus dem Ausland, mit denen der Streik palästinensischer Kaufleute unterstützt wird, zu unterbinden. Doch unbeeindruckt von harten fiskalischen und administrativen Maßnahmen, setzen die Kaufleute ihren Streik fort.

Die Demonstranten marschieren weiterhin durch die Trümmer und den schwarzen Rauch brennender Autoreifen, vorbei an verschlossenen Läden, Parolen rufend, Fahnen schwenkend. Kleine Jungen laufen voraus und schießen mit Schleudern auf das Militär, das herbeigeordert wird, sie auseinanderzutreiben. Die Soldaten – unter ihnen viele Reservisten – wirken demgegenüber plump und unbeholfen. Mit ihrer schweren Ausrüstung, den Walkie-talkies, das automatische Gewehr in der einen Hand und den Schlagstock in der anderen, bewegen sie sich nur langsam und schwerfällig. Aus Hubschraubern, die in der Luft dröhnen, werden Tränengasgranaten abgeschossen. Zwischen zwanzig- und vierzigtausend Soldaten sollen auf der West Bank, in Gaza und Jerusalem stationiert sein. Wenn sie nicht gerade Demonstrationen auflösen oder Kinder durch die schmalen Altstadtgassen von Nablus jagen oder in die elenden Flüchtlingslager eindringen, in einer Atmosphäre, die erfüllt ist vom Haß und den Ressentiments vierzigjähriger Tragödien, dann konzentrieren sich die Soldaten darauf, die wichtigsten Straßenverbindungen offen zu halten und rund hundert israelische Siedlungen zu schützen, die in den besetzten Gebieten seit 1967 errichtet worden sind.

Sie können nicht überall sein. Fast jede Nacht schaffen die Bewohner von Dörfern und Flüchtlingslagern Felsblöcke auf die Straße, um die Zufahrt zu ihrem Dorf oder Lager zu blockieren. Sie hängen palästinensische Fahnen auf, singen Lieder und erklären ihr Dorf oder Lager zu »befreitem palästinensischem Territorium«. Daraufhin rückt die Armee wieder ein – allzuoft mit völlig überflüssiger Brutalität, die Soldaten zerschlagen Mobiliar, schlitzen Reifen auf, schlagen Fensterscheiben ein und zertrümmern Solarheizungen. Bulldozer kommen und räumen die Felsblöcke weg. Ein paar Jugendliche werden beiseite genommen und brutal verprügelt, andere verhaftet. Entsetzte Mütter schreien panisch, und Offiziere appellieren an die alten Männer (die ihrerseits auf ihre Ohnmacht hinweisen), für Ruhe zu sorgen. Eine Woche später wiederholt sich das gleiche Schauspiel.

Zuerst bestand in Militärkreisen eine gewisse Sorge, daß die Soldaten – vor allem Zivilisten, die ihren Reservedienst leisteten – sich weigern würden, »dreckige Polizeiarbeit« zu verrichten, und sich sogar Befehlen widersetzen würden. Aus diesem Grund wurden nur reguläre Einheiten oder frische Rekruten eingesetzt (die vielfach nicht älter waren als die palästinensischen Jugendlichen, die sie mit Steinen bewarfen). Die Sorge war unberechtigt. Kurzzeitig mag der einzelne Soldat, der mit Steinen beworfen oder beschimpft wird, durchaus aggressiv, ja brutal reagieren. Auf lange Sicht aber können sie als Staatsbürger durchaus »taubenhaft« reagieren (wie im Libanon) und dafür plädieren, »diese Gebiete aufzugeben«. Paradoxerweise haben die Unruhen der palästinensischen Sache eine menschliche Dimension verliehen; vor dem Aufstand war sie ein abstraktes Übel. Jetzt kann man die einzelnen Männer und Frauen und Kinder sehen, die für ihre Rechte auf die Straße gehen. Ein Oberstleutnant wurde kürzlich von der Tageszeitung *Davar* mit den Worten zitiert: »Wenn ich in den Zeitungen von Waldheim lese, dann frage ich mich, wie die Zukunft über das urteilen wird, was ich heute in den Gebieten tue.«

Die sogenannte Zivilverwaltung in den Gebieten (ein unzutreffender Ausdruck, denn sie ist Teil der Armee und untersteht dem Kommando von Offizieren) befindet sich aufgrund der freiwilligen oder erzwungenen Kündigung bzw. Arbeitsverweigerung von lokalen palästinensischen Angestellten kurz vor dem Kollaps. Andere Palästinenser, die mit dem israelischen Besatzungsregime zusammenarbeiten, werden ständig eingeschüchtert. Einer wurde öffentlich gelyncht. Von der vielgepriesenen Effizienz der israelischen Geheimdienste ist seit dem Beginn des Aufstands wenig zu merken. In der Vergangenheit hatte man es verstanden, terroristische Zellen zu unterwandern und verhafteten Verdächtigen rasch wichtige Informationen abzupressen. Die angespannte Situation aber, die in der West Bank, in Gaza und sogar im »wiedervereinigten« Jerusalem das ganze letzte Jahr über herrschte, wurde von ihnen nicht bemerkt oder falsch interpretiert.

Der Aufstand selbst hätte schon vor Jahren noch von dem dümmsten Beobachter, der durch die West Bank oder den Gazastreifen gefahren wäre, vorhergesagt werden können. Dennoch ließen sich die Sicherheitsdienste von der relativ geringen Zahl oder Wirkungslosigkeit offener Terrorakte täuschen. Monate vor dem tatsächlichen Aufstand wurde die wachsende Spannung überdeutlich durch die steigende Zahl der isolierten, spontanen Ausbrüche von Gewalt. Immer mehr Autos wurden mit Steinen beworfen. Einige Israelis wurden im arabischen Viertel von Jerusalem überfallen. Die Sicherheitsdienste sind inzwischen nur wenig effizienter, obwohl der Aufstand hier und dort schon durch geheime »Führungskomitees« gelenkt wird, die in Dörfern und Stadtvierteln eingerichtet wurden. Es gibt mindestens ein Dutzend größerer Komitees. Trotz Hausdurchsuchungen und mehr als zweitausend Verhaftungen sind die Militärbehörden noch nicht imstande gewesen, ein einziges Mitglied festzunehmen. Die Identität der Komiteemitglieder ist nicht bekannt. Sie mögen radikaler oder weniger radikal als Arafat sein, das Feld kontrollieren sie jedenfalls besser, als er und seine Kohorten in der PLO es jemals vermocht haben.

Im Untergrund wächst zweifellos eine neue Führungsschicht heran. Verbal bekennt sie sich zwar zu der im Ausland ansässigen PLO-Führung, aber wieweit sie tatsächlich von der PLO abhängig ist, weiß niemand. Anscheinend versucht die PLO inzwischen, diese Komitees aus der Ferne, per internationaler Telefondirektwahl, zu steuern, doch nach allem, was ich gehört habe, kontrolliert sie die Entwicklung nicht oder noch nicht. Ebensowenig wird der Aufstand offenbar von prominenten lokalen Palästinensern kontrolliert, die der PLO nahestehen, wie etwa dem Chefredakteur von *Al-Fajr*, Hanna Siniora, oder dem in Gaza ansässigen Rechtsanwalt Fayiz Abu Rahma, die letzten Monat in Washington mit US-Außenminister Shultz konferierten und permanent von der internationalen Presse interviewt werden. Wie sinnlos die aktuelle politische Debatte in Israel teilweise ist, zeigt sich besonders deutlich in dem Streit darüber, ob es »legitim« ist, mit Siniora und Abu Rahma zu verhandeln, oder ob sie als PLO-Sympathisanten eingesperrt werden sollten. Wer immer den Aufstand lenkt – vielleicht gibt es niemanden –, wird nämlich nicht zulassen, daß Siniora, Abu Rahma und andere traditionelle Führer davon profitieren.

»Israel lernt jetzt eine sehr einfache Wahrheit, die wir seit den Tagen der Konfrontation mit der britischen Armee in Palästina 1945–47 kennen müßten«, schrieb kürzlich Schlomo Avineri, Professor an der Hebräischen Universität in Jerusalem und ehemaliger Generaldirektor des israelischen Außenministeriums. »Eine Armee kann eine Armee, aber kein Volk besiegen.« Historiker wissen das schon lange, »aber Soldaten und Politiker (und die israelischen Politiker sind allzuoft ehemalige Militärs)« begreifen es anscheinend nicht. Sie können Geschütze, Flugzeuge, Panzer und Raketen zählen. »Was nicht gezählt werden kann – der Wille eines Volkes etwa –, erscheint auf ihrer quantifizierten Weltkarte einfach nicht.«

Verantwortlich für die – bislang erfolglose – Politik von »Gewalt, Macht und Prügel« ist Verteidigungsminister Yitzhak Rabin, ein typischer Vertreter quantifizierenden Denkens. Rabin ist ein ehemaliger Soldat, der sich, wenn überhaupt, nur wenig für Ideen interessiert und für keinerlei tiefe Überzeugungen bekannt ist. Er hat den Palästinensern in den letzten Wochen erklärt, daß sie mit Aufruhr nichts erreichen. Vielleicht hat er ja recht, aber seine Vorhaltung wäre etwas sinnvoller gewesen, wenn den Palästinensern in den einundzwanzig Jahren schleichender Annexion handfeste Angebote gemacht worden wären. Es war immer zu früh oder zu spät, sich mit ihren Wünschen auseinanderzusetzen beziehungsweise eine Verständigung mit Jordanien zu suchen. 1967, als Generalstabschef der siegreichen israelischen Armee, war Rabin ein Symbol für die ungeheure Leistung, so viel Territorium als Faustpfand für Frieden erobert zu haben. Heute ist er das lebende Symbol dafür, wie diese Chance verspielt wurde.

1968 brachte er die Rechten gegen sich auf, als er erklärte, daß es keine Katastrophe wäre, wenn Israelis, nach einem Friedensschluß und nach dem Rückzug der israelischen Truppen, für einen Besuch von Hebron ein arabisches Visum beantragen müßten. Später plädierte er leidenschaftlich für einen »territorialen Kompromiß«, d. h. für die Aufteilung der West Bank zwischen Israel und Jordanien, wobei (das arabische) Ostjerusalem in israelischer Hand bleiben sollte. Dieser Teilungsplan ging auf Yigal Allon zurück, ebenfalls ein ehemaliger Militär und Rabins politischer Mentor. Der Allon-Plan, formuliert in den ersten Wochen nach dem Sechs-Tage-Krieg, sah vor, daß Israel einen kleinen Streifen Land am Westufer des Jordan gewissermaßen als Schutzbarrikade annektieren und intensiv besiedeln sollte. Der überwiegende Teil der West Bank sollte unter jordanischer Verwaltung bleiben.

Da es zu keinem Abkommen kam, dehnte sich dieser Streifen Land, zunächst schmal und relativ kurz, immer weiter aus, bis er (in der letzten Version des Plans, kurz vor Allons Tod im Jahre 1980) fast die gesamte West Bank einschloß, abgesehen von einigen Enklaven um Nablus und Ramallah, in denen sehr viele Palästinenser lebten. Dem jordanischen König Hussein wurde im Laufe der Jahre bei Geheimtreffen mit Golda Meir, Abba Eban, Mosche Dayan, Yitzhak Rabin und Schimon Peres dieser Plan, in seinen verschiedenen Versionen, wiederholt unterbreitet. Stets wurde er zurückgewiesen. Hussein soll seinen israelischen Gesprächspartnern, zuletzt Rabin im April vergangenen Jahres, erklärt haben: »Ich bin bereit, mit Israel Frieden zu schließen, aber nur bei einem Rückzug der Israelis auf die Grenzen vor 1967. Ich würde nicht überleben, wenn ich mich auf weniger einließe. Über alles, was unterhalb eines vollständigen Rückzugs liegt, müssen Sie mit der PLO verhandeln.«

Wie die meisten seiner Kabinettskollegen, vor allem Ministerpräsident Schamir, doch im Gegensatz zu Außenminister Schimon Peres, interpretierte Rabin den Aufstand zunächst falsch und flog – wie es schien: unbeeindruckt – zu einem Besuch in die Vereinigten Staaten. Peres machte ihm keine Vorhaltungen. So wie Schamir von rechts durch Scharon (ebenfalls ein hoher Ex-Militär) attackiert wird, so wird Peres' Führungsposition in der Arbeitspartei ständig von Rabin bedroht. Als Rabin fast zwei Wochen später zurückkehrte, war der Aufstand in vollem Gang. Rabin deutete an, daß die Unruhen von ausländischen, u. a. iranischen Agenten geschürt worden seien, und versprach, die Angelegenheit innerhalb weniger Tage beendet zu haben. Zehn Tage später erklärte er, daß vielleicht doch ein paar Wochen nötig seien, um Ruhe und Ordnung wiederherzustellen. Anfang Januar korrigierte er seine Schätzung und sprach von mehreren Monaten, versicherte seinen Zuhörern aber, daß die Ordnung selbstverständlich wiederhergestellt würde. Eine Woche später gestand er, daß die Lage wahrscheinlich nie mehr so sein werde, wie sie vor Dezember gewesen war. Der Aufstand, sagte er jetzt, sei eine neue Art von Krieg, und Israel würde bis auf weiteres damit leben müssen. Bei jeder neuen Stellungnahme wirkte er gereizter, und die Fragen von Reportern beantwortete er mit wütend geballter Faust.

Gleichzeitig wiederholte er seine Überzeugung, daß sich das Problem nicht durch militärische Maßnahmen lösen ließe, daß es nur eine politische Lösung geben könne. Erstaunlicherweise kommt den Palästinensern, ungeachtet der Ereignisse der letzten drei Monate, dabei keine Schlüsselrolle zu. Die einzige Lösung, so Rabin Anfang März, sei ein Abkommen mit Jordanien, wonach rund 500 000 Palästinenser auf der West Bank unter israelischer Herrschaft bleiben würden, in einem Israel, zu dem ein Gebiet rings um Jerusalem und entlang des Jordan gehören würde. Das israelische Fernsehen zeigte kürzlich einen Wortwechsel zwischen Rabin und einem Palästinenser in Gaza, der rief, daß unschuldige Kinder, auch seine eigenen, von den Soldaten brutal geschlagen würden – »so kann es nicht weitergehen, was sollen wir tun, was sollen wir tun?« Darauf erwiderte Rabin: »Sprechen *Sie* mit Hussein! Sprechen *Sie* mit den Syrern! Dann setzen wir uns alle an einen Tisch und finden eine gute Lösung!« Der Palästinenser guckte sehr verdutzt ob dieser Empfehlung, während Rabin, umringt von Leibwächtern, Adjutanten, Kameraleuten und Tontechnikern, wieder wegfuhr. Ein Palästinenser, der am selben Tag in Nablus interviewt wurde, meinte: »Die Israelis haben bessere Führer verdient – und die Palästinenser auch.« Schamir hatte ein paar Tage zuvor gesagt, daß es vor allem darauf ankomme, in den Herzen der Palästinenser wieder die Angst zu wecken. Ein anderer Minister der Arbeitspartei, ein bekannter Hardliner, soll erklärt haben, daß der wahre Grund für die Krise die Euphorie der Palästinenser sei. »Bevor wir etwas erreichen wollen, müssen wir erst dieses unverschämte Grinsen von ihren Lippen beseitigen.«

Nirgends ist das Ende des Status quo so schmerzhaft und so dramatisch wie in Jerusalem. Einundzwanzig Jahre nach der »Wiedervereinigung«

(der hübsche Euphemismus für die Eroberung Ostjerusalems durch is-raelische Soldaten im Sechs-Tage-Krieg) ist Jerusalem in gewissem Sinne wieder geteilt. Die Stadt war natürlich nie so vereint, wie immer behauptet wurde. Palästinenser und Israelis lebten und arbeiteten nach wie vor getrennt voneinander, in ihren eigenen Vierteln, als wäre die Stadt noch immer durch Minenfelder und Stacheldraht geteilt, mit zwei verschiedenen Zentren, zwei Geschäftsvierteln, zwei öffentlichen Bus-betrieben, zwei Elektrizitätsgesellschaften.

Welche Formen des Miteinander sich auch entwickelt haben moch-ten, sie fanden ein Ende, als sich die palästinensische Bevölkerung von Ostjerusalem im Dezember dem Aufstand anschloß. Es gibt heute, wie in Belfast, faktisch »Sperrgebiete« in Jerusalem. Araber weigern sich, die jüdischen Viertel zu betreten, und die meisten Israelis wagen es nicht, die arabischen Viertel zu betreten. Ein privater Sicherheitsdienst in West-jerusalem bietet Geschäftsleuten und anderen Interessenten »sichere« Fahrten nach Ostjerusalem und in die besetzten Gebiete in besonders ausgerüsteten Autos mit bewaffneter Eskorte an. Der Geschäftsstreik in Ostjerusalem, im Dezember von einem geheimen Koordinationskomi-tee auf Flugblättern verkündet, wird seit mehr als zwei Monaten streng befolgt – länger als irgendwo auf der West Bank oder im Gazastreifen, trotz drastischer Gegenmaßnahmen seitens der Behörden. In der Ver-gangenheit haben christliche Araber aus Jerusalem selten an palästinen-sischen Protesten teilgenommen; die Vertreter christlicher Gemeinden waren bekannt für ihre guten persönlichen Beziehungen und ihre Zu-sammenarbeit mit Bürgermeister Teddy Kollek. Doch inzwischen iden-tifizieren sich arabische Christen ganz offen mit dem Aufstand. Die Oberhäupter der christlichen Konfessionen in Jerusalem gaben kürzlich eine gemeinsame Erklärung heraus, in der sie ihre Gemeinden aufriefen, den Kampf der Palästinenser zu unterstützen.

Ostjerusalem, einschließlich des größten Teils der Altstadt, ist heutzu-tage eine Geisterstadt. Schwerbewaffnete Soldaten patrouillieren durch menschenleere Straßen. Manche Viertel wirken wie Kriegszonen. Die Autos von Journalisten sind, ganz wie in Nicaragua oder Honduras, deutlich mit der Aufschrift PRESSE oder TELEVISION gekennzeichnet. Um nicht von den eigenen Leuten mit Steinen beworfen zu werden, schlingen sich die palästinensischen Fahrer weithin sichtbar Kefiyehs um den Hals. Über einige unruhige Viertel (el-Tur auf dem Ölberg und Anatha, das biblische Anathot, Geburtsort des Propheten Jeremia) ist

Ausgangssperre verhängt worden (die es in Jerusalem seit 1967 nicht mehr gegeben hat). Im Dezember wurden alle Schulen in Ostjerusalem behördlich geschlossen, und bis heute findet kein Unterricht statt. Als Tausende von palästinensischen Jerusalemern in einem Akt kollektiven Protestes ihre israelischen Ausweise zerrissen, verfügte der Sozialminister, daß ihre Renten nicht mehr automatisch überwiesen würden. Arabische Leistungsempfänger müssen sich nunmehr allmonatlich melden und nachweisen, daß sie im Besitz eines Personalausweises sind. Israelische Busse und Autos werden weiterhin fast täglich mit Steinen oder Brandsätzen beworfen, wenn sie arabische Viertel passieren. Obwohl man die Westmauer auf einem Umweg erreichen kann, liegt der große Platz vor der Mauer, der vor den Unruhen täglich Tausende von Besuchern angezogen hat, in den letzten Wochen fast verwaist da.

Dreizehn Wochen nach dem Beginn des Aufstands ist Israel ein anderes Land geworden. Streitpunkte, die die meisten Menschen noch fünf oder zehn Jahre glaubten aufschieben zu können, stellen sich plötzlich mit einer beispiellosen Dringlichkeit. Das Zeitgefühl hat sich radikal geändert – durch die Steinewerfer und durch den Vorstoß von US-Außenminister Shultz. Shultz ergriff im letzten Monat die Initiative, nachdem Reagan seine stille Unterstützung für die Likud-Politik des »Haltet-euch-raus-Israel-weiß-selbst-am-besten-was-gut-für-das-Land-ist« überraschenderweise aufgegeben hatte und sich für ein Projekt aussprach, das noch bis vor kurzem quasi undenkbar war – nämlich eine internationale Friedenskonferenz unter Beteiligung der fünf ständigen Mitglieder des US-Sicherheitsrates und »der am arabisch-israelischen Konflikt beteiligten Parteien«. (Eine neue Formel: Sie schließt die PLO nicht aus, sofern sie die UN-Resolutionen Nr. 242 und 338 akzeptiert und sich von Gewalt und Terrorismus lossagt.)

Die Shultzsche Initiative hat bislang zwar keine Ergebnisse gezeitigt, aber sie scheint doch eine eigene Dynamik zu entfalten, die, wie israelische Beobachter warnen, zum Teil auch hoffen, in nicht allzu ferner Zukunft zu einem gewissermaßen diktierten Abkommen führen könnte. Außenminister Shultz, stets leise, ohne die Allüren Kissingers, scheint, beinahe unwillig, sehr viel weiter in Richtung auf Friedensverhandlungen gegangen zu sein, als irgend jemand erwartet hätte. Binnen weniger Wochen intensiver Diplomatie hat er eine an einen straffen Zeitplan geknüpfte Verhandlungsformel entwickelt, die bisher niemand abzulehnen gewagt hat, wenngleich König Hussein das eine oder andere geändert sehen möchte und Ministerpräsident Schamir deutlich erklärt, daß ihm das meiste überhaupt nicht gefällt. Was hier gespielt wird, hat der Londoner *Economist* als ein Fahrradrennen bezeichnet, bei dem es darauf ankommt, möglichst langsam in die Pedale zu treten, ohne dabei umzukippen, in der Hoffnung, daß die anderen Konkurrenten als erste das Gleichgewicht verlieren. Noch ist es möglich, daß niemand umfällt. Nur Arafat sitzt noch immer nicht auf seinem Fahrrad – er hat bislang als einziger den Shultz-Plan abgelehnt. (Arafat hat sich günstige Gelegenheiten, nein zu sagen, nie entgehen lassen.) Der ägyptische Präsident Mubarak hat den Shultz-Plan begrüßt, König Hussein von Jordanien sieht »viele positive Elemente« darin. Schimon Peres hat ihn rückhaltlos begrüßt. Selbst Schamir hat bei seinem jüngsten Besuch in Washington, wohin er gefahren war, um von Reagan Näheres zu erfahren und nebenbei seine Wahlkampagne einzuleiten, sorgfältig vermieden, »nein« zu sagen. Und selbst eine eindeutige Ablehnung von Schamir müßte nicht das letzte Wort sein. Israels Position in Washington ist nicht mehr die, die sie einmal war. Sie dürfte nach den Präsidentschaftswahlen in den USA vermutlich noch heikler werden.

Der Shultz-Plan ist der fünfte Versuch der Amerikaner seit dem Sechs-Tage-Krieg von 1967, Frieden im Nahen Osten zu stiften. Zwei Initiativen waren erfolgreich (Henry Kissingers Plan von 1975 und Jimmy Carters Initiative von 1978 – beide führten zum ägyptisch-israelischen Friedensvertrag von 1979). Zwei Initiativen sind gescheitert (der Rogers-Plan von 1970 und Reagans Initiative 1982); beide sahen erhebliche territoriale Zugeständnisse der Israelis vor. Beide wurden, auf Betreiben Israels, schon in einem sehr frühen Stadium durch die einflußreiche jüdische Lobby in Washington zu Fall gebracht. Der Shultz-Plan ist die erste US-Friedensinitiative im Nahen Osten, die von Anfang an von wichtigen Mitgliedern und Organisationen der amerikanischen Juden unterstützt wurde. Früher agierten diese Organisationen oft als pro-israelische Lobby in Amerika, doch in den letzten Wochen sind einige der wichtigsten von ihnen in Jerusalem als pro-amerikanische *pressure group* aufgetreten und haben Schamir gebeten, den Shultz-Plan anzunehmen, ihn gedrängt, sich auf den Handel Land gegen Frieden einzulassen. Selbst Morris Abram soll – namens der Präsidenten von rund vierzig jüdischen Organisationen in den USA – Israel zwar öffentlich in Schutz genommen, Schamir im privaten Gespräch aber darauf hingewiesen haben, daß sich die Stimmung in den USA gegen Israel wendet.

Unterdessen geht der Aufstand in den besetzten Gebieten weiter, und die Spirale von Aufruhr und Unterdrückung läßt beide Seiten zu immer härteren Maßnahmen greifen. Die Führer des Aufstands, wer immer sie sind, versuchen, die Bewegung zu intensivieren. Sie haben erreicht, daß Polizisten und Angestellte der Zivilverwaltung in den besetzten Gebieten massenhaft ihre Stelle kündigten – mit chaotischen Folgen. Und die israelischen Behörden antworteten mit immer drastischeren und immer willkürlicheren Strafmaßnahmen: Ganze Dörfer sind von Stromversorgung und Telefonverbindungen abgeschnitten, und der Reiseverkehr zwischen der West Bank und dem Gazastreifen ist eingestellt. Beide Seiten gießen fortwährend Öl in das Feuer der Empörung. In diesem Kampf zwischen Ungleichen werden nach Ansicht der meisten Beobachter zuerst die Palästinenser aufgeben, doch das kann noch lange dauern und noch viele Menschenleben kosten. Je härter die Repressalien, zu denen Israel in den besetzten Gebieten greift, desto mehr schadet das auch dem Ansehen Israels. Inzwischen sollen schon die israelischen Exporte in EG-Länder gefährdet sein.

Die Kluft zwischen Peres und Schamir ist noch größer geworden, nachdem bekannt wurde, daß Schamir in Washington (vergeblich) versucht hat, Reagan und Shultz von ihrer Initiative abzubringen. Schamir und Peres werden die Koalitionsregierung vermutlich jeden Moment sprengen und Neuwahlen fordern. Da bis zu regulären Wahlen ohnehin nur noch wenige Monate sind, spielen in beider Überlegungen eher politische Kalkulationen als staatsmännisches Denken eine Rolle, wie auch in den Köpfen ihrer Verbündeten und Rivalen in der jeweils eigenen Partei.

Nach Schamirs Besuch in Washington sprachen seine Anhänger stolz von seinen Erfolgen dort. Obwohl er sich Shultz und Reagan widersetzt habe, sei die Beziehung zwischen den beiden Ländern so eng wie ehedem. Peres entgegnete darauf, daß Israel nicht mit der US-Regierung Probleme habe, sondern mit der amerikanischen Öffentlichkeit und mit den amerikanischen Juden. Peres, der seit seinem Geheimtreffen mit König Hussein in London im April letzten Jahres für eine internationale Konferenz eintritt, meinte, daß Schamirs Obstruktionspolitik Israel ein Jahr gekostet habe. Hätte die internationale Konferenz schon im letzten Jahr stattgefunden, wäre der Aufstand vielleicht nicht ausgebrochen. Überdies, klagte Peres, seien die von Shultz vorgeschlagenen Bedingungen mit ihrem straffen Zeitplan härter als diejenigen, über die er sich mit Hussein im vergangenen April verständigt habe. Es könnte durchaus sein, daß Peres heimlich für eine von den Großmächten erzwungene Lösung betet. Anfang März erklärte er auf einer geschlossenen Versammlung, daß eine gewisse Ähnlichkeit zwischen 1988 und 1948 bestehe – dem Jahr der Gründung Israels. In der gespannten Stille, die dann eintrat, fügte er hinzu, daß sich 1988, wie schon 1948 »Israels Schicksal entscheiden wird«.

Jerusalem:
Die Zukunft der Vergangenheit

1989

Rational denkende Menschen sind Jerusalem schon immer mit Vorbehalten begegnet. Im Jahre 1930 schrieb Sigmund Freud an Albert Einstein: »Gar keine Sympathie kann ich für die mißgeleitete Pietät aufbringen, die aus einem Stück der Mauer des Herodes eine nationale Religion macht und ihretwegen die Gefühle der Einheimischen herausfordert.« Freud empfand ein starkes Gefühl der Zusammengehörigkeit mit der jüdischen Welt und soll 1922 kurzzeitig sogar erwogen haben, nach Palästina überzusiedeln. Doch einige Jahre später schrieb er an Arnold Zweig, der gerade von einem Besuch aus Jerusalem zurückgekehrt war: »Wie merkwürdig muß dieses tragisch-tolle Land, das Sie besucht haben, Ihnen geworden sein. [Es] hat nichts gebildet als Religionen, heiligen Wahnwitz, vermessene Versuche, die äußere Scheinwelt durch die innere Wunschwelt zu bewältigen ... Und wir stammen von dort!«

Die frühen Zionisten neigten mehrheitlich dazu, Freuds skeptische Haltung gegenüber der Religion zu teilen. Theologisch gesehen war der Zionismus die große jüdische Häresie des neunzehnten Jahrhunderts. Die frühen Zionisten waren nüchterne Männer, realistischer als die meisten anderen in ihren Befürchtungen, daß der Zusammenbruch der europäischen Zivilisation unmittelbar bevorstehe, und vor allem kam es ihnen darauf an, Menschenleben zu retten. Wie viele nationale Führer, die aus dem europäischen Liberalismus hervorgingen, waren sie antiklerikal, wenn nicht entschieden säkular. Die Vorstellung – und noch viel mehr die Realität – von Jerusalem schreckte sie oder stieß sie ab. Die Zionisten waren überwiegend zukunftsorientierte Männer und Frauen. Jerusalem verkörperte all die Dinge, die sie verlachten und ablehnten: Aberglauben, Rückständigkeit und Theokratie.

Theodor Herzl, der Begründer des modernen Zionismus, stellte sich die Hauptstadt seines zu errichtenden Staats an einem anderen Ort vor, am Westhang des Berges Karmel, mit Blick auf das Mittelmeer. »Wenn ich künftig deiner gedenke, Jerusalem, wird es nicht mit Vergnügen sein«, schrieb er nach einem Besuch im Jahre 1898. »Die dumpfen Niederschläge zweier Jahrtausende voll Unmenschlichkeit, Unduldsamkeit und Unreinlichkeit sitzen in den übelriechenden Gassen. Der Eine Mensch, der liebenswürdige Schwärmer von Nazareth ... hat nur dazu beigetragen, den Haß zu vermehren.«

Sosehr Herzl sich auch bemühte, »eine tiefere Bewegung« kam an der Klagemauer nicht auf. »Wieviel Aberglauben und Fanatismus von allen Seiten.«

Ahad Haam, der führende zionistische Denker seiner Zeit, machte ähnliche Erfahrungen, als er 1891 die »schreckliche Mauer« und die davor betenden ultraorthodoxen Männer sah:

»Diese Steine zeugen vom Verfall unseres Landes, und diese Männer – vom Verfall unseres Volkes; welcher ist der schlimmere? Welchen sollen wir mehr beklagen? Ein verfallenes Land ... kann wieder aufgebaut werden; aber wer kann einem verfallenen Volk helfen?« Nicht um Jerusalem würde er weinen, sondern um das jüdische Volk.

David Ben Gurion, der spätere Ministerpräsident, der 1906 als zionistischer Pionier nach Palästina kam und in den anschließenden zehn Jahren, meist zu Fuß, das ganze Land ausgiebig erkundete, von Galiläa bis in den Süden, scheint um Jerusalem geradezu bewußt einen großen Bogen gemacht zu haben. In seinen Tagebüchern und Briefen, in denen sich so viele Eindrücke von anderen Orten finden, steht kaum ein Wort über Jerusalem. Wie die meisten Pioniere seiner Generation war Ben Gurion mehr am Aufbau einer neuen sozialistischen Gesellschaft freier Männer und Frauen interessiert als an nationalen Symbolen und Überresten von Heiligtümern. Die Historikerin Anita Schapira schreibt, daß es aus Sicht der zionistischen Pioniere einfach »reaktionär« gewesen sei, für Jerusalem etwas zu empfinden.

Chaim Nachman Bialik, der große Dichter der hebräischen Literaturrenaissance zu Anfang unseres Jahrhunderts, hat das »moderne Jerusalem« nie zu seinem Thema gemacht. Er fühlte sich unwohl dort. Niemand vor oder nach Bialik hat den jüdischen Lebenswillen in so schönen und poetisch kraftvollen Worten und Rhythmen ausgedrückt. Er nahm ein oft verwendetes biblisches Bild von Jerusalem – »Freude für alle Generationen« (Jesaja 60, 15) – und übertrug es auf Tel Aviv, die neue Stadt am Meer, in der er sich, wie Ahad Haam, niederließ. Tel Aviv war ihm lieber, weil »unsere Hände es vom Fundament bis zum Dach erbaut haben. Das ist ja der Zweck unserer nationalen Wiedergeburt: anderen nichts mehr zu schulden, unsere eigenen Herren zu sein, mit Leib und Seele.«

Auf einer anderen, rein politischen Ebene ist bemerkenswert, daß auch Chaim Weizmann, der zionistische Führer, der zum ersten Präsidenten Israels gewählt wurde, zeitlebens eine zwiespältige Einstellung zu Jerusalem hatte. Er besuchte die Stadt erstmals 1910 – »nicht ohne düstere Vorahnungen«, wie er 1949 in seinen Erinnerungen schrieb. »Viele Jahre lang hegte ich Vorurteile gegenüber dieser Stadt, und noch immer fühle ich mich dort nicht wohl. Rehovoth [wo er sich 1938 ein Haus gebaut hatte] ziehe ich der Hauptstadt vor.« Als im Jahre 1937 über die ersten Teilungspläne diskutiert wurde, schlug Weizmann vor, daß nur westliche Teile der modernen Stadt zum geplanten jüdischen Staat gehören sollten. Was die Altstadt mit ihren geweihten Stätten anging, die teilweise von zwei oder mehr Religionen als Heiligtümer beansprucht werden, so stellte er nüchtern fest: »Ich würde die Altstadt nicht [einmal] geschenkt nehmen. Mit ihr sind zu viele Komplikationen und Schwierigkeiten verbunden.«

Eine solche Sicht erschiene den meisten Israelis heutzutage als grotesk. 1948, zur Zeit der Gründung des Staates Israel, war sie noch ziemlich verbreitet. Die meisten jüdischen Politiker wären bereit gewesen, auf Jerusalem ganz zu verzichten, wenn sie dafür einen unabhängigen jüdischen Staat in Palästina bekommen hätten. Die Internationalisierung der Stadt schien ein fairer Kompromiß zu sein. Die UNO-Resolution von 1947 über eine Teilung Palästinas in einen arabischen und einen jüdischen Staat sah vor, daß Jerusalem eine eigene politische Einheit (corpus separatum) unter internationaler Verwaltung sein sollte. Die Resolution wurde von jüdischen Politikern mit großem Beifall aufgenommen. Der Verlust Jerusalems war, wie Ben Gurion es formulierte, der unvermeidbare »Preis, den wir bezahlen müssen, um einen jüdischen Staat zu bekommen«. Wäre Israel in Frieden geboren worden und hätten die Araber 1947 die Teilungsresolution akzeptiert, hätte man die Jerusalem-Frage vielleicht lösen oder zumindest ruhen lassen können. Als internationale Enklave hätte die Stadt vielleicht eine Blüte erlebt wie nie zuvor oder seitdem.

Doch die Araber lehnten den Teilungsplan der Vereinten Nationen ab, ja sie erklärten offen den Krieg. Die Geburt des Staates Israel erfolgte in zwei Phasen. Die erste war ein Bürgerkrieg zwischen palästinensischen Arabern und palästinensischen Juden, der nirgends so brutal geführt wurde wie in Jerusalem. Die zweite war ein noch blutigerer Kampf gegen die regulären Armeen von vier arabischen Nachbarstaaten, die an dem Tag, als Israel seine Unabhängigkeit erklärte (15. Mai 1948), in jüdisches Gebiet eindrangen. Der Versuch Jordaniens, Westjerusalem zu erobern, scheiterte nach zwei Wochen erbitterter Straßenkämpfe. Im Juni war Jerusalem bereits eine geteile Stadt – wie es schien, für alle Zeiten.

Die Verteidigung Westjerusalems wurde von den meisten Israelis als die bedeutendste militärische Leistung in diesem Krieg angesehen. Man sprach darüber wie über einen Mythos. Trotzdem spielte Westjerusalem in dieser frühen Phase noch keine besondere Rolle in dem jungen israelischen Staat. Sitz der neuen provisorischen Regierung war Tel Aviv. Zeev Scherf, der erste Kabinettssekretär, schrieb später, er sei in den ersten neunzehn Monaten seit Gründung des neuen Staates keinem Menschen begegnet, der fand, daß Westjerusalem die Hauptstadt Israels sein sollte. »Davon war nie die Rede.« Ben Gurion schlug als Hauptstadt Kurnub (im Negev) vor, Golda Meir plädierte für Haifa. Die Mehrheit war für Tel Aviv. Von Zeit zu Zeit wurden im Ausland Stimmen laut, die an die Internationalisierung Jerusalems erinnerten. Da aber sowohl Israel als auch Jordanien dies ablehnten und ihre jeweiligen Sektoren der geteilten Stadt fest in der Hand hatten, wurde solchen Stimmen nicht viel Gewicht beigemessen. Das erste israelische Parlament hielt seine feierliche Eröffnungssitzung in Jerusalem ab und bezog dann in Tel Aviv seinen ständigen Sitz. Jerusalem sollte höchstens Bildungs- oder Kulturzentrum oder auch nominell Sitz des Obersten Gerichtshofs sein. Legislative und Exekutive etablierten sich jedenfalls in Tel Aviv.

So sah die Situation Ende 1949 aus, und dabei wäre es vielleicht geblieben, hätte nicht eine weitere UNO-Resolution, in der abermals die Internationalisierung Jerusalems gefordert wurde, eine überraschende Mehrheit gefunden. Der Vorschlag kam von Australien, Libanon und der Sowjetunion. Ein schwedisch-belgischer Kompromiß, der vorsah, daß nur die heiligen Stätten unter UNO-Verwaltung stehen sollten, wurde abgelehnt. Schockiert über die Aussicht, plötzlich ein mit so vielen Emotionen verbundenes Gebiet aufgeben zu müssen, um das im letzten Krieg viel Blut vergossen worden war (und schockiert auch über die offenkundige Gefühllosigkeit einer internationalen Organisation, die diesen Krieg nicht verhindert und diejenigen, die ihn angefangen hatten, nicht bestraft hatte), trat das israelische Kabinett am nächsten Tag zusammen und beschloß zum erstenmal, daß Jerusalem »untrennbarer Bestandteil des Staates Israel und für alle Zeit seine Hauptstadt« sein sollte.

Die Entscheidung, Westjerusalem zur Hauptstadt zu machen, war eher ein spontaner, trotziger Reflex als das Ergebnis reiflicher Überlegung. Daß der Vatikan nicht gegen die Besetzung Ostjerusalems durch Jordanien protestiert hatte, sich jetzt aber gegen ein israelisches Westjerusalem wandte, ließ den Verdacht aufkommen, daß die katholische Kirche, die sich seit dem Mittelalter mit der muslimischen Herrschaft über Jerusalem arrangiert hatte, aus theologischen Gründen Schwierigkeiten hatte, sich an eine jüdische Oberhoheit dort zu gewöhnen. Hatte sie nicht, spätestens seit dem dritten Jahrhundert, die Vertreibung der Juden aus Jerusalem als gerechte Strafe für die Ermordung Christi, zumindest für seine Ablehnung, betrachtet? Und hatten nicht mehrere Päpste der neueren Geschichte die Besorgnis geäußert, das Heilige Grab könne unter jüdische Herrschaft fallen?[*]

Monsignore MacMahon vom Vatikan erklärte gegenüber Ben Gurion, daß Israel niemals gegründet worden wäre, wenn die katholischen Länder Lateinamerikas, die 1947 bei der UNO-Abstimmung den Ausschlag zugunsten der Gründung Israels gegeben hatten, von Israels Entscheidung gewußt hätten, seine Hauptstadt nach Westjerusalem zu verlegen. Ben Gurion konterte: »Ich verstehe Sie nicht. Jerusalem war schon tausend Jahre vor der Geburt des Christentums die Hauptstadt Israels.«

Der Beschluß, die Hauptstadt nach Westjerusalem zu verlegen, wurde jedoch nur sehr langsam umgesetzt. Zehn Jahre später war dieser Prozeß noch immer nicht vollendet. Doch in der gereizten Atmosphäre von Druck, Gegendruck und scharfen theologischen Auseinandersetzungen nach einem kostspieligen Krieg bildete sich eine neue, trotzige Stimmung heraus und im Hinblick auf Jerusalem eine große Entschlossenheit. Für Israelis – wie für Palästinenser – erreichte diese Entwicklung ihren Höhepunkt im Sechs-Tage-Krieg.

---

[*] Der erste war Papst Pius X. Er erklärte Theodor Herzl im Jahre 1904, daß Jerusalem nicht in die Hände der Juden fallen dürfe, die Christus verleugnet hätten und seine Gottesnatur noch immer leugneten. »Die Hebräer haben Unseren Herrn nie anerkannt, folglich können Wir das hebräische Volk nicht anerkennen … Wenn Sie nach Palästina kommen und Ihr Volk ansiedeln werden, wollen Wir Kirchen und Priester bereit halten, um Sie Alle zu taufen.«

Fast ein Vierteljahrhundert ist seitdem vergangen. Die Katholiken drängen nicht mehr auf eine Internationalisierung, vermutlich deswegen, weil es in der UNO mittlerweile eine kommunistische und nichtchristliche afro-asiatische Mehrheit gibt. Junge, nach der Wiedervereinigung von 1967 geborene Palästinenser sind generell radikaler als ihre Eltern und noch weniger bereit, die einseitige Annexion des arabischen Jerusalem durch den Staat Israel hinzunehmen. Unter Israelis besteht weniger Bereitschaft als je zuvor, den palästinensischen Bestrebungen in Jerusalem halbwegs entgegenzukommen. Das geringste Zeichen eines palästinensischen Nationalismus in Ostjerusalem wird sofort als subversiv angesehen. Der Zorn bleibt, der Haß und die Ressentiments reichen von der Antike bis in unsere Zeit hinein; uralte Vorurteile werden in modernen Sprachgebrauch übertragen, alte Rechtfertigungen ausgegraben und neu formuliert.

Die Palästinenser geben sich heute alle Mühe, Jerusalem in ihren Bräuchen, ihren Liedern, ihren Gebeten in Erinnerung zu behalten – genau wie die Juden das über Generationen hinweg getan haben. In palästinensischen Wohnstuben überall im Nahen Osten hängen stilisierte Stadtansichten von Jerusalem. Die islamischen Geistlichen im Iran rufen die Gläubigen regelmäßig auf, sich auf den bevorstehenden Marsch auf Jerusalem vorzubereiten, um die heiligen Moscheen aus den Händen der Ungläubigen zu befreien. In jedem palästinensischen Flüchtlingslager gibt es heutzutage ein »Jerusalemer Viertel«. 1988 rief die Palästinensische Befreiungsorganisation in Algier »im Namen Allahs« einen palästinensischen Staat aus, dessen Hauptstadt »al-Quds al-scharif« sein sollte, das Heilige Jerusalem.

Diese Erklärung wurde von der israelischen Regierung als wertloses Stück Papier abgetan, das bald vergessen sein würde. Daß die Juden, die ihre derzeitige Vormachtstellung in Jerusalem einer außergewöhnlichen Erinnerung an ihre eigene Vergangenheit verdanken, sich nun darauf verließen, daß die Araber die ihre schon vergessen würden, entbehrt nicht einer gewissen Ironie. Die Anerkennung des Existenzrechts Israels durch die PLO (1988) kam zu spät und wurde zu halbherzig formuliert, als daß israelische Positionen, die sich in vierzig Jahren endlosen Terrors und haarsträubender Drohungen verhärtet hatten, rasch hätten aufbrechen können. Die Gewalt, die der palästinensische Aufstand in der West Bank freisetzte, war nicht dazu angetan, mehr Verständnis unter Israelis zu wecken. Nirgendwo war die Kluft zwischen Palästinensern und Israelis tiefer als in Jerusalem. Palästinenser aus Ostjerusalem arbeiteten zwar weiterhin in Westjerusalem im Dienstleistungssektor und auf dem Bau, und an Tagen, an denen es keine Unruhen oder Streiks gab, gingen noch immer einige wenige Israelis nach Ostjerusalem, um dort etwas zu besichtigen oder einzukaufen, doch ansonsten lebten die beiden Bevölkerungsgruppen getrennt voneinander.

Die Hebräische Universität auf dem Skopusberg gehörte zu den wenigen Orten in der Stadt, wo die tödlichen Schranken zwischen den Bevölkerungsgruppen und Konfessionen gelegentlich noch immer durchbrochen wurden. Sie wurde 1925 gegründet, um die hebräische Kultur wiederzubeleben und zugleich, wie Dr. Judah Magnes, ihr erster Rektor, es formulierte, »um zu einer Versöhnung zwischen Arabern und Juden, Ost und West beizutragen«. Unter den Lehrenden waren in den letzten Jahren ein katholischer Philosophieprofessor und ein muslimischer Dozent für Soziologie; Araber studierten hebräische Literatur, und Juden studierten arabische Literatur. 1988 waren rund tausend arabische Studenten eingeschrieben (6 Prozent der Gesamtzahl), ausschließlich israelische Araber, zumeist aus Galiläa. Allerdings besuchte kein einziger palästinensischer Student aus Ostjerusalem die Universität.

Teile des häßlichen Streifen Niemandslands, der sich vor 1967 trennend durch die Stadt zog, lagen noch 1989 brach da, als ob Bauunternehmer und Stadtplaner in den tieferen Schichten ihres Unterbewußtseins die fortdauernde Spaltung längst anerkannt hätten. Anderswo in der wiedervereinigten Stadt führten israelische und palästinensische Bauunternehmer den Krieg von 1967 mit anderen Mitteln fort. Zahlreiche Bauprojekte waren politisch motiviert und wurden zumindest teilweise vom Ausland finanziert. Beide Seiten wollten unbedingt vollendete Tatsachen schaffen. Die Folge davon war, daß die Hügellandschaft rings um den historischen Kern Jerusalems von Palästinensern und Israelis mit Neubausiedlungen verschandelt wurde. Beide Seiten schöpften sämtliche Möglichkeiten aus, die das Gesetz und die Erinnerung boten. Die Stadt wurde mit Symbolik überladen. Jede Seite interpretierte die Bauvorhaben oder die ansteigende Geburtenziffer der anderen Seite als eine Form von Kriegsführung. Sogar archäologische Ausgrabungen wurden kontrovers gedeutet. Für die Israelis symbolisierten sie Zugehörigkeit, die Palästinenser empfanden sie als bedrohliche Symbole von Macht und Aggression.

Die Stadt wurde mit Gewalt zusammengehalten. »Ohne das israelische Zwangsregime würde die Stadt entlang den ethnischen Grenzen auseinanderbrechen«, schrieb Meron Benvenisti, ehemals stellvertretender Bürgermeister der wiedervereinigten Stadt, im Jahre 1987. »Die Araber, ein Drittel der Bevölkerung, werden sich mit dem ihnen aufgezwungenen Regime nie abfinden, nie abfinden können. In einem immerwährenden Teufelskreis erzeugt Gewalt Gegengewalt. Auf dem faulenden Boden atavistischer Triebe gedeihen exotische – chauvinistische, fundamentalistische – Auswüchse. Und mittendrin tickt in Gestalt des Tempelbergs eine Zeitbombe mit einer Zerstörungskraft von apokalyptischen Ausmaßen.«

Das waren ethnische Spannungen, allerdings nicht, wie bisweilen behauptet wird, von jener Art, wie sie heutzutage anderen großen Städten und Metropolen mit einer gemischten Bevölkerung zu schaffen machen. Die Palästinenser in Ostjerusalem forderten nicht gleiche Rechte und Möglichkeiten oder ein größeres Stück vom gemeinsamen Kuchen. Sie strebten nach Loslösung; noch lieber wäre ihnen gewesen, wenn die Juden die gesamte Stadt oder zumindest den ehemals jordanischen Sektor geräumt hätten. Sollten sie doch zurückgehen, woher sie und ihre Vorfahren gekommen waren. Juden und Muslime präsentierten weiterhin historische und literarische Belege, die die zentrale Stellung Jerusalems in ihrem jeweiligen religiösen und nationalen Bewußtsein beweisen sollten.

Diese Beweise schlossen in den meisten Fällen einander aus. Von Zeit zu Zeit zerbrachen sich Israelis und auch andere Leute den Kopf darüber, wie man die Quadratur des Teufelskreises erreichen könne. Die weitreichendsten Vorstellungen besagten, daß sich Araber und Israelis die Macht in einer vereinten, für alle offenen Stadt teilen sollten oder aber, daß es zwei eigenständige Verwaltungen und eine gemeinsam verwaltete Altstadt geben sollte. Nach 1967 wurden auch noch andere Vorschläge diskutiert. Einer sah vor, daß die Israelis weiterhin die Hoheit über die gesamte Stadt ausüben, nationale und religiöse Gruppen aber besondere Privilegien erhalten sollten. Ein anderer Plan sah die Einrichtung eines eigenen, israelisch verwalteten Hauptstadtdistrikts vor, wobei bestimmte christliche und muslimische Stätten und deren Bewohner extraterritorialen Status erhalten sollten. Ein dritter Plan sah die Einrichtung einer souveränen muslimischen Enklave auf dem Tempelberg vor, ähnlich dem Vatikan in Rom – eventuell mit einem eigenen Korridor nach Jericho, in Form einer Hochstraße oder eines Tunnels. Ein weiterer Vorschlag sah mehrere nach Bevölkerungsgruppen und Konfessionen getrennte Stadtviertel vor, die abwechselnd den Bürgermeister stellen sollten.

Aus all diesen Plänen ist nie etwas geworden. Alle waren von vornherein zum Scheitern verurteilt, da sie zuwenig oder zuviel, zu früh oder zu spät anboten. Die Hardliner beider Seiten fanden allein schon den Gedanken an einen Kompromiß abstoßend. Sooft sich ein Araber bereit erklärte, in einem gemeinsamen Stadtrat mitzuwirken, erhielt er Morddrohungen und zog sein Angebot prompt zurück. Als 1971 der erste »Gemeindeplan« (formuliert von einer Kommisson, der Vertreter von Regierung und Stadt angehörten) an die Presse durchsickerte, brach ein so heftiger politischer Sturm aus, daß die meisten israelischen Politiker erkannten, daß sie das abrupte Ende ihrer Karriere riskierten, wenn sie weiterhin derartige Vorschläge machten. Dieser »Gemeindeplan«, für den ein ehemaliger Richter des Obersten Gerichtshofes im Auftrag des Bürgermeisters eine Verfassung ausarbeiten sollte, wurde ad acta gelegt. Sein Initiator, der stellvertretende Bürgermeister Meron Benvenisti, wurde fertiggemacht. Graffiti in Jerusalem forderten »Tod dem Verräter« und »Zerstückeln wir Benvenisti, nicht Jerusalem!« Selbstredend war dieser Vorschlag auch für die Araber inakzeptabel.

Seit 1967 hat der Fundamentalismus auf beiden Seiten erheblich zugenommen. Auf beiden Seiten scheint das Ausdruck einer wachsenden Politikverdrossenheit zu sein. Durch die neuen Fundamentalisten wird eine friedliche Beilegung des Konflikts um Jerusalem eher noch schwieriger. Beide Seiten lehnen eine Trennung zwischen Synagoge / Moschee und Staat ab. Für fundamentalistische Muslime wie für fundamentalistische Juden sind Religion und Staat eins. Im Islam liegt alle Macht beim Propheten, er führt die Armeen und spricht Recht. In allen arabischen Ländern (mit der einzigen Ausnahme Libanon) ist der Islam heutzutage Staatsreligion. Das orthodoxe Judentum, das sich nach der Zerschlagung des alten jüdischen Staates entwickelte, postuliert ebenfalls eine streitbare und souveräne Synagoge als theoretische Möglichkeit für die Zukunft. Nun, da es einen neuen jüdischen Staat mit der Hauptstadt Jerusalem gibt, ist noch immer nicht klar, ob er sich dem Druck der Orthodoxen beugen oder aber sich nach westlichem Vorbild entwickeln und zwischen Synagoge und Staat trennen wird. Die Orientierungslosigkeit, zu der der permanente Kriegszustand geführt hat, dürfte für die erste Variante sprechen.

Die Kluft in der Stadt ist tief, und sie wird durch die Verschmelzung von nationalistischen und religiösen Metaphern auf beiden Seiten noch tiefer und gefährlicher. Die sinnlose und oft peinliche Debatte darüber, wer Jerusalem mehr liebt, zeigt bisweilen machohafte Züge: Liebe und Verlangen gelten als Rechtfertigung für das Streben nach Besitz. Viele Palästinenser halten an der Illusion fest, sie müßten nur genug Beharrlichkeit aufbringen, dann würden sich die Israelis eines Tages in Luft auflösen. Viele Israelis klammern sich an die ähnlich irrige Annahme, daß die Araber, wenn sich ihre wirtschaftliche Situation in Jerusalem erst einmal gebessert hat, die Meinungs- und Religionsfreiheit unter einem vergleichsweise wohlwollenden israelischen Regime den rigiden, repressiv-autoritären Strukturen, die in arabischen Ländern heutzutage die Regel sind, letztlich vorziehen werden.

Noch immer wird manchmal in hoffnungsvollem Ton erklärt, die Stadt sei ein »Mosaik«. Bei einem Mosaik ergeben die verschiedenen Teile des Ganzen wenigstens ein Muster; in Jerusalem ist das nicht so. Es gibt nicht einmal ein gemeinsames Thema. Empfindlichkeiten und Vorurteile sitzen so tief, daß 1987, als im hypermodernen Universitätsklinikum Hadassah in Westjerusalem die ersten Herztransplantationen durchgeführt wurden, der Verwaltungsdirektor öffentlich versichern mußte, daß jüdische Herzen nicht in arabische Körper verpflanzt würden und umgekehrt.

Jerusalem wird manchmal mit Brüssel oder Montreal verglichen. Doch die Probleme dieser Städte sind einfacher als diejenigen Jerusalems. In Brüssel oder Montreal liegen die Hauptschwierigkeiten im Bereich der Sprache und der kulturellen Hegemonie. In Jerusalem sind sie religiöser und politischer Natur. Wie in Belfast durchdringen nationale und religiöse Bindungen einander; sie überlagern alles andere und machen es kompliziert. Die palästinensische Minderheit – rund achtundzwanzig Prozent der Bevölkerung der vereinten Stadt – erkennt die Legitimität der bestehenden Regierung nicht an. Ihre Minimalforderung: das Recht auf Eigenständigkeit und Ausrufung von Ostjerusalem als Hauptstadt eines unabhängigen Palästina. Dieser Gedanke ist den meisten Israelis ein Greuel; sie halten an einer ähnlichen Phantasie fest, daß nämlich die gegenwärtige Situation auf ewig so weitergehen kann. Nach 1967 haben sich die Menschen auf beiden Seiten nicht von der Kraft, sondern von der Dürftigkeit ihrer Phantasie leiten lassen. Nach wie vor betet man auf beiden Seiten ernsthaft für den »Frieden in Jerusalem«; aber man kann, wie Benvenisti 1981 schrieb, nur Frieden oder

Jerusalem haben – nicht beides. Seit Jahren weist er darauf hin, daß sich der Konflikt nicht von allein lösen und daß er, in menschlicher wie in materieller Hinsicht, immer kostspieliger sein wird. Teddy Kollek, Bürgermeister seit 1965, ist etwas weniger bombastisch als Benvenisti, aber ebenso hartnäckig. Immer wieder drängte er die israelische Regierung, neue Vorschläge für eine Verfassung von Jerusalem auszuarbeiten – stieß aber immer wieder auf Ablehnung. Kolleks Einfluß ist nie über die Stadtgrenzen hinausgegangen. Ohne die Genehmigung des Innen- und des Verkehrsministers kann der Bürgermeister von Jerusalem nicht einmal eine Bushaltestelle von einer Ecke an die nächste verlegen.

Seit Jahren klagt Kollek darüber, daß den Gefühlen der Araber nicht genügend Rücksicht und Respekt entgegengebracht werde. Er hat die Regierung aufgefordert, nicht nur Israelis, sondern auch Palästinensern staatlich subventionierte Wohnungen zur Verfügung zu stellen. Als das jüdische Viertel in der Altstadt mit staatlichen Mitteln aufwendig modernisiert wurde, forderte Kollek, daß das benachbarte muslimische Viertel, einer der schlimmsten Slums in der ganzen Stadt, ebenfalls renoviert werden solle. Die Zentralregierung lehnte es jedoch ab, die erforderlichen Gelder bereitzustellen.

In einer Stadt, die zunehmend von Orthodoxen und Falken dominiert wird, ist Kollek ein säkularer Jude und verständigungsbereit. Er ist kein Verfechter politischer Theorien, sondern ein Mann mit gesundem Menschenverstand und humaner Einstellung – ein praktisch denkender Mensch, der praktische Antworten auf praktische Fragen sucht. Er selbst hat es nie geschafft, die spezielle Verfassung auszuarbeiten, die er von der Regierung fordert. Aber er hat immer ein besseres Gespür als die meisten anderen israelischen Politiker für die komplexe Situation Jerusalems bewiesen – für die Art und Weise, wie das Symbolische mit dem Realen verknüpft und mit einer einzigartigen Macht ausgestattet ist.

Kaum jemand hat sich mehr bemüht als Kollek, die Mauern des Hasses und des Mißtrauens einzureißen, die Juden und Muslime, Israelis und Palästinenser in Jerusalem voneinander trennen. Er hat frühzeitig erkannt, daß er als Bürgermeister die großen politischen und religiösen Konflikte nicht lösen kann. Er hat versucht, den Einwohnern Jerusalems auf unpolitische Weise zu helfen, miteinander zu leben, bis eine politische Lösung gefunden ist. Doch in Jerusalem wird letztlich alles zum Politikum – das heißt Gegenstand von Streit. Ein amerikanischer Publizist hat Kollek einmal gefragt, ob er nicht zuweilen befürchte, sein

Engagement könnte umsonst sein. Kollek antwortete, er käme sich wie eine Ameise vor, die unablässig arbeitet; jeden Augenblick könne jemand einen Stock in den Ameisenhaufen stecken und ihn zerstören; aber er würde immer wieder von neuem bauen, so gut und so schön, wie es ihm eben möglich sei. Und auf Benvenistis Frage, ob er nicht als »Aushängeschild« für eine Politik benutzt werde, die im Grunde diejenige der Regierung sei, mit der er nicht einverstanden sei, antwortete Kollek, daß er durchaus das Gefühl habe, manchmal benutzt zu werden – »aber was soll ich machen? Es dient schließlich Jerusalem.«

Kollek wird von der Rechten häufig als »Araberfreund« attackiert. Einmal wurde er in Jerusalem auf offener Straße von ultraorthodoxen Fanatikern zusammengeschlagen und liegengelassen. Doch ohne seinen Gerechtigkeitssinn und seine Menschlichkeit wären die Unruhen, die Ostjerusalem im Jahre 1987 erschütterten, womöglich schlimmer gewesen oder sehr viel früher ausgebrochen. Im Dezember jenes Jahres schlossen sich die Palästinenser von Ostjerusalem, von denen die Israelis lange angenommen hatten, daß sie insgeheim zufrieden seien mit der israelischen Herrschaft, da sie ihnen einen höheren Lebensstandard und bessere kommunale Dienstleistungen biete, dem Aufstand der Palästinenser in der West Bank an. Täglich gingen sie zu Demonstrationen auf die Straße und stellten sich schwerbewaffneten Polizisten mit einer Zähigkeit entgegen, die alle überraschte, vielleicht sogar sie selbst. Autos mit Steinen bombardierend, Parolen rufend und die verbotene palästinensische Fahne schwenkend, so marschierten sie trotzig durch Trümmer und Tränengas und den schwarzen Rauch von brennenden Reifen. Kleine Jungen liefen voraus und schossen mit Schleudern auf Soldaten, die herbeigerufen worden waren, die Demonstrationen aufzulösen.

Zum ersten Mal seit der Wiedervereinigung der Stadt im Jahre 1967 wurde über die unruhigeren Palästinenserviertel eine Ausgangssperre verhängt. Die Schulen in Ostjerusalem blieben monatelang geschlossen. Tausende von Ostjerusalemern vernichteten ihre israelischen Ausweise. Der Händlerstreik, der von fast allen Geschäftsleuten eingehalten wurde, lähmte den palästinensischen Teil der Stadt über Monate hinweg und verwandelte Ostjerusalem für viele Stunden täglich in eine Geisterstadt. Die »vereinte« Stadt schien zum Zerreißen gespannt. Die alte Trennlinie kam wieder zum Vorschein. Einwohner Westjerusalems, wenn sie es irgend vermeiden konnten, begaben sich nicht mehr in den Ostteil der Stadt. Sie konnten sich damit trösten, daß die Stadt insgesamt vielleicht friedlicher als Belfast war, aber sie war nicht frei von Angst.

Angst stand gegen Angst. Manchmal hieß es, die Stadt sei von ihrer Vergangenheit vergiftet, von ihr besessen, gequält von Dämonen des Aberglaubens – die Religion der Schwachen –, gefesselt vom Stammesdenken. Nationalismus und Religion überlagerten einander. Auf beiden Seiten war der Nationalismus eine Art ziviler Religion, erbittert hochgehalten von Menschen, die bereit waren, für ihn zu töten und zu sterben. Das Verhältnis zwischen nichtreligiösen und orthodoxen Juden in Westjerusalem verschlechterte sich. Die Ultraorthodoxen von Westjerusalem, für die meisten Israelis ein wunderlicher Anachronismus, brachen Mitte der achtziger Jahre aus ihren selbstgewählten Ghettos aus. Sie schienen entschlossen, den Lebensstil der nichtorthodoxen jüdischen Mehrheit, notfalls mit Gewalt, zu verändern. Demonstrationen von Ultraorthodoxen wurden eine mehr oder weniger ständige Erscheinung im Leben der Stadt.

Die religiösen Extremisten hatten schon immer starke Überzeugungen. Mitte der achtziger Jahre hatten sie auch zahlenmäßig an Bedeutung gewonnen. Etwa ein Drittel der jüdischen Bevölkerung der Stadt wurde nun den Ultraorthodoxen zugerechnet, und 55 Prozent aller jüdischen Grundschüler besuchten religiöse Schulen. Orthodoxe Fanatiker brachen in Synagogen von Reform- und konservativen Juden ein und beschuldigten sie der »Pornographie«. Der aschkenasische Oberrabiner erklärte unmißverständlich, daß es nach seinem Verständnis in Israel keine »religiöse Freiheit« geben dürfe; das orthodoxe Judentum sei der einzig rechtmäßige Glauben für Juden. Sein sephardischer Kollege fügte hinzu, daß das Reformjudentum eine aus Amerika eingeführte Pest sei, die ausgerottet werden müsse. Beide Rabbiner konnten diese Ansichten nicht durchsetzen, aber nichtreligiöse und konventionell religiöse Juden in Jerusalem machten sich immer mehr Sorgen um ihren Platz in der Stadt. Die Ultraorthodoxen waren überzeugt, daß ihnen die Zukunft gehöre. Fast ein Drittel der bei den Wahlen von 1988 abgegebenen Stimmen entfiel auf ultraorthodoxe Parteien, die dem ultranationalistischen Rechtsblock nahestehen. Diese beiden Blöcke konnten zusammen 62 Prozent der in Jerusalem abgegebenen Stimmen auf sich vereinigen.

Die Anhäufung von so viel Leidenschaft und Erinnerung – vieles davon in religiöser oder quasireligiöser Sprache ausgedrückt – gab der Stadt etwas Wundersames und zugleich ziemlich Psychotisches. Zehntausende von Juden sollen in den achtziger Jahren in andere Städte gezogen sein; die meisten waren nichtreligiöse oder konventionell religiöse Akademiker. Der orthodoxe Fanatismus schien sie mehr zu beunruhigen als palästinensische Unruhen.

Kollek selbst hat das traditionelle israelische Bild von Jerusalem als einer ausschließlich jüdischen Ikone immer mit Skepsis betrachtet und die Israelis aufgefordert zu bedenken, daß Jerusalem auch im Herzen anderer Menschen eine zentrale Rolle spielt. Als er 1985 den Friedenspreis des deutschen Buchhandels erhielt, sagte Kollek in seiner Dankesrede:

»Wir wissen, daß wir in Jerusalem, um den Frieden und die Gerechtigkeit zu erhalten, jenseits konventioneller Formeln der nationalen Souveränität, jenseits der Ängste und Vorurteile, die Völker in den Krieg treiben, nach neuen Formen der Freizügigkeit und der politischen Organisation suchen müssen.«

Wie diese neuen Formen aussehen, hat er nicht näher erläutert. Kolleks liberale Amtsführung hat bewiesen, daß Konflikte, denen religiöse oder nationale Differenzen zugrunde liegen, selten, wenn überhaupt, durch eine gerechte oder gute Regierung oder durch wirtschaftliche Vorteile gelöst werden können. 1989 verlor Kollek seine Mehrheit im Stadtrat. Er ist jetzt achtundsiebzig, und voller Verbitterung betrachtet er sein Lebenswerk als gescheitert.

Der sprichwörtliche »Frieden von Jerusalem«, wie er in Psalm 122 besungen wird, hängt paradoxerweise davon ab, daß der Einfluß der Religion oder des Nationalismus – vielleicht auch von beidem – schwindet. Bislang sind so gut wie keine Anzeichen für das eine oder andere zu erkennen. Wie in Belfast liegt der Frieden in weiter Ferne. Trotz des bekannten Klischees scheint nicht einmal zur Zeit des Psalmisten besonders viel Frieden in Jerusalem geherrscht zu haben, sonst hätte er seine Aufforderung – die heutzutage überall in der Stadt auf öffentlichen Anschlagtafeln zu sehen ist – nicht mit solchem Nachdruck formuliert: »Es möge Frieden sein in deinen Mauern; wohl denen, die dich lieben.«

Jerusalem wird, wenn überhaupt, viel zu sehr geliebt, aber ohne viel Verstand. Immer wieder werden die Israelis aufgefordert, Territorium als Gegenleistung für Frieden abzutreten; doch angesichts der wachsenden Islamisierung des Konflikts auf arabischer Seite ist damit zu rechnen, daß selbst dann, wenn Territorium aufgegeben würde, die Gewalt bliebe – vor allem in Jerusalem.

Als Treffpunkt so vieler Kulturen, Konfessionen, Bilder und Gegenbilder, so vieler Heiliger und Scharlatane verkörpert die Stadt nach wie vor eine grandiose Idee und zugleich einen Traum, der sich als hohl, mangelhaft und zerstörerisch erwiesen hat. Die Vergangenheit hat von ihrer Macht, zu beflügeln, anzuregen und anzustiften, offenbar kaum etwas eingebüßt. Wo so viel destruktive Erinnerung ist, mag ein wenig Vergessen angebracht sein. Leider besteht auf beiden Seiten der großen nationalen und religiösen Trennlinie wenig Bereitschaft dazu. Im Gegenteil. Wohin man auch schaut, fast überall lassen düstere Töne der Erinnerung den Chor des Nationalismus und des Glaubens anschwellen. Ein wenig Vergessen – oder Kompromißbereitschaft – dürfte unter diesen Umständen eher unwahrscheinlich sein.

Kompromisse schließen heißt in Jerusalem aber mehr, als nur hier oder da eine Grenze ein bißchen zu verschieben. Der Kampf in der Stadt dreht sich nicht um einen Teil, sondern um das Ganze. In erster Linie betrifft er den historischen Kern, umgeben von der alten Stadtmauer, in dem sich die drei großen Heiligtümer befinden. Ein »vernünftiger« Kompromiß könnte darin bestehen, zwei nationale Rechte innerhalb eines vereinten, gemeinsam verwalteten Stadtgebiets anzuerkennen und auf eindeutig festgelegte Souveränitätsansprüche zu verzichten. Selbst wenn sich die Hauptpersonen beider Seiten auf ein solches Konzept einigen könnten (was fraglich ist), darf man nicht vergessen, daß noch nie zuvor die Hauptstädte zweier Nationen in ein und derselben Stadt nebeneinander existiert haben. Man darf mit Grund bezweifeln, daß zwei Völker mit einem so empfindlichen Nationalbewußtsein wie Palästinenser und Israelis die ersten in der Geschichte sein sollen, die solch ein Kunststück fertigbringen. Ein anderer vernünftiger Kompromiß könnte so aussehen, daß beide Völker irgendeine andere Stadt in ihrem jeweiligen Hoheitsgebiet zur Hauptstadt erklären. In Anbetracht der starken religiösen Komponente, die die politischen Einstellungen zu Jerusalem prägt, dürfte auch diese Variante aussichtslos sein.

Das Problem Jerusalem ist emotional derart überfrachtet, daß keiner der selbsternannten Friedensstifter und Vermittler in den letzten Jahren es gewagt hat, darüber zu reden. Viele Diplomaten sind überzeugt, daß noch der behutsamste Hinweis auf dieses heikle Thema jeden Ansatz, die Friedensgespräche im Nahen Osten wieder aufzunehmen, zunichte machen würde, noch ehe sie begonnen haben. Vielleicht kann man dieses Thema – sehr vorsichtig – in Angriff nehmen, wenn in allen andern wesentlichen Punkten Einigkeit erzielt worden ist; wer es früher anschneidet, setzt sich dem Verdacht aus, den ganzen Prozeß untergraben zu wollen.

Als ich vor einigen Jahren an einem Sommerabend die Touristen beobachtete, die durch das schmale Tor der Zitadelle strömten – die umliegenden Hügel hatten die Farbe von unglasiertem Steingut angenommen – kam mir zum ersten Mal die Idee, ein Buch über diese tragisch-tolle Stadt zu schreiben. Die Zitadelle, so steht es in einem Reiseführer, schließt die Geschichte der Stadt »wie eine Kapsel« in sich ein: Heilige und Gauner, Hebräer, hasmonäische Könige, jüdische Zeloten, Römer, Byzantiner, Araber, Kreuzfahrer und Türken – ganz zu schweigen von England und dem modernen Israel –, sie alle haben der Stadt ihr Gepräge gegeben. Niemand kann durch dieses Tor gehen, ohne starke Gefühle zu empfinden. Die Zitadelle überwältigt selbst jene, die versuchen, sich ihrer Anziehungskraft zu widersetzen. Diese Stadt, dachte ich, während ich die Touristen beobachtete, hat bestimmt viel mehr rastlose Geister der Vergangenheit heraufbeschworen, als sie ohne Schaden verdauen kann. Im Aufeinandertreffen der Gespenster geht die menschliche Dimension verloren.

Neben dem Tor saß einmal der bekannte zeitgenössische Dichter Yehuda Amichai mit zwei Körben voller Obst und hörte zufällig, wie ein Fremdenführer rief: »Sehen Sie den Mann dort mit den Körben? Unmittelbar rechts neben seinem Kopf befindet sich ein interessanter Bogen aus der Römerzeit. Gleich rechts neben seinem Kopf.«

»Da habe ich mir gesagt«, schreibt Amichai, »daß es erst dann Erlösung geben wird, wenn der Fremdenführer ruft: ›Sehen Sie diesen Bogen aus der Römerzeit? Er ist nicht wichtig; aber gleich daneben, links davon und ein wenig unterhalb, da sitzt ein Mann, der Obst und Gemüse für seine Familie eingekauft hat.‹«

Die Intifada. Zweiter Teil

1989

Der palästinensische Aufstand in den besetzten Gebieten dauert an. Sein erklärtes Ziel ist die rasche Errichtung eines palästinensischen Staates. Für die im israelischen Parlament vertretenen Parteien, mit Ausnahme der linken Splitterparteien und einiger Hinterbänkler der Arbeitspartei, ist dies noch immer völlig abwegig. Gleichwohl ist die Besetzung, inzwischen in ihrem zweiundzwanzigsten Jahr, für viele Israelis – Akademiker, Journalisten, sogar Leute in den Geheimdiensten, im Außen- und Verteidigungsministerium – keine realistische Option mehr. Eine neue Situation scheint sich nicht nur in den besetzten Gebieten anzubahnen, wo Chaos und ziviler Ungehorsam zu einer Art Kollaps der israelischen Verwaltung geführt haben, sondern auch durch die veränderte Haltung der Weltöffentlichkeit gegenüber den Palästinensern, die mit dem Beschluß der Vereinigten Staaten, mit der Palästinensischen Befreiungsorganisation in einen »substantiellen Dialog« einzutreten, einen Höhepunkt erreichte.

Als der Aufstand vor mehr als einem Jahr – offenbar spontan – ausbrach, richtete er sich in erster Linie gegen die israelischen Behörden, die die Bewohner von Gaza und der West Bank seit Jahren als Schachfiguren in einem »Friedensprozeß« behandelten, der nie Gestalt annahm, und ihnen die einfachsten Menschenrechte und politischen Rechte vorenthielten. Er war zugleich eine Art Protest gegen die extremen Elemente innerhalb der PLO, die, wie man von palästinensischen Intellektuellen in den besetzten Gebieten oft hören konnte, durch ihre Sterilität, ihre blinden Terrorakte und ihre grundsätzlich kompromißlose Haltung die leidvolle Situation der Palästinenser nur noch verschlimmert hatten. Im großen und ganzen waren die Palästinenser, die unter der Besatzung lebten, einschließlich derjenigen, die sich offen mit den diversen PLO-Fraktionen identifizierten, immer versöhnlicher gewesen als die Palästinenser in der Diaspora. Prominente Anhänger der PLO in Ostjerusalem (dem ehemaligen jordanischen Sektor, den Israel 1967 formell annektiert hatte) wie etwa Sari Nusseibeh, Hanna Siniora und Faisal al-Husseini (der oft als die bedeutendste PLO-Figur in den besetzten Gebieten bezeichnet wird und bis vor kurzem in Vorbeugehaft saß) hatten sich öffentlich für die »Zwei-Staaten-Lösung« ausgesprochen und Israels »Existenzrecht« schon längst anerkannt, ehe sich auch Yassir Arafat im letzten Dezember in Genf dazu durchringen konnte. Arafat soll von den Amerikanern, Europäern, Ägyptern und Saudis dazu gedrängt worden sein. Doch in der West Bank, im Gazastreifen und in Ostjerusalem sind die meisten Menschen, mit denen ich in der letzten Zeit gesprochen habe, überzeugt, daß es palästinensischer Druck aus den besetzten Gebieten war, der Arafat schließlich veranlaßte, einen gemäßigteren Standpunkt einzunehmen.

Die Bedingungen für einen Aufstand in den besetzten Gebieten waren seit Jahren herangereift, aber ausgelöst wurde er, wie die meisten historischen Wendepunkte, im Dezember 1987 durch einen verrückten Zwischenfall – einen Autozusammenstoß in Gaza, bei dem es mehrere Tote gab. Rasch verbreitete sich das Gerücht, Agenten des israelischen Sicherheitsdienstes hätten den Unfall absichtlich herbeigeführt als Vergeltung für den Tod eines Israelis, der eine Woche zuvor erstochen worden war. Wütende Demonstrationen, angeführt von Jugendlichen, die mit Schleudern und Steinen bewaffnet waren, griffen bald von den elenden Flüchtlingslagern in Gaza auf die vergleichsweise wohlhabenden städtischen Zentren der West Bank über. Die drei Universitätsstädte dort, Bethlehem, Ramallah und Nablus, sind als Hochburgen des palästinensischen Nationalismus schon lange Unruheherde. Die Proteste entwickelten sich in der Folge zu einer gut organisierten, disziplinierten Volksbewegung unter Führung von geheimen örtlichen Komitees, deren Aktivitäten aus dem Ausland koordiniert werden. Anfangs können es nicht mehr als ein paar hundert frustrierte, unorganisierte Jugendliche gewesen sein. Alles, was der Staat – in einer ununterbrochenen Spirale von Aufstand und Repression – seither getan hat, war geeignet, eine wahre Massenbewegung daraus zu machen.

Es vergeht kaum ein Tag ohne blutige Zusammenstöße zwischen israelischem Militär und demonstrierenden palästinensischen Jugendlichen. Kaum ein Tag, an dem Armeefahrzeuge oder israelische Siedler, die durch die West Bank fahren oder in Ostjerusalem unterwegs sind, nicht mit Steinen oder Brandsätzen beworfen werden. Offiziellen Polizeiangaben zufolge wurden allein in Ostjerusalem innerhalb von zwei Dezemberwochen nicht weniger als siebzehn Molotowcocktails auf vorbeifahrende Omnibusse und Polizeifahrzeuge geworfen. Nadav

Schragai, der Jerusalem-Korrespondent von *Haaretz*, schrieb, daß die Stadt, die nach 1967 als »wiedervereinigt« betrachtet wurde, »an den Nahtstellen reißt«. Die durchschnittliche Zahl von Gewaltakten allein in Ostjerusalem lag im letzten Jahr bei »zehn am Tag, dreihundert im Monat«. Die Situation ist noch schlimmer auf der West Bank und noch viel schlimmer im Gazastreifen, wo die Gewalt zum größten Teil nicht mehr von der PLO, sondern von islamischen Fanatikern ausgeht.

Die Welt scheint sich an diese Gewalttaten gewöhnt zu haben. Über die meisten Zwischenfälle wird in den internationalen Medien nicht mehr detailliert berichtet. Die israelische Presse verbannt solche Meldungen zum größten Teil auf die letzte Seite, außer wenn es dabei Tote gab, aber viele gewaltsame Zusammenstöße werden überhaupt nicht erwähnt, nicht einmal in den Lokalnachrichten. Trotzdem kommt es fast täglich zu Aufruhr und Repression. Demonstranten tragen palästinensische Fahnen (ein ernstes Delikt in den besetzten Gebieten), sie rufen *»Filastin! Filastin!«* oder *»Rotzim medina!«* (hebräisch: Wir wollen einen Staat). Viele Demonstranten sind unter der israelischen Besetzung geboren und sprechen mehr oder weniger fließend Hebräisch. Die Soldaten – oft nur ein paar Jahre älter als die Demonstranten – gehen mit Schlagstöcken auf sie los. Die Demonstranten schießen mit Steinschleudern auf sie und werfen gelegentlich auch Benzinbomben. Die Soldaten antworten mit Tränengasgranaten und Plastikgeschossen oder scharfer Munition aus M-16-Gewehren. In Nablus und Gaza sind überall palästinensische Parolen zu sehen – häßliche, pustelartige Wucherungen, die ganze Hauswände bedecken. Die Behörden versuchen erfolglos, die Graffitimalereien zu unterbinden, indem sie wahllos herausgegriffene Passanten zwingen, die Anstoß erregenden Parolen mit weißer Farbe zu übermalen. Über Nacht sind die Parolen wieder da: *»Für ein freies Palästina«*, *»PLO«*, *»Der Sieg ist nahe«*. Im letzten Dezember, nachdem Arafat in Genf das Existenzrecht Israels anerkannt hatte, lasen die israelischen Soldaten eines Morgens, und zwar auf hebräisch, die Parole: *»Was wollt ihr noch von uns hören?«*

In den besetzten Gebieten wird seit über einem Jahr ein Steuerstreik durchgeführt. Die Volkskomitees haben einen teilweisen Geschäftsstreik angeordnet, der strikt befolgt wird (Geschäfte dürfen nur von 9 bis 12.30 Uhr geöffnet sein). Ostjerusalem und Bethlehem, zur Weihnachtszeit normalerweise von Touristen und Pilgern überfüllt, sind seit Monaten Geisterstädte. Seitdem die meisten palästinensischen Polizisten, Steuerbeamte und andere Angestellte örtlicher Behörden massenhaft gekündigt haben, sind die besetzten Gebiete ohne Polizeitruppe (die Kriminalität soll stark gestiegen sein) und die israelische Zivilverwaltung ohne Personal und Geld. Viele soziale Einrichtungen sind zusammengebrochen. Palästinensische Patienten werden, anders als früher, nicht mehr in israelische Krankenhäuser eingeliefert. Dorfbewohner sperren die Zufahrtswege ab. Abgelegene Ortschaften werden zu »befreitem palästinensischem Gebiet« erklärt. Die Armee trifft meist ein paar Stunden oder ein paar Tage nach einer solchen Erklärung ein und wird mit Steinen und Flüchen empfangen. Daraufhin werden harte Kollektivstrafen verhängt, etwa die, daß Bauern ihre Ernte nicht einbringen dürfen. Massenverhaftungen werden vorgenommen, Telefonverbindungen unterbrochen; der Strom wird abgestellt, manchmal wochenlang. Männer und Jungen werden gezwungen, die Straßensperren zu beseitigen und auf Hochspannungsmasten zu klettern und die palästinensischen Fahnen zu entfernen, die dort hängen. Alle Strafmaßnahmen sind bislang umsonst gewesen.

Immer wieder versicherte die Regierung im letzten Jahr, daß das Ende des Aufstands unmittelbar bevorstehe. Immer wieder ist sie von den Ereignissen widerlegt worden. Es war ein Auf und Ab. Die *Intifada* (wörtlich: »Abschütteln«), wie die Palästinenser ihren Aufstand nennen, geht weiter. Die meisten Palästinenser weisen mit Nachdruck darauf hin, daß er mehr ist als nur »Demonstrationen«. Er drückt ein neues Selbstbewußtsein aus, ein Gefühl von Solidarität, und bewirkt, daß die traditionellen Schranken zwischen den Klassen, Geschlechtern und Generationen in einem bisher nicht dagewesenen Ausmaß eingerissen werden. Die Strafaktionen werden immer drastischer, doch der Aufstand geht weiter. Seine Auswirkungen auf die israelische Gesellschaft unterscheiden sich von Ort zu Ort. Für die achtzigtausend israelischen Siedler auf der West Bank und im Gazastreifen ist das tägliche Leben ein Alptraum geworden. Viele sind in die West Bank gezogen, weil ihnen der Staat ein angenehmes Leben bei wesentlich geringeren Lebenshaltungskosten als im israelischen Kernland versprochen hatte. Nun fühlen sie sich betrogen und verraten von Regierung und Armee, die in ihren Augen gegenüber den Rebellen viel zu nachsichtig sind und die Sicherheit ihrer Kinder in den Schulbussen nicht garantieren können. Die Siedler drohen fortwährend damit, Milizen aufzustellen und »Vergeltungsaktionen« zu unternehmen.

Die Intifada ist vor allem für die Menschen in und um Jerusalem präsent, einer gemischten Stadt, in der rund dreihunderttausend Israelis und einhundertfünfzigtausend Palästinenser leben. Eine unsichtbare Mauer ist abermals zwischen den beiden Teilen der Stadt entstanden. Hier gibt es, genau wie in Belfast, eine »Geographie der Angst«. Nur wenige Israelis gehen nach Ostjerusalem. Der Platz vor der Westmauer, im Herzen der Altstadt gelegen, ist oft menschenleer, selbst am Sabbat und an Feiertagen. Nach den bitteren Worten Teddy Kolleks, des liberalen Bürgermeisters, »ist die Koexistenz in Jerusalem gestorben« – zumindest aber zusammengebrochen.

Andernorts scheint der Aufstand nur wenige Menschen zu interessieren. Aus Sicht der meisten Israelis findet er auf einem anderen Planeten statt. Sie bleiben den besetzten Gebieten ohnehin fern. Den wenigen, die dorthin fahren, werden Schnellfeuergewehre, Autotelefone und bruch- und kugelsichere Autofensterscheiben zu besonders günstigen Preisen angeboten. Die Siedler in den besetzten Gebieten, die täglich nach Israel zu ihrem Arbeitsplatz fahren, sind meist in Konvois unterwegs. Linienbusse zu den neuen Siedlungen werden routinemäßig von Militärjeeps begleitet. Wenn Brandsätze geworfen werden, geben die Soldaten üblicherweise gezielte Schüsse ab. Wenn verdächtige Täter erwischt werden, tot oder lebendig, tauchen innerhalb weniger Stunden Armeepioniere auf und sprengen vor laufenden Fernsehkameras das Haus der Familie in die Luft, während die unschuldigen Angehörigen, Kinder und Frauen, die nun kein Dach mehr über dem Kopf haben, jammern und klagen. Die Sprengung der Häuser gründet auf einer noch heute gültigen Notstandsverordnung, die 1946 von den Briten in ihrem Kampf gegen jüdische Terroristen erlassen wurde. Bislang sind auf Anordnung des Militärs einhundertsiebenundfünfzig Wohnhäuser gesprengt und vierundfünfzig versiegelt worden. Fünfundvierzig Personen, die als Rädelsführer des Aufstands verdächtigt werden, sind in den Libanon deportiert worden; dasselbe Schicksal droht jetzt vierzehn weiteren Personen.

Wie Schauspieler in einer täglich aufgeführten Tragödie – einer Tragödie allerdings, die keinerlei Katharsis verspricht – betreten abwechselnd blutjunge Rebellen und oft nur wenig ältere Soldaten die Bühne. Die einen demonstrieren und protestieren, die anderen jagen sie – mit ihrer schweren Ausrüstung ein wenig tolpatschig, heftig schwitzend und bis an die Zähne bewaffnet – und setzen sie außer Gefecht, aber nur für kurze Zeit. Von Monat zu Monat steigt die Zahl der Zwischenfälle – 1410 wurden im Juli 1988 registriert, 2328 im September, 2790 im Dezember. Über einige der Massenflüchtlingslager im Gazastreifen waren im letzten Jahr insgesamt hundertfünfunddreißig Tage Ausgangssperre verhängt. Nablus, mit einer Einwohnerzahl von 120000 die größte Stadt der West Bank, stand insgesamt zweiundsiebzig Tage unter Ausgangssperre. Benachbarte Dörfer wurden monatelang zu »geschlossenem Militärgebiet« erklärt, um so die Bevölkerung zu zwingen, gesuchte Verdächtige auszuliefern. Die Ausgangssperre, die im letzten Jahr über das Flüchtlingslager Jilazun bei Ramallah verhängt wurde, dauerte vierzig Tage hintereinander. Die Ausgangssperren und Massenverhaftungen, die wirtschaftliche Not, der Zusammenbruch der staatlichen Einrichtungen, die Einschüchterungen, das Prügeln, die Schüsse und die Deportationen haben bislang keine Wirkung gezeigt.

Rund zwanzigtausend Palästinenser befanden sich 1988 im Zusammenhang mit dem Aufstand in Haft. Ungefähr fünftausendsechshundert werden noch immer – vielfach ohne Prozeß – in verschiedenen Gefängnissen und in einem eigens zu diesem Zweck errichteten Gefangenenlager in der Negev-Wüste festgehalten. In den letzten zehn Jahren sollen von fünf männlichen (über fünfzehn Jahre alten) Palästinensern in den besetzten Gebieten durchschnittlich zwei aus politischen Gründen im Gefängnis gesessen haben. Wie viele Palästinenser im letzten Jahr erschossen wurden, kann nur geschätzt werden. Nach Angaben eines Armeesprechers im November wurden im ersten Jahr des Aufstands zweihundertsechsunddreißig Palästinenser erschossen. Ein paar Tage später sprach der stellvertretende Generalstabschef der israelischen Armee von dreihundertundeinem Toten. Laut Associated Press waren es in diesem Zeitraum tatsächlich dreihundertachtzehn. (Einer offiziellen Armeestatistik zufolge ist die Zahl der Opfer unter den Palästinensern drastisch angestiegen – sechsundzwanzig Tote und vierhunderteinundvierzig Verwundete allein in einem Monat.) Nach Angaben von Al Haq, einer palästinensischen Menschenrechtsgruppe in Ramallah, die dem Internationalen Juristenbund in Genf angeschlossen ist, wurden im ersten Jahr des Aufstands vierhundertzehn Palästinenser – darunter neununddreißig Kinder unter zwölf Jahren – von israelischen Soldaten getötet und mehr als zwanzigtausend verwundet. Im selben Zeitraum wurden zwei israelische Soldaten, zwei israelische Frauen und drei israelische Kinder von Demonstranten getötet; vierhundertzwei israelische Zivilisten und siebenhundertdreißig Soldaten wurden verwundet, fast alle durch Steine.

Von einzelnen Protesten abgesehen, hat sich die israelische Öffentlichkeit bislang nicht sonderlich empört über die Brutalitäten, von denen fast täglich in der Presse berichtet wird, oder über die Häusersprengungen, die regelmäßig im Fernsehen zu sehen sind, oder über irgendeine andere der fast täglich verhängten Kollektivstrafen. Professor Amnon Rubinstein, ehemaliger Minister und Dekan der Juristischen Fakultät der Universität Tel Aviv, hat die Soldaten öffentlich aufgerufen, sich dem Befehl, auf Demonstranten zu schießen, zu widersetzen, da diese Befehle »erkennbar rechtswidrig« seien. Obwohl Hunderte von Palästinensern erschossen wurden und der durchaus berechtigte Verdacht besteht, daß zumindest einige dieser Fälle auf gesetzwidrige Übergriffe des Militärs zurückzuführen sind, soll, wie kürzlich ein Reporter der inzwischen nicht mehr existierenden Wochenzeitung *Koteret Rashit* unter Berufung auf Armeequellen schrieb, bis heute nur ein Soldat, ein äthiopischer Neueinwanderer, wegen Totschlags verurteilt worden sein – wegen »Unzurechnungsfähigkeit« habe er seine Strafe aber nicht antreten müssen. Nur zwei Zeitungen, *Haaretz* und die *Jerusalem Post*, nennen aus Prinzip die Namen der erschossenen Palästinenser; in den Massenblättern wie auch im staatlichen Fernsehen und Rundfunk werden die palästinensischen Opfer meist als »Araber« oder »lokale Einwohner« bezeichnet. Nachrichtenredakteure bei Radio und Fernsehen sind gehalten, möglichst nur von »Demonstrationen« und »Unruhen« zu sprechen, die Bezeichnungen »Aufstand« und »*Intifada*« zu vermeiden. Fernsehreporter dürfen mit Palästinensern in den besetzten Gebieten keine politischen Interviews führen. Als der Nationalrat der PLO kürzlich in Algier tagte, beugten sich Nachrichtenredakteure des israelischen Fernsehens einem Ersuchen des Verteidigungsministeriums, die Rede Yassir Arafats, in der er die Errichtung eines »Staates Palästina« verkündete, nicht zu übertragen. Da die Palästinenser der West Bank die Rede im jordanischen Fernsehen, das dort überall empfangen wird, hätten sehen und hören können, stellte die Armee an diesem Abend auf der gesamten West Bank den Strom ab.

Manche Israelis trösten sich mit dem Gedanken, daß in den arabischen Nachbarstaaten auf einen ähnlichen Volksaufstand sehr viel härter reagiert worden wäre. Viele scheinen mit den Exzessen und ausgesprochenen Greueltaten, von denen sie täglich hören und lesen, leben zu können. Die meisten glauben wohl, daß die Brutalitäten nur die Palästinenser in den besetzten Gebieten betreffen und in Israel selbst niemals zur Norm werden könnten. Abraham B. Yehoschua, einer der hervorragendsten israelischen Schriftsteller, war so entsetzt über diese Selbstgefälligkeit, daß er im letzten Herbst in einem Interview erklärte, ihm sei inzwischen verständlich, daß so viele Deutsche nach dem Zweiten Weltkrieg sagen konnten, sie hätten von Konzentrationslagern nie etwas gehört oder gesehen. Diese Äußerung traf einen Nerv und löste breiten Protest aus.

Prügel, Tränengas und Schüsse, und das seit über einem Jahr, haben die Protestierer nicht entmutigen können. Auch wenn sie etwas Konkretes noch nicht erreicht haben und vielleicht auch nie erreichen werden – der Aufstand geht weiter. Unter den Toten im letzten Jahr waren kleine Kinder und alte Männer. Bekannt wurde auch, daß schwangere Frauen durch Tränengas, das in geschlossene Räume gefeuert worden war, eine Fehlgeburt hatten und Babys erstickten. Es vergeht kaum ein Tag ohne Klagen über brutales Verhalten der Soldaten – die fünfzehnjährige Burschen von schnell fahrenden Armeefahrzeugen stoßen, unschuldige Passanten verprügeln oder mit dem Kopf gegen stählerne Rolläden schlagen oder während der häufigen Hausdurchsuchungen Mobiliar, Fernsehapparate, Solarheizungen und Fensterscheiben mutwillig zertrümmern. Beschwerden werden von den Behörden fast immer als übertrieben oder mit der Begründung »bedauerlicher Einzelfall« abgetan.

Der Aufstand hat natürlich den Ausbildungszeitplan der Armee durcheinandergebracht und sich abträglich auf die Moral der jungen Wehrpflichtigen ausgewirkt. Vierundfünfzig Soldaten sind seit Beginn des Aufstands zu Gefängnisstrafen verurteilt worden, weil sie es abgelehnt haben, in den besetzten Gebieten Dienst zu tun – eine ungewöhnlich hohe Zahl für Israel, wo Wehrdienstverweigerung aus Gewissensgründen, außer während des Libanonkrieges, so gut wie unbekannt ist. Die tatsächliche Zahl der Verweigerer dürfte erheblich höher sein, da viele, dank verständnisvoller Vorgesetzter, eine Abkommandierung in die besetzten Gebiete umgehen können. Auch Reservisten werden inzwischen bis zu sechzig Tage im Jahr einberufen und als Tag- und Nachtpatrouillen in den trümmerübersäten Straßen von Gaza oder Nablus eingesetzt. Auf der West Bank sollen gegenwärtig dreimal mehr Soldaten stationiert sein, als seinerzeit zur Eroberung dieses Gebietes erforderlich waren.

Daß der Aufstand bislang nicht beendet werden konnte, ist – angesichts des extrem ungleichen Kräfteverhältnisses – bemerkenswert und Gegenstand mancher Debatte. Nach Auffassung Ariel Scharons, der 1983, nach den Massakern von Sabra und Schatila, als Verteidigungsminister zurücktreten mußte, könnten die Unruhen binnen weniger Tage beendet werden, doch sei der gegenwärtige Verteidigungsminister Yitzhak Rabin zu unfähig oder zu ängstlich oder zu »proarabisch«. Andere Politiker der Rechten haben vorgeschlagen, ganze Dörfer und sogar Städte dem Erdboden gleichzumachen und die Einwohner nach Jordanien oder in den Libanon zu deportieren. Daß die Regierung zu so harten Repressionsmaßnahmen noch nicht gegriffen hat, wird vor allem damit erklärt, daß man Israels ausländische Freunde, besonders in den Vereinigten Staaten, nicht noch mehr vor den Kopf stoßen will.

Doch die Angst vor Kritik in den Vereinigten Staaten ist nicht der einzige Grund, weshalb noch keine Panzer und Maschinengewehre eingesetzt wurden oder daß nur fünfundvierzig verdächtige Aktivisten deportiert wurden und nicht beispielsweise tausend, wie es unter Scharon vielleicht passiert wäre. Ein weiterer Grund ist die Stimmung in der Armee. Höhere Offiziere sollen über die neue Rolle der Armee als einer Bereitschaftspolizei in den besetzten Gebieten sehr unglücklich sein. Sie bemühen sich, über die Presse und die Knesset ihren Standpunkt darzulegen. Im Generalstab soll es gegenwärtig ungewöhnlich viele »Tauben« geben. Der Befehlshaber auf der West Bank, Generalmajor Amram Mitzna, ist zufällig der nämliche, der 1982 aus Protest gegen den Libanonkrieg von seinem Posten als Chef der israelischen Militärakademie zurücktrat. In einer geschlossenen Versammlung auf der West Bank wurde er kürzlich von wütenden Siedlern beschimpft, die ihm vorwarfen, er sei »unfähig« den Aufstand niederzuschlagen. Nach einem Bericht in *Haaretz* erwiderte er, daß es »unmöglich« sei, den Aufstand niederzuschlagen, daß man dafür aber nicht die Armee verantwortlich machen könne. Israel als Ganzes sei verantwortlich, sagte er, weil es zwanzig Jahre lang die Augen davor verschlossen habe, daß die Situation in den besetzten Gebieten nicht ewig so weitergehen könne.

Mehrere hohe Offiziere sollen der Auffassung sein, daß es für Israels Verteidigung nicht mehr notwendig sei, weiterhin die West Bank besetzt zu halten, auch wenn das in der Vergangenheit vielleicht der Fall gewesen sein mag. Durch den Einsatz moderner elektronischer Aufklärungsgeräte und Waffensysteme sei ein Rückzug aus einem großen Teil der West Bank strategisch und taktisch vertretbar. Die Aufgabe der Armee bestehe darin, Soldaten für die Verteidigung der Grenzen und des Luftraums Israels auszubilden – und diese Ausbildung finde nicht mehr statt, wenn die Soldaten immer mehr Zeit damit verbrächten, jugendliche Palästinenser zu verprügeln. Solange es keinen politischen Durchbruch gebe, werde die Intifada weitergehen. Ein hoher Offizier bezeichnete die Intifada unlängst als eine tief verwurzelte »Geisteshaltung«. Wer annehme, daß der alte Status quo wiederhergestellt werden könne, »weiß einfach nicht, wovon er redet«. Seiner Ansicht nach gebe es keine rein militärische Lösung – es könne nur eine politische Lösung geben. Verteidigungsminister Rabin hat sich ähnlich geäußert, auch wenn er in seiner Dickschädeligkeit darauf bestand, daß den Demonstranten aus Prinzip »eine Lektion erteilt« und Gewalt mit »Gewalt, Stärke und Prügel« beantwortet werden sollte.

Brigadegeneral Ephraim Sneh, der bis vor kurzem die Zivilverwaltung auf der West Bank leitete, gab eine unter hochrangigen Kommandeuren verbreitete Ansicht wieder, als er im letzten Oktober vor einer Gruppe prominenter Unterstützer der Jerusalem Foundation (einer von Teddy Kollek gegründeten Privatorganisation, die sich der Modernisierung von Jerusalem verschrieben hat) feststellte, daß die Palästinenser in der Intifada die Stärke ihrer Schwäche und die Israelis die Schwäche ihrer Stärke entdeckt hätten. Und Generalstabschef Dan Schomron erklärte im letzten Herbst vor einem Parlamentsausschuß, die gegenwärtigen militärischen Maßnahmen könnten sich auf die palästinensische Bevölkerung in den besetzten Gebieten langfristig so stark auswirken, daß sie für Israel einmal gefährlicher sein könnten als der Aufstand, der mit diesen Maßnahmen niedergeschlagen werden solle.

In dieser Situation gingen zwei Millionen dreihunderttausend Israelis (neunundsiebzig Prozent der Wahlberechtigten) zu den Urnen und entschieden – nun ja, nichts. Es lag nicht an einer mangelnden Alternative. Die Wahlen fanden auf dem Höhepunkt des Aufstands statt. Der Führer der Arbeitspartei, Schimon Peres, hatte wiederholt erklärt, daß der Aufstand hätte verhindert werden können, wenn Ministerpräsident Yitzhak Schamir nicht das von den Amerikanern vermittelte Angebot abgelehnt hätte, das Peres (als Außenminister) im April 1987 mit König Hussein von Jordanien ausgehandelt hatte – gemeinsam mit einer »jordanisch-palästinensischen« Delegation an einer unter Schirmherrschaft der UNO stehenden Konferenz teilzunehmen. Schamirs Veto, so Peres, habe den Friedensprozeß »abgewürgt«. Beherrscht wurde der Wahlkampf weitgehend von der Frage, ob Israel die besetzten Gebiete behalten oder sich zumindest aus einigen Regionen zurückziehen sollte. Die Arbeitspartei plädierte für eine Rückgabe von Land gegen Frieden. Likud forderte ein Festhalten in allen Gebieten – aus Gründen der nationalen Sicherheit (die Grenzen vor 1967 stellten nur eine Einladung zu Überfällen dar) und der historischen Bestimmung (die Gebiete sind Teil des Landes, das Gott den Juden im Bronzezeitalter versprochen haben soll). Das Äußerste, was Likud den rund anderthalb Millionen Palästinensern anbot, war die begrenzte kommunale Selbstverwaltung, die sie seit Jahren ablehnen. Die Arbeitspartei dachte sowohl negativ beziehungsweise »demographisch« (die hohe Geburtenrate unter Palästinensern werde ihnen bald zu einer Mehrheit in »Groß-Israel« verhelfen) als auch positiv beziehungsweise moralisch (Israel wird langfristig nicht an seinem jüdischen und zugleich demokratischen Charakter festhalten können). Die Arbeitspartei mobilisierte eine eindrucksvolle Phalanx von bekannten Verteidigungsexperten und ehemaligen Generälen, die die Öffentlichkeit beruhigten, daß die West Bank und Gaza für die Verteidigung des Landes nicht lebenswichtig seien. Israel sei auch ohne Frieden stark genug, um sich gegen ernsthafte Gefahren aus dieser Richtung zu verteidigen.

Trotz der üblichen Vorbehalte und Wortklaubereien boten die beiden großen Parteien den Wählern keine klare Alternative. Wie schon 1984 blieb die große territoriale Kontroverse, die das Land seit vielen Jahren spaltet, auch diesmal ungelöst. Die drei dramatischen Ereignisse des vorangegangenen Jahres, die das Bild gründlich verändert hatten – der Aufstand in den besetzten Gebieten, die Entscheidung König Husseins, seinen Anspruch auf die West Bank aufzugeben, und die Friedensoffensive der PLO –, bewirkten keine Veränderung der öffentlichen Meinung in Israel. Ein Drittel der Parlamentssitze ging an die Arbeitspartei, ein Drittel an Likud, der Rest ging an rund ein Dutzend rechte, linke und religiöse Splitterparteien.

Das Wahlergebnis zeigte deutlich, daß es vielen Israelis – nur zwei Generationen nach dem Holocaust – noch immer schwerfällt, sich der militärischen Stärke beziehungsweise Übermacht Israels voll bewußt zu sein. Es besteht ein krasser Widerspruch zwischen dem Bild, das diese Israelis von sich selbst haben, und dem Bild, das die meisten ausländischen Beobachter und zahlreiche israelische Generäle und Verteidigungsexperten von Israel haben. Die große Masse der Israelis neigt dazu (oder hat sich so weit manipulieren lassen), Israel als einen schwachen, extrem verletzlichen Staat zu sehen, der jeden Tag mit der Möglichkeit eines Holocaust rechnen muß. Die Generäle und Experten sehen Israel als ein mächtiges Land, das von einer der besten, schlagkräftigsten Armeen der Welt verteidigt wird, von einer Luftwaffe und einem Panzerkorps, das denjenigen in England und Frankreich gleichwertig (manche Beobachter sagen: überlegen) ist, und über eigene taktische und strategische Kernwaffen, Mittelstreckenraketen und eine hochentwickelte Raumfahrttechnik verfügt.

Im Wahlergebnis spiegelte sich erneut eine grundsätzliche Schwäche des politischen Systems in Israel, ein Defekt, der rasch den Eindruck einer schweren Verfassungskrise entstehen läßt. Israel ist vielleicht die einzige moderne Demokratie, in der uneingeschränkt nach dem Proportionalprinzip gewählt wird. Das ganze Land ist ein einziger Wahlkreis. Innerhalb dieses Wahlkreises wird für Listen gestimmt, und die Stärke einer Partei in der Knesset richtet sich nach der Zahl der für sie abgegebenen Stimmen. Dieses System stammt aus der Zeit vor Gründung des Staates und orientierte sich am Wahlsystem des kurzlebigen Kerenskij-Regimes in Rußland. Es wurde für das demokratischste gehalten, da es, theoretisch, das ganze Spektrum von Ideologien und Interessen innerhalb der Wählerschaft repräsentierte. Praktisch garantiert es eine Tyrannei der Minderheiten. Da es noch nie einer Partei eine klare Mehrheit verschafft hat, führt es zur Bildung von instabilen Koalitionsregierungen, die dem Wohlwollen von religiösen Splitterparteien und speziellen Interessengruppen ausgeliefert sind. Der Eindruck einer Verfassungskrise wurde diesmal verstärkt durch den unerwarteten Wahlerfolg der fundamentalistischen, orthodoxen und ultraorthodoxen Parteien, die ihre Mandatszahl um fast ein Drittel steigerten und achtzehn Sitze gewannen – fünfzehn Prozent der Gesamtzahl der Sitze. Der Stimmenzuwachs kam zum größten Teil aus Slum- und Neubauvierteln, in denen orientalische Einwanderer leben, die in der Vergangenheit für die Arbeitspartei oder für Likud gestimmt hatten. Die neuen fundamentalistischen Wähler waren, unter anderem, von chassidischen »Wunderrabbis« mit ihren voodooartigen Beschwörungen agitiert worden. Einer von ihnen wurde von seinen fanatischen Anhängern tatsächlich als »noch unerkannter Messias« bezeichnet. Die neue sephardische fundamentalistische Partei, Schass, stellte ihren Wahlkampf unter das Motto: »Eine Sephardin, die die Thora küßt, ist mehr wert als vierzig [vermutlich aschkenasische] Professoren, die lehren, daß der Mensch vom Affen abstammt.« Der Wahlerfolg von Schass läßt die Vermutung zu, daß das Erstarken des religiösen Fundamentalismus in Israel ähnlich begründet werden kann wie das Erstarken des fundamentalistischen Islam in den arabischen Nachbarstaaten: mit zunehmender Politikverdrossenheit. Die traditionellen Pole Rechts-Links überzeugen nicht mehr; beide scheinen unfähig, grundlegende politische und wirtschaftliche Probleme zu lösen. Das gängige Vokabular ethnischer Ressentiments und ethnischer Selbstbehauptung in Israel scheint dieser Desillusionierung Vorschub geleistet zu haben. Dreißig Jahre nach dem Ende der Masseneinwanderung nach Israel fühlen sich die Neuankömmlinge und ihre Kinder nicht mehr an den politischen Konsens gebunden, dessen Gefangene sie lange Zeit gewesen sind. Ihre eigenen Vorstellungen wirken sich wie nie zuvor auf die politische Kultur aus. Der religiöse Fundamentalismus ist auch in anderen Ländern ein Massenphänomen, etwa in den Vereinigten Staaten, doch in Israel mit seinem besonderen Wahlrecht sind die Fundamentalisten oft in der Lage, der Regierungspartei ihren Willen aufzuzwingen. Die angesehene Tageszeitung *Haaretz* veröffentlichte einen Artikel, demzufolge überall in Israel Chassidismus, Astrologie, Gräberkult und Kabbalismus blühen. Dieselbe Zeitung (sie nennt sich »Blatt für kluge Köpfe«) hält es gleichwohl für angebracht, eine regelmäßige Horoskopecke zu bringen. Angesichts der jüngsten Wahlergebnisse darf man vermuten, daß Israel sich anschickt, ein Land der dritten Welt zu werden. Shiva Naipaul schrieb, daß der Prozeß, Teil der dritten Welt zu werden, ein psychologischer Vorgang sei, fast wie eine religiöse Konversion. Dieser Prozeß ist in Israel heutzutage zu spüren.

Nach zweiundfünfzig Tagen ausgefallener Intrigen und Manöver der beiden großen Parteien bildeten die beiden Erzfeinde schließlich wieder eine große Koalition, mit Yitzhak Schamir als Ministerpräsident und Schimon Peres als Finanzminister. Die Regierungsbildung spiegelt eine neue und vielleicht ausgleichende Kraft in der israelischen Politik wider – den Einfluß der amerikanischen Juden. Bislang hatten die amerikanischen Juden im großen und ganzen die Politik jeder israelischen Regierung unterstützt. Nach den Novemberwahlen konnte davon nicht mehr die Rede sein.

Likud oder Arbeitspartei hätten jeweils eine eigene, wenngleich instabile, kleine Koalition bilden können, und beide machten deutlich, daß ihnen das am liebsten gewesen wäre. Beide Parteien waren mit dem Koalitionskabinett von 1984–88 mehr als unzufrieden. Die religiösen Parteien zeigten sich bereit, einer solchen Regierung beizutreten, je nachdem, wer ihnen am meisten versprach. Ihre Hauptforderung bestand darin, das berühmte Rückkehrgesetz so umzuschreiben, daß es nur für orthodoxe Juden gelten sollte, insbesondere also von konservativen oder Reformrabbinern vollzogene Glaubensübertritte nicht anerkannt würden. Schamir hatte sich schon schriftlich bereit erklärt, die vorgeschlagene Änderung durchs Parlament zu bringen, und Peres war im Begriff, eine ähnliche Zusage zu geben. Beide wurden durch einen Proteststurm amerikanischer Juden davon abgehalten. Massenhaft fielen prominente amerikanische Juden in Jerusalem ein: diverse Würdenträger, die alle möglichen Organisationen vertraten, bedeutende Sponsoren, Rabbis und Sprecher der einflußreichen jüdisch-israelischen Lobby in Washington. Sie alle wiesen eindringlich darauf hin, daß Israel sich selbst irreparablen Schaden zufügen werde, falls die beabsichtigte Gesetzesänderung beschlossen würde. So etwas hatte es noch nie gegeben. Förderer des United Jewish Appeal und Inhaber von israelischen Staatsobligationen drohten, ihre jährliche Unterstützung einzustellen oder zumindest erheblich zu kürzen. In diesen Chor stimmte auch der israelische Botschafter in Washington ein, der nach Jerusalem meldete, daß Israel Gefahr laufe, seine besten Freunde zu verlieren, nicht nur innerhalb der jüdischen Gemeinde, sondern auch im Kongreß.

Angesichts der beispiellosen Schärfe dieser Proteste und Drohungen war die Bildung einer neuerlichen großen Koalition quasi unumgänglich. Zum ersten Mal in der Geschichte Israels hatten sich die amerikanischen Juden offen und erfolgreich in die israelische Politik eingemischt. Ein Kolumnist von *Haaretz* schrieb spöttisch, daß »Max und Morris« die Gestalt der neuen israelischen Regierung diktiert hätten (eine Anspielung auf Max Fisher, den ehemaligen Präsidenten des Council of Jewish Federations and Welfare Funds, und Morris Abram, den Vorsitzenden der Conference of Presidents of Major American Jewish Organizations, die beide protestierend nach Jerusalem geeilt waren). Ein anderer Kolumnist prophezeite in *Haaretz* – mit etwas Wunschdenken vielleicht –, daß dies nicht das Ende der Intervention sei, sondern daß amerikanische Juden hinfort versuchen würden, die israelische Politik auch in puncto Territorien und Friedensgespräche zu beeinflussen.

Peres' und Schamirs Entschluß, abermals eine große Koalition zu bilden, stand unter dem Eindruck der plötzlichen amerikanischen Annäherung an die PLO. So konnten Schamir und Peres argumentieren, daß dies nicht der Zeitpunkt sei, Israels Hauptstütze, die USA, zu verärgern. Wenn man die amerikanischen Juden nicht zutiefst beleidigen wollte, blieb nur eine Neuauflage der Koalition. Peres wurde Verrat an seinen Wählern vorgeworfen, weil er eine Regierung mit denjenigen bilde, die er kurz zuvor noch als »Mörder des Friedens« bezeichnet hatte. Er verteidigte sich mit dem Hinweis, daß er niemanden verrate, sondern bloß den Likud vor seinen schlimmen Impulsen bewahren wolle.

Vor den Wahlen war Peres wie ein zweiter Mendès-France oder de Gaulle aufgetreten, der sein Land aus einer hoffnungslosen kolonialen Sackgasse führen wollte. Nach den Wahlen siegte die Politik des Karrierismus über die Politik der Ideen innerhalb der alternden, politisch abgenutzten Elite der Arbeitspartei, die seit 1977 vier aufeinanderfolgende Wahlniederlagen hatte hinnehmen müssen. Peres willigte demütig ein, sein Amt als Außenminister aufzugeben und sich Schamir als Finanzminister zur Verfügung zu stellen. Das beeinträchtigte seine Position in der eigenen Partei und im ganzen Land. Der starke Mann in der Arbeitspartei ist nun sein alter Rivale Yitzhak Rabin – ein Mann, dessen Aufgabe es war, den Aufstand niederzuschlagen; politisch und gefühlsmäßig steht er Schamir viel näher als Peres. Peres ist nie ein charismatischer Führer gewesen. In seiner langen politischen Karriere hat er oft unter einem Glaubwürdigkeitsproblem gelitten. Nach seiner jüngsten Volte dürfte sich das eher noch verstärkt haben.

In der vorangegangenen großen Koalition hatten sich die beiden Parteien in allen Fragen hinsichtlich Frieden und Krieg meist gegenseitig blockiert. Die neue große Koalition war fast eine Kopie der alten. Im alten Kabinett hatten sich Peres und Schamir im Amt des Ministerpräsidenten abgelöst. Das neue Kabinett wird allein von Yitzhak Schamir geführt. Schamir ist ein alter Hardliner. Sein Hauptziel ist die Aufrechterhaltung der israelischen Kontrolle über die besetzten Gebiete. Ob von dieser neuen Regierung überhaupt neue Friedensinitiativen ausgehen können, ist eine offene Frage, ihre Reaktion auf die jüngsten palästinensischen Schritte ist allerdings eindeutig. Schamir bezeichnete Arafats Gewaltverzicht als »riesengroße Lüge« und seine Anerkennung von Israel als »teuflischen Plan«, Israel etappenweise zu vernichten. Peres' Ablehnung war weniger drastisch, aber genauso entschieden. Ein paar Hinterbänkler der Arbeitspartei sprachen sich für Verhandlungen mit der PLO aus, desgleichen bekannte Journalisten, Künstler und Intellektuelle. Der Schriftsteller Amos Oz meinte, daß Arafats Anerkennung nicht nur keine Bedrohung, sondern im Gegenteil ein großer Sieg für Israel sei. Schlomo Gazit, Ex-General und ehemaliger Chef des militärischen Geheimdienstes, erklärte, daß er als Ministerpräsident Arafat sofort einladen würde, zu Gesprächen nach Jerusalem zu kommen, so wie Sadat 1977 gekommen war. Der ehemalige Außenminister Abba Eban begrüßte die amerikanische Entscheidung, mit der PLO zu sprechen, und spottete über die Ansicht der Regierung, ein palästinensischer Staat könne Israel militärisch bedrohen. Das sei »blanker Unsinn«. Die achttausend Soldaten der PLO könnten ein Israel nicht bedrohen, das über »540000 Soldaten, 3800 Panzer, 682 Kampfbomber, Tausende von Artillerieeinheiten und erstaunliche elektronische Möglichkeiten« verfüge. Doch das waren politisch bedeutungslose Ansichten einer Minderheit. Eban gehört der Knesset nicht mehr an. Daß er von der Arbeitspartei nicht mehr nominiert wurde, hat wohl mit seinen Ansichten zu tun.

Die offiziellen »Leitlinien« der neuen Regierung machten deutlich, daß an eine Aufnahme von Gesprächen mit Arafat vorerst nicht zu denken ist. Sie wiederholten die strikte Weigerung von Peres und Schamir, mit der PLO zu verhandeln oder die Errichtung eines palästinensischen Staates zu dulden. Als einzig legitimer Verhandlungspartner wurde Jordanien bezeichnet. Die Regierung will nur mit lokalen Palästinensern, nicht mit der PLO sprechen. Den Palästinensern in den besetzten Gebieten wurde lediglich angeboten, »an der Gestaltung ihrer Zukunft mitzuwirken«, ein Angebot, das in dieser Form natürlich auf Ablehnung stoßen mußte. Schamir und Peres haben vage angedeutet, daß in den besetzten Gebieten Wahlen abgehalten werden könnten. Allerdings unter der Voraussetzung, daß der Aufstand zuvor beendet würde. Es klang wie die klassische Verschmelzung von Illusion und Tragödie, die seit Algerien nur allzu bekannt ist. Während einer Rebellion gelten Verhandlungen immer als Zeichen von Nachgiebigkeit, das um jeden Preis zu vermeiden ist. Aber sobald die Ordnung wiederhergestellt ist, besteht keine Notwendigkeit mehr, miteinander zu sprechen, und so weiter und so fort, bis es irgendwann zu spät ist. Ist es schon zu spät? Zur Zeit deutet alles auf Stillstand.

Frieden jetzt!

1990

Edward Gibbon schrieb, daß Jerusalem seinen Ruf von der Zahl und Bedeutung seiner »denkwürdigen Belagerungen« herleite. Gibbon war nicht der erste und auch nicht der letzte, der sich fragte, wie Jerusalem in den Vorstellungen dreier Religionen jemals die sprichwörtliche Stadt des Friedens werden konnte. Die meiste Zeit ist Jerusalem eine Stadt von Zwist und Hader gewesen. Rings um den historischen Kern, die sogenannte Altstadt mit ihren heiligen Stätten – den berühmten Synagogen, Kirchen und Moscheen – und ihren überdachten Basaren, vollgestopft mit dem religiösen und patriotischen Kitsch zweier Nationen, liegt heute eine moderne Stadt, in der etwa hundertfünfzigtausend Palästinenser und dreihunderttausend Israelis leben.

Die düstere mittelalterliche Stadtmauer – nach der Eroberung der Altstadt im Sechs-Tage-Krieg 1967 von der israelischen Regierung eifrig restauriert – starrt von Zinnen, Bastionen, Grabenböschungen und Sondereinheiten der Polizei, die, bewaffnet mit Maschinenpistolen und Sprechfunkgeräten, ständig Ausschau halten nach palästinensischen Terroristen. Ausgerechnet hier kam es im letzten Dezember zu einem Ereignis, das viele Teilnehmer in Staunen versetzte. Es war an einem schönen Samstagnachmittag zwischen Chanukkah und Neujahr. Wieder einmal war eine Friedensinitiative im scheinbar unbeweglichen Sand des Nahen Ostens festgefahren. Doch an diesem Tag hielten sich rund dreißigtausend Israelis und Palästinenser etwa eine Stunde lang an den Händen, bildeten eine fast fünf Kilometer lange Menschenkette um die Altstadt und riefen »Wir wollen Frieden! Wir wollen Frieden!«

So etwas hatte Jerusalem in seiner langen Geschichte religiösen und ethnischen Streits noch nicht erlebt. Es war die größte Demonstration in der Geschichte der Stadt und die erste Massenkundgebung, zu der sich Araber und Israelis gemeinsam zusammenfanden. Jerusalem war in den letzten Jahren wieder eine unsichere Stadt wie Belfast geworden. Nie waren Angst und Haß stärker gewesen als in den zweieinhalb Jahren seit Beginn des palästinensischen Aufstands. Es war ein überwältigender Anblick, wie Tausende von Arabern und Juden, erfüllt von einer gemeinsamen Sache, plötzlich einander die Hand reichten. Das Wetter war ungewöhnlich schön für die Jahreszeit, wie in einem jener altmodischen Romane, in denen die Stimmung am Himmel die Atmosphäre auf der Erde zu spiegeln scheint. Die Berge und Täler der Umgebung, die noch heute unter ihren alten gespenstischen Namen – Berg des bösen Rates, Berg des Ärgernisses, Höllental – bekannt sind, leuchteten in der Wintersonne, und im weichen Licht zeichnete sich scharf, wie auf einem Stich, die Stadtmauer ab. Dahinter ragten die Kuppeln und Türme der Altstadt auf, wo die Heiligtümer ineinander übergehen und die Extreme aller Glaubensrichtungen und Nationalitäten einander schneiden, aber nie begegnen. (»Jerusalem«, schrieb Mukaddasi, der arabische Geograph aus dem zehnten Jahrhundert, »gleicht einem goldenen Becken voller Skorpione.«) Überall standen Palästinenser und Israelis, Hand in Hand, und sagten »Wir werden in Frieden leben«. Menschen aller Schichten und aller Altersgruppen waren gekommen; alte Ehepaare, die sich Olivenzweige ans Revers gesteckt hatten, Studenten und Professoren von der Hebräischen Universität in Jerusalem und von der Palästinensischen Universität in Bir Zeit; muslimische Ulema, Reformrabbiner und Geistliche der griechischen und syrisch-orthodoxen Kirche, sowie ein paar hundert Italiener, Holländer und Franzosen, die in einem eigens hierzu gecharterten Flugzeug nach Jerusalem gekommen waren. Bunte Luftballons mit der Parole »1990: Zeit für den Frieden« auf hebräisch, arabisch und englisch flogen durch die Luft. Jugendliche trugen weiße T-Shirts mit Buttons, auf denen *Schalom* und *Salam* stand. Manche hielten Plakate, auf denen zur friedlichen Koexistenz von »Zwei Staaten für zwei unabhängige Völker« aufgerufen wurde. Über Lautsprecher erklang israelische und palästinensische Volksmusik. In einer Stadt, die wie kaum eine andere von ihrer Vergangenheit verfolgt und von den Dämonen des nationalistischen und religiösen Extremismus vergiftet wird, war diese gemeinsame Friedensdemonstration ein geradezu unglaublicher Anblick. Die Ordnungskräfte waren aus diesem Anlaß verdoppelt worden – offenbar ging man davon aus, daß in einer Stadt wie Jerusalem nichts gefährlicher sei als Frieden. Etwa eine Woche zuvor hatten israelische Politiker der Rechten behauptet, daß es sich um eine subversive Veranstaltung handle, die von terroristischen Organisationen im Ausland finanziert und durchgeführt werde. Auch die Regierung betrachtete die Demonstration überaus skeptisch, war aber nicht fähig oder nicht willens, sie zu verbieten. So standen der Menschenkette alle zehn, zwanzig Meter bewaffnete Polizisten gegenüber.

Die Demonstration verlief ruhig und ohne Zwischenfälle, bis kurz vor Schluß arabische Jugendliche vor dem Herodestor, an der nordöstlichen Ecke der Altstadt, durch »Skandieren nationalistischer Parolen« (wie die Polizei erklärte) für Unruhe sorgten. Die Polizei war die ganze Zeit nervös gewesen und hatte sich, wie später in der Presse berichtet wurde, den Teilnehmern gegenüber offen feindselig verhalten. *Haaretz* berichtete in der darauffolgenden Woche, daß die Ordnungskräfte »von Anfang an nicht defensiv, sondern offensiv« gewesen seien. Die Polizisten seien nicht, wie sonst üblich in solchen Situationen, mit Schilden, sondern mit Gewehren und Pistolen angerückt. Als die Jugendlichen anfingen, »palästinensische« Parolen zu rufen, kam es seitens der Polizisten zu einer Überreaktion. Sie gingen mit Tränengas, Wasserwerfern und Schlagstöcken nicht nur gegen die brüllenden Teenager vor, sondern gegen große Teile der Menschenkette. An einer Stelle am nördlichen Abschnitt der Stadtmauer sah ich Polizisten mit Gummigeschossen auf eine Gruppe von älteren Männern und Frauen schießen, die »Wir wollen Frieden« riefen. Andere Teile der langen Menschenkette bekamen gar nicht mit, was zwischen Herodestor und Damaskustor passierte. Dort waren zwei-, dreitausend Menschen in Wolken von Tränengas gefangen, umringt von schlagstockschwingender, berittener Polizei. Etwa dreißig Personen erlitten Verletzungen. Eine Italienerin, die die Demonstration von der Eingangshalle eines nahe gelegenen Hotels aus verfolgte, verlor offenbar durch Glassplitter ein Auge, als Plastikgeschosse oder Wasserwerfer eingesetzt wurden. Und ein italienisches Mitglied des Europäischen Parlaments wurde später im Fernsehen mit den Worten zitiert, daß man sich, wenn ausländische Besucher so behandelt würden, leicht vorstellen könne, wie brutal die Polizei gegen die eigenen Leute vorgehe.

Die Menschenkette um die Altstadt war das geistige Kind einer israelischen Bürgerbewegung mit Namen »Frieden Jetzt« [*Schalom Achschav*]. Dies ist nicht die einzige außerparlamentarische Protestbewegung in Israel, es gibt heute mindestens zwei Dutzend. Aber sie ist die älteste und die weitaus größte, verwurzelt in den traditionellen Eliten der israelischen Gesellschaft. Inzwischen zwölf Jahre alt, kennt sie noch immer keine offizielle Mitgliedschaft und hat erst vor kurzem ein paar junge

Leute als feste Mitarbeiter eingestellt. Ihren stärksten Rückhalt hat die Bewegung an den Universitäten, unter Künstlern, in den Kibbuzim, den Medien, unter Reservisten und in den großen Städten unter der Mittelschicht europäischer Herkunft. *Frieden Jetzt* wurde 1978 ins Leben gerufen, wenige Monate nach dem dramatischen Besuch des ägyptischen Präsidenten Anwar Sadat in Jerusalem. Es begann nicht mit einer offiziellen Gründung, sondern indirekt mit einem offenen Brief von rund dreihundertfünfzig israelischen Reserveoffizieren an Ministerpräsident Menachem Begin. Diese Männer leisteten regelmäßig ihren sechswöchigen Reservedienst, nicht selten in Eliteeinheiten, und einige waren Träger der höchsten Tapferkeitsmedaillen. In ihrem Brief warnten sie den Ministerpräsidenten davor, noch mehr israelische Siedlungen in den seit 1967 besetzten Gebieten zu gründen, da dies die historische Chance, die Sadats Initiative für eine Lösung des hundert Jahre alten Konflikts zwischen Juden und Arabern biete, zunichte machen könne. Sie erklärten, daß ihnen ein kleines Israel, das mit seinen Nachbarn in Frieden lebe, lieber sei als ein »Groß-Israel«, das ständig Krieg führe. Jede andere Politik werde in ihnen, Staatsbürgern und Soldaten, »Zweifel an der Gerechtigkeit unserer Sache« erwecken. Und weiter: »Wahre Sicherheit kann es nur im Frieden geben. Die wahre Stärke der israelischen Armee erwächst aus der Identifikation des Bürger-Soldaten mit der Politik des Staates.«

Der Appell war als einmalige Aktion gedacht. Er wurde in der Presse sofort als »Brief der Offiziere« bekannt und löste in einem Land, das in Sicherheitsfragen traditionell konformistisch ist, einen Sturm der Empörung aus. Mitglieder der Regierung beschimpften die Unterzeichner sofort als »Verräter« (Innenminister Josef Burg), als »primitive Leute« (Mosche Arens, heute Außenminister) und als »bezahlte Söldner der CIA« (Ronni Milo, heute Minister für Arbeit und Soziales). Simha Ehrlich, Begins Finanzminister, warf den Offizieren vor, sie planten einen »Staatsstreich«. Ein Knesset-Abgeordneter beschuldigte sie, den »Friedensvirus« in der Gesellschaft zu verbreiten. Eldad Scheib, ein bekannter Rechtsintellektueller, kritisierte den »modischen Trend zum Jetzt«, für ihn ein Zeichen narzißtischer Dekadenz, da wahre innere Zufriedenheit den Aufschub von Befriedigung voraussetze.

Begrüßt wurde der Brief der Offiziere dagegen vom ehemaligen Außenminister Abba Eban und der ehemaligen Ministerpräsidentin Golda Meir. Die anschließende Debatte führte fast unbeabsichtigt zu einer Massenbewegung, ohne Posten und Pöstchen und ohne bezahlte

Angestellte – einer lautstarken, oft unübersehbaren außerparlamentarischen Organisation mit einer bemerkenswerten Fähigkeit, die Öffentlichkeit anzusprechen. Ministerpräsident Begin gestand einmal, daß er, als die Friedensverhandlungen in Camp David stockten, was oft vorkam, sich der Demonstranten zu Hause erinnert habe. Tausende hatten ihn mit Transparenten, auf denen »Geh in Frieden und komm zurück in Frieden« stand, auf dem Flughafen verabschiedet. »Ich habe oft an sie denken müssen«, sagt er.

Frieden Jetzt wurde zwar von einer Gruppe junger Reserveoffiziere in Gang gesetzt – durchweg Männer in den Zwanzigern, Anfang Dreißig –, doch bald kamen ältere, aber auch jüngere Männer und Frauen hinzu. Bald waren es mehr Frauen als Männer. Getragen wurde die Bewegung ausschließlich von eigenen Spenden, und sie hatte nur ein einziges Ziel – den Frieden. Man glaubte, daß nach vier arabisch-israelischen Kriegen Frieden nicht nur mit Ägypten erreichbar sei, sondern auch mit Jordanien und den Palästinensern, wobei der Preis in der Bereitschaft bestand, sich aus den seit 1967 besetzten Gebieten zurückzuziehen. Zehntausende kamen zu den ersten Demonstrationen und Kundgebungen von *Frieden Jetzt*. Der Höhepunkt war 1982, als vierhunderttausend Menschen, ein Zehntel der gesamten israelischen Bevölkerung, zu einer Kundgebung vor der Stadthalle von Tel Aviv erschienen, um gegen das Massaker von Sabra und Schatila zu protestieren. Die Regierung hatte es abgelehnt, das Massaker durch eine Kommission untersuchen zu lassen – und Ministerpräsident Begin begründete das so: »Wenn Gojim Gojim umbringen, dann kommen sie und hängen die Juden.« Nach der Großkundgebung lenkte die Regierung ein. Eine offizielle Kommission stellte fest, daß Verteidigungsminister Ariel Scharon indirekt für das Massaker verantwortlich war. Scharon mußte gehen.

Frieden Jetzt wurde in Jerusalem gegründet und hat noch immer seinen Mittelpunkt dort, weil dort die wichtigsten Aktivisten wohnen. Das ist sicher kein Zufall. Anders als Tel Aviv, Israels größte Stadt am Mittelmeer, ist Jerusalem eine gemischt israelisch-palästinensische Stadt, und sie liegt direkt im Zentrum des Wirbelsturms. In der Küstenebene sind die meisten Israelis noch immer kaum betroffen vom arabisch-israelischen Konflikt. In Jerusalem ist es unmöglich, ihm zu entgehen. Nach der Libanon-Invasion hielten *Frieden-Jetzt*-Aktivisten monatelang eine ständige Mahnwache vor Begins Amtssitz in der Balfour Street, um gegen das fortdauernde Blutvergießen zu demonstrieren und den sofortigen Rückzug aller israelischen Truppen zu verlangen. Jeden Tag hielten sie große Schilder in die Höhe, auf denen die aktuelle Zahl der israelischen Verluste stand. Die Zahl wurde immer größer. Begin kam mehrmals am Tag an diesen Schildern vorbei. Er konnte sie unmöglich übersehen. Bald nachdem die Ziffer fünfhundert überschritten war, trat Begin zurück. Er hat seine Entscheidung nie begründet, aber es heißt oft, daß die Mahnwache mit ihren düsteren Zahlen dazu beigetragen habe. (Begin sitzt, offenbar in tiefen Depressionen versunken, seit 1983 hinter verschlossenen Fensterläden. Er geht nicht mehr aus dem Haus und redet oder telefoniert mit niemandem außer seinen engsten Verwandten und Freunden.)

Außerparlamentarische Bewegungen sind meist kurzlebig. Die relative Langlebigkeit von *Frieden Jetzt* ist oft kommentiert worden. Sie reflektiert ein ausgeprägtes Unbehagen in einem Land, in dem der politische »Konsens« seit Jahren fetischisiert wird. Abba Eban hat Konsens einmal definiert als das, was »viele Menschen im Chor sagen, als Individuen aber nicht glauben«. Außerparlamentarische Protestbewegungen gibt es auch im rechten Spektrum, aber sie sind klein. Der Rückgriff auf außerparlamentarische Initiativen sowohl von links als auch von rechts ist vielleicht das Ergebnis eines Defekts in einem politischen System, das keine eindeutigen Mehrheiten produziert und in dem über die wichtigsten Themen doppelzüngig diskutiert wird, da die beiden großen Parteien dazu neigen, sich den Profit der Macht in großen Koalitionen zu teilen. Professor Lehman-Wilzig von der Bar-Ilan-Universität hat kürzlich darauf hingewiesen, daß die Zahl der Demonstrationen in Israel seit 1960 um das Fünffache gestiegen ist. Dies, schreibt er, sei damit zu erklären, daß es für den Bürger »keine andere Möglichkeit gibt, seine Meinung gegenüber dem Staat kundzutun«.

Die kritischsten Tage für *Frieden Jetzt* kamen bald nach dem Libanonkrieg; im Februar 1983 wurde einer der führenden Aktivisten, der junge Student Emil Grunzweig, von einer Handgranate getötet, die ein rechtsextremistischer Fanatiker in Jerusalem in eine Friedensdemonstration warf. Der Mörder wurde gefaßt und zu lebenslänglicher Haft verurteilt. »Uns war immer klar, daß wir einen Preis bezahlen müssen«, sagte mir Tsali Reschef, der 1978 den offenen Brief der Offiziere mitformuliert hatte und heute als Rechtsanwalt in Jerusalem tätig ist. »Aber wir wußten nicht, daß es ein Menschenleben sein würde.« Grunzweigs Tod radikalisierte die Bewegung. Der höfliche, fast schüchterne Ton des offenen Briefes machte einer energischeren Sprache Platz. Die Demonstranten protestierten nun gegen die wahllosen Luftangriffe auf libanesische Ziele. *Frieden Jetzt* war immer gegen den Ausbau jüdischer Siedlungen auf der besetzten West Bank und im Gazastreifen gewesen; jetzt wandte sich die Bewegung immer mehr gegen die steigende Zahl von Menschenrechtsverletzungen in den besetzten Gebieten. *Frieden Jetzt* protestierte gegen die Praxis der Vorbeugehaft ohne Gerichtsurteil und gegen die Verhängung von Kollektivstrafen, deren brutalste so aussieht, daß die Wohnhäuser von verdächtigen Personen noch vor ihrem Prozeß gesprengt werden. »Seid nicht selbstzufrieden! Steht nicht abseits!« wurden die Israelis auf Flugblättern und Plakaten ermahnt. »Die Zerstörung von Wohnhäusern ist eine barbarische Bestrafung«, erklärte mir Galia Golan, Slawistin an der Hebräischen Universität und altgediente *Frieden-Jetzt*-Aktivistin. »Vorbeugehaft ohne Gerichtsurteil ist genauso schlimm. Mitten in der Nacht wird man aus dem Bett gerissen. Man bekommt eine Kapuze über den Kopf gestülpt und wird abtransportiert. Man landet in einer überfüllten Zelle, wird dort auf unbestimmte Zeit festgehalten, ohne daß Anklage erhoben wird, ohne daß es zu einem Prozeß kommt, ohne daß man überhaupt erfährt, was einem zur Last gelegt wird.«

Noch bevor die PLO sich 1988 vom Terrorismus lossagte und Israel anerkannte, hatte *Frieden Jetzt* das Recht des palästinensischen Volkes auf eine »nationale Existenz« generell unterstützt. Nach November 1988 wurde Israel aufgefordert, »mit den Palästinensern *jetzt* über *Frieden* zu sprechen« und der Errichtung eines palästinensischen Staates neben dem Staat Israel zuzustimmen. Fast hunderttausend Demonstranten nahmen an der Kundgebung in Tel Aviv teil, bei der dieser Appell an die Öffentlichkeit gerichtet wurde. »Laßt uns jetzt einen anderen Weg einschlagen«, hieß es in einem Aufruf, für den kürzlich in ganz Israel Unterschriften gesammelt wurden. »Die gewaltsamen Zwischenfälle in den besetzten Gebieten beweisen, daß nur eine politische Lösung [mit den Palästinensern] uns von dem Teufelskreis der Gewalt befreien wird – dem Ergebnis unserer fortdauernden Herrschaft über anderthalb Millionen Palästinenser. Laßt uns jetzt handeln, ehe es zu spät ist.« Das Vorhaben, palästinensische Arbeiter aus den besetzten Gebieten zu zwingen, in Israel eine Erkennungsmarke zu tragen, wurde von *Frieden-Jetzt*-Anhängern unterlaufen, die damit drohten, selbst solche Marken zu tragen. Im letzten Herbst hielten *Frieden-Jetzt*-Aktivisten eine Mahnwache vor dem Wohnsitz von Ministerpräsident Yitzhak Schamir,

um gegen die täglichen Todesopfer in den besetzten Gebieten zu protestieren. Wie schon 1983 wurde eine große Tafel aufgestellt, diesmal
mit der aktuellen Zahl der Palästinenser, die von israelischen Soldaten
in den besetzten Gebieten erschossen worden waren. (Ende 1989 waren
es, nach Angaben des israelischen Informationszentrums für Menschenrechte in den besetzten Gebieten, sechshundertneun Personen, die seit
Beginn der Intifada von israelischen Soldaten erschossen worden sind,
darunter hundertsechsunddreißig Kinder, davon vierzig unter zwölf
Jahren.)

»Auf der West Bank und in Gaza befindet sich Israel in der klassischen
Situation einer Kolonialmacht«, meinte Avischai Margalit, Philosophieprofessor an der Hebräischen Universität und Mitglied der gegenwärtigen Führung von *Frieden Jetzt*. »Wir müssen mit den Palästinensern
Frieden schließen und uns so schnell wie möglich von dort zurückziehen.« Einen Tag vor meinem Gespräch mit Margalit hatte Ministerpräsident Schamir erklärt, er sei bereit, mit jedermann zu reden, selbst mit
dem Teufel, aber nicht mit Leuten von der PLO. »Über Frieden verhandelt man mit seinen Feinden«, sagte Margalit. »Sonst bestünde dafür
ja keine Notwendigkeit. Statt die Legitimation der PLO anzuzweifeln,
sollten wir ihre Aufrichtigkeit auf die Probe stellen.«

Zu den bedeutendsten Sprechern von *Frieden Jetzt* gehörten in den
letzten Jahren einige der bekanntesten Schriftsteller des Landes (Amos
Oz, A. B. Yehoschua), ehemalige Luftwaffengeneräle, prominente
Schauspieler und Schauspielerinnen (u. a. Hanna Maron, Opfer des palästinensischen Terroranschlags, der 1970 auf die Passagiere eines israelischen Flugzeugs in München-Riem verübt wurde), ein ehemaliger
Generaldirektor des Außenministeriums, ein Präsident der National-
akademie und ein Präsident des Weizmann-Instituts. Der Bewegung
haben sich einige der bekanntesten Professoren angeschlossen, darunter
die Wirtschaftswissenschaftler Michael Bruno, heute Gouverneur der
Bank von Israel, und Yoram Ben Porath, heute Rektor der Hebräischen
Universität. Ben Porath schrieb einige der bekanntesten Pamphlete und
Appelle von *Frieden Jetzt*. Abba Eban, der große alte Mann der israe-
lischen Diplomatie, hat in den Vereinigten Staaten Spendengelder für
Frieden Jetzt gesammelt. Vor ein paar Jahren schlugen Eban und eine
Gruppe europäischer und israelischer Parlamentarier *Frieden Jetzt* für
den Friedensnobelpreis vor. »*Frieden Jetzt* ist sehr wichtig«, sagte mir
Eban kürzlich. »Die Bewegung sorgt dafür, daß in Israel ein gewisses

Maß an Vernunft erhalten bleibt ... Sie hat überall dort laut ihre Stimme erhoben, wo die Arbeitspartei [Ebans eigene Partei] wegen Kurzsichtigkeit und Unentschlossenheit versagt.« Die Führer der Arbeitspartei, meint Eban, ähneln Hamlet, »abgesehen von ihrer Sprache«. Sie seien wie Molières Don Juan, der vielen Frauen die Ehe verspricht, sich aber von keiner festlegen lassen will, und sie folgten »eher dem Trommelschlag des politischen Opportunismus als der Stimme des Gewissens«.

In den Vereinigten Staaten wurde *Frieden Jetzt* unter anderem von Saul Bellow und dem Wirtschaftswissenschaftler Kenneth Arrow wärmstens begrüßt. Inzwischen gibt es einige Freundeskreise in den USA und in mehreren europäischen Ländern. Kürzlich sprach ich mit Mark Rosenblum, einem Historiker am Queens College, der etwa zwanzig dieser Gruppen in den USA und Kanada koordiniert. »In unseren Veröffentlichungen machen wir den Führern von jüdischen Organisationen in Amerika deutlich, daß sie durch Kritik Israel eher helfen als durch Nicht-Kritik«, sagte er. Als die ersten Freundeskreise in Amerika gegründet wurden, bekam Mr. Rosenblum so viele Drohbriefe von militanten Aktivisten der Jewish Defense League und anderen Fanatikern, daß er sich ein Gerät zum Durchleuchten seiner Post anschaffen mußte. Er verwies auf jüngste Meinungsumfragen, wonach inzwischen sechsundsiebzig Prozent der Führer jüdisch-amerikanischer Organisationen für einen israelischen Rückzug aus den besetzten Gebieten als Gegenleistung für Frieden sind, dreiundsiebzig Prozent Verhandlungen mit der PLO unterstützen und dreiundfünfzig Prozent die Errichtung eines palästinensischen Staates gutheißen würden.

Als Allen Ginsberg 1988 zu einer Lesereise nach Israel kam, mußte er immer wieder sein 1974 entstandenes Gedicht *Schlacht zwischen Jahwe und Allah* vortragen. Einmal las er es auf einer *Frieden-Jetzt*-Kundgebung in Tel Aviv, zu der achtzigtausend Menschen gekommen waren. Viele fanden, daß das Gedicht, kurz nach dem Yom-Kippur-Krieg geschrieben, die Tragik und den Wahnsinn der Gegenwart noch immer gut zum Ausdruck brachte:

Jahwe mit Atombombe
Allah schneidet Ungläubigen die Kehle durch ...
HITLER UND STALIN SCHICKEN MICH HER!
WEIZMANN & BEN GURION SCHICKEN MICH HER!
NASSER & SADAT SCHICKEN MICH HER!

ARAFAT SCHICKT MICH HER!
DER MESSIAS SCHICKT MICH HER!
GOTT SCHICKT MICH HER!
Buchenwald schickt mich her! Vietnam schickt mich her!
Mylai schickt mich her! Lidice schickt mich her!
Meine Mutter schickt mich her!
Ich bin hier in Israel geboren, bin Araber, beschnitten,
    mein Vater hatte ein Kaffeehaus in Jerusalem,
Eines Tages kamen die Soldaten & sagten, ich soll die
    Straße hinuntergehen, mit erhobenen Händen,
Fortgehen, mein Haus, Geschäft für immer verlassen! ...
JAHWE UND ALLAH SCHICKEN MICH HER!

Frieden Jetzt ist in den letzten Jahren zwar radikaler geworden, aber noch immer keine Protestbewegung der Art, wie sie in Amerika während des Vietnamkrieges entstand. Sie ist gegen die Politik der Regierung, aber ihre Aktivisten verbrennen keine Einberufungsbefehle und keine israelischen Fahnen. Sie bezeichnen sich mit Nachdruck als Patrioten. Sie haben bis jetzt nicht zur Verweigerung des Militärdienstes aufgerufen, obschon einer ihrer prominenten Anhänger, der Historiker Mordechai Bar-On, Oberst der Reserve und ehemaliger Knessetabgeordneter, heute sagt, er habe »Verständnis« und sogar eine gewisse Sympathie für Rerservisten und Rekruten, die lieber ins Gefängnis gehen, als in den besetzten Gebieten auf steinewerfende Kinder zu schießen. Die Zahl solcher Reservisten war Anfang März auf einhundert gestiegen. Einer war fünfmal hintereinander zu einer Gefängnisstrafe verurteilt worden, weil er sich hartnäckig weigerte, seinem Einberufungsbefehl Folge zu leisten. Er war kein »Intellektueller«, sondern von Beruf Masseur. Nach seiner fünften Verurteilung lenkte die Armee ein und versetzte ihn auf Wachdienst außerhalb von Jerusalem. Viele Verweigerer gehören einer anderen Protestbewegung an, die den Namen *Yesch Gvul* trägt (hebräisch: »Es gibt eine Grenze« oder »Genug ist genug«). *Yesch Gvul* bietet juristischen Rat und, mit Unterstützung einer pazifistischen Vereinigung in Berkeley (Kalifornien), auch eine gewisse finanzielle Hilfe. Ein *Yesch-Gvul*-Plakat aus der jüngsten Zeit zeigt eine blutrote Blume auf dem Gesicht eines kleinen Kindes, das auf einem Auge erblindet ist, vermutlich durch die Kugel eines israelischen Soldaten auf der West Bank. Der dazugehörige Text lautet: »Papa, was machst du in den besetzten Gebieten?« und »Bringt die Soldaten heim!«

Amnesty International hat kürzlich einige Mitglieder von *Yesch Gvul* als *Prisoners of Conscience* anerkannt – nicht bloß die überzeugten Pazifisten, sondern auch solche, die wegen »selektiver« oder »partieller« Verweigerung des Militärdienstes verurteilt wurden. Amnesty International stellt heute fest, daß man den Wehrdienst auch aus anderen Gründen als totalem Pazifismus ablehnen kann. Bei einem bestimmten Konflikt oder an einem bestimmten Ort seien politische Motive ebenso legitim.

Die relativ geringe Zahl von Soldaten, die ins Gefängnis gegangen sind, weil sie nicht in den besetzten Gebieten dienen wollten, wird von offiziellen Armeesprechern als Beweis dafür angeführt, daß das Phänomen der »selektiven Verweigerung« unbedeutend sei. Die tatsächliche Zahl der Verweigerer soll jedoch viel höher liegen. Eine kürzlich in der Tel Aviver Tageszeitung *Yediot Aharonot* veröffentlichte Studie machte auf die sogenannte »graue Verweigerung« aufmerksam, die kein Gericht erreicht und nicht an die Öffentlichkeit dringt. Für jeden Verurteilten gebe es zehn »graue Verweigerer«, die mit stillschweigendem Einverständnis sympathisierender Kommandeure den Reservedienst in den besetzten Gebieten verweigern. Und für jeden »grauen Verweigerer« gebe es zehn weitere, die das gleiche Resultat erzielen, indem sie sich krankschreiben lassen oder, sobald sie ihre Einberufung erwarten, für ein paar Tage ins nahe Ausland fahren, nach Zypern etwa oder nach Ägypten. Wie es, im dritten Jahr des palästinensischen Aufstands, um die Stimmung junger Rekruten bestellt ist, kann man auch an der Zahl der Selbstmorde ablesen. 1989 haben sich doppelt so viele Rekruten das Leben genommen wie noch im Jahr zuvor.

Ich habe einen bekannten *Frieden-Jetzt*-Veteranen gefragt, ob er seinen jährlichen Reservedienst in einer Fallschirmjägereinheit leisten werde. Er zuckte mit der Schulter und sagte: »Habe ich eine andere Wahl?«

»In den Gebieten?«

»Bisher war ich nur einmal dort. Ich hoffe, es bleibt dabei.«

»Und wenn Sie wieder einberufen werden?«

»Ich werde versuchen, mich herauszureden. Aber verweigern würde ich wohl nicht. Ich glaube nicht, daß es unserer Sache nützt, den Dienst zu verweigern. Ich werde mich natürlich weigern, Befehle zu befolgen, die offenkundig gesetzwidrig sind – nach den geltenden Vorschriften ist das sogar meine Pflicht. Ich werde versuchen, mich menschlich zu verhalten.«

Yesch Gvul und einige noch radikalere Gruppen – es gibt mindestens sechs – spotten oft über *Frieden-Jetzt*-Aktivisten und kritisieren gelegentlich, daß sie weiterhin in den besetzten Gebieten Militärdienst leisten. Während des Libanonkriegs schimpfte *Yesch Gvul* manchmal über die Männer von *Frieden Jetzt*, die der Ansicht waren, sie müßten als brave, disziplinierte Soldaten nach Beirut marschieren, und schließlich vor Begins Wohnung gegen den Krieg demonstrierten. Simon Avidan, eine legendäre Figur während des Unabhängigkeitskriegs und inzwischen pensionierter General, empfand während des Libanonkriegs Stolz auf die Verweigerer, die der Stimme ihres Gewissens folgten: »Unsere Soldaten sind nicht wie deutsche Soldaten mit ihrem blinden Gehorsam.« Dieses Thema beherrscht noch heute die Diskussion unter den verschiedenen Protestgruppen.

»In dieser Phase werden wir nicht zur Wehrdienstverweigerung aufrufen«, meint Bar-On, der selbst am Libanonkrieg 1982 teilnahm. Bar-On war damals dreiundfünfzig Jahre alt und hatte den Auftrag, prominente ausländische Politiker und Journalisten an der libanesischen Front zu begleiten. »Ich habe ihnen die offizielle Haltung zum Krieg geschildert«, sagte mir Bar-On, »und anschließend erklärt, wie ich die Sache persönlich sah.« Vielleicht kann ein bekannter Pazifist wie Bar-On nur in der israelischen Armee einen solchen Job bekommen. Als das bekannt wurde, warf der Vorsitzende des außenpolitischen und Verteidigungsausschusses der Knesset dem Generalstabschef vor, zugelassen zu haben, daß ein Mann wie Bar-On »die Atmosphäre vergiften« konnte. Von seinem Posten wurde Bar-On jedoch nicht entfernt.

Bar-On erklärte, daß *Frieden Jetzt* in bezug auf Wehrdienstverweigerung eine politische und keine moralische Haltung einnehme. »Wir werden von der Armeeführung, von Politikern und von einem großen Teil der Öffentlichkeit eben deswegen ernst genommen, weil wir das System an sich nicht in Frage stellen. Wenn wir diese Glaubwürdigkeit verlieren, werden wir politisch nichts mehr bewirken können. Wir wollen aber etwas bewirken. Das ist unser Ziel. Außerdem glauben wir nach wie vor an den Grundsatz der Rechtsstaatlichkeit. Wir wollen den Grundsatz der Rechtsstaatlichkeit, an den zu viele Fanatiker hierzulande nicht glauben, nicht noch aushöhlen. Wir sind nach wie vor davon überzeugt, daß sich das politische System letzten Endes unserem Lager nähern wird.« Nach einer kurzen Pause fügte er nachdenklich hinzu: »Wenn ich wüßte, daß morgen zweitausend Reservisten den Dienst in den besetzten Gebieten öffentlich verweigern und sogar einen Prozeß in Kauf nehmen würden, würde ich meine Ansicht vielleicht ändern. Zweitausend öffentliche Verweigerer – das könnte das Ende der Besatzung bedeuten. Zum gegenwärtigen Zeitpunkt wäre jeder Aufruf, den Dienst zu verweigern, nicht nur falsch, sondern auch kontraproduktiv.«

Avischai Margalit drückte den gleichen Gedanken so aus: »Israel ist ein seltsames Land: teils hypermodern, teils extrem rückständig. Eher ein Stamm als ein Staat. Eine Mischpoche. Wir sind Teil dieses Stammes. Wir sind kein Haufen von Ästheten oder Moralaposteln; wir sind in dieser merkwürdigen Gesellschaft verwurzelt. Der Militärdienst hierzulande ähnelt oft dem Initiationsritus eines primitiven Stammes. Die Armee ist einer der wichtigsten Sozialisierungsfaktoren. Wo sonst sieht man ganze Familien, die ihre Kinder zum Musterungsbüro begleiten oder sie einmal wöchentlich mit Lebensmittelpaketen und frischer Unterwäsche im Ausbildungscamp besuchen? Unseren großen Rückhalt haben wir heutzutage in der Armee – unter jungen Rekruten und Reservisten. Natürlich ist es auch wichtig, seine Stimme als moralischer Beobachter zu erheben. Es ist sogar sehr wichtig. Aber wir haben eine andere Aufgabe als etwa Václav Havel in der Tschechoslowakei. Wenn wir die öffentliche Meinung noch nicht so stark beeinflußt haben, wie wir es gern möchten, so heißt das nicht, daß wir morgen nicht schon erfolgreicher sind.«

Frieden Jetzt hat bislang keine »Konfrontationspolitik« betrieben wie Friedensgruppen in anderen Ländern. Demonstrationen werden in der Regel mit der Polizei abgestimmt. Bei den letzten Demonstrationen hieß es, in bezug auf die PLO: »Werft sie nicht ins Gefängnis! Sprecht mit ihnen!« *Frieden Jetzt* ist mit bislang unterschiedlichem Erfolg dafür eingetreten, die Palästinenser, von Begin einst »zweibeinige Tiere« genannt, zu entdämonisieren. Ein amerikanischer Professor, der im letzten Jahr an einer Friedenskundgebung teilnahm, stellte überrascht fest, daß die Demonstranten, die für Gespräche mit der PLO eintraten, israelische Fahnen schwenkten. Seine Überraschung steigerte sich noch, als die Kundgebung mit der Nationalhymne beendet wurde. (Als der achtzehnjährige Sohn eines prominenten *Frieden-Jetzt*-Aktivisten kürzlich wegen eines kleineren Disziplinarvergehens – er hatte vergessen, sich zu rasieren – aus einem der strengen Offizierslehrgänge flog, setzte seine Mutter, die mit hochrangigen Militärs und Politikern befreundet ist, Himmel und Erde in Bewegung, um eine Rücknahme dieser Entscheidung zu erreichen. Der Vorfall warf ein Licht auf die eigentümliche Stellung von *Frieden Jetzt* innerhalb und außerhalb der israelischen Elite – eine Stellung, die zugleich Stärke und Schwäche sein kann.)

Die Gründer des modernen Israel in den zwanziger Jahren dieses Jahrhunderts waren beseelt vom sozialdemokratischen Ethos der Gleichheit zwischen den Geschlechtern. Sechzig, siebzig Jahre später war Israel, ganz im Gegensatz zu gesellschaftlichen Tendenzen in Europa und Amerika, von konservativen, chauvinistischen oder religiös motivierten Vorurteilen erfüllt. Die Gleichberechtigung der Frau ist eine der großen Legenden der israelischen Bewußtseinsindustrie. Die Militarisierung von Gesellschaft und öffentlichem Leben aufgrund des permanenten Kriegszustands hat erheblich zur Erosion des Status von Frauen beigetragen. Auf den Führungsebenen von Wirtschaft und Staat wird bevorzugt, wer sich in der Armee einen Namen gemacht hat. Natürlich gibt es auch Frauen in der Armee – allerdings nicht in der kämpfenden Truppe, sondern eher im Verwaltungs- und Sozialdienst –, aber für sie ist es im Laufe der Zeit immer schwerer geworden, in das politische System einzubrechen oder Führungspositionen in der Wirtschaft zu erreichen. Im letzten Kabinett gab es fünf Ex-Generäle, aber keine einzige Frau. Die Zahl der weiblichen Parlamentsabgeordneten ist von elf Prozent bei der Unabhängigkeit mittlerweile auf 5,8 Prozent gesunken – ein Rekordtief. Nach einer Untersuchung von Naomi Chazan, Professorin für Politische Wissenschaften an der Hebräischen Universität, ist die Einkommensdifferenz zwischen Männern und Frauen im Staatsdienst in den letzten zehn Jahren von zweiundzwanzig auf neunundzwanzig Prozent angestiegen.

Anfangs gab es auch bei *Frieden Jetzt* dieses ausgeprägte Vorurteil beziehungsweise die Angst vor seinen Auswirkungen. Nur Männer – Frontsoldaten und erwiesene Kriegshelden – durften den offenen Brief unterzeichnen oder während der Massenkundgebungen von *Frieden Jetzt* auf der Rednertribüne erscheinen. Nicht nur der Krieg, auch der Frieden war Männersache. Eine Frau namens Yuli Tamir, die an der Universität Tel Aviv Philosophie lehrt, diente zweieinhalb Jahre als Leutnant im militärischen Nachrichtendienst, die meiste Zeit auf einem elektronischen Horchposten in der Nähe des Suezkanals vor und während des Yom-Kippur-Kriegs. Als eine der Initiatorinnen von *Frieden Jetzt* wirkte sie 1978 an der Formulierung des offenen Briefs der Offiziere mit, durfte ihn aber nicht unterschreiben. »Die Männer hätten es furchtbar gefunden, wenn auch eine Frau unterschrieben hätte«, erinnerte sie sich schmunzelnd. »Sie waren überzeugt, daß der Name einer Frau den politischen und moralischen Effekt der Sache beeinträchtigen würde.« Die politische Sprache der rechten Falken wird von sexuellen Metaphern beherrscht. Noch immer warnt man dort vor der »Kastration« des Staates durch »Rückzug« oder »Amputation« einzelner Glieder und erinnert daran, daß alles, was nicht wächst, »schrumpft«.

In den außerparlamentarischen Friedensbewegungen hat sich die Rolle der Frau allerdings stark verändert. Diese Bewegungen werden immer mehr von Frauen dominiert, und daß *Frieden Jetzt* stärker zur radikalen Linken tendierte, wird den weiblichen Anhängern zugeschrieben. Der Einfluß von Frauen in israelischen Friedensgruppen wird mancherorts als Beweis dafür gesehen, welche Last den Frauen durch die Kriege aufgebürdet wird. Die israelische Bürgerrechtsbewegung wurde ebenfalls von einer Frau gegründet, Schulamit Aloni; sie ist heute eine der wenigen Frauen, die noch in der Knesset sitzen. Das Wählerverhalten hat sich in den letzten Jahren gewandelt: laut Naomi Chazan treten heute sehr viel mehr Frauen als Männer für einen Kompromiß und für Verhandlungen mit der PLO ein. Der Aufstand in den besetzten Gebieten hat Frauen veranlaßt, sich noch stärker in den radikalen Friedensgruppen zu engagieren. Der Aufstand ist kein relativ anonymer Kampf zwischen Armeen und Maschinen; er hat dem Konflikt eine intime, menschliche Dimension verliehen – Jugendliche werfen Steine auf Soldaten, die vielfach selbst noch Jugendliche sind. In der Folge sind etliche Frauengruppen entstanden, die lautstark Frieden fordern; man begegnet ihnen regelmäßig auf den Straßen und Plätzen der großen Städte. Vor ein paar Jahren machte David Shipler in seinem sehr scharfsinnigen Buch *Arab and Jew: Wounded Spirits in a Promised Land* die Konfliktparteien darauf aufmerksam, daß sie Frieden »nicht durch Verträge oder Siege finden, sondern, wenn überhaupt, indem sie einander in die Augen sehen«. Genau dazu will eine neue Gruppe, das Frauen-Friedensnetzwerk, beitragen. Dieses Netzwerk ist ein Zusammenschluß mehrerer nichtpolitischer Frauenverbände. Es richtet Kontaktgruppen ein, in denen palästinensische und israelische Frauen zusammenkommen und miteinander über die Notwendigkeit sprechen können, die Menschenrechte der jeweils anderen Seite anzuerkennen. Die Polizei versuchte unlängst, eine vom Frauennetzwerk initiierte gemeinsame Demonstration von palästinensischen und israelischen Frauen in Jerusalem mit der Begründung zu verhindern, sie könne zu einer Störung der öffentlichen Ordnung führen, wie ein paar Wochen zuvor die Menschenkette. Anwältinnen für das Netzwerk fochten diese Entscheidung an, und der Oberste Gerichtshof hob das Verbot auf. Tags darauf fand die Demonstration statt, an der Hunderte von Palästinenserinnen und Israelinnen teilnahmen, unter ihnen Tamar Ben-Lev, die Frau des Polizeiministers, der die Demonstration hatte verbieten wollen. Sie unterzeichneten eine Erklärung, in der Friedensgespräche zwischen Israel und der PLO gefordert werden.

Eine andere Gruppe sind die »Frauen in Schwarz«. Auch sie praktizieren eine Art »Antipolitik«, das heißt, sie lassen sich eher von moralischen Prinzipien und dem Engagement für Menschenrechte leiten als von politischem Kalkül. Jeden Freitagnachmittag, ob Regen oder Sonne, versammeln sich Gruppen von ganz in Schwarz gekleideten Frauen – eine Stunde lang stehen sie an belebten Straßenecken in rund zwanzig israelischen Städten. Ihre Demonstration ist der älteste regelmäßige Protest überhaupt. Ihre ernsten Mahnwachen sind ein fester Bestandteil städtischen Lebens geworden. In ihrer eindrucksvollen Würde erinnern die schwarz gekleideten Frauen an die Mütter von der Plaza de Mayo in Buenos Aires. Ihre Trauer drücken sie durch beredtes Schweigen aus. Die schwarze Kleidung soll die Tragödie zweier Völker symbolisieren, der Israelis und der Palästinenser. Ganz ruhig fordern sie auf kleinen mitgeführten Plakaten, dem Töten von Kindern ein Ende zu bereiten und Friedensgespräche mit den Palästinensern aufzunehmen – nur um regelmäßig von dicken Männern als »Araberhuren« beschimpft (und gelegentlich auch bespuckt) zu werden.

Der Streit zwischen Palästinensern und Israelis bezieht sich heute überwiegend auf die komplizierte Situation nach fünf Kriegen (und vielen blutigen Scharmützeln zwischendurch) und weniger auf den ursprünglichen Mißstand, der zum ersten Krieg geführt hat. Wie kann man in der erhitzten Atmosphäre, die diese Kriege erzeugt haben, zu Mäßigung und Kompromißbereitschaft aufrufen – das ist das Problem, vor dem die Protestgruppen stehen. Keine behauptet, überzeugende Antworten gefunden zu haben. In Demokratien besteht die Neigung, eher den Emotionen zu gehorchen als dem Verstand. Und weil sie so beschaffen sind, fällt es Demokratien oft schwer, nach einem mühsam gewonnenen Krieg Frieden zu schließen. Großzügige Sieger sind selten. Die Schwierigkeiten von *Frieden Jetzt* und anderen Protestgruppen haben auch damit zu tun, daß es in den arabischen Nachbarstaaten (ausgenommen die West Bank und Gaza) keine ähnlichen Gruppen gibt.

Janet Aviad, die Schatzmeisterin von *Frieden Jetzt*, erklärte mir: »Es ist ziemlich zermürbend. Ich bin jedenfalls erledigt. Ich habe einen zwanzigjährigen Sohn in der Armee.« Sie sei oft sehr pessimistisch, gestand sie, aber nur für die unmittelbare Zukunft. »Auf lange Sicht bin ich optimistisch. Vielleicht ist es irrational. Manchmal glaube ich, dieses Problem wird auf den Straßen von Jerusalem und Tel Aviv gelöst – so wie in der Tschechoslowakei kürzlich auf den Straßen von Prag. Ich glaube an das Unvorhergesehene. Was im letzten Jahr auf der ganzen Welt passiert ist, von Osteuropa bis nach Südafrika – wer hätte damit gerechnet? Hier wurde auch mit nichts gerechnet – nicht mit dem Krieg von 1967, als wir die Gebiete gewannen, die wir jetzt für Frieden eintauschen sollten, und nicht mit dem Krieg von 1973, nicht mit Sadats Reise nach Jerusalem noch mit der Kehrtwendung der PLO 1988.«

Ebensowenig hatte irgend jemand vorausgesehen, daß die Koalitionsregierung im letzten Monat, so kurze Zeit nach ihrer Bildung, an der Frage der Verhandlungen mit den Palästinensern zerbrechen würde. Die Umstände dieses Scheiterns und die anschließenden absurden Manöver der Regierungsneubildung werden das israelische parlamentarische System in den Augen der Öffentlichkeit weiter diskreditieren und außerparlamentarischen Bewegungen aller Art Auftrieb geben, vor allem Initiativen für Frieden und Wahlrechtsreform. Die Zehntausende empörter Bürger, die Anfang dieses Monats auf die Straße gingen, um gegen »das System« zu protestieren und radikale Änderungen zu verlangen – etwa die Einführung einer Verfassung (Israel hat noch immer keine Verfassung) –, deuten auf kommende Entwicklungen. Ganz gleich, welche Regierung in Israel in der nächsten Zukunft an der Macht sein wird, sie wird schwach, instabil, gelähmt und kurzlebig sein. Manche Beobachter sahen sich letzte Woche veranlaßt, den Anfang vom Ende der Ersten Republik zu prophezeien. Wie die Zweite Republik aussehen könnte, steht in den Sternen.

Vor der jüngsten Krise kamen Aviad und andere Anhänger von *Frieden Jetzt* regelmäßig mit Abgeordneten und Ministern zusammen, um für ihre Sache zu werben. Im letzten Jahr besuchte Avischai Margalit den damaligen Verteidigungsminister, Yitzhak Rabin, in seinem Büro. Die Diskussion mit Rabin, der in seiner Arbeitspartei als Hardliner bekannt ist, wurde immer erregter. Gereizt wandte er sich an Margalit und fragte: »Wer seid ihr, daß ihr uns sagt, was wir tun sollen? Wie viele Wählerstimmen hat *Frieden Jetzt*?«

Nach Angaben eines Augenzeugen erwiderte Margalit: »Wir haben vielleicht keine Wählerstimmen. Aber wir haben die Historiker. Sie werden das letzte Wort in der Zukunft haben, wenn die Unruhen von heute ordentlich in den Büchern stehen.« Rabin soll sprachlos gewesen sein.

Nach dem Golfkrieg

1991

Jetzt, wo der Golfkrieg vorbei und Saddam Husseins Militärmaschinerie – so dämonisiert, so gefürchtet, aber im Rückblick auch so überschätzt – zusammengebrochen ist, wird hier viel über die Bedeutung dieser schrecklichen und ernüchternden Episode nachgedacht. Israelische Streitkräfte waren an diesem Krieg nicht beteiligt. Es war der erste seit 1948, der die Zivilbevölkerung traf und beträchtlichen materiellen Schaden anrichtete. Millionen von Zivilisten wurden sich jeden Morgen aufs neue ihrer Verwundbarkeit bewußt.

Israel hat in seinem kurzen Dasein sechs Kriege und viele blutige Scharmützel erlebt, aber dieser Krieg war wohl der politischste Krieg, in den es je verwickelt war. Zum ersten Mal trat eine internationale Koalition unter Führung der Vereinigten Staaten an, um einem der stärksten Feinde Israels einen vernichtenden Schlag zu versetzen. Kriege sind immer voller Ironien und haben immer unerwartete Konsequenzen. An diesem Krieg beteiligten sich nicht nur die Vereinigten Staaten, sondern, wie peripher auch immer, solche Erzfeinde wie Syrien und Saudi-Arabien, um Israel vor irakischen Raketen zu verteidigen.

Nun, da er zu Ende ist und die Bevölkerung darangeht, die Abdichtung ihrer Zimmer zu entfernen und die Gasmasken wegzupacken, herrscht wieder politische Unsicherheit. Die Leute fragen sich, was die Zukunft bringen wird. Einige sind grimmig und wütend. Viele sind erschöpft von den andauernden Spannungen und verärgert über die banale, wenig inspirierende Regierung und die oft ebenso unattraktive Opposition; da die Israelis aber ein eigentümlich stumpfes Wahlrecht haben und der Gnade selbstzufriedener Parteiapparate und Splittergruppen ausgeliefert sind, können sie ihre Frustration nicht in politisches Handeln ummünzen. Allenthalben begegnet man Spekulationen und wilden Gerüchten. Israel ist schon immer ein unruhiges Land gewesen, das hektisch von Krise zu Krise stolpert. Zweifellos würden viele Israelis jetzt gern die Verwirklichung von Präsident Bushs neuer

Weltordnung sehen, doch ich fürchte, daß kaum jemand wirklich an etwas Derartiges glaubt. »An eine neue Ordnung glaubt man nur einmal in seinem Leben«, hörte ich neulich einen Mann mittleren Alters in Jerusalem sagen. »Nicht zweimal.«

Der Golfkrieg war weit weg und zugleich sehr nah. Fast jede zweite Nacht wurde der Himmel plötzlich von obszönen Suchscheinwerfern erhellt, während Scud-Raketen heranflogen und Patriot-Raketen aufstiegen, um sie unschädlich zu machen oder abzulenken, und beider Trümmer dann über dichtbewohnten Stadtvierteln abstürzten. Eines Nachts, es war schon spät, kurz nachdem die Alarmsirenen eingesetzt hatten und im Radio die Aufforderung eines Armeesprechers kam, die Gasmasken aufzusetzen, sah ich aus meinem Schlafzimmerfenster. Der Himmel war bedeckt und pechschwarz. Plötzlich zuckte ein gelbes Licht auf. Ein lauter Knall, wie ein entfernter Donner, ließ die Fensterscheiben vibrieren. Während des Krieges wurde kein einziges Mal im Radio gemeldet, wo die Raketen genau eingeschlagen hatten, um den Irakern nicht die Möglichkeit zu geben, ihre Zielgenauigkeit zu verbessern. Aber bald erfuhr ich, daß die Rakete in einem Tel Aviver Vorort, etwa vierzig Kilometer von hier eingeschlagen war, ein halbes Dutzend Häuser dem Erdboden gleichgemacht und fünfundsiebzig beschädigt hatte, zum Glück aber niemanden getötet und nur fünf Menschen verwundet hatte. In den nächsten Tagen war selbst Jerusalem, das während des Krieges keinen Angriff erlebte, eine halbtote Stadt. Die Menschen hatten Angst und trugen ständig ihre Gasmasken mit sich. Tagsüber war wenig Verkehr auf den Straßen, nachts lagen sie fast menschenleer da.

Die Raketenangriffe traumatisierten viele Menschen. Zehntausende flohen allabendlich vor Einbruch der Dunkelheit aus dem Ballungsgebiet Tel Aviv. Im nördlichen Tel Aviv, einem vergleichsweise wohlhabenden Stadtteil, wurden ganze Straßenzüge evakuiert, deren Bewohner zu Freunden und Verwandten aufs Land zogen oder sich in Kibbuz-Gästehäusern einquartierten. Reiche Familien und ihre philippinischen Kindermädchen mieteten sich in den Fünf-Sterne-Hotels in Jerusalem ein, die seit dem Beginn der Golfkriege so gut wie leer standen. Ein Hotelmanager in Eilat am Roten Meer sagte: »Zuerst hat Saddam Hussein unsere Touristen verjagt. Jetzt bringt er sie zurück.« Wenn in den frühen Morgenstunden die Sirenen heulten, setzten die Menschen überall im Land die Gasmasken auf und stolperten aus ihren Betten in Zimmer, die sie mit Plastikplanen und Klebeband behelfsmäßig, und wahrscheinlich unzureichend, abgedichtet hatten. Kaum waren ein, zwei Tage ohne Raketenangriff vergangen, konnte man die Spannung förmlich mit Händen greifen; morgens klagten die Leute über den »Saddam-Hussein-Jet-lag«. Daß zu Beginn des Krieges amerikanische Patriot-Raketenbatterien außerhalb der größeren Städte stationiert wurden, beruhigte die zutiefst verunsicherten Menschen – aber nur zeitweilig. Mochten die Patriots auch noch so »intelligent« sein, Scuds, die noch in der Stratosphäre oder weit genug von Städten entfernt waren, konnten sie nicht unschädlich machen.

Dreieinhalb Wochen nach Kriegsausbruch fuhr Verteidigungsminister Mosche Arens nach Washington, um Präsident Bush davon zu überzeugen, daß Israel die Möglichkeit eines Vergeltungsschlags eingeräumt werden müsse und zu diesem Zweck ein Korridor für israelische Kampfbomber durch saudiarabischen Luftraum eröffnet werden sollte. Es war wohl ein bißchen dick aufgetragen, als er in Washington erklärte: »Wir sehen in Israel Zerstörungen in einem Ausmaß, wie es sie seit dem Zweiten Weltkrieg in keinem westlichen Land gegeben hat.« Immerhin, die Zerstörungen waren schlimm genug. Eine Scud-Rakete mag plump und wenig genau sein, aber wenn sie mit Schallgeschwindigkeit in einem Wohnviertel einschlägt, hat das verheerende Folgen. Ich lief durch einige der Stadtviertel Tel Avivs, die von Scuds getroffen worden waren. Sie sahen aus, als hätte dort ein heftiges Erdbeben gewütet. Tiefe Krater klafften an den Einschlagstellen. Dächer waren abgerissen, Wände und Balkone eingestürzt, und im Umkreis von einem Kilometer waren alle Fensterscheiben zerbrochen.

Rund 9000 Häuser sind in Tel Aviv beschädigt und etwa 120 zerstört worden. Wie durch ein Wunder ist nur ein Mensch durch einen direkten Treffer ums Leben gekommen. Nach Angaben eines Militärsprechers gab es 239 Verwundete und 705 Leichtverletzte. Indirekt sollen die Scuds vierzehn Todesfälle verursacht haben, sei es aufgrund von Herzversagen, sei es, weil die Betreffenden in ihrer Hast die Gasmaske nicht richtig aufgesetzt hatten und dann erstickt sind. Über das Ausmaß der moralischen und psychischen Zerstörung wurde viel in der Öffentlichkeit diskutiert. Israel ist bekannt für seine Vielzahl von psychiatrischen Diensten und psychologischen Beratungsstellen. Alle diese Einrichtungen blieben rund um die Uhr geöffnet und wurden überschwemmt mit Anfragen verängstigter Menschen. Der bekannte Literaturkritiker und Universitätsprofessor Dan Miron schrieb, nachdem er in einem Tel Aviver Vorort an einer Reihe zerstörter Häuser vorbeigekommen war, daß man die Häuser dort genausogut aus »Sägespänen und Klebstoff« hätte bauen können. Andere Städte, schrieb er in einem vieldiskutierten Artikel in *Haaretz*, vermittelten selbst als Ruinen eine gewisse Stärke, doch die Häuser in Tel Aviv seien bloß »Zelte aus getünchtem und schimmeligem Sperrholz, in der Sonne geröstet und vom Regen verfault«. Die eingestürzten Gebäude spiegelten das Elend der »Pappstrategen« in Militär und Politik, offenbarten ihre Hohlheit, ihre Wichtigtuerei und ihre dubiosen militärisch-politischen Sandkastenspiele.

Oppositionspolitiker warfen der Regierung vor, daß sie den Friedensprozeß 1989 nicht weiter verfolgt und so Saddam Hussein die Möglichkeit gegeben habe, aus der ungelösten Palästinenserfrage politisches Kapital zu schlagen. Hätte Israel schon vor der Golfkrise Friedensgespräche mit den Palästinensern begonnen, sagten sie, wäre Israel vielleicht aktiver Partner in der Anti-Irak-Koalition geworden, statt ein Außenstehender zu bleiben, dessen Anwesenheit den Koalitionsmitgliedern unangenehm war. Dem hielt die Regierung entgegen, daß die Palästinenser durch ihre ausdrückliche Sympathie für den »Schlächter von Bagdad« ihre wahren Neigungen offenbart hätten. Hätte Israel sich aus den besetzten Gebieten zurückgezogen oder der Errichtung eines Palästinenserstaates zugestimmt, so hätte sich dieser Staat mit den Irakern verbündet, und von seinem Territorium aus hätten noch zerstörerische Kurzstreckenraketen abgeschossen werden können, die nicht einmal die gegenwärtigen vier, fünf Minuten Vorwarnzeit zuließen. Rechtsradikale drängten die Regierung, keine Rücksicht auf die Vereinigten Staaten zu nehmen und in den Krieg einzugreifen. Die endlosen Bekräftigungen von Ex-Generälen, daß ein Vergeltungsschlag gegen den Irak unvermeidlich sei, und von Politikern, daß er unmittelbar bevorstehe, verstärkten die Spannungen, die von schlaflosen Nächten herrührten, und versetzten das Land in einen Zustand außerordentlicher Nervosität. Viele Leute klagten über chronische Kopfschmerzen und Schlaflosigkeit und über ein zwanghaftes Rauch- oder Eßbedürfnis.

Innerhalb der Regierung wuchs der Druck zugunsten eines eigenen Angriffs gegen den Irak. Ein Knesset-Abgeordneter meinte, ein »bekannter Psychiater« habe ihm versichert, daß die Moral der Nation zusammenbrechen würde, wenn Israel nicht unverzüglich einen Schlag gegen den Irak führe. (Meinungsumfragen zeigten jedoch, daß die meisten Menschen die Position der Regierung billigten, sich aus dem Krieg herauszuhalten und die Vernichtung der irakischen Kriegsmaschinerie den Amerikanern zu überlassen.) Gedeckt vom Krieg, drängte Ministerpräsident Yitzhak Schamir sein Kabinett weiter nach rechts, indem er einen Mann mit hineinholte, der bekannt war für seine Einstellung, daß alle Palästinenser aus der West Bank und dem Gazastreifen hinausgeworfen werden sollten. Schamir widersetzte sich jedoch erfolgreich allen Forderungen, Israel solle unabhängig in den Krieg eingreifen.

Während US-Maschinen von türkischen Stützpunkten aus weiterhin Scud-Batterien im westlichen Irak bombardierten, wurde klar, daß die amerikanischen und israelischen Geheimdienste die Anzahl der mobilen Abschußbatterien erheblich unterschätzt hatten. Viele Raketenstellungen waren im Sand versteckt, und noch in den letzten Kriegstagen wurden irakische Raketen auf Israel abgeschossen. Daher erklärt sich, daß Israel manchmal wie gelähmt schien. Anfangs hatte die Regierung selbst dazu aufgefordert, zu Hause zu bleiben. Später war sie nicht mehr in der Lage, eine Art Normalität im Lande wiederherzustellen. Cafés und Restaurants blieben menschenleer, Schulen geschlossen. Die Universität Tel Aviv verschob die Prüfungen und stellte eine Woche vor Ende des Wintersemesters den Lehrbetrieb ein. In Tel Aviv, das sich gern als »pulsierende Metropole« bezeichnet, waren vor dem Krieg riesige Verkehrsstaus selbst nachts um drei keine Seltenheit. Während des Golfkriegs leerten sich die Straßen, sobald es dunkel wurde, und der Busbetrieb wurde eingestellt. Tel Aviv wirkte zeitweilig wie eine palästinensische Stadt in den besetzten Gebieten, über die Ausgangssperre verhängt worden war.

Obschon die Israelis ganz allgemein vor einem solchen Krieg gewarnt worden waren, traf er sie dann doch unvorbereitet. Es gab nicht genug Gasmasken. Und nach Angaben des Staatskontrolleurs war ein Drittel der ausgegebenen Gasmasken von unzureichender Qualität. Es gab nur wenige konventionelle Luftschutzkeller. Überdies waren die meisten so weit entfernt, daß viele Menschen sie nicht erreichen konnten in den vier, fünf Minuten, die ihnen zwischen dem Verlassen des Bettes und dem Einschlagen der Rakete blieben. Viele Bunker waren nicht in bestem Zustand. Sie waren vor Jahrzehnten gebaut worden, zum Schutz vor den Bomben relativ niedrig fliegender Flugzeuge, die auf Radarschirmen rechtzeitig entdeckt werden konnten. In diesem Krieg wurden Raketen von mehr als 500 Kilometer entfernten, festen oder mobilen Abschußbatterien in den Raum geschossen, und sie erreichten ihre Ziele mit blitzartiger Geschwindigkeit.

Es war ein Krieg, wie ihn die Israelis noch nicht erlebt hatten. Der Zweck der irakischen Raketenangriffe bestand darin, Israel so weit zu terrorisieren, daß es in den Golfkrieg eingriff. So würde man einen arabisch-israelischen Krieg herbeiführen und die von den Amerikanern geführte Allianz sprengen. Der Irak drohte mit dem Einsatz von Giftgas. Giftgas war schon früher gegen Armeen und gelegentlich in Ländern der dritten Welt auch gegen die Zivilbevölkerung eingesetzt worden, aber hier bereitete sich wohl zum ersten Mal eine ganze Nation auf einen möglichen Angriff mit Nerven- und Senfgas vor. Zum ersten Mal setzte eine ganze Nation auf ein Kommando hin Gasmasken auf, unförmige, plumpe Apparate aus Gummi, und eine ganze Nation kümmerte sich darum, daß immer genug Mullbinden, Natriumbikarbonat, Arzneien gegen Verbrennungen und Atropinspritzen zur Hand waren. Babys wurden in unhandliche Dinger gelegt, die wie Beatmungsgeräte oder durchsichtige Zelte aussahen. Kleine Kinder mußten transparente Kapuzen mit batteriegetriebenen Luftpumpen aufsetzen. Als der Schulbetrieb wieder aufgenommen wurde, gingen die Kinder jeden Morgen mit ihrer Gasmaske los. Im Unterricht lernten sie, sich im Falle eines Angriffs zu Boden zu werfen und sich, wenn nötig, eine Atropininjektion in den Schenkel zu geben. Zu Hause erfuhren die Kinder von Sprengköpfen, die Cholerabakterien trugen. Fünfjährige lernten, nach einem Angriff zu fragen, ob es ein »konventioneller« oder ein »chemischer« gewesen war. Niemand weiß, welche Auswirkungen das auf die jungen Leute haben wird oder wie sie es auf die gesichtslosen »Araber« beziehen werden, von denen sie täglich hören, oder auf die Palästinenser, die sie vielleicht jeden Tag sehen und in deren Nachbarschaft sie werden leben müssen. Es spricht einiges dafür, daß diese Erfahrung die Kinder in gewissem Maße vergiftet hat. Wenige Tage nach Kriegsausbruch schrieb der Schriftsteller David Grossman: »Im Land der Juden müssen wir die Kinder über den Tod aufklären, lange bevor wir sie über das Leben aufklären.«

Enthüllungen in der deutschen Presse, wonach deutsche Firmen Giftgasanlagen in den Irak verkauft und deutsche Ingenieure dem Irak möglicherweise geholfen haben, die Reichweite seiner Scud-Raketen zu verbessern – dergestalt, daß vom westlichen Irak aus Orte in Südisrael zu erreichen wären –, lösten eine Protestflut in Israel und Deutschland aus. KZ-Überlebende fühlten sich durch das deutsche Engagement im Irak an ihre schlimmsten Erlebnisse im Zweiten Weltkrieg erinnert. Delegationen zerknirschter deutscher Besucher, angeführt von Außenminister Hans-Dietrich Genscher und Bundestagspräsidentin Rita Süssmuth, eilten nach Jerusalem und Tel Aviv. Genscher kam mit finanziellen Zuwendungen in Höhe von sechshundert Millionen Dollar, die vor allem zum Kauf deutscher Unterseeboote und anderen Kriegsgeräts gedacht waren, und deutsche Bürgermeister machten israelischen Städten großzügige Geschenke. Zeitweilig hielten sich so viele prominente deutsche Politiker in Israel auf, daß das *King David Hotel* in Jerusalem einem Reporter des *Spiegels* »fast wie der Bundestag« vorkam.

Welche emotionale Wirkung das Wort »Gas« in Israel hat, kann man sich leicht vorstellen. Israelische Schüler hören von den Gaskammern in Auschwitz, wie japanische Schüler von Hiroshima hören. Vor und während des Golfkriegs drohte Saddam Hussein damit, »halb Israel in Flammen aufgehen zu lassen«. Er sprach von einem islamischen Armageddon, von der »Mutter aller Schlachten«. Den ganzen Krieg über, besonders während der letzten drei, vier Tage, wirkte der potentielle Einsatz von chemischen oder biologischen Waffen als einem letzten Aufzucken irakischer Unbeugsamkeit wie eine apokalyptische Drohung. Die meisten Leute glaubten, daß im Falle eines chemischen oder biologischen Angriffs Israel einen atomaren Vergeltungsschlag führen würde. Der israelische Generalstabschef, General Dan Schomron, änderte die Standardformel »Israel wird nicht als erstes Land Nuklearwaffen aufstellen« in »Israel wird nicht als erstes Land Nuklearwaffen einsetzen«. Zwei Wochen nach Kriegsausbruch wies der amerikanische Verteidigungsminister Dick Cheney den Irak unverblümt auf eine solche Möglichkeit hin. Wir werden wohl nie erfahren, ob diese Drohungen Saddam Hussein tatsächlich davon abhielten, chemische oder biologische Waffen einzusetzen, oder ob er vielmehr geblufft hatte und diese Waffen gar nicht hätte einsetzen können. Gegen Ende des Krieges fragte sich Uzi Benziman, Kolumnist von *Haaretz*, welche Folgen diese verbale Eskalation langfristig haben könnte und ob die Regierung Schamir die Konsequenzen solcher Drohgebärden realistisch eingeschätzt habe. Es war charakteristisch für die öffentliche Apathie in dieser Sache, daß Benziman gegen Kriegsende noch immer der einzige Journalist war, der bohrende Fragen in bezug auf die Möglichkeit eines nuklearen israelischen Gegenschlags stellte.

Ungeachtet all der düsteren Drohungen und Gegendrohungen trafen in dieser Zeit weiterhin sowjetische Emigranten in Israel ein. Sie kamen in El-Al-Chartermaschinen; andere Gesellschaften hatten den Flugverkehr nach Tel Aviv wegen des Krieges eingestellt. Sogar während die Raketen einschlugen, landeten etwa fünfzehntausend sowjetische Einwanderer auf dem Flughafen Tel Aviv. Im Dezember waren zwar doppelt soviel gekommen, aber die Zahl der Einwanderer während des Krieges illustrierte doch, daß viele der russischen Juden Israelis werden wollten beziehungsweise wie stark ihre Entschlossenheit war, die Sowjetunion zu verlassen, auch wenn sie in ein Land kamen, wo ihnen sofort nach der Ankunft als erstes eine Gasmaske ausgehändigt wurde. Ein Flugzeug mit russischen Emigranten, das während des Landeanflugs in einen Raketenangriff geriet, mußte in der Luft umkehren. Es landete in Budapest, und die Passagiere übernachteten dort. Als es am nächsten Morgen wieder losflog, war niemand dageblieben, im Gegenteil, vierzig neue Passagiere waren hinzugekommen. Im Fernsehen sah man Einwanderer, die, sobald sie aus dem Flugzeug gestiegen waren, den Boden küßten. Einer sagte: »Ich danke Gott, daß *ich* hier bin, daß *ihr* hier seid, daß *wir* hier sind.« Ein anderer, der von einem Fernsehreporter gefragt wurde, ob er Angst vor Scud-Raketen habe, lachte und sagte mit einem breiten Akzent: »Nein, russische Produkte funktionieren nicht!« Auffällig viele Russen brachten Pudel und andere reinrassige Hunde mit, vermutlich um sie in Israel zu verkaufen. Ein Einwanderer gab die Erklärung, daß »ein Flügel sehr viel umständlicher zu transportieren ist, und offen gestanden gibt es heutzutage in Moskau nichts anderes zu kaufen.«

Daß die Einwanderung weiterging, stärkte die Moral. Doch das stolze Selbstbild eines Israel, das von einer energischen Bürgerarmee beschützt wird, die das Bibelwort »Auge um Auge, Zahn um Zahn« praktiziert, wurde angesichts der fortdauernden Raketenangriffe für viele überschattet von einem älteren Bild, dem des hilflosen Juden, der sich jetzt, ausgestattet mit einer Gasmaske, in einem notdürftig abgedichteten Raum schutzsuchend zusammenkauert. Der Anblick amerikanischer Soldaten, die am Stadtrand von Tel Aviv, Haifa und Jerusalem Patriot-Raketenbatterien bedienten, wirkte zwar tröstlich, aber auch ernüchternd. Seit Verteidigungsminister Mosche Dayan am Vorabend des Sechs-Tage-Kriegs verkündet hatte, daß nicht ein amerikanischer Soldat für Israel kämpfen solle, war Israel stolz auf seine Unabhängigkeit, zumindest in militärischer Hinsicht. Einige phantasievolle Leute konnten in der Anwesenheit amerikanischer Soldaten in Israel allerdings auch etwas Hoffnungsvolles sehen. Vielleicht, so war zu hören, würde das den Weg bereiten für einen amerikanisch-israelischen Verteidigungspakt, der Israel den Mut geben könnte, die besetzten Gebiete aufzugeben. Andere drückten die vage Hoffnung aus, daß Menschen, die so oft und so lange in ihren abgedichteten Zimmern eingeschlossen waren, künftig vielleicht mehr mit den Palästinensern in den besetzten Gebieten fühlen würden, die während der von den israelischen Militärbefehlshabern routinemäßig verhängten Ausgangssperren wochenlang in ihren Wohnungen eingeschlossen seien. Als der Schriftsteller A. B. Yehoschua eines Nachts in Haifa seine Gasmaske aufsetzte, hörte er im Radio, daß genau in diesem Moment Menschen in Riad und Bahrain ebenfalls Gasmasken aufsetzten. Yehoschua beschrieb, wie sehr ihn diese »eigentümliche Schicksalsgemeinschaft zwischen uns und den Saudis und Bahrainis, frommen Muslimen mit einem ausgezeichneten Pro-Kopf-Einkommen« verwundert habe. Das Klischee von der »eindimensionalen, monolithischen und aggressiven arabischen Welt wurde zerstört«, schrieb er, vielleicht etwas optimistisch.

Natürlich gab es auch Humor, und das Fernsehen brachte ein paar ausgezeichnete Satiren. Und so furchtbar manche Raketen auch waren, besonders während der mehrfachen Angriffe in der ersten Kriegswoche, das Feuerwerk am Himmel zog viele Zuschauer an. Tausende Tel Aviver kletterten während des Alarms auf die Flachdächer, um die Raketeneinschläge zu beobachten, und viele riefen lokale Radiosender an, um zu beschreiben, was sie gesehen hatten. Teenager malten ihre Gasmaskenbehälter in psychedelischen Farben an. In vielen Supermärkten gab es »Designer«-Kästen für Gasmasken zu kaufen. Manche trugen Aufschriften wie *Love* oder »Wir werden auch damit fertig«. Trotz der Einschränkungen für öffentliche Veranstaltungen fanden nachmittags und vor relativ wenig Zuhörern weiterhin Konzerte statt. Als Isaak Stern in Jerusalem gerade das Violinkonzert Nr. 3 von Mozart spielte, heulten plötzlich die Alarmsirenen auf. Die Musiker zogen sich in die abgedichteten Garderoben zurück. Die meisten Zuhörer setzten ihre Gasmasken auf. Nach ein paar Minuten kehrte Stern wieder auf das Podium zurück, obwohl noch nicht Entwarnung gegeben war, und spielte eine Bachsche Sarabande vor einem hingerissenen, aber größtenteils noch immer maskierten Publikum. Es gab auch eine Reihe von Witzen der Sorte Galgenhumor. Sie unterstrichen nur die allgemeine Düsternis, die bis weit in die Nachkriegszeit hinein anhielt. Viele Leute betrachteten den Krieg als Vorgeschmack dessen, was Israel im nächsten Krieg bevorstehen würde. Das nächste Mal würden noch viel mehr Raketen einschlagen, sehr viel genauer und sehr viel tödlicher.

Man war sich weiterhin im klaren darüber, daß nur durch Zufall –

durch »ein unglaubliches Glück«, wie ein Sprecher der Zivilverteidigungsbehörde erklärte – die Zahl der Opfer so niedrig war. Die Scuds, die dünn besiedelte Wohngebiete getroffen hatten, hätten genausogut dicht besiedelte treffen können – Schulen, Krankenhäuser, Hochhaussiedlungen. Viele Menschen hätten sterben können, so wie in Saudi-Arabien, wo eine irakische Scud in eine amerikanische Kaserne einschlug und achtundzwanzig Soldaten tötete. Von chemischen und biologischen Kampfstoffen abgesehen, galt die größte Sorge der Zivilverteidigungsbehörde Massenverlusten durch konventionelle Waffen.

Die Palästinenser in den besetzten Gebieten unterstützten Saddam Hussein, aber sie waren vermutlich die letzten, die sich einen Krieg im Golf wünschten, aus Sorge, er könne auf das benachbarte Jordanien übergreifen. Ihre Führer hofften, von der Golfkrise politisch zu profitieren – hatten aber natürlich auch Angst, daß der Krieg den Israelis als Vorwand dienen könnte, Tausende von militanten Palästinensern auszuweisen: Im jordanischen Fernsehen, das auf der West Bank empfangen werden kann, war häufig PLO-Chef Yassir Arafat zu sehen, wie er den irakischen Führer umarmte und küßte. Vielleicht hoffte auch Arafat, daß es keinen Krieg geben würde. Er hätte es besser wissen müssen, doch dem war nicht so – womit er wieder einmal das alte Sprichwort bestätigte, daß die Führer der Palästinenser keine Chance versäumen, ihrer Sache zu schaden oder eine günstige Gelegenheit verstreichen zu lassen.

»Die PLO hätte den Krieg unversehrt überstanden, wenn sie sich, wie Jordanien, herausgehalten hätte«, sagte ein höherer US-Diplomat in Israel. »Wäre die PLO neutral geblieben, hätte sie nach dem Krieg aus einer Position der Stärke heraus verhandeln können. Hätte sie sich der von den USA angeführten ägyptisch-saudisch-syrischen Koalition angeschlossen, hätte sie innerhalb von ein, zwei Jahren auf der West Bank und in Gaza einen Palästinenserstaat errichten können.« Doch Arafat schlug sich auf die Seite Saddam Husseins. Mitten im Krieg erklärte Arafat: »Dies sind Tage des Ruhmes und des Stolzes und der Standhaftigkeit unserer arabischen Nation ... Das wahre Ziel der verbrecherischen amerikanischen Aggression besteht nicht darin, die Befolgung von UNO-Resolutionen durchzusetzen, sondern Palästina und die arabische Nation zu vernichten [und Platz zu schaffen für] drei Millionen russische Juden in einem Groß-Israel [das sich erstreckt] vom Nil bis an den Euphrat.«

Die palästinensische Unterstützung für Saddam Hussein nährte sich von Trauer und Zorn – Trauer über Scheitern und Schwäche von drei palästinensischen Generationen, Zorn auf Israel und die Vereinigten Staaten, jenen Teufel, der die Demütigung der Palästinenser durch Israel ermöglicht hatte. Der Zorn war so etwas wie die Rache des kleinen Mannes. Die Schwachen mögen nicht imstande sein, die Starken zu besiegen, aber sie können sie zur Weißglut treiben. Einige Wochen vor dem Krieg – die Häuserwände in Ostjerusalem waren mit pro-irakischen und PLO-Parolen bedeckt, und palästinensische Zeitungen brachten Sympathiebekundungen für Saddam Hussein – fragte ich einen palästinensischen Aktivisten, inwiefern eine solche Solidarität mit dem Irak dem Kampf für palästinensische Selbstbestimmung nützen könne. Er antwortete: »Israel weigert sich, mit uns zu sprechen. Wir haben keine andere Wahl.« Er sei sich darüber im klaren, fügte er hinzu, daß Saddam Hussein ein »übler Tyrann« sei, der sich sogar des »Völkermords« schuldig gemacht habe. Er räumte sofort ein, daß Saddam Hussein sich wahrscheinlich nicht für die palästinensische Sache interessiere, sondern in ihr bloß ein Instrument sehe, um die Anti-Irak-Koalition zu sprengen. Saddam Hussein breche aber die Grundregeln in Nahost, die für die Palästinenser unerträglich geworden seien. »Ich idealisiere Saddam Hussein nicht«, sagte er, aber in der Krise, die Saddam Hussein erzeugt habe, die, wie er noch immer glaubte, nicht zum Krieg führen werde, sehe er eine Chance, den »unakzeptablen Status quo in Palästina« zu verändern. Ein anderer Palästinenser, Professor an der Bir-Zeit-Universität, die bei Ausbruch der Intifada, also vor mehr als drei Jahren, von der Armee geschlossen wurde, sagte: »Was haben wir schon zu verlieren? Die meisten unserer Führer sind im Gefängnis. Wer nicht im Gefängnis sitzt, darf nicht ins Ausland. Wer nicht im Ausland ist, steht unter Hausarrest. Über unsere Städte ist Ausgangssperre verhängt. Die Leute können nicht zur Arbeit. Zehntausende auf der West Bank können ihren Lebensunterhalt nicht mehr verdienen.« Als ich den Professor besuchte, hatte er in seinem Wohnzimmer gerade ein illegales Seminar für einige seiner Studenten abgehalten. »Ich bemühe mich nach Kräften, sie geistig am Leben zu erhalten«, sagte er.

Am Vorabend des Golfkriegs bot *An-Nahar*, die in Ostjerusalem erscheinende (pro-jordanische) palästinensische Zeitung, der israelischen Militärzensur die Stirn und druckte auf der ersten Seite eine lange Lobeshymne auf Saddam Hussein. Die Hommage, voll krudem Sarkasmus, war in der Form eines ungereimten Gedichts gehalten. Hier eine grobe Übersetzung einiger Zeilen:

Tötet ihn! Denn er ist Hoffnung und Symbol
Der arabischen Nation!
Tötet ihn! Denn er kämpft gegen
Die Wüstenstämme Arabiens
Denn er betet nicht den allmächtigen Dollar an,
Denn er verbeugt sich nicht vor Amerika!
Tötet ihn! Denn er eint die Araber
Und will ihnen verbotene Stärke geben.
Schlagt los und tötet ihn,
Denn er verteidigt die Ehre,
Auf der Amerika herumtrampelt,
Denn er singt das Lied der Freiheit,
Die Britannien unterdrückt,
Rußland begraben hat,
Und Europa leugnet.

Als die ersten Raketen Tel Aviv trafen, berichteten israelische Zeitungen, daß Palästinenser vor Freude »auf den Dächern tanzen«. Dieser Ausdruck ist bei Politikern und Journalisten inzwischen eine stehende Redewendung. Seit über einem Monat schon suche ich nach jemandem, der das »Tanzen auf den Dächern« mit eigenen Augen gesehen hat. Ich habe niemanden gefunden und befürchte langsam, daß es sich hier um einen jener berühmten Kriegsmythen handelt, die die Phantasie eines Volkes packen, weil sie tief verwurzelte Vorurteile bestätigen, wie etwa die verbreiteten Berichte von Vergewaltigungen und anderen Greueltaten in Belgien während des Ersten Weltkriegs. Mythen verwandeln sich oft in »Geschichte«. In vielen palästinensischen Dörfern in den Bergen von Judäa und Samaria sind die Lichter von Tel Aviv deutlich zu erkennen, und zweifellos sind Palästinenser auf die Dächer gestiegen, um das Feuerwerk der Scud- und Patriot-Raketen zu beobachten. Doch das haben auch Tausende von Tel Avivern getan. Ob wahr oder unwahr, das »Tanzen auf den Dächern« ist inzwischen ein zentrales Argument bei denjenigen, die gegen einen Rückzug aus den besetzten Gebieten sind. Es dürfte tatsächlich so gewesen sein, daß viele Palästinenser die Zerstörungen in Tel Aviv durch irakische Raketen begrüßt haben. Nachdem eine Scud-Rakete den Villenvorort getroffen hatte, in dem Verteidigungsminister Arens wohnt, sagte mir ein palästinensischer Rechtsanwalt aus Ramallah, mit dem ich in Ostjerusalem sprach: »Gott segne Saddam Hussein. Endlich haben wir einen Mann, der zurückschlägt und die Intifada wie einen Bumerang in die Straßen von Tel Aviv trägt. Tel Aviv ist jetzt ebenso ausgestorben wie Ramallah. Keine Kinos und keine Konzerte mehr.« Eines Abends hörte ich in Jerusalem Yassir Abed Rabbo, ein prominentes PLO-Mitglied, im jordanischen Fernsehen sagen: »Die Raketen auf Tel Aviv unterstreichen die Beziehung zwischen Kuwait und Palästina.« Unmittelbar darauf zeigte das jordanische Fernsehen einen Dokumentarfilm über amerikanische Verbrechen an irakischen Kindern, »die nach Wahrheit, Gerechtigkeit, Gleichheit und Frieden streben«. Ein irakischer Soldat, der das V-Zeichen machte, rief auf arabisch »Auf Wiedersehen in Jerusalem!«

In Ostjerusalem und in der West Bank kursierten Gerüchte von amerikanischen Niederlagen am Golf und andere seltsame Geschichten. Eine Ostjerusalemer Zeitung meldete, das Gesicht Saddam Husseins sei im Mond gesehen worden. Eine alte Frau versicherte einem Bekannten von mir, daß sie in der Nacht eine irakische Rakete über Jerusalem gesehen habe, die über dem Haram al-Scharif, von wo Mohammed auf einer Lichtleiter gen Himmel gestiegen ist, einen Moment innegehalten habe, mit einem Flügelwackeln die Moschee gegrüßt habe und dann weiter in Richtung Tel Aviv geflogen sei.

Faisal al-Husseini, Sohn eines berühmten palästinensischen Guerillaführers, der 1948 im Bürgerkrieg zwischen palästinensischen Juden und palästinensischen Arabern starb, wird oft als bedeutendster Vertreter der PLO in den besetzten Gebieten und als möglicher Nachfolger von Yassir Arafat bezeichnet. Husseini leitet ein Forschungsinstitut in Ostjerusalem und wird häufig von in- und ausländischen Journalisten interviewt. In der ersten Kriegswoche zitierte Radio Israel aus einem Gespräch mit der BBC, in dem er sich bedauernd über die Luftangriffe auf die unschuldige Zivilbevölkerung von Tel Aviv geäußert hatte. Husseini soll daraufhin so viele Todesdrohungen von palästinensischen Extremisten bekommen haben, daß er ein Dementi herausgab und behauptete, die Radiosendung sei ein israelischer Versuch gewesen, seine Äußerungen zu Propagandazwecken falsch wiederzugeben. Ein paar Tage später erläuterte er gegenüber einem Reporter des israelischen Massenblatts *Yediot Aharonot* seine BBC-Stellungnahme folgendermaßen: »Ich möchte nicht, daß Bagdad zerstört wird. Ich möchte nicht, daß Tel Aviv zerstört wird. Ich will, daß dieser Krieg aufhört, damit wir anfangen können, einen palästinensischen Staat aufzubauen, der mit Israel in Nachbarschaft und in Frieden lebt.« Dr. Sari Nusseibeh, ebenfalls ein prominenter PLO-Anhänger, veröffentlichte in einer Ostjerusalemer Zeitung einen Artikel unter der Überschrift »Saddam zerstört den Mythos vom Sechs-Tage-Krieg«. Kurz darauf wurde er unter dem Vorwurf, ein irakischer Spion zu sein, in Vorbeugehaft genommen. Am Vorabend des muslimischen Festes, an dem Mohammeds Reise von Mekka nach Jerusalem und sein Aufstieg in den Himmel gefeiert wird, kündigte Radio Bagdad ein besonderes »Festgeschenk« von Präsident Saddam Hussein für das tapfere palästinensische Volk an. In dieser Nacht schlugen zwei Raketen in Tel Aviv ein.

Nachdem der Bodenkrieg angefangen hatte und sich zeigte, daß der Irak eine verheerende militärische Niederlage erleiden würde, versuchten radikale Palästinenser, mich mit dunklen Andeutungen davon zu überzeugen, daß Saddam Hussein den Krieg vielleicht verliere, ihn aber eigentlich gewinne. Dr. Mahdi Abdul Hadi, ein ehemaliger hoher jordanischer Regierungsbeamter, der heute ein palästinensisches Forschungsinstitut in Ostjerusalem leitet, meinte: »Der Westen wird fälschlicherweise sagen, daß Saddam Hussein Selbstmord begangen habe. Die Araber werden sagen, daß er als Märtyrer gestorben sei. Saddam wird eine leuchtende Legende werden. Er wird eine zweite panarabische Erweckung herbeiführen.«

Über das ganze Ausmaß der Verluste der irakischen Armee hat die Ostjerusalemer Presse ebensowenig berichtet wie das jordanische Fernsehen. Kein einziges Mal zeigte man die ausgemergelten, halbverhungerten irakischen Soldaten, die sich in langer Reihe den alliierten Verbänden ergaben, oder die zerstörten Überreste der irakischen Kriegsmaschine, die in der Wüste herumlagen. Viele Palästinenser beriefen sich auf den jordanischen Premierminister, der im Parlament erklärt hatte, daß es sich nicht um eine Niederlage handle, sondern um einen geordneten Rückzug der irakischen Streitkräfte. Der Ostjerusalemer Presse zufolge endete der Krieg in einem Patt, eigentlich sogar mit einem Sieg für den Irak, insofern das Land einem verbrecherischen Angriff fast der gesamten Welt widerstanden habe. Ich fragte einen palästinensischen Redakteur, warum seine Zeitung nicht die ganze Wahrheit schreibe. »Was ist Wahrheit?« sagte er bitter. »Die Palästinenser werden seit einer Generation von den meisten arabischen Regierungen verraten und von Israel gedemütigt. Für uns ist Wahrheit das, was uns Kraft gibt und die Hoffnung, eine schwere Zukunft auszuhalten.« Die sogenannte Vereinigte Nationale Führung der Intifada erklärte nach dem Krieg auf Flugblättern, daß es die Standhaftigkeit der irakischen Armee gewesen sei, die die Aggressoren, angeführt von dem »Verbrecher« Bush, gezwungen habe, einen Waffenstillstand zu akzeptieren.

Mancherorts neigte man dazu, die Niederlage des Irak fast schon eschatologisch zu interpretieren. Jonathan Kuttab, ein prominenter christlicher Bürgerrechtsanwalt in Ostjerusalem, sagte mir, daß er das gesamte CNN-Interview mit Saddam Hussein genau verfolgt habe. »Zum ersten Mal in meinem Leben hatte ich das Gefühl, daß mir der Islam etwas bedeuten könnte«, sagte er. »Saddam wirkte wie ein Prophet. Seine Botschaft ähnelte der Befreiungstheologie.« Ich fragte Kuttab, wie die Botschaft gelautet habe. »Saddam wandte sich von einem islamischen Standpunkt aus gegen westliche Doppelzüngigkeit, gegen Materialismus und Korruption«, meinte er. »Saddam sprach von sozialer Gleichheit und den Übeln des Konsums in Saudi-Arabien. Arabische Intellektuelle mit ihren entlehnten westlichen Begriffen, Kapitalismus oder Marxismus, sind in der arabischen Gesellschaft nicht verwurzelt. Der Islam hat Wurzeln. Ich bin Christ, aber als Araber erkenne ich nun meine islamischen Wurzeln. Der säkulare arabische Nationalismus ist in diesem Krieg gestorben. Saddam Husseins Botschaft lautete ganz einfach *Allahu Akbar* – Gott ist groß. Gott ist größer als Bush, mächtiger als seine tödlichen Bomben, stärker als die israelische Besetzung unseres Landes. Israel und Amerika sollten sich Gedanken machen. In fünf Jahren wird Saddam Husseins Sieg jedermann klar sein.«

Seit vielen Jahren ähnelt der Palästinakonflikt einer griechischen Tragödie – hier stoßen nicht Recht und Unrecht, Gut und Böse aufeinander, sondern zwei Rechte, zwei Gerechtigkeiten. Wenn nach jedem Akt der Vorhang fällt, ist die Bühne mit Leichen übersät. Dem israelischen Schriftsteller Meron Benvenisti zufolge rufen die Zuschauer nach dem fünften oder sechsten Akt: »Halt! Wo bleibt die Katharsis?« Doch zur Katharsis kommt es nie. Die Tragödie wird nur immer komplizierter. Vor etwa einer Woche, am Ende des allerjüngsten Aktes, betrat US-Außenminister James Baker hier die Bühne, umgeben von Spekulationen, er könnte endlich, wie ein Deus ex machina, Frieden zwischen Israel und den arabischen Staaten und den Palästinensern stiften.

Er traf hier auf der vorletzten Etappe seiner Nahostreise ein, deren Zweck es hauptsächlich war, Israelis und Palästinenser aus ihrem gegenseitigen Mißtrauen herauszulocken. Die Niederlage Saddam Husseins, die geschwächte Position Yassir Arafats, der Umstand, daß Ägypten (das Frieden mit Israel geschlossen hatte) wieder eine führende Rolle in der arabischen Welt spielt, die knapp abgewendete Gefahr eines Einsatzes von chemischen und biologischen Kampfstoffen, die Zerstörungen durch den Krieg und die immensen volkswirtschaftlichen Kosten – all das schien eine günstige Voraussetzung für den Abschluß von politischen, militärischen und wirtschaftlichen Vereinbarungen zu sein. Außerdem schien die neue Allianz, zu der es im Rahmen des Golfkriegs gekommen war, bislang ungeahnte Möglichkeiten anzudeuten. Wie ein Laienpsychologe in Jerusalem erklärte, ist es nicht schwer, zwei Feinde miteinander zu versöhnen, solange es einen Dritten gibt, den sie hassen können.

Bakers Initiative weckte bei den einen neue Hoffnungen, bei den anderen alte Befürchtungen. Baker kam nicht mit einem fertigen Plan, sondern, wie er es ausdrückte, mit »ein paar Ideen«. Frieden sei erreichbar, aber nur im Austausch für Land. In diesem Punkt fand Baker die Israelis so zerstritten wie eh und je. Tauben und Falken sahen sich durch den jüngsten Krieg in ihren jeweiligen Auffassungen bestätigt. Die Tauben argumentierten, daß durch Raketen, die aus so großer Entfernung abgeschossen würden, das alte Konzept von den »sicheren Grenzen« hinfällig sei. Während des Golfkriegs waren die Frühwarnungen bei Raketenangriffen nicht von Radarstationen auf der West Bank gekommen, sondern von einem amerikanischen Satelliten, der über eine Relaisstation in Australien nach Washington funkte. Die Lehre dieses Krieges bestand für die Tauben darin, daß Israel ein realistisches Gefühl für seine wahre Größe und Stärke entwickeln müsse. Die Falken dagegen argumentierten, daß es noch immer entscheidend auf strategische Tiefe ankomme. Selbst wenn diese Tiefe keinen unmittelbaren Schutz vor Raketen biete, so biete sie doch den einzigen Schutz vor Bodenangriffen. Sogar die mächtige amerikanische Einsatztruppe mit ihren intelligenten Waffensystemen und ihrer überwältigenden Luftstärke mußte einen Bodenkrieg führen, um Saddam Hussein zu besiegen. Einen Rückzug israelischer Truppen dürfe es nicht geben, hieß es, und dem Wunsch Saudi-Arabiens, Ägyptens und Syriens nach Lieferung moderner Waffen sollten sich die Vereinigten Staaten verweigern.

Wohnungsbauminister Ariel Scharon richtete einen leidenschaftlichen Appell an Baker. Er drängte ihn, die Verschlagenheit der Araber zu bedenken, und erklärte, daß sie ihre mörderischen Absichten noch nicht aufgegeben hätten. Statt sich zwanghaft mit dem Palästinaproblem zu beschäftigen, sollte man, so Scharon, »Syrien die Giftzähne ziehen, und die von Libyen am besten auch«.

Yossi Beilin, Abgeordneter der Arbeitspartei und ehemaliger stellvertretender Finanzminister, erklärte Baker: »Wenn Sie im Nahen Osten jemandem begegnen, der behauptet, die Mentalität der Juden oder die Mentalität der Araber zu kennen, dann sollten Sie wissen, daß Sie jemandem gegenüberstehen, der gegen den Frieden ist! In dieser Region versteht jeder die Mentalität der anderen Seite, nur nicht seine eigene.« Mehrere amerikanische Friedensinitiativen waren an verfahrenstechnischem Hickhack gescheitert. Beilin warnte Baker: »Wenn Ihnen jemand sagt, daß Verfahrensfragen sehr wichtig sind, dann sollten Sie sich vor einer Falle hüten! Verfahrensfragen sind die letzte Zuflucht aller Friedensgegner. Es wird keinen Frieden geben ohne einen israelischen Rückzug aus dem größten Teil der besetzten Gebiete, die letzten Endes an die Araber zurückfallen werden – ganz gleich, ob unter palästinensischer, jordanischer oder gemeinsam palästinensisch-jordanischer Kontrolle. Geräumte Gebiete müssen entmilitarisiert werden.« Jeder Friedensvorschlag seit 1967 habe, so fuhr Beilin fort, auf dieser oder einer ähnlichen Vision beruht; »das weiß jeder israelische Politiker, und das ist der Grund, weshalb einige israelische Politiker in den letzten fünfundzwanzig Jahren für eine solche Regelung waren, andere aber jeden Vorschlag mit dem Hinweis auf Verfahrensfragen zu Fall bringen – um nicht in die Verlegenheit zu geraten, ein vernünftiges Friedensangebot ablehnen zu müssen«.

Am Tag vor Bakers Ankunft ermordete ein Bewohner des Gazastreifens (dem »Soweto Israels«, wie es oft heißt) in Westjerusalem auf offener Straße vier israelische Frauen, als »Gruß an Baker«, wie er der Polizei nach seiner Festnahme erklärte. Erstaunlicherweise war dieser Mann Krankenpfleger, ein Mensch also, dessen Beruf das Heilen ist. Jedesmal, wenn er mit seinem langen Küchenmesser zustach, rief er »*Allahu Akbar!*« Palästinensische Führer in der West Bank und im Gazastreifen verurteilten den Täter einmütig als Psychopathen, konnten aber keine Einigkeit darüber erzielen, ob sie sich angesichts des verbrecherischen amerikanischen Überfalls auf den Irak mit Baker treffen sollten. Nach langem Hin und Her setzten sich die Gemäßigten durch. Arafat genehmigte ein Treffen. Eine Delegation von lokalen Palästinensern, angeführt von Faisal al-Husseini, kam mit Baker im amerikanischen Konsulat zusammen. Draußen vor dem Gebäude protestierten israelische Rechtsextreme gegen die Begegnung mit Parolen wie »Baker, tanze mit Husseini auf den Dächern!« und »Gebt den Mexikanern Texas zurück!« Baker versicherte der palästinensischen Delegation offenbar, daß, obschon die von Arafat geführte Organisation wegen ihrer Solidarität mit Saddam Hussein einen ernsthaften Rückschlag erlitten habe, die Notwendigkeit, das Palästinaproblem zu lösen, dringlicher sei als je zuvor. Er fragte, ob sie ohne Arafat und die PLO irgendwelche Entscheidungen treffen könnten. Die Palästinenser versicherten ihm, daß sie dazu weder willens noch imstande seien. Die PLO, erklärten sie, sei und bleibe die einzige Repräsentantin des palästinensischen Volkes. Sie schienen schockiert, als Baker ihnen erklärte, daß nicht einer der acht arabischen Außenminister, mit denen er in Riad konferiert hatte, mit Arafat sprechen wollte. Ob die lokalen palästinensischen Führer imstande sind, sich aus ihrer Abhängigkeit von Arafat und den zerstrittenen Flügeln der PLO in Tunis zu lösen, bleibt eine offene Frage. Die Saudis und die Ägypter drängen sie dazu. Im Moment ist Arafat noch immer die Schlüsselfigur. Er ist schon immer ein Meister im Überleben gewesen; indirekt erneuerte er in Jerusalem seinen Dialog mit Washington, den die Vereinigten Staaten letztes Jahr in Tunesien abgebrochen hatten.

Die israelische Regierung schickte Baker auf einen Helikopterrundflug, um ihm die Notwendigkeit einer strategischen Tiefe deutlich vor Augen zu führen. Er wurde über die Golanhöhen geflogen und über die berühmte »Schmalstelle« in Mittelisrael, wo das Land nur fünfzehn Kilometer breit ist. Es ist zu bezweifeln, ob das, was er aus der Luft sah, seine Taktik auf der Erde oder seine Argumentationsweise verändert hat. In seinen Gesprächen mit israelischen Regierungsvertretern wies er vor allem darauf hin, daß die Geographie allein keine Sicherheitsgarantie sei und daß Sicherheit nicht allein aus militärischer Stärke erwachse. Er drohte nicht und drängte nicht. Er mahnte, eine »historische Chance« nicht zu verpassen. In seinen Gesprächen mit den acht arabischen Außenministern in Riad habe er spürbare Anzeichen einer Veränderung bemerkt. Es gebe eine neue Denkweise, und man sei bereit, sich auf Israel zuzubewegen; damit diese Bereitschaft aber weiter heranreife, müsse Israel seinerseits die Bereitschaft erkennen lassen, Land gegen Frieden einzutauschen, und in der Palästinenserfrage eine größere Flexibilität zeigen. Ob er konkrete Angebote der Regierungen Saudi-Arabiens und Syriens mitgebracht hat, ist nicht bekannt – ungewöhnlich in dieser Stadt, wo fast alles, was am Kabinettstisch gesagt wird, innerhalb weniger Tage durchsickert. Ein israelischer Diplomat sagte bewundernd: »Baker hat einen Nahost-Wettbewerb gestartet: Wer sagt als erster nein? Israel möchte ganz sicher nicht der Sieger sein. Aus diesem Grund werden die Verhandlungen weitergehen.«

Wenn aber der Schlüssel zu jeder Vereinbarung die Territorialfrage ist, so fragen sich andere Beobachter hier, ob die gegenwärtige Regierung unter Schamir überhaupt willens – und, falls ja, auch imstande – ist, Land zurückzugeben. Frühere israelische Regierungen sind, fast schon regelmäßig, länger im Amt geblieben als amerikanische Außenminister und sogar amerikanische Präsidenten. Schamir hofft vielleicht, daß auch er die gegenwärtige amerikanische Regierung überdauert. Die Frieden-gegen-Land-Debatte zwischen Israel und den Vereinigten Staaten ist nicht neu: in der einen oder anderen Form wird sie seit 1967 geführt. Welche neuen Druckmittel und Anreize hatte Baker jetzt in petto? Er sagte, er werde bald spezifische Vorschläge auf den Tisch legen, in der Hoffnung, daß alte Klischees überwunden werden könnten. Er und Schamir hatten ein langes Tête-à-tête. Man spekulierte, daß über eine Nahostfriedenskonferenz unter Vorsitz der USA und der Sowjetunion diskutiert wurde und auch über eine Reihe gegenseitiger humanitärer Gesten von Israelis und Arabern. Präsident Bush wird wahrscheinlich in diesem Frühjahr Israel und die arabischen Länder besuchen, um für ein Friedensabkommen zu werben, so wie Jimmy Carter 1979 am Vorabend des Friedensvertrags zwischen Ägypten und Israel. Anders als Carter ist Bush nicht von religiösem Eifer bewegt, Jerusalem und dem Heiligen Land Frieden zu bringen, aber er ist der Sieger eines Krieges, und das gibt ihm vielleicht mehr Einfluß, als Carter je besaß. Spekuliert wurde auch darüber, daß Bush die Israelis dazu überreden könnte, einen Teil der Golanhöhen als Gegenleistung für Frieden mit Syrien aufzugeben. Ohne Fortschritt in der Palästinenserfrage wird sich Syrien aber wohl nicht von der Stelle rühren. Ohne gewisse Fortschritte in der Palästinafrage wird es schwerlich zu Bewegung kommen, es sei denn, man kann die Palästinenser dazu bringen, sich vorübergehend mit einer begrenzten Selbstverwaltung zufriedenzugeben. 1978 war ihnen schon einmal Selbstverwaltung angeboten worden, aber sie lehnten ab. Einige Palästinenser räumen heute im privaten Gespräch ein, daß es, wenn sie die Autonomie akzeptiert hätten, vielleicht nie zu dem ausgedehnten israelischen Siedlungsprogramm auf der West Bank gekommen wäre und daß sie inzwischen vielleicht ihren eigenen Staat hätten. Zugegeben – es ist ein sehr großes »Vielleicht«, und überhaupt, die Vergangenheit läßt sich nicht mehr rückgängig machen, und die Palästinenser sind nicht weniger militant geworden. Israel seinerseits wird »historischen« Boden oder »strategisch wichtiges Territorium« nur aufgeben, wenn genügend viele einflußreiche Politiker in Jerusalem zu der Auffassung gelangen, daß die West Bank und der Gazastreifen keine militärischen Aktivposten oder religiösen oder historischen Ikonen sind, sondern eine unerträgliche Last. Das ist bis heute nicht der Fall.

Die Politik der Erinnerung

1993

In Israel herrschte nach dem Zweiten Weltkrieg angesichts der Enthüllungen über den Holocaust zunächst betroffenes Schweigen – eine Mischung aus Scheu und Scham. Ältere Menschen fühlten sich schuldig, weil sie nicht imstande gewesen waren, die Katastrophe zu verhindern oder in ihren Dimensionen zumindest zu begrenzen. Jüngere, im Lande geborene Israelis zeigten sich oft unfähig, den Überlebenden des Holocaust einfühlsam zu begegnen. Das war, jedenfalls partiell, das Ergebnis zionistischer Erziehung und Propaganda. Generationen von Jugendlichen waren in dem Glauben aufgewachsen, daß die Existenz der Diaspora nicht nur eine Katastrophe, sondern auch eine Schande sei. Oft hieß es, die jüdischen Opfer der Nazis seien wie die Schafe zur Schlachtbank gegangen. Ein Schulbuch, das mindestens bis Ende der fünfziger Jahre an israelischen Oberschulen in Gebrauch war, interpretierte die große Klage des hebräischen Dichters Bialik über das Pogrom von Kischinew (1903) folgendermaßen: »Dieses Gedicht beschreibt die gemeine Brutalität der Angreifer und die schändliche Schmach und Feigheit der Juden des [osteuropäischen] Schtetl.«

»Schändlich«, »Schmach« und »Feigheit«, das waren die Schlüsselbegriffe, die auf den Kern der zionistischen Erziehung verwiesen. In der schwankenden Stimmung von Erinnerung und Ablehnung waren jüngere Israelis anfangs hin- und hergerissen zwischen Zorn und Scham über ihre verfluchte Vergangenheit. Manche führende Politiker wurden von Schmerz und Schuldgefühlen geplagt, daß sie vielleicht mehr hätten tun können, um das Ausmaß der Tragödie wenigstens zu verringern. Manche sind damit nie fertig geworden.

Der erste Außenminister des Staates Israel, Mosche Scharett, wurde zeit seines Lebens von solchen Gedanken gepeinigt. Jahrelang quälte ihn der Fall Joel Brand, des umstrittenen Emissärs, der 1944 aus Ungarn entsandt wurde, um Eichmanns »Lastwagen gegen Juden« Vorschlag zu überbringen. Die Engländer hielten Brand in einem Militärgefängnis in Aleppo fest. Scharett, der ihn dort verhörte, war überzeugt von Brands

Aufrichtigkeit und fand, daß man zwar Eichmanns Angebot nicht annehmen dürfe, mit Eichmann aber weiter verhandeln und bluffen müsse, um Zeit zu gewinnen. Immerhin standen die Russen schon vor den ungarischen Grenzen. Die Briten interessierte das alles nicht. Aus ihrer Sicht war der Sieg über die Nazis wichtiger als die Rettung von Juden. Gegen einen solchen Handel wandten sich auch die Russen, die einen anglo-amerikanischen Separatfrieden mit Deutschland befürchteten. Bis an sein Lebensende machte Scharett sich Vorwürfe, seine verzweifelten Appelle vielleicht nicht eindringlich genug formuliert zu haben oder in seiner Loyalität gegenüber den Westalliierten allzu diszipliniert gewesen zu sein.

Ende der fünfziger Jahre wich das Schweigen über den Holocaust einer wortreichen – oft staatlich geförderten – Diskussion über seine Auswirkungen. Es wurde üblich, vom Holocaust als dem zentralen Trauma der israelischen Gesellschaft zu sprechen. Seine Auswirkungen auf den Prozeß der Staatswerdung sind nicht hoch genug zu veranschlagen. Tocqueville schrieb, daß die Umstände der Geburt einer Nation, wie beim Menschen, großen Einfluß auf ihre Entwicklung haben. In der Zeit, als sich in Israel ein Großteil des nationalen Ethos und der politischen Sprache herausbildete, brannten sich Bilder einer wahren Hölle auf den dunklen Grund der Seelen ein. Die frühen Zionisten hatten sich Israel als einen sicheren Hafen für verfolgte Juden vorgestellt, aber der Staat war zu spät gegründet worden, als daß er die Millionen von Toten hätte verhindern können. Bis auf den heutigen Tag existiert in Israel eine latente Hysterie, die unmittelbar darauf zurückzuführen ist. Sie erklärt das paranoide Gefühl des Isoliertseins, das seit 1948 ein Hauptmerkmal der israelischen Gesellschaft ist. Sie erklärt das übermächtige Mißtrauen, die Entschlossenheit, sich nur auf die eigene Stärke zu verlassen, die (bisweilen in Verachtung umschlagende) Angst vor Außenseitern, besonders Arabern, und in jüngster Zeit vor den Palästinensern. Israelis neigen dazu, hinter jedem Araber oder Palästinenser SS-Männer zu sehen, die nur darauf warten, sie abermals in die Gaskammern und Verbrennungsöfen zu treiben.

Die Israelis sind natürlich nicht das einzige Volk, das im Schatten einer traumatischen Vergangenheit lebt. Das Selbstverständnis etwa der Polen oder Iren hat seine Wurzeln in ähnlichen Bildern von historischem Leid und Märtyrertum. Der Mord an Millionen Armeniern ist vielleicht die beste Parallele. Hitler soll gesagt haben: »Wer erinnert sich noch an die Massaker an den Armeniern?« – also kann man auch die Juden ausrotten. Wenn andere ebenfalls ausgerottet wurden, so liegt der Fall bei den Juden doch anders, weil (mit Ausnahme der Zigeuner) nur sie als »Volk«, als »minderwertige Rasse« zur Vernichtung bestimmt wurden. Generationen von Juden sind mit dieser düsteren Lehre aufgewachsen: Juden mußten nicht wegen ihrer Religion oder ihrer Politik sterben oder wegen ihrer Taten, sondern einfach, weil es sie gab, weil sie existierten. Diese Botschaft ist ihnen jahrelang und mit weitreichenden politischen, kulturellen und religiösen Konsequenzen vermittelt worden. Daraus entwickelte sich eine spezifische politische Sichtweise, eine düstere, harte, pessimistische Einstellung zum Leben. Der Historiker Jacob Talmon billigte diese Haltung als einen »göttlichen und kreativen Wahn, der nicht nur jede Angst und Unschlüssigkeit bannt, sondern in einer Landschaft, die in ein unheimliches, verzerrendes Licht getaucht ist, auch für einen klaren Blick sorgt«. Talmon schrieb diese Worte 1960. Als er zwanzig Jahre später starb, hatte er sie schon längst bedauert. Wenn nämlich die vorherrschende traumatische Erinnerung an den Holocaust mit den Jahren stärker geworden war, so wurde sie von Politikern und Ideologen inzwischen auch manipuliert. Paradoxerweise gewann sie, nach Israels Blitzsieg über drei arabische Nachbarstaaten im Jahre 1967, im politischen Leben noch mehr an Gewicht. Talmons »göttlicher und kreativer Wahn« erklärt die Unerschrockenheit und Energie des jungen Israel. Aber nach 1967 führte er auch zu jenem engstirnigen und staatlich sanktionierten Egoismus, der nach dem Sechs-Tage-Krieg und dem Yom-Kippur-Krieg aufkam – zur Paranoia des »Die-ganze-Welt-ist-gegen-uns«, zur Mißachtung der Rechte der Palästinenser und der Weltöffentlichkeit.

Diese Unversöhnlichkeit war vermutlich einer der Gründe, warum der Frieden mit Ägypten, der 1971 oder 1972 durchaus möglich gewesen wäre, erst 1978, nach dem furchtbaren Aderlaß des Yom-Kippur-Kriegs, erreicht wurde. Ich war zufällig Zeuge eines Gesprächs, das 1972 zwischen Richard Crossman, dem Chef der britischen Labour Party, und einem pensionierten hohen israelischen Diplomaten stattfand. Crossman, ein alter Freund Israels, beklagte sich bitter über die israelische Unnachgiebigkeit gegenüber den Palästinensern, besonders bei der damaligen Ministerpräsidentin Golda Meir. Der Diplomat nickte erst betrübt, versuchte dann aber, Golda Meirs Härte mit einem Hinweis auf den Holocaust verständlich zu machen. »Wir sind ein traumatisiertes Volk«, sagte er. »Verstehen Sie doch!« »Gewiß!« erwiderte

Crossman. »Gewiß, Sie sind ein traumatisiertes Volk! Aber Sie sind ein traumatisiertes Volk mit einer Atombombe! Solche Leute gehören hinter Gitter!«

Nach dem Sechs-Tage-Krieg sahen sich die meisten israelischen Politiker in ihren eigenen Widersprüchen gefangen. Das gleiche Recht auf Selbstbestimmung, das die Israelis für sich forderten, verweigerten sie jetzt anderen – im Namen der Erinnerung. Während sie jeden Ansatz, den Holocaust historisch zu relativieren oder zu vergleichen, vehement ablehnten, vielmehr darauf bestanden, daß er absolut unvergleichbar sei, brachten sie es fertig, die Araber als Nazis und Arafat als einen zweiten Hitler zu bezeichnen. Menachem Begin schrieb während des Libanonkriegs in einem Brief an Ronald Reagan, er habe, als die israelischen Panzer nach Beirut rollten, das Gefühl gehabt, als marschiere er in Berlin ein, um Hitler in seinem Bunker gefangenzunehmen. Diese Sprache war übrigens nicht nur für Begin und den Likud typisch. Abba Eban, der moderateste aller Politiker der Arbeitspartei, bezeichnete die Grenzen vor 1967 – Grenzen, die es Israel ermöglicht hatten, in nur sechs Tagen drei arabische Armeen zu vernichten – als »Auschwitz-Grenzen«.

Die Schwierigkeit, sich der Erinnerung an den Holocaust zu stellen, beeinflußte auch die israelische Geschichtsschreibung. In den ersten zwei Jahrzehnten wirkten sich die Formeln der zionistischen Ideologie hemmend auf die israelischen Historiker aus. So entstand eine Reihe von ideologischen und apologetischen Arbeiten, deren Absicht es war, die historische Notwendigkeit des jüdischen Staates nachzuweisen. Tom Segev, einer der führenden israelischen Historiker, hat diese Werke in seiner Studie *Die siebte Million*[*] scharfsinnig analysiert. Obwohl das Thema Nationalsozialismus eine so beherrschende Rolle in Israel spielt, sind, wie Segev zeigt, die meisten seriösen Arbeiten jüdischer Autoren zu diesem Thema nicht in Israel geschrieben worden, und davon wiederum – vielleicht weil sie nicht ganz den gängigen Formeln entsprachen – ist nur eine Handvoll ins Hebräische übersetzt worden, meist mit erheblicher Verspätung. Raul Hilbergs monumentales Werk über den Holocaust wurde nie übersetzt. Alan Bullocks Buch über Hitler kam auf hebräisch erst mit zwanzigjähriger Verspätung heraus, Joachim Fests *Hitler* erst 1986 – wobei der israelische Verlag es

[*] Tom Segev, *Die siebte Million. Der Holocaust und Israels Politik der Erinnerung*. Übersetzt von Jürgen Peter Krause und Maja Ueberle-Pfaff. Reinbek bei Hamburg: Rowohlt 1995.

bei Fests Studie für angebracht hielt, einen Untertitel hinzuzufügen (»Porträt einer Unperson«), der der Grundthese des Autors widerspricht. Ich erwähne diese Manöver und Verzögerungen nur, weil sie charakteristisch sind für jene Zeit, eher auf simplifizierende als auf differenziertere Darstellungen zu setzen. Es brauchte mehr als eine Generation, bis israelische Historiker imstande waren, die Geschichte des Holocaust losgelöst von ihrer eigenen Biographie zu betrachten.

Die Geschichte aufzuschreiben ist, wie wir alle wissen, eine Möglichkeit, die erdrückende, oft lähmende Last der Vergangenheit abzuschütteln – »sich von der Geschichte zu befreien«, wie Benedetto Croce sagt. Die politische Klasse Israels zögerte jedoch, sich von den Klischees zu lösen. Unter der rechten Likud-Regierung, die 1978 an die Macht kam, wurde die Erinnerung immer stärker instrumentalisiert. Ich muß manchmal an die politische Rhetorik jener Zeit denken, wenn ich die Erklärungen lese, die heute im ehemaligen Jugoslawien abgegeben werden, in denen immer wieder die Identität von Geschichte und Schicksal beschworen wird. Menachem Begin pflegte jeden größeren politischen Akt seiner Regierung – ob im Libanon oder in den faktisch annektierten besetzten Gebieten – als Meilenstein auf Israels historischem Marsch »vom Holocaust zur Erlösung« zu bezeichnen. Er versuchte, den Holocaust auf juristischem Weg der Geschichtsschreibung wegzunehmen. 1981 wurde ein Gesetz erlassen, welches das Leugnen des Holocaust unter Strafe stellte, als wäre er kein Thema mehr für Historiker, sondern, wie Segev schreibt, eine gesetzlich geschützte »Doktrin« nationaler Wahrheit, eine Staatsreligion. (Das Gesetz scheint die Doktrin sogar besser zu schützen als die Religion. Die Höchststrafe für »grobe Beleidigung religiöser Gefühle« – vermutlich also auch für das Leugnen der Existenz Gottes – ist ein Jahr Gefängnis. Wer den Holocaust leugnet, wird mit mindestens fünf Jahren bestraft. Beide Gesetze sind im Grunde Ausdruck politischer Rhetorik: sie sind bis jetzt noch nie angewendet worden.) Die politische Sprache ist noch immer voll von alten Klischees über den Holocaust. Als General Ehud Barak, der Generalstabschef der israelischen Armee, im letzten Jahr Auschwitz besuchte und, umringt von Adjutanten und Fernsehreportern, vor den Verbrennungsöfen stand, erklärte er feierlich: »Wir sind fünfzig Jahre zu spät gekommen.«

Aus dem gleichen Grunde entwickelte sich in Israel nur sehr langsam eine Einsicht in den Charakter der Bundesrepublik Deutschland – daß sie ein Neuanfang war, zudem gar kein so schlechter, eine offene Gesellschaft und eine relativ gut funktionierende Demokratie, ein komplexes Land, ein Land, das weniger einem Gemälde von Otto Dix oder George Grosz ähnelte, sondern eher einem von Anselm Kiefer. In der deutschen Frage war David Ben Gurion die große Ausnahme unter den israelischen Politikern. Oft widersprach er dem verbreiteten Feindbild mit dem Hinweis, daß Westdeutschland nunmehr eine freiheitliche Demokratie sei. Er dürfte das aus Gründen der Staatsräson getan haben, aber auch deswegen, weil er wirklich überzeugt war, daß es inzwischen ein »anderes« Deutschland gab. Er kam damit nicht sehr weit, nicht einmal in seiner eigenen Partei. Auch seinen Nachfolger konnte er nicht davon überzeugen. Während Adenauers Israel-Besuch 1966 kam es in Jerusalem bei dem offiziellen Essen zu einem bezeichnenden Zwischenfall, dessen Zeuge ich zufällig wurde. In einer abgelesenen Tischrede würdigte Ministerpräsident Levi Eschkol Adenauers Wirken in Vergangenheit und Gegenwart und erklärte dann, daß »es keine Sühne gibt ... Israel wartet auf weitere Zeichen und Beweise dafür, daß das deutsche Volk die schreckliche Last der Vergangenheit erkennt und sich einen neuen Weg in die Völkerfamilie sucht.« Adenauer stellte daraufhin sein Weinglas ab und erklärte, daß er seinen Besuch abbrechen werde, da Eschkol sein Lebenswerk geleugnet habe.

Eschkol war perplex. Die Tischgäste sahen einander betreten an. Eschkol verstand nicht, was passiert war. Er versuchte Adenauer zu besänftigen: »Aber ich habe Sie persönlich gepriesen«, sagte er. Das machte alles nur noch schlimmer. Adenauer verkündete, er habe angeordnet, daß sein Flugzeug am nächsten Morgen zum Abflug bereitstehen solle. Am Ende brach er seinen Besuch doch nicht ab. Diplomaten beider Länder steckten in einem Nebenzimmer die Köpfe zusammen und fanden eine Versöhnungsformel. Aber der Vorfall war bezeichnend. Es war nicht bloß die Unachtsamkeit eines Redenschreibers oder die Müdigkeit oder Zerstreutheit eines Politikers.

Levi Eschkol war ein einzigartig humaner, moderater und versöhnlicher Mensch. Er gehörte zu jener frühen, inzwischen legendären Welle von Pionieren, die sich vor dem Ersten Weltkrieg in Palästina niedergelassen und den ersten Kibbuz gegründet hatten. Anders als Begin oder Schamir hatte er den Nationalsozialismus nicht am eigenen Leibe erfahren. Aber er war repräsentativ für Israelis jeden Alters und jeder ethnischen Herkunft, für die der Holocaust weit mehr bedeutete als nur ein persönliches Trauma. Der Holocaust war, neben Nationalismus und Religion, einer der drei Eckpfeiler kollektiver Identität. Viele der hier geborenen Israelis identifizierten sich, unabhängig von Alter, Herkunft oder Bildung, mit den Opfern des Holocaust. Viele nichtjüdische Israelis, einschließlich Araber und Drusen, teilen in einer Art von Osmose diese Haltung.

1978, mit dem scharfen Rechtsruck in der israelischen Politik, wurde die »Erinnerung« innerhalb des nationalen Rituals und des Erziehungswesens weiter institutionalisiert. An den Schulen war der Holocaust schon immer Bestandteil des regulären Lehrplans im Fach Geschichte gewesen. Nun wurde er auch in Staatsbürgerkunde und im Religionsunterricht behandelt. Regelmäßig sprach man über die »Lehren« und »Werte« des Holocaust und über seine religiöse »Bedeutung«. Als sich Osteuropa gegen Mitte der achtziger Jahre für israelische Touristen öffnete, wurde der Holocaust-Unterricht durch staatlich subventionierte Gruppenreisen nach Polen ergänzt. Tausende von Oberschülern nahmen, begleitet von ehemaligen KZ-Häftlingen, die als Reiseführer fungierten, an diesen Exkursionen teil, den sogenannten »Märschen der Lebenden«. Die Reise begann meist in Warschau, wo der Ort des ehemaligen Ghettos besichtigt wurde. Von dort ging es weiter nach Treblinka und Auschwitz, dem Höhepunkt ihrer Reise. Begleitet von einem ehemaligen Insassen marschierten die Schüler in T-Shirts, auf denen ein großer Davidsstern und die Aufschrift ISRAEL oder ISRAEL LEBT prangte, durch das Stammlager, sangen dabei israelische Lieder und schwenkten israelische Fahnen. In Birkenau hißten sie vor den Verbrennungsöfen ihre Fahnen und sprachen den Segen für die Soldaten der israelischen Armee. Dann sagten sie das Kaddisch, das traditionelle jüdische Totengebet.

Bei der Rückkehr aus Polen erklärten einige der jugendlichen Reiseteilnehmer vor der Presse, daß sie auf dem Gelände des früheren Vernichtungslagers »bessere« Zionisten geworden seien; sie seien nun überzeugt, daß Israel an jedem Quadratzentimeter der 1967 besetzten Gebiete festhalten müsse; territoriale Kompromisse seien ausgeschlossen. Auschwitz, so hieß es in einer vom israelischen Erziehungsministerium eigens für diese Reisen herausgegebenen Broschüre, verkörpere den unveränderlichen Haß auf Juden, einen Haß, der schon immer existiert habe und immer existieren werde, solange es Christen und Juden gebe. An anderer Stelle hieß es:

»Mit bitterem Herzen und Tränen in den Augen stehen wir vor den

Feueröfen der Vernichtungslager und beklagen das schreckliche Ende der europäischen Juden. Doch während wir noch weinen und klagen, werden unsere Herzen von Stolz und Freude erfüllt, weil wir das Privileg besitzen, Bürger des unabhängigen Staates Israel zu sein. Wir antworten und versprechen aus vollem Herzen: Möge der Staat Israel ewig leben.«

In derselben Broschüre wird, laut Segev, der gegenwärtige Antisemitismus in Polen verurteilt sowie die Tatsache, daß die polnische Regierung auch nach dem Ende des Kommunismus noch immer das Recht der Palästinenser auf Selbstbestimmung anerkennt, als wären das nicht zwei verschiedene Dinge.

Die Atmosphäre, die auf diesen Reisen herrschte und die sie ihrerseits erzeugten, ist in den letzten Jahren Gegenstand scharfer Kritik gewesen. Eröffnet wurde die Debatte vor einigen Jahren von Professor Yehuda Elkana von der Universität Tel Aviv, der selbst Auschwitz-Überlebender ist. Elkana veröffentlichte in *Haaretz* einen Artikel unter der Überschrift »Die Notwendigkeit des Vergessens«, in dem er dagegen protestierte, wie die Erinnerung zu politischen Zwecken instrumentalisiert werde. Er warnte vor den möglichen politischen und psychischen Auswirkungen:

»Was sollen Kinder mit solchen Erinnerungen anfangen? Der ernste Appell ›Erinnert euch!‹ kann leicht als Aufforderung zu blindem Haß interpretiert werden. Es mag sein, daß sich die Weltöffentlichkeit noch lange erinnern muß ... Aber für uns sehe ich keine wichtigere pädagogische Aufgabe, als für das Leben einzutreten, sich der Gestaltung der Zukunft in diesem Land zu widmen, statt tagaus, tagein über die schrecklichen Symbole, quälenden Zeremonien und düsteren Lehren des Holocaust nachzudenken ... Das Verhältnis der israelischen Gesellschaft zu den Palästinensern wird politisch und sozial vor allem von einer tiefen existentiellen Angst geprägt, die sich von einer bestimmten Interpretation des Holocaust nährt und von dem Glauben, daß die ganze Welt gegen uns ist, daß wir die ewigen Opfer sind.

In diesem uralten Glauben, der heutzutage von vielen Menschen geteilt wird, sehe ich den tragischen und paradoxen Sieg Hitlers. Aus der Asche von Auschwitz sind, bildlich gesprochen, zwei Nationen erstanden: eine Minderheit, die erklärt, ›das darf nie wieder geschehen‹, und eine verängstigte und ruhelose Mehrheit, die erklärt, ›das darf *uns* nie wieder geschehen‹. Wenn das die beiden einzigen Lehren sind, dann habe ich persönlich immer an der ersten festgehalten; die zweite erscheint mir als katastrophal. Geschichte und kollektive Erinnerung sind untrennbarer Bestandteil jeder Kultur; aber die Vergangenheit kann nicht und darf nicht das Element sein, das die Zukunft einer Gesellschaft und das Schicksal eines Volkes entscheidend bestimmt.«

Für diese Auffassung wurde Elkana heftig angegriffen, doch er war nicht der einzige, der den Israelis in den letzten Jahren klarzumachen versuchte, daß es, in Anlehnung an Carlyles bekanntes Wort, weise ist, sich nicht nur zu erinnern, sondern auch zu vergessen. Mir geht Nietzsches These durch den Sinn, daß wahres Leben ohne Vergessen unmöglich ist. »Es gibt einen Grad von Schlaflosigkeit, von Wiederkäuen, von historischem Sinne, bei dem das Lebendige zu Schaden kommt und zuletzt zu Grunde geht, sei es nun ein Mensch oder ein Volk oder eine Kultur.«

Ich habe die meiste Zeit meines Lebens in Israel verbracht und bin zu der Schlußfolgerung gelangt, daß dort, wo es so viele traumatische Erinnerungen gibt, so viel Schmerz, so viel Erinnerung, die bewußt oder unbewußt zu politischen Zwecken mobilisiert wird, ein wenig Vergessen ganz angebracht ist. Das sollte nicht als banaler Aufruf zum »Vergeben und Vergessen« betrachtet werden. Vergebung hat damit nichts zu tun. Die Erinnerung ist oft eine Art Rache, paradoxerweise aber auch die Grundlage für Versöhnung. Meines Erachtens brauchen wir in Israel ein neues, ausgewogeneres Verhältnis zwischen Erinnerung und Hoffnung.

So gesehen ist der jüngste Regierungswechsel in Israel ein Schritt nach vorn. Das hat nicht nur mit der Bereitschaft der Regierung zu tun, ein historisches Friedensabkommen mit den Palästinensern zu schließen, die von offizieller Seite nicht mehr als moderne Nazis betrachtet werden. Es geht vor allem auch um den Holocaust. Schulamit Aloni, Rabins erste Bildungsministerin, argumentierte ähnlich wie Elkana. Ehe sie auf Druck der Ultrareligiösen von Rabin entlassen wurde, strich sie die organisierten Schulreisen nach Auschwitz. Sie vertrat die Ansicht, daß staatliche Schulen nicht die sogenannten »Werte des Holocaust« propagieren dürften. Allein schon bei diesem Ausdruck, sagte sie, laufe es ihr kalt den Rücken hinunter. Der Holocaust habe keine Werte. Statt die Wunden heilen zu lassen, rissen die Israelis sie immer wieder auf. Man sollte das Trauma nicht ewig »verwalten«, sondern anfangen, es zu kurieren. Wie das politisch geschehen kann, weiß ich nicht. Die einzige Hoffnung liegt in der Chance, daß sich Yehuda Elkanas Vision durchsetzt.

Ein Besuch bei Arafat

1993

Straßennamen in Tunis sind eine bunte Mischung aus Referenzen an das koloniale Frankreich und den Nationalismus der dritten Welt. Die Avenue de France kreuzt die Rue Gamal Abdul Nasser, Raspail stößt auf Lumumba, Jaurès auf Palästina. Fährt man die Rue Palestine hinaus, vorbei an Reparaturwerkstätten und Eisenwarenläden, erreicht man schnell den breiten Gürtel von neuen Villenvororten, der sich nordwärts bis zu den Ruinen von Karthago erstreckt. In Sidi Bou Said, dem malerischen alten Fischerdorf, heute ein mondäner Badeort, wird Touristen das Haus gezeigt, in dem André Gide wohnte, und die großzügige Villa, in der Khalil al-Wasir (alias Abu Dschihad, der Militärchef der PLO) 1988 von einem israelischen Kommando ermordet wurde.

Die nahe gelegenen Vororte al-Manzah und al-Manar sind weniger schick; viele Straßen sind so neu, daß sie nur Nummern tragen, und manche sind noch nicht einmal asphaltiert. Aber die Rasenflächen und die blühenden Bäume hinter hohen Gartenmauern und schmiedeeisernen Toren sind gepflegt. Auf den Zufahrtswegen stehen Mercedes und andere Luxuslimousinen.

In diese bürgerlich-wohlhabende, geradezu bukolische Welt zogen sich Anfang der achtziger Jahre, nach ihrem erzwungenen Abzug aus Beirut, die Guerillaführer und Schreibtischrevolutionäre der Palästinensischen Befreiungsorganisation zurück, mitsamt Heerscharen von Leibwächtern, Verwaltungsangestellten und Butlern und ausgestattet mit einem geschätzten Jahreseinkommen von rund einer Milliarde Dollar. (Die Kampfeinheiten der PLO wurden nicht ins Land gelassen; sie sollen sich in Libyen und im Südjemen etabliert haben.) Es war Yassir Arafats persönliche Entscheidung, sein Hauptquartier nach Tunesien zu verlegen, wegen der zwar nicht militärischen, aber doch relativ großen politischen Bewegungsfreiheit, die ihm auf Vermittlung der französischen und griechischen Regierung dort geboten wurde, und weil Präsident

Bourguibas Frau Vasilla schon seit langem für die Sache der Palästinenser eintrat. In einem von beiden Seiten unterzeichneten Abkommen wurden die militärischen Beschränkungen formell festgehalten. Andere arabische Länder machten der PLO zu jener Zeit strenge Vorschriften, und Syrien bekämpfte sie sogar.

Zehn Jahre später sind die überlebenden Guerillaführer noch immer hier in al-Manzah und al-Manar, jeder mit seinem *chef de cabinet*, seinen Faxgeräten und Computern, seiner Flotte von Luxuslimousinen mit Autotelefon, umgeben von grimmig dreinschauenden Leibwächtern und mit einem imposanten Hofstaat von Beratern, Sekretären, Kammerdienern, Zimmermädchen, Chauffeuren und Köchen. Palästina ist weit weg. Aber der japanische Elektronikkonzern Sharp hat ein spezielles, hochkompliziertes Kommunikationssystem gebaut, mit dessen Hilfe PLO-Mitglieder in Kontakt mit ihren Männern und Frauen überall in der arabischen Welt bleiben können.

An Konflikten mit der tunesischen Regierung hat es in den letzten Jahren nicht gemangelt. Die Behörden haben jedesmal durchgegriffen, wenn die Palästinenser gegen den Vertrag verstießen oder allein durch ihre Präsenz die blühende tunesische Tourismusbranche zu gefährden drohten. 1985 bombardierte die israelische Luftwaffe eine PLO-Basis bei Hammam al-Schat, nördlich von Tunis, zur Vergeltung für einen palästinensischen Terroranschlag auf israelische Sportsegler in Zypern. Die tunesische Regierung verwies das »Militärpersonal« der Palästinenser umgehend des Landes, und die Palästinenser konnten von tunesischen Stützpunkten aus keine Terroranschläge mehr unternehmen oder mußten sie zumindest sorgfältiger verbergen. Im großen und ganzen durften sie ihren politischen Kampf mit Duldung eines wohlwollenden Regimes fortsetzen. Sie stehen weiterhin unter scharfer Beobachtung des *Mukhabarat*, des tunesischen Geheimdienstes.

Die PLO hat in Tunis kein zentrales Verwaltungsgebäude. Ihre Büros sind in al-Manzah und al-Manar in größeren und kleineren Vorortvillen untergebracht, so wie die der FLN-Führer in den fünfziger Jahren, aber komfortabler und ausgestattet mit der allerneuesten Elektronik – die Technologie der Revolution hat sich seitdem eindrucksvoll entwickelt. Die PLO ist die Regierung eines Phantomstaates – manche sagen eines Pantomimenstaates –, gewählt von einem Phantomparlament, in dem Palästinenser aus der ganzen Diaspora sitzen (ein Parlament, nicht unähnlich den Zionistischen Kongressen von einst, ebenso geplagt von

Rivalitäten und Abspaltungen). An der Spitze steht seit 1969 Yassir Arafat. Der Mann, der in der Vergangenheit oft erklärt hat, er wolle keinen Frieden – »Wir wollen Krieg, wir wollen siegen. Frieden bedeutet für uns die Vernichtung Israels« (in einem Interview mit Oriana Fallaci) – hat in den letzten vier Jahren, auf Druck der Palästinenser, die in den besetzten Gebieten eingeschlossen sind, und auf Druck der USA, das Recht Israels auf eine Existenz in Frieden und Sicherheit anerkannt und sich vom Terrorismus losgesagt. Er behauptet, daß er heute für eine Zwei-Staaten-Lösung sei, Palästina und Israel sollen in friedlicher Nachbarschaft leben. In Madrid und Washington verhandelt er mit Israel über ein Friedensabkommen, wenn auch indirekt, über palästinensische Delegierte aus den besetzten Gebieten. Die Delegierten fliegen ständig nach Tunis, um sich hier ihre Instruktionen zu holen.

Arafat ist vierundsechzig, klein, untersetzt, mit auffallend hervortretenden Augen, breiten Hüften, kleinen, blassen Händen, deren Adern wie ein Flußsystem hervortreten. Nach der Kopfverletzung, die er sich im letzten Jahr bei einem Flugzeugabsturz zugezogen hat, ist er fast völlig kahl unter der gewürfelten Kefiyeh. Er trägt sie, sobald ein Besucher oder ein Fotograf auftaucht. Sein Markenzeichen, der Stoppelbart, inzwischen ziemlich ergraut, soll von Fidel Castro inspiriert sein.

Arafat hat noch immer das Image des romantischen Guerillakämpfers. Stets tritt er in Uniform auf, nie ohne seine Smith & Wesson im Halfter. Dennoch ist er vor allem ein gewiefter Politiker oder, wie manche sagen würden, ein hervorragender Schauspieler. Keine andere Persönlichkeit der dritten Welt hat es so geschickt verstanden, sich der Massenmedien zu bedienen. Arafat habe »den Palästinensern als Volk Bekanntheit verschafft«, schreibt Edward Said. Thomas L. Friedman, der ihn in der Ärmlichkeit der palästinensischen Slums von Beirut kennenlernte, beschrieb ihn als »Teflon-Guerilla – nichts blieb an Yassir Arafat haften, weder Kugeln noch Kritik, kein fester politischer Standpunkt und vor allem kein Mißerfolg«. Und er hat es, so Friedman, quasi ganz allein geschafft, die Palästinenser aus der Wüste der Vergessenheit in die Hauptsendezeit zu führen.

Arafat ist den meisten arabischen Regierungen unbequem; gleichzeitig hat er es verstanden, sie als Geldgeber gegeneinander auszuspielen. Und es gelang ihm, seine lockere Truppe von zerstrittenen Politikern, Bombenlegern, Guerillas, Mullahs, marxistischen Intellektuellen und begeisterten Jugendlichen (fasziniert von den Erfolgen der algerischen FLN, Fidel Castros und der Baader-Meinhof-Gruppe) zusammenzuhalten, die den palästinensischen Staat auseinanderreißen wollten, noch ehe es ihn gab. Er vermittelte ihnen ein Gefühl von Zusammengehörigkeit. Selbst als Chef von Luftpiraten und Terroristen hat er der PLO eine internationale Anerkennung verschafft, wie sie andere Befreiungsbewegungen oder andere Terroristen seit den Tagen Gandhis und Nehrus in Indien und der Verurteilung Nelson Mandelas im Jahre 1960 nie gekannt haben.

Jahrzehntelang wurde jede neue Wendung in der wechselvollen Geschichte der PLO und jede Äußerung Arafats von der ganzen Welt genau studiert, um eine bestimmte These zu beweisen oder zu widerlegen. Er ist der erste und meines Wissens auch der einzige Führer einer nationalen Unabhängigkeitsbewegung, der vor der UN-Vollversammlung sprechen und in Dutzenden von Staaten Botschaften eines nichtexistierenden Staates eröffnen durfte. Ihm ist es zu verdanken, daß man den Blick nicht mehr auf den Nahen Osten und Israel lenken konnte, ohne die Palästinenser zu sehen. Die Kurden, die Basken, der radikale Flügel der IRA, die Angolaner – um nur einige zu nennen – haben nie so viel Anerkennung gefunden oder Milliarden an Investitionsmitteln anhäufen können, von deren Zinsen ein Großteil der militärischen und zivilen Aufwendungen bestritten wird.

Auf welche Weise Arafat und die PLO das alles erreicht haben, ist eine interessante Frage. Keine andere Guerillabewegung ist mit so viel Brutalität und blinder Gewalt gegenüber unbeteiligten Dritten vorgegangen wie die Palästinenser seit 1968. Arafat setzte einen Kreislauf der Gewalt, Gegengewalt und Unterdrückung in Gang, bis die Härte der Israelis der seinen am Ende in nichts mehr nachstand. Kurden, Armenier, Afghanen haben nie amerikanische, deutsche, französische, belgische oder Schweizer Passagierflugzeuge entführt oder in die Luft gesprengt oder in ausländischen Gotteshäusern und Flughäfen wahllos Bomben geworfen, durch die unschuldige Menschen getötet und verstümmelt wurden. Nur die IRA und die baskische ETA können es darin mit der PLO aufnehmen. Profitiert hat die PLO womöglich von alten, womöglich unbewußten antisemitischen Grundströmungen in Europa und anderswo und zugleich vom schlechten Gewissen gegenüber den Palästinensern, die letzten Endes bestraft wurden für die antisemitischen Verbrechen in Europa, an denen sie keine Schuld traf.

Der kalte Krieg und die Ölkrise von 1973 verstärkten die internationale Bedeutung der PLO. Der schwärmerische Enthusiasmus für ihre

Sache ging paradoxerweise mit dem arabischen Ölboom einher. Überdies lieferte der Ostblock den Palästinensern Waffen, bot ihnen Zuflucht und politische Unterstützung. Eine ganze Generation von Fatah-Kämpfern wurde an sowjetischen Militärakademien ausgebildet. Tschechische und ostdeutsche Experten unterwiesen sie im Gebrauch von Plastiksprengstoff. Der Zusammenhalt, den Arafat in den eigenen Reihen durchsetzen konnte (es gab häufig Spaltungen), war nur um den Preis der Suche nach dem kleinsten gemeinsamen Nenner möglich. Yassir Abed Rabbo, der dem Exekutivkomitee angehört und jahrelang in der Demokratischen Front für die Befreiung Palästinas des Marxisten Nayef Hawatmeh aktiv gewesen war, sagte mir, daß es immer gute Gründe gegeben habe, Arafat zu kritisieren, aber nicht einmal seine lautstärksten Opponenten innerhalb der Bewegung hätten ihm je »undemokratisches« Verhalten vorgeworfen. Das sollte wohl heißen, daß er immer den Konsens suchte.

Arafat ist fast täglich in seinem Privatjet unterwegs. Im Juni, während meines Besuchs, flog er jeden zweiten Tag ins Ausland; ein Mitarbeiter erklärte mir, daß er u. a. in Kairo, Amman, Wien und Saudi-Arabien gewesen sei. Beinahe ebenso häufig in der Luft sind die fünfzehn Mitglieder des PLO-Exekutivkomitees, die in der Hierarchie direkt nach Arafat kommen und mehrheitlich in Tunis wohnen. Am Flughafen von Tunis unterhält die PLO ein rund um die Uhr besetztes Büro, dessen acht Mitarbeiter nur für die Abwicklung der Aus- und Einreiseformalitäten zuständig sind. »Ich wohne praktisch auf dem Flughafen«, sagte einer von ihnen zu mir.

Die Mitglieder des Exekutivkomitees leiten ministeriumsähnliche Abteilungen: Außenpolitik, Verwaltung, Kultur, Finanzen, Bildungswesen, Jugend, Propaganda und Wohlfahrt. Der israelischen Militärregierung ist es nicht gelungen, den Transfer von PLO-Geldern in die besetzten Gebiete zu unterbinden. Durch ihre Subventionen, Gehälter und Sozialleistungen ist die PLO der zweitwichtigste Arbeitgeber in Gaza und auf der West Bank. Die israelische Tageszeitung *Haaretz* veröffentlichte kürzlich einen auf arabische Quellen gestützten Bericht, wonach die verschiedenen PLO-Abteilungen monatlich 16 000 Pensionen an palästinensische Familien zahlen, deren Angehörige in israelischen Gefängnissen sitzen oder durch die israelische Armee zu Schaden gekommen sind. Zusätzlich werden Gehälter an 23 000 palästinensische Lehrer, Jugendführer, Sozialarbeiter, Krankenpfleger und Aktivisten von Berufsorganisationen und Behörden – Anwälte, Journalisten, Gewerkschafter usw. – gezahlt.

Man kann sich natürlich über die Briefmarken und die Reisepässe lustig machen, die von der PLO in Tunis herausgegeben werden, praktisch aber wertlos sind. Dennoch wird die PLO inzwischen von mehr als hundert Regierungen anerkannt. Sie unterhält Botschaften oder diplomatische Vertretungen in zweiundneunzig Ländern. Nach außen hin wird das siebenundzwanzig Jahre alte israelische Tabu von Verhandlungen mit der PLO aufrechterhalten, wenngleich ranghohe israelische Beamte offen zugeben, daß sie, wenn sie mit PLO-Aktivisten in den besetzten Gebieten reden, in Wahrheit mit Arafat und der PLO verhandeln.

Der Verwaltungsapparat der PLO ist in den letzten Jahren kontinuierlich angewachsen. Yassir Arafat wird von Beratern umgeben, die ihre eigenen Mitarbeiter haben. Bassam Abu Scharif, einer dieser Berater, sagt, daß allein in Arafats Präsidentialkanzlei knapp tausend Leute beschäftigt seien (Leibwächter nicht mitgerechnet). Arafat hat seinen eigenen außenpolitischen Stab, unabhängig von Faruk Kaddumi, dem Außenminister der PLO. Insgesamt beschäftigt die PLO in Tunis etwa fünftausend Leute, sagt Bassam Abu Scharif. »Man könnte sagen, daß wir ein mittelgroßer Staat sind«, fügte er mit einem schelmischen Lächeln hinzu. Arafats Pressesekretärin Raada Taha dagegen behauptet, daß nicht mehr als 2500 Personen auf den Gehaltslisten stehen. Selbst wenn es offiziell nur 2000 wären, kann man sich kaum vorstellen, was diese Leute alles tun sollten. »Sie bringen wirklich alle Voraussetzungen für einen modernen Staat mit, wenn man bedenkt, was für einen großen, untätigen Beamtenapparat Sie schon haben«, meinte ein ausländischer Besucher kürzlich in einem lichten Moment zu Arafat, der diese Bemerkung nicht sehr komisch fand. Aufgrund der drastisch zurückgegangenen Einnahmen steckt die PLO seit kurzem in ziemlichen Schwierigkeiten.

Die Finanzkrise ist eines der Ergebnisse des Golfkriegs, bei dem Arafat und die PLO auf der Seite des Irak standen, wenngleich Arafat heute behauptet, man habe ihn »mißverstanden«. Die Geldknappheit und die stagnierenden Friedensgespräche mit Israel – das sind die Hauptsorgen der Palästinenser, denen ich in Tunis begegnete. Die Bonzen in Arafats Umgebung (er selbst allerdings kaum) sind oft wegen ihrer aufwendigen Lebensführung in Tunis und im Ausland kritisiert worden, wegen ihrer großzügigen Spesenkonten, der eleganten Kleidung, der Limousinen, Diener und Villen; man wirft ihnen vor, erster Klasse zu reisen und sich die besten Suiten in Luxushotels reservieren zu lassen. Mitte Juni stürmte Arafat wütend aus einer Sitzung des Fatah-Zentralkomitees, nachdem mehrere der Anwesenden ihn beschuldigt hatten, er betreibe Mißwirtschaft und dulde, daß einige seiner engsten Berater mit PLO-Geldern private Geschäfte auf der ganzen Welt finanzierten.

Vor dem Hintergrund solcher Kritik hat der plötzliche Rückgang an verfügbaren Mitteln die PLO ziemlich schwer getroffen. Die eigenen Kapitalerträge wurden schon immer durch direkte Zuwendungen der arabischen Regierungen sowie durch eine Sondersteuer aufgestockt, die alle in den Golfemiraten und in Saudi-Arabien beschäftigten Palästinenser entrichten müssen. Nach dem Golfkrieg stellten die Emirate und Saudi-Arabien ihre direkte Unterstützung der PLO ganz oder überwiegend ein. Blockiert wurde auch die Sonderabgabe der Palästinenser; der größte Teil kam ohnehin aus Kuwait, wo die meisten Palästinenser nach dem Krieg ausgewiesen worden waren. Bassam Abu Scharif zufolge schuldete allein Kuwait der PLO knapp 300 Millionen Dollar.

Anfang Mai behauptete die in London erscheinende arabische Wochenzeitung *Alwast*, daß die PLO ihren Verwaltungsetat von jährlich 320 auf 140 Millionen Dollar habe zusammenstreichen müssen. Nähere Angaben wurden nicht gemacht. Die Zeitung schrieb unter Berufung auf einen PLO-Diplomaten, daß das Budget der »Botschaften« und »diplomatischen Vertretungen« der PLO weltweit um 30 Prozent gekürzt worden sei. Ahmed Karia, der PLO-Finanzminister, wurde mit den Worten zitiert, daß die Gehälter um 18 Prozent gestrichen worden seien und daß man die palästinensische Delegation bei den Washingtoner Friedensgesprächen nur mit Mühe finanzieren könne. Bassam Abu Scharif dementiert einige dieser Meldungen, bestätigte mir jedoch, daß sein eigenes Gehalt um 34 Prozent gekürzt worden sei. Mitte Juni soll es in Libyen zu gewalttätigen Protestdemonstrationen von Fatah-Kämpfern gekommen sein, die kein Geld mehr bekommen hatten.

Die Freigabe von blockierten Konten in den Emiraten und die Wiederaufnahme der direkten Finanzhilfe durch Saudi-Arabien, erfuhr ich, war eine der Bedingungen, welche die PLO mit der Rückkehr der palästinensischen Delegation an den Verhandlungstisch in Washington verknüpfte. Damit konnte sie sich nicht durchsetzen. Die Saudis waren bereit, ihre Zahlungen wieder aufzunehmen, verlangten aber, daß sie direkt an palästinensische Institutionen in den besetzten Gebieten gingen, also unter Umgehung der PLO. Eine weitere Bedingung der PLO war die Rückkehr der Hamas-Aktivisten, die Anfang des Jahres von Israel deportiert worden waren. Unter starkem Druck der arabischen Staaten erklärte sich die PLO aber bereit, die Friedensverhandlungen in Washington in jedem Fall wieder aufzunehmen.

Doch die palästinensischen Delegierten aus der West Bank und Gaza, isoliert und verzweifelt, stellten sich plötzlich quer. Sie hatten zwar immer erklärt, daß sie den Weisungen der PLO folgten, aber kaum saß man wieder am Verhandlungstisch, stellten sie neue Forderungen, die über den vereinbarten Fahrplan hinausgingen – sie bestanden auf einer Grundsatzerklärung zum Charakter des angestrebten Abkommens und zum Status von Jerusalem. So endete die letzte Gesprächsrunde in einer Sackgasse. Es zeigte sich, daß Arafat und die PLO in Tunis moderater und kompromißbereiter waren als die PLO-Vertreter der besetzten Gebiete, die Arafat im Zuge der Intifada überhaupt erst zu einer gemäßigten Haltung gezwungen hatten. Die Israelis hatten immer das Gegenteil behauptet.

Ein westlicher Diplomat in Tunis findet, daß sich in dieser sonderbaren Gemeinschaft von Revolutionären, die ihr Ziel noch immer nicht erreicht haben, aber in materieller Sicherheit leben, seit einigen Jahren eine gewisse Atmosphäre der »Ehrbarkeit« und des »Etabliertseins« ausgebreitet hat. Viele von ihnen sind zwar erst Ende Vierzig, Anfang Fünfzig, aber sie haben einen Bauch und sind grau geworden. Ein westlicher Diplomat, der sie seit Jahren kennt, sagt, daß einige von ihnen befürchten, die Zeit könnte ihnen knapp werden. Sie wollen den Durchbruch noch zu ihren Lebzeiten erzielen. Von der sogenannten »Generation der Rache« – den fünf Gründern von Fatah [*], der maßgeblichen Gruppe innerhalb der PLO – sind nur noch Arafat, Faruk Kaddumi und Khalid al-Hassan am Leben.

Kaddumi gilt als der oberste Hardliner in dieser Gruppe. Auch er scheint mit den Jahren weicher geworden zu sein. 1988 stimmte er für eine Anerkennung Israels und für Friedensverhandlungen, obwohl er gleichzeitig zur Fortsetzung des bewaffneten Kampfes aufrief. »Trotz der jüngsten Friedensbemühungen können wir auf den militärischen

[*] Wörtlich »Eroberung«, rückwärts gelesen das Akronym für Palästinensische Befreiungsbewegung.

Kampf gegen Israel nicht verzichten.«* Al-Hassan ist der Chefideologe von Fatah, mithin auch der PLO. Er war der erste prominente Führer, der öffentlich zu erklären wagte, daß die Palästinenser nur ihr eigenes Unglück heraufbeschworen, wenn sie alle diplomatischen Verständigungsbemühungen torpedierten. In einem Interview sagte er einmal: »Ich habe nie eine Waffe in der Hand gehabt, nicht einmal in der schlimmsten Zeit.« Daß sich der PLO-Nationalrat dazu durchrang, die Zwei-Staaten-Lösung sowie die UN-Resolutionen 242 und 338 zu akzeptieren, geht vor allem auf al-Hassan zurück.** Kurz zuvor waren amerikanische Appelle, die PLO solle diese Resolutionen vorbehaltlos anerkennen, um einen Dialog mit den Vereinigten Staaten zu ermöglichen, von palästinensischen Sprechern noch als »bodenlose Arroganz« und »unerhörte Forderungen« zurückgewiesen worden. Al-Hassan war es, der den Nationalrat zu einem Sinneswandel brachte. Er ist heute ein reicher Geschäftsmann, der japanische Elektronikgeräte in die Golfstaaten importiert.

Auch Arafat ist in gewissem Sinne etabliert. Einst lebte er aus dem Koffer; in Beirut war er aus Sicherheitsgründen immer unterwegs, und selten verbrachte er zwei Nächte unter demselben Dach. Jetzt hat er einen ständigen Wohnsitz in Tunis. Zu Reportern pflegte er zu sagen, daß er keine Zeit für Frauen habe (»ich bin mit der palästinensischen Revolution verheiratet«). Im letzten Jahr heiratete er, zweiundsechzigjährig, eine junge palästinensische Christin. Sie ist über dreißig Jahre jünger, Tochter eines in Paris lebenden wohlhabenden Bankiers und seiner Frau, der bekannten palästinensischen Aktivistin Raymonda Tawil. Die Hochzeit wurde eine Weile geheimgehalten, bis die Nachricht, vermutlich durch den Mossad, der israelischen Tageszeitung *Haaretz* zugespielt wurde.

Auch Arafats Arbeitsgewohnheiten haben sich verändert. Teils, weil er

* Zitiert in: Guy Bechor, *PLO Lexicon*, Tel Aviv: Verlag des Israelischen Verteidigungsministeriums, 1991, S. 301.

** In der PLO-Nationalcharta von 1964 war die Teilungsresolution von 1947 als null und nichtig bezeichnet worden. Die UN-Resolution 242 von 1967 fordert den Rückzug Israels aus den im Sechs-Tage-Krieg besetzten Gebieten und das Recht aller Staaten der Region, »in Frieden, innerhalb sicherer und anerkannter Grenzen« zu leben, frei von Bedrohungen oder Gewaltakten. Die PLO hatte diese Resolution stets zurückgewiesen, weil sie keinen Hinweis auf das palästinensische Volk enthielt und nur von der Notwendigkeit einer »gerechten Lösung des Flüchtlingsproblems« sprach. Die UN-Resolution 343 fordert, daß zwischen den »beteiligten Parteien« Verhandlungen aufgenommen werden sollten, die die Herstellung eines »gerechten und dauerhaften Friedens im Nahen Osten« zum Ziel haben. Bis zum Herbst 1988 wurde auch diese Resolution von der PLO abgelehnt.

zu so unregelmäßigen Stunden am Schreibtisch saß, teils als PR-Masche pflegte er Reporter, die ihn interviewen wollten, wochenlang warten zu lassen. Prominente Journalisten, die ein solches Verhalten nicht einmal bei ihrem eigenen Präsidenten hinnehmen würden, saßen tagelang, ja wochenlang in Hotelzimmern herum und warteten auf einen Anruf, der manchmal um drei Uhr nachts kam. Dann mußten sie innerhalb weniger Minuten zum begehrten Interview erscheinen. Heute ruft man vom Ausland aus an und bekommt rechtzeitig einen vernünftigen Termin. Solche kleinen Unterschiede sollte man nicht überbewerten, aber sie vermitteln doch einen Eindruck von dem Mann, wie er heute ist. Arafats Wohnung liegt über seinem Büro in al-Manzah. Sie ist groß und bequem und verfügt über mehrere Gästezimmer, in denen seine Schwiegermutter bei ihren häufigen Besuchen in Tunis untergebracht wird.

Wenige Stunden nach meiner Ankunft in Tunis holte Arafats Pressesprecherin, Raada Taha, mich und zwei andere israelische Journalisten aus unserem Hotel ab und brachte uns in ihrem kleinen Auto zu Arafats Hauptquartier. Die beiden Kollegen waren Zwi Barel, stellvertretender Chefredakteur von *Haaretz*, und Danny Rubinstein, Nahost-Redakteur derselben Zeitung. Frau Tahas Name kam Rubinstein irgendwie bekannt vor, und sie meinte sofort, daß das gut möglich sei. Ihr Vater Ali Taha war der Anführer eines spektakulären, aber fehlgeschlagenen Kommandounternehmens gewesen, das 1972 auf dem Flughafen von Tel Aviv eine Maschine der Sabena entführen wollte. Taha wurde von israelischen Soldaten erschossen. Sie selbst war damals ein kleines Mädchen; später studierte sie an einer amerikanischen Universität. Nach kurzer Fahrt durch dunkle Vororte hielt das Auto vor einer hell angestrahlten, von einer hohen Mauer umgebenen Villa. Etliche Männer mit Schnellfeuergewehren liefen herum oder standen an der Gartenmauer. In einem Schilderhäuschen stand ein tunesischer Wachposten. Hinter dem Gartentor waren noch mehr Männer, die »Willkommen, willkommen« murmelten, während sie sorgfältig unsere Hosenbeine abtasteten und uns mit elektronischen Metalldetektoren über Rücken und Brust fuhren.

Von der Eingangshalle der großen, zweistöckigen Villa führte eine Wendeltreppe nach oben in den privaten Wohnbereich. Im Erdgeschoß befanden sich nur Büros. In mehreren Zimmern klingelten gleichzeitig Telefone. Überall an den Wänden hingen großformatige Bilder von Arafat: Arafat beim Schultern eines Gewehrs oder bei der Fahrt im offenen Wagen, Truppen inspizierend, ein Kind streichelnd, Arafat beim Papst, Arafat mit Abu Iyad, dem zweiten Mann der PLO, der kurz vor Ausbruch des Golfkriegs auf mysteriöse Weise erschossen wurde.

Nachdem wir ein paar Minuten herumgestanden hatten, ging eine dunkel gebeizte Holztür auf, und wir betraten einen langgestreckten, großen Raum, Arafats Büro. Am einen Ende stand Arafats ovaler Schreibtisch; die Wand dahinter bedeckte eine riesige Fotografie von Jerusalem, im Vordergrund die Omarmoschee, und alle israelischen Gebäude dahinter und am Horizont waren sorgfältig wegretuschiert. Am anderen Ende des Zimmers, unter einem großen Arafat-Porträt, stand ein Fernseher, der gerade CNN brachte. Wenn Arafat an seinem Schreibtisch sitzt, sieht er sich selbst an der gegenüberliegenden Wand.

Er stand neben dem Schreibtisch, die Pistole im Halfter, und kam Danny Rubinstein mit ausgebreiteten Armen entgegen: »Danny, Danny! Ich lese alles, was Sie schreiben! Alles! Wirklich! Noch am selben Vormittag liegt es hier auf meinem Tisch.« Ein Dutzend Assistenten und Berater füllte den Raum. Arafat war der kleinste unter ihnen. Er war auch der einzige, einschließlich der Wachen draußen, der Uniform trug, eine gutgebügelte, maßgeschneiderte Geschichte aus dunkelgrünem Tuch, geschmückt mit mehreren bunten Insignien. Am linken Oberarm, unter einer aufgenähten palästinensischen Fahne, war eine kleine Tasche, in der zwei Kugelschreiber und ein Cross-Füllfederhalter steckten.

Wer ihn nur vom Fernsehen her kennt, ist überrascht über Arafats kleine Statur. Das Gesicht, fleischig, aber mit engstehenden Wangenknochen und bedeckt von einem – angeblich fünf Tage alten – dünnen Stoppelbart, wurde eingerahmt von einem gewürfelten Halstuch und der ebenso gewürfelten Kefiyeh, die über dem Kopf zusammengeknotet war. Beim Gehen zieht er die gefalteten Enden über die rechte Schulter, und man merkt wieder, daß die Kopfbedeckung seine Masche ist, Bestandteil der Show, die sein Gesicht auf der ganzen Welt bekannt gemacht hat. Während er spricht, fixieren die großen, weitaufgerissenen Glupschaugen sein Gegenüber mit starrem, leuchtendem Blick, aber das auffälligste an seinem Gesicht sind die Lippen. Die Unterlippe ist so dick, daß man glaubt, sie sei von einer Biene gestochen worden, und so rot, daß man meinen könnte, er benutze Lippenstift.

Wir setzten uns an einen großen, hufeisenförmigen Tisch. Arafat begann mit sanfter Stimme zu sprechen. Dabei suchte er oft nach Wörtern, hielt inne, um zu lächeln; das lange, kokette Lächeln desjenigen, der es gewöhnt ist, bewundert zu werden. Kriegsbilder aus Bosnien-Herzegowina flimmerten über den Fernseher. Ernst fragte er: »Seid ihr bereit, den entscheidenden Schritt zu machen – Frieden mit den Palästinensern? Wir sind nämlich bereit dazu. Wir bieten absoluten Frieden gegen absoluten Rückzug.«

Er fügte hinzu, daß ihm ein sofortiges umfassendes Abkommen am liebsten wäre. Uns sicherlich auch – davon sei er überzeugt –, wenn uns nur die Einzelheiten der palästinensischen Tragödie so vertraut wären wie ihm. Gleichwohl könne er sich realistischerweise nicht vorstellen, daß das alles auf einen Schlag zustande komme. Eine vorläufige Autonomie in Gaza als ein erster Schritt wäre denkbar, aber nur, wenn sie im Zusammenhang mit einer Übergangsselbstverwaltung irgendwo auf der West Bank stünde, etwa in Jericho. Andernfalls könne man ihm den Vorwurf machen, er wolle die West Bank aufgeben. Und es müsse einen Korridor zwischen Gaza und der West Bank geben, so wie der nach Berlin vor 1989, allerdings mit internationalen Garantien. (Ein amerikanischer Mittelsmann überbrachte im Mai eine diesbezügliche Botschaft in Washington, aber Präsident Clinton reagierte nicht.) Gaza sei das Soweto Israels, sagte Arafat, aber trotz des großen Chaos und Elends und obwohl es in Gaza keine wirtschaftliche Infrastruktur gebe, sei er durchaus in der Lage, dort die Macht zu übernehmen und für Ruhe zu sorgen. »Vergessen Sie nicht«, fügte er pointiert hinzu, »ich habe den Libanon zehn Jahre regiert!« (Ein Mitarbeiter verbesserte ihn: »Kontrolliert!« Er wiederholte: »Ich habe den Libanon zehn Jahre lang kontrolliert! Die Lage dort war eindeutig komplizierter als in Gaza!«)

Er beklagte sich darüber, daß die israelische Seite bei den laufenden Friedensgesprächen von Anfang an eine Hinhaltetaktik verfolge und gleichzeitig in den besetzten Gebieten Siedlungen baue. »Wir dagegen haben unseren guten Willen bewiesen, indem wir trotz Schamirs Bedingungen nach Madrid gegangen sind. Nennen Sie mir ein zweites Beispiel in der Geschichte« – er hob jetzt die Stimme –, »wo sich die eine Seite von der anderen vorschreiben ließ, wer sie am Verhandlungstisch vertreten darf. Sogar das haben wir akzeptiert, weil wir Frieden wollen.«

Er sprach langsam, in stockendem Englisch, in einer eigentümlichen, manchmal rührenden Mischung aus Empörung und Ironie, wenn seine Sätze auch eher unbeholfen formuliert waren. Als er sich über die Härte des israelischen Besatzungsregimes beklagte und Zwi Barel einwarf »Ja, aber es schweißt euch als Nation zusammen«, fuhr Arafat barsch dazwischen: »Besten Dank, besten Dank!« Später tadelte er uns dafür, daß wir nicht »die Einzelheiten unserer Tragödie verfolgen! Für die Palästinenser ist es sogar ein Problem, ihre Toten zu begraben. Es hat Tage gedauert, bis ich einen Platz fand, wo ich einen Palästinenser begraben konnte, der kürzlich in Moskau gestorben war. Erst nach zehn Tagen fand ich schließlich einen Ort in Jordanien.« Er kann auch lächerlich sein: »Warum ruinieren die israelischen Führer das Judentum? Wirklich schade!« Oder verschlagen: Er behauptet, daß er, anders als Rabin, eine Lösung für Jerusalem habe, über die er aber nicht sprechen wolle. Und wieso nicht? »Warum sollte ich«, entgegnet er. Und: »Rabin hat nur eine Opposition. Ich habe ein halbes Dutzend: Araber, Palästinenser, Muslime, Christen. Kennen Sie meine christliche Opposition nicht? Es ist Dr. Habasch und der koptische Patriarch von Ägypten, Schinoda.«

Im Fernsehen kommt Arafat merkwürdigerweise nicht so gut weg. Es hebt oft nur bestimmte Züge seiner rauhen, wenig verbindlichen Art hervor. Persönlich erscheint er seriöser. Er hat einen scharfen Verstand und wirkt nicht unsympathisch, wenn er, nach Worten suchend, sich ständig wiederholend, an die Dringlichkeit und das Ausmaß der palästinensischen Tragödie erinnert. Daß er zu dieser Tragödie beigetragen haben könnte, kommt ihm nicht in den Sinn; darin unterscheidet er sich nicht von anderen Politikern.

Es ist nicht leicht, sich mit ihm zu unterhalten. Selbst während unseres Gesprächs wurde er von Mitarbeitern umringt, die ihm Zettel mit wer weiß welchen Vorschlägen und Informationen reichten, während er knappe Befehle erteilte, ihm dieses oder jenes Papier zu bringen. Mit Zahlen, Daten, historischen Fakten ging er mitunter etwas großzügig um – zumindest kam es mir so vor. Selbst die gerahmten Fotos an der Wand, die einen Eindruck von Beliebigkeit vermittelten, schienen zu hoch oder zu niedrig zu hängen. Ich war nicht sicher, ob ich bei Edward Said etwas in der Richtung gelesen hatte.

Zwei, drei Stunden lang behandelten wir viele der gegenwärtigen Streitpunkte, gingen zurück in die Geschichte, wie das oft der Fall ist, wenn Israelis und Palästinenser zusammenkommen, und bewegten uns natürlich in endlosen Kreisen. Geschichte und Erinnerung sind auf beiden Seiten Faktoren von Politik und Macht geworden. Sowohl Palästinenser als auch Israelis sehen sich als Opfer. Die Israelis beklagen sich über den palästinensischen Terror, aber selbst wenn es diesen Terror nie gegeben hätte, gäbe es trotzdem erhebliche Probleme zwischen den beiden Völkern. Die Identität von Israelis und Palästinensern besetzt denselben geographischen und psychischen Raum, jede Seite lebt in der Angst, sie könnte, indem sie die Berechtigung der anderen Identität akzeptiert, ihre eigene aufgeben.

Arafat versicherte uns, daß er seinen Delegierten aufgetragen habe, bei der gegenwärtigen Runde der Autonomiegespräche einen »Durchbruch« zu erreichen. Wir sollten aber nicht vergessen, daß er nicht einfach Befehle erteilen könne. »Ich bin kein Diktator. Ich bin stolz auf unsere Demokratie. Ich habe kein Recht, mich über die Gefühle [der Delegierten] hinwegzusetzen ... Hier«, er zeigte auf seine Pressesprecherin, »Raada zum Beispiel. Sie ist ein Falke. Sie streitet oft mit mir!« Dennoch müßten beide Seiten bereit sein, Risiken einzugehen. Das größte Risiko wäre es, wenn die Friedensgespräche zu einem Stillstand kämen. Das Ergebnis wäre die »Balkanisierung des Nahen Ostens, totales Chaos und Fanatismus überall«.

Ich fragte ihn, ob er nicht manchmal bedauere, daß die PLO so lange gebraucht habe, Israel anzuerkennen und sich zum Frieden durchzuringen. Abba Eban habe einmal gesagt, daß die PLO keine Gelegenheit versäume, eine günstige Chance nicht zu nutzen. Unter dem Druck von Krieg und Terror habe sich Israel vielleicht zu sehr nach rechts bewegt, zu viele vollendete Tatsachen geschaffen, mehr als hunderttausend Siedler auf der West Bank und in Ostjerusalem. Warum habe er sich so viel Zeit gelassen?

Darauf entgegnete Arafat: »Ich finde nicht, daß wir spät dran sind ...« Einer seiner Berater, der palästinensische Dichter Mahmud Darwisch, unterbrach ihn mit dem Ausruf: »Selbst wenn wir uns in der Vergangenheit Zeit gelassen haben – was ist mit unserer Zukunft?«

»Als Opfer hatten wir das Recht zu zögern«, fuhr Arafat fort. Jawohl, in der Politik sei der richtige Zeitpunkt von allergrößter Bedeutung, aber die Wahrheit sehe doch anders aus. Im Jahre 1969 habe die PLO den Israelis einen gemeinsamen »säkularen, demokratischen, pluralistischen Staat« angeboten. Aber war es nicht so, daß für Juden, die im Ausland oder nach 1917 in Palästina geboren waren, diese Regelung nicht gelten sollte? Nein, denn ein Jahr später habe die PLO einen binationalen Staat nach belgischem Modell angeboten. Er zählte eine lange Liste von weiteren Gelegenheiten auf, die von den Israelis nicht genutzt worden seien – von der Bereitschaft der PLO im Jahre 1974, an der Genfer Konferenz teilzunehmen, bis hin zu ihrer Annahme der

Breschnew-Mitterrand-Friedensinitiative von 1977. Golda Meir habe immer wieder zynisch gefragt, wer sind die Palästinenser? Und dann geantwortet: Ich bin eine Palästinenserin. »Wir kommen nicht zu spät. Wir haben Signale ausgeschickt. Ihr hättet sie erkennen sollen.« 1968 habe er seine Hand ausgestreckt, doch Israel habe sie zurückgewiesen. Er strecke sie jetzt wieder aus. »Ich biete euch einen Frieden der Mutigen. Lehnt ihn nicht ab ... Ich habe 1968 meine Hand ausgestreckt, aber ihr habt sie zurückgewiesen.«

Ich überlegte laut, was passiert wäre, wenn er den Autonomieplan als Übergangslösung für Gaza und die West Bank schon 1978 akzeptiert hätte, wie er im israelisch-ägyptischen Friedensvertrag erwähnt wurde – war das nicht eine der verpaßten Gelegenheiten? Wenn er das akzeptiert hätte, würde er nicht schon jetzt einen palästinensischen Staat haben? 1978 gab es praktisch keine Siedlungen auf der West Bank. Statt dessen habe er diesem Friedensvertrag den Krieg erklärt. Schließlich hätten auch die dreizehn amerikanischen Kolonien mit weniger angefangen und seien dann die Vereinigten Staaten geworden. Arafat sah mich scharf an. »Damit Sie es wissen«, sagte er, jede Silbe betonend, »offiziell ist *mir* nie etwas angeboten worden.«

Und so weiter. Um ein Uhr nachts wurden wir zu einem späten Essen nach oben in die Privatgemächer gebeten, wo Frau Arafat sich zu uns an einen gedeckten Tisch setzte. Arafat, strahlend und ganz der aufmerksame Gastgeber, die Pistole noch immer im Halfter, reichte uns den Teller, tat uns von der Hühnersuppe auf und brach Stücke von weißem Käse und Halva zum Kosten ab. Er selbst hält strenge Diät – Hüttenkäse, Knäckebrot, Reis, Eier, rohe Karotten und Gurken, nichts Scharfes und nur Mineralwasser. Er vertilgte große Halvastücke. Er raucht nicht. Unter den anderen palästinensischen Führern und Notabeln in Tunis wird reichlich Whisky getrunken, und meistens saßen wir in dicken Rauchwolken.

Wenn ich die Notizen durchgehe, die ich bei meinen Besuchen bei Arafat und den anderen palästinensischen Führern in Tunis gemacht habe, erinnere ich mich an die Zeit, als ich einige von ihnen kennenlernte. Zum Beispiel Suha, Arafats Frau, der ich vor zwölf Jahren in ihrem Elternhaus in Ramallah begegnete, als sie noch ein Teenager war. Ihre Mutter, Raymonda Tawil, war eine der ersten Palästinenserinnen, die für einen »historischen Kompromiß« zwischen Palästinensern und Israel eintraten, lange bevor dieser Begriff unter Palästinensern Mode wurde. Oder Mahmud Darwisch, oft als palästinensischer Nationaldichter bezeichnet, ein Mann, der Arafat nahesteht und dem Exekutiv-komitee der PLO angehört. Er ist ein israelischer Palästinenser, der 1971 nach Beirut ging und dort Arafats oberster Sprecher für kulturelle Angelegenheiten wurde. In seinen bemerkenswerten Gedichten spiegelt sich die Frustration, die Verzweiflung, die andauernde Last des palästinensischen Exils:

> Wohin sollen wir gehen nach den letzten Grenzen
> Wohin sollen die Vögel fliegen nach dem letzten Himmel ...
> Ich aber bin der Verbannte
> Verschließe mich mit deinen Augen
> Nimm mich, wo du auch bist
> Nimm mich, wer du auch bist
> Gib mir die Farbe des Gesichts wieder
> Die Wärme des Körpers
> Das Licht von Herz und Augen
> Das Salz von Brot und Rhythmus
> Den Geschmack der Erde ... Die Heimat

Ich lernte Darwisch an der Hebräischen Universität in Jerusalem kennen, wo er als kommunistischer Student für die Einrichtung eines palästinensischen Staates agitierte. Ich erinnere mich an eine erregte Debatte zwischen ihm und anderen israelischen Studenten. Er plädierte für einen palästinensischen Staat, neben einem erheblich verkleinerten Israel, dessen Grenzen dem ursprünglichen UN-Teilungsplan von 1947 entsprachen. Als Rubinstein Darwisch nach so vielen Jahren jetzt in Arafats Büro wiedersah, fragte er ihn auf hebräisch: »Mahmud, was zum Teufel machst du hier? Warum kommst du nicht nach Hause?«

»Ich bin in spätestens zwei Jahren zurück. Es hängt von den Verhandlungen ab.« Und was aus dem Kommunismus geworden sei, fragte Rubinstein. »Ach«, sagte Darwisch und lachte, »das war in meiner Jugend. Jetzt ist alles anders.« Darwisch erregte vor einigen Jahren Aufsehen, als er − eine Antwort auf Rabins Befehl, jugendlichen palästinensischen Steinewerfern »die Knochen zu brechen« − ein primitives Gedicht veröffentlichte, in dem er die Juden aufforderte, zu verschwinden und ihre Toten mitzunehmen. Er verteidigte sich seinerzeit mit dem Hinweis, daß er falsch übersetzt worden sei und daß die frühen Zionisten über ihre Verfolger viel schlimmere Sachen geschrieben hätten. Sein Standpunkt: In der Propaganda ist dem Opfer alles erlaubt.

Ein weiterer Bekannter war Akram Hania, vierzig Jahre alt, Journalist aus Ostjerusalem und ehemaliger Redakteur von *Al-Schaab*, der dort erscheinenden pro-PLO-Zeitung. Ich habe ihn oft in seinem Büro besucht und mit ihm über Politik diskutiert. Einmal lief ich ihm im Restaurant der Knesset über den Weg, wo er sich wohl mit Abba Eban verabredet hatte, dem damaligen Vorsitzenden des außenpolitischen Ausschusses. Nachdem Hania 1986 einen komplizierten Rechtsstreit mit den israelischen Militärbehörden verloren hatte, wurde er über Algerien nach Tunesien deportiert. Seine Ausweisung war nicht das Ergebnis terroristischer Aktivitäten, sondern ausschließlich politischer Betätigung, was den Palästinensern in den besetzten Gebieten damals verboten war. Auch er gehört inzwischen Arafats Beraterstab an.

Und schließlich Bassam Abu Scharif, ein Mann, der durch eine israelische Briefbombe, die er 1970 in Beirut erhielt – vermutlich wegen seiner Beteiligung an der Entführung von drei amerikanischen Flugzeugen –, ein Auge verlor, das Gehör auf einer Seite, drei Finger der linken Hand und einen Finger der rechten Hand. (Seinerzeit war er einer von George Habaschs Vertrauten.) 1986 trennte er sich nach einem heftigen Streit von Habasch und plädierte für eine Koexistenz mit Israel. Er erklärte, daß Israel ehrlich »dauerhaften Frieden« anstrebe, und meinte, daß dies auch das Ziel der Palästinenser sein sollte.

An einem Abend waren wir zum Essen in seiner hübschen Villa verabredet. Er versicherte uns, daß der Hickhack in Washington über sprachliche und juristische Feinheiten nur Augenwischerei sei. »Ich kann euch verbindlich erklären, daß der *Durchbruch bereits erreicht* wurde. Ihr könnt mich zitieren. Über die Einzelheiten kann ich nichts sagen. Aber ich weiß, wovon ich rede.« Er sagte auch: »Wir alle müssen Rabin helfen. Ihr könnt auch diesen Satz von mir zitieren. Rabin ist ein Mann des Friedens. Uns ist inzwischen klar, daß er ein Problem mit seinen Wählern hat. Wir tun nicht genug, um ihm dabei zu helfen.« Der Friedensprozeß sei unumkehrbar, sagte er, für die PLO sei Frieden inzwischen ein strategisches und kein taktisches Ziel mehr. Ein Abkommen sei auch deswegen notwendig, weil die internationale Völkergemeinschaft es wünsche. Wer das nicht begreife, »wird übergangen«. Es sei schade, sagte er, daß die Palästinenser nicht schon früher der PLO erlaubt hätten, diesen Kurs zu verfolgen. Vielleicht hätten sie schon längst einen palästinensischen Staat. Mehr vertrauensbildende Maßnahmen seien jetzt notwendig. Die PLO, sagte er, könne bei der Freilassung von israelischen Kriegsgefangenen im Libanon und bei der Aufhebung des arabischen Boykotts mitwirken. (Seit meiner Rückkehr habe ich davon nichts bemerken können.)

Arafat und seine Gefolgsleute betrachten die Vereinigten Staaten als eine magische archimedische Kraft außerhalb der nahöstlichen Region, die Wunder vollbringen kann. Sie haben eine paranoide Vorstellung von dem ungeheuren Einfluß von Juden weltweit und in den USA. Vielleicht sind sie, aller Modernität zum Trotz, noch immer ein Volk der großen Worte. Gefragt, wie er Rabin einschätze, meinte Arafat: »Er ist kein de Gaulle. Möge er wenigstens ein de Klerk sein.« Als ich später einem seiner Berater von dieser Bemerkung erzählte, meinte er sarkastisch: »Tja, der Alte ist auch kein de Gaulle.«

Alles in allem schien mir in Tunis eine sehr viel optimistischere Atmosphäre zu herrschen als in Jerusalem. Vielleicht lag das daran, daß es auf der palästinensischen Seite sehr viel schwieriger ist als auf der israelischen, zwischen tatsächlichen Positionen und als politisch korrekt geltenden Formulierungen zu unterscheiden. Die Verhandlungen mögen stagnieren, aber es spricht alles dafür, daß sie wieder aufgenommen werden, weil, wie PLO-Vertreter erklärten, die Amerikaner dies wünschten. »Die USA«, meinte Bassam Abu Scharif nachdrücklich, »wollen Stabilität in der Region. Ohne ein Abkommen wird es keine Stabilität geben. Daher wird Israel sich früher oder später dem Willen der USA beugen müssen.« Überall erlebten wir die gleiche erwartungsvolle Offenheit und Freude darüber, einem Israeli zu begegnen. Zwischen den israelischen Journalisten und den palästinensischen Offiziellen gab es eine bemerkenswerte Form des Kommunizierens in Andeutungen. Man witzelte miteinander und tauschte wissende Blicke, als bestünde die stillschweigende Übereinkunft, daß das, was gesagt wurde, nicht in jedem Fall so gemeint war. Solch eine fast konspiratorische Nähe habe ich zwischen Israelis und Ägyptern nie erlebt. Auf den Optimismus war ich nicht vorbereitet. Ich habe mich oft gefragt, ob dieser Optimismus die tatsächlichen Verhältnisse spiegelte oder eher Wunschdenken war, die Angst, von den neuen islamischen Kräften überholt zu werden, die unter den Palästinensern wirksam sind. Die Intifada richtete sich nicht nur gegen die israelische Unterdrückung, sondern auch gegen die PLO, gegen die Sterilität ihrer Rhetorik und ihres Terrors. Für Arafats PLO bedeutet Diplomatie jetzt, das Unvermeidliche zu akzeptieren, und für Israel – ein siebenundzwanzigjähriges Tabu zu brechen.

Blick über den Jordan

1994

In dieser Jahreszeit kann man in Jerusalem an klaren Tagen von jedem hohen Gebäude aus die Vororte von Amman sehen. Rosarot schimmern sie in der trockenen Bergluft am fernen Horizont über der tiefen Senke des Toten Meeres. Beide Städte liegen auf Hochplateaus mehr als achthundert Meter über dem Meeresspiegel, und die Entfernung zwischen ihnen beträgt etwas mehr als sechzig Kilometer Luftlinie. Die Fahrt von hier nach dort dauert nur anderthalb Stunden – jedenfalls wenn man die richtigen Passierscheine hat und in einem UNO-Fahrzeug reist.

Es ergab sich, daß nur wenige Stunden vor meiner Abfahrt nach Amman ein jüdischer Fanatiker in einer Moschee in Hebron mindestens neunundzwanzig Palästinenser niedergemetzelt und über hundert Personen schwer verletzt hatte. Durch seine Tat hatte er die laufenden Friedensgespräche ins Schleudern gebracht und der Aussöhnung zwischen Palästinensern und Israelis, die letztes Jahr in Oslo und auf dem Rasen des Weißen Hauses langsam in Gang gekommen war, womöglich irreparablen Schaden zugefügt. Der Prozeß, der aus dämonisierten Feinden gleichberechtigte Gegner machte, die über die Einzelheiten eines historischen Kompromisses stritten, erlitt einen schweren Rückschlag. Aufs neue wurde deutlich, wie sich die finstere Leidenschaft eines einzelnen auf die arabisch-israelischen Beziehungen auswirken konnte. Beide Seiten stellten sich auf das »Vergeltungsmassaker« ein, mit dem allenthalben gerechnet wurde.

Als wir Jerusalem verließen, brachen schon Unruhen in den besetzten Gebieten aus. Tränengaswolken stiegen über den Dächern der Altstadt auf. Wir fuhren in das Jordantal hinunter, und die kahle, wie erstarrt daliegende Wüstenlandschaft schien die Trostlosigkeit der politischen Lage zu spiegeln. Als wir gegen Mittag die Grenze erreichten, war die ausgedörrte Erde entweder schwarz oder weiß, wie das Denken eines Fanatikers, das keine Zwischentöne kennt.

Stacheldrahtzäune verliefen im Zickzack über die weite Ödnis des

Grenzgebiets. Alle zehn Meter warnten kleine rote Dreiecke am Straßenrand vor Minen. Überdimensionale israelische Fahnen wehten über grimmigen Wachtürmen und Bunkern. Da die Jordanier diese Grenze nicht anerkennen, wehen auf ihrer Seite keine Fahnen. Der eigentliche Grenzübergang ist eine Behelfsbrücke aus frisch gestrichenen Eisenträgern und wackeligen Holzplanken, die beim Betreten klappern. Bei den Israelis trägt die Brücke noch immer ihren alten Namen Allenby-Brücke, nach dem britischen Feldmarschall, der Palästina im Jahre 1917 eroberte. Die Jordanier nennen sie, nach ihrem König, Hussein-Brücke. Sie ist für den Autoverkehr gesperrt. Mein Gepäck wurde nur bis zur Brückenmitte gebracht, dort von einem jordanischen Träger abgeholt und zu einem zweiten UNO-Fahrzeug gebracht, das auf der anderen Seite wartete. Die Atmosphäre erinnert an die Glienicker Brücke in Berlin, wo während des kalten Krieges Spione ausgetauscht wurden.

Ich hatte fast damit gerechnet, daß die Brücke gesperrt sein würde, wie das in unruhigen Zeiten oft der Fall ist. Statt dessen wurden wir ohne viel Aufhebens durchgewinkt. Der spärliche Verkehr über die Brücke wurde als normal bezeichnet. Die Kontrollen waren schnell und oberflächlich. Die trockene, flache Landschaft auf der jordanischen Seite war ein Spiegelbild der israelischen. Ein paar kahle Bäume standen in der Ödnis, aschfarben vom Staub. Jordanische Soldaten in grünen Tarnanzügen winkten uns durch etliche Straßensperren und geöffnete Schranken. Von den nahen Bergspitzen stürzten wilde Schluchten hinab. Wir kamen zu einer Abzweigung, und dann ging es auf einer staubigen Schotterstraße steil bergan. Hinter uns im Dunst konnte man das kahle Ufer und die bitteren Wasser des Toten Meeres sehen.

Den fruchtbaren, höher gelegenen Boden erreicht man hier sehr viel schneller als auf der anderen Seite. Während sich die Straße in Kurven und Kehren immer höher wand, wurde die Erde dunkler und schließlich grün. Wir kamen auf eine moderne Autobahn, passierten Obstplantagen und Pinienwälder und erreichten das hohe Bergplateau. Kleine Dörfer, die an jene auf der West Bank erinnerten, lagen auf ähnlich steinigen, mühsam bewirtschafteten Feldern, die Oliven, Gerste und Feigen hervorbrachten; wir sahen Weinstöcke und kleine Schafherden. Dann, eine knappe halbe Stunde nach dem Grenzübertritt, erreichten wir die nagelneuen Randbezirke von Amman, überall importiertes buntes Glas und italienischer Marmor neben anderen Zeichen auffälligen Wohlstands: Garagen für zwei, drei Autos, schicke

Boutiquen und hohe Fernsehantennen, die wie Miniatur-Eiffeltürme aussahen.

Der Name Amman geht auf das biblische Ammon zurück, dessen Bewohner der Verfasser des Fünften Buches Mose nicht sonderlich schätzte. Er zitiert den Auftrag, den Moses von Gott erhielt: »Du sollst nie ihren Frieden noch ihr Bestes suchen dein Leben lang« (23,7). Heutzutage gibt es beträchtlichen Wohlstand in Amman und im großen und ganzen mehr Frieden und politische Stabilität als in den meisten anderen Gegenden der Region. Amman, vor dem Zweiten Weltkrieg kaum mehr als ein Dorf, in dem 15 000 oder 20 000 seßhafte Beduinen und Tscherkessen wohnten, hat sich seitdem zu einer Zweimillionenstadt entwickelt, die mehrheitlich von Palästinensern bewohnt wird. Das überwiegend westliche Erscheinungsbild verträgt sich kaum mit der üblichen Vorstellung von einer nahöstlichen Hauptstadt. Außer in seinem ältesten Viertel, rings um ein prächtiges römisches Amphitheater, ist Amman erstaunlich modern, ohne den Staub, die Enge, den Dreck oder den Lärm anderer arabischer Hauptstädte. Amman ist zweifellos sauberer als jede Stadt in Israel. Man fühlt sich fast in ein nahöstliches England versetzt. Zypern mit seinen Minaretten und englischen Pubs sah vor vierzig Jahren so aus, als es noch eine Kolonie war. Während meines Aufenthalts in Amman wurde gerade die Achtunddreißigjahrfeier der »Arabisierung der jordanischen Streitkräfte« (d. h. der Ausweisung des britischen Generals, der sie befehligte) begangen, doch der Geist von Glubb Pascha und Alec Kirkbride, beide Freunde von T. E. Lawrence, und der anderen Briten, die das Land bis 1955 faktisch regierten, war noch immer zu spüren.

Die moderne Stadt ist, wie Jerusalem, aus Stein gebaut und in der Anlage wahrscheinlich von denselben Leuten geplant worden. Der beste Kalkstein für den Hausbau kam aus Hebron im Westjordanland. Die Höhenluft ist, wie in Jerusalem, von einer außerordentlichen Qualität, licht und klar. Das Industrieviertel befindet sich am östlichen Stadtrand, und die vorherrschenden Westwinde treiben die Schadstoffe in die Wüste. Es gibt sehr wenig Bäume und relativ wenig Gärten, was an der zunehmenden Wasserknappheit liegen dürfte. In einer Stadt, die auf fünfzehn oder sechzehn Hügeln errichtet ist – darunter Dschebel Amman, Dschebel Hussein und Al-Qusur, ein Hügel, der fast vollständig vom königlichen Palast eingenommen wird –, sind die Straßen und Gehsteige breit und gepflegt, und anscheinend werden sie täglich gereinigt. Die neuen Vororte mit ihren immer gleichen, solide gebauten Wohnhäusern wirken trostlos. Die Post wird über Schließfächer zugestellt, da die meisten Straßen keinen Namen haben und wenn doch, so kennt ihn kaum jemand.

Auf den breiten Straßen fahren gepflegte Autos von einem Rondell zum nächsten. Dekorative Schriftzüge auf öffentlichen Denkmälern preisen Gott, König, Vaterland – in dieser Reihenfolge. Die Straßen fallen in tiefe Schluchten, ehe sie, unter einer kühlen Überführung hindurch, den nächsten Hügel hinaufsteigen oder ihn in einem gekachelten Tunnel durchqueren. Sie sind gesäumt von freundlichen Wohnblocks aus hellem Kalkstein wie in Jerusalem, aber in besserem Zustand, und von hohen Bürogebäuden aus Glas und Beton. Viele internationale und arabische Banken und Firmen haben hier Filialen eröffnet, nachdem Beirut im Bürgerkrieg zerstört worden war. Die jordanischen Universitäten und Krankenhäuser gelten heute als die besten im arabischen Nahen Osten.

Das Erscheinungsbild Ammans und die wirtschaftlichen Erfolge des modernen Jordaniens überraschen in Anbetracht der knappen Ressourcen eines Landes, das kaum natürliche Reichtümer hat und jahrelang durch Krieg und Bürgerkrieg und durch den Zustrom von Hunderttausenden mittelloser palästinensischer Flüchtlinge geschwächt wurde. Nur sechs Prozent des Bodens können bewirtschaftet werden. Jahrelang wurde das Land als Wüstengegend abgetan, als Kulisse für Filme à la *Lawrence von Arabien*, als postkoloniales Königreich, dessen Tage gezählt waren. Ein Vergleich zwischen der Situation in Jodanien und der Situation auf der West Bank, die bis 1967 zu Jordanien gehörte, ist aufschlußreich. Ein Professor von der Universität Amman erinnerte mich daran, daß man vor 1967 nach Ostjerusalem fuhr, wenn man gut essen oder einen Herrenanzug oder ein Buch kaufen wollte – »Amman hatte damals sehr wenig zu bieten«. Die israelische Besetzung der West Bank spiegelt sich darin, daß dieses Gebiet heutzutage in nahezu allen Belangen – städtisches Leben, Verkehrswesen, Hygiene, Stadtplanung, soziale Institutionen, kulturelle Einrichtungen, medizinische Versorgung und Bildungswesen – Jordanien mindestens fünfundzwanzig Jahre hinterherhinkt. »Wir sind ihnen in der materiellen Qualität des Lebens voraus«, sagte der Professor. »Sie sind uns in ihrem Kampf für demokratische Verhältnisse voraus.«

Die jordanischen Wahlen zu einem Mehrparteienparlament im letzten Jahr waren nach Auffassung in- und ausländischer Beobachter im allgemeinen frei und korrekt. Dennoch bleibt Jordanien ein autoritärer Staat, ein patriarchalisches System, in dem das Parlament regelmäßig vom König zurechtgewiesen wird. »Wir haben zwar eine Verfassung«, sagte mir ein jordanischer Politologe, »aber der König kann sie mit zwei Telefonanrufen ändern, wenn er es will.« Seine Macht, die sich in der Vergangenheit auf eine loyale Beduinenarmee, eine effiziente Bürokratie und einen straff organisierten Geheimdienst stützte, hat in den letzten Jahren aufgrund der breiten Unterstützung des Volkes, das die Stabilität und die relative Freiheit, die er ihm bietet, zu schätzen weiß, spürbar zugenommen. »Republikanismus ist heutzutage ein schmutziges Wort in der arabischen Welt, wenn man sieht, wozu die Abschaffung von Monarchien in Ägypten, Libyen oder sogar im Iran geführt hat«, sagte mir ein Intellektueller in Amman. »Hier sind nicht einmal die Islamisten für eine Republik.«

Hinter der allgemeinen Fassade von Modernität und Wohlstand verbergen sich permanente wirtschaftliche Schwierigkeiten. Was jordanische Experten als »Krise« bezeichnen – eine Krise vor allem auf dem Arbeitsmarkt und in der Zahlungsbilanz –, begann Mitte der achtziger Jahre und erreichte ihren Höhepunkt während des Golfkriegs. Als Jordanien sich weigerte, Irak zu verurteilen, brach Saudi-Arabien seine Wirtschaftsbeziehungen ab und stellte die Hilfszahlungen ein, und das lukrative Transitgeschäft mit Waren nach und aus dem Irak kam durch die alliierten Sanktionen zum Erliegen. Der Krieg brachte außerdem plötzlich 300 000 Palästinenser ins Land, die Kuwait ausgewiesen hatte, sowie 120 000 irakische Flüchtlinge. Jordanien war das einzige Land, das sie aufnahm. Doch der Golfkrieg hatte insofern auch etwas Gutes, als er dazu führte, daß eine Menge fähiger und dynamischer Leute nach Jordanien zurückkehrte (viele von ihnen hatten sich schon vor dem Krieg in Amman ein Haus gebaut) und ihr Kapital zu Hause reinvestierte. Die diesjährige Wachstumsrate wird auf 6 Prozent veranschlagt. Letztes Jahr lag sie bei 9 Prozent, im Jahr davor bei 11 Prozent. Die zurückkehrenden Palästinenser brachten außerdem 50 000 Autos mit und verursachten so die ersten ernsthaften Verkehrsstaus in der Geschichte Ammans.

Ich verbrachte eine Woche in Jordanien, zum größten Teil in Amman, wo ich mit Politikern und Universitätsangehörigen sprach. Die meisten waren erstaunt, einem Israeli zu begegnen, und im nachhinein war es vermutlich ein Vorteil, daß ich kurz nach dem Massaker von Hebron gekommen war, in einer Zeit handgreiflicher politischer Spannungen. Vor dem Massaker wäre ich wohl auf höfliche Artigkeiten gestoßen in einem Land, das seit langem für Frieden eintritt und, wenn auch verborgen, breite politische Kontakte zu Israel unterhält, möglicherweise einschließlich des Austauschs von Geheimdienstinformationen. Zwei oder drei Leute wollten mich nicht sehen (wenngleich niemand das so direkt sagte); alle anderen, innerhalb und außerhalb der Regierung und im königlichen Palast (einschließlich mehrerer prominenter Jordanier palästinensischer Herkunft), begrüßten die Gelegenheit, mit einem Israeli sprechen zu können. Alle meine Gesprächspartner hofften, daß die israelische Regierung gegenüber den religiösen und rechtsextremen Fanatikern endlich hart durchgreifen werde. Fast alle fügten hinzu, daß das abscheuliche Massaker nur ein weiterer Grund sei, weshalb die Friedensgespräche nicht abgebrochen werden dürften und sich alle Seiten, im Gegenteil, noch mehr anstrengen müßten, um eine Aussöhnung zwischen Palästinensern und Israelis zu erreichen. »Ihr setzt Arafat viel zu sehr unter Druck, weil ihr wißt, daß er keine andere Wahl hat«, sagte mir ein Minister. »Das ist ein großer Fehler. Das habt ihr schon mit König Abdallah gemacht [im Jahre 1950], und ihr wißt ja, was mit ihm passiert ist!« Abdallah fiel dem Mordanschlag eines palästinensischen Nationalisten zum Opfer.

Im Stadtzentrum sah ich hier und da Porträts des »Befreiers« Saddam Hussein. Auf jordanischen Touristenlandkarten ist Israel noch immer ein weißer Fleck, wie das unerforschte Land auf mittelalterlichen Karten, das von Drachen bewohnt wird. Andererseits waren im *Intercontinental*, dem besten Hotel von Amman, beide israelischen Fernsehprogramme zu sehen, wenngleich mir nicht ganz klar war, welche der Hotelgäste – hauptsächlich Araber aus den Golfstaaten – sich für die Nachrichten auf hebräisch interessieren könnte. Mehrere Leute, mit denen ich sprach, sagten: »Wir müssen endlich Frieden schließen.« Und mindestens zwei hohe Politiker warfen dem König vor, den Friedensprozeß mit Israel nicht energisch genug voranzubringen. »Manchmal geht er zu sehr auf Nummer sicher«, meinte einer. Fast alle Jordanier, mit denen ich sprach, erklärten, sie würden gern einmal nach Jerusalem oder Tel Aviv kommen, das zwei Autostunden entfernt ist, die Aussicht, beide Städte bald besuchen zu können, fanden sie sehr aufregend.

Fast zwei Drittel der Bevölkerung von Amman sollen palästinensischer Herkunft sein. Ein palästinensischer Akademiker in Amman, ein früherer Fatah-Aktivist, meinte zum Massaker von Hebron: »Ein abscheuliches Verbrechen! Aber die Jordanier sind die letzten, die sich so selbstgerecht über das Massaker von Hebron äußern sollten! Sie selbst haben 1970 Tausende von Palästinensern niedergemetzelt.« Das war die Ansicht einer Minderheit. Drei Tage hintereinander fanden in Amman Massendemonstrationen statt, auf denen immer wieder Arafat kritisiert und sein Sturz gefordert wurde. Palästinenser und Jordanier (unter ihnen auch Hunderte von verschleierten Frauen aus einem Flüchtlingslager am Stadtrand von Amman) riefen »Nein zum Frieden, ja zum Heiligen Krieg!« und »Arafat, deine letzte Stunde hat geschlagen!« Sie wurden angeführt von islamischen Fundamentalisten und »linken« Politikern und Gewerkschaftern, die Arafat und seine Friedenspolitik gegenüber Israel verurteilten und forderten, daß alle arabischen Parteien, einschließlich Jordaniens und der PLO, die Friedensgespräche aufgeben sollten. Eine der Demonstrationen schien sich gewaltsam entladen zu wollen und wurde mit Tränengasbomben aufgelöst, die aus Hubschraubern abgeworfen wurden. Über all diese Vorgänge informierte das ausländische, nicht das jordanische Fernsehen.

Die Spannung in der Stadt dauerte die ganze Woche an. Ordnungskräfte bewachten strategische Punkte. Im Büro von Hamas, der islamischen Widerstandsbewegung, rief ein Sprecher namens Nazzal täglich die arabischen Regierungen dazu auf, den Friedensprozeß aufzugeben und »sich zusammenzuschließen, um Palästina im bewaffneten Kampf zu befreien«. Nachdem im Stadtzentrum ein deutscher und ein englischer Tourist erstochen worden waren, riefen mehrere westliche Botschaften ihre Staatsangehörigen dazu auf, in der nächsten Zeit nicht mehr auf die Straße zu gehen.

König Husseins erste öffentliche Reaktion auf das Massaker war zurückhaltend. Er verkündete, daß er den Familien der Opfer 100 000 jordanische Dinar [160 000 $] spenden werde, und begab sich in das Clubhaus einer palästinensischen Wohltätigkeitsorganisation, um seine Anteilnahme auszudrücken.

(»Wie raffiniert von ihm«, sagte einer seiner Berater, »er hat von *ihrer* Tragödie gesprochen, nicht von derjenigen Jordaniens!«) In einer Rede vor Abgeordneten, von denen einige ihn aufgefordert hatten, an den Friedensverhandlungen mit Israel nicht weiter teilzunehmen, mahnte er: »Wir haben nicht das Recht, darüber zu diskutieren.« Jordanien habe die Aufgabe, »positiven Einfluß« auf die Dinge zu nehmen und »den

Leidenschaften die Vernunft entgegenzusetzen«. Es könne vorteilhaft sein, sich aus den Gesprächen zurückzuziehen, doch es gebe auch Nachteile. Er sagte nicht, was er zu tun gedenke, aber welche Entscheidung er auch träfe, sie würde »mit unseren Brüdern in der arabischen Welt abgestimmt« sein. In einem bemerkenswerten Artikel, der am nächsten Morgen in der halboffiziellen *Jordan Times* erschien, ließ Rami G. Khouri, ein bekannter Kolumnist, einen in der arabischen Presse seltenen Optimismus anklingen:

»Historisch gesehen wird sich das Pogrom in der Moschee von Hebron wahrscheinlich als der entscheidende Wendepunkt herausstellen, der für die Palästinenser und Israelis sowie die anderen beteiligten Parteien im nahöstlichen Spiel der letzte Anstoß sein wird, den arabisch-israelischen Konflikt auf dem Wege der friedlichen Diplomatie zu lösen ... Die geeignetste Antwort, die wir Baruch Goldstein und dem von ihm verkörperten militanten Zionismus geben können, ist unsere Weigerung, seine Spielregeln zu akzeptieren ... und eine Truppenentflechtung und ein Friedensabkommen [herbeizuführen], das es den Palästinensern erlaubt, ihre nationalen Rechte in ihrem eigenen Land auszuüben.«

Tags darauf zog sich Jordanien (zusammen mit seinen »arabischen Brüdern«, wie vom König versprochen) von den in Washington stattfindenden Friedensverhandlungen mit Israel zurück. Die Verhandlungen waren ohnehin festgefahren, weil Jordanien darauf wartete, daß Syrien den ersten Schritt machte, während Syrien auf israelische Konzessionen in bezug auf die Golanhöhen und auf Fortschritte bei den israelisch-palästinensischen Gesprächen wartete. Diese Gespräche kamen ihrerseits nicht voran, weil Israel, die Schwäche der Palästinenser ausnutzend, jede erdenkliche Zusage aus ihnen herauspressen wollte, während die Palästinenser ihrerseits nicht bereit waren, zu einer Politik des Widerstands zurückzukehren, andererseits die israelischen Bedingungen aber nicht akzeptieren konnten. »Jordanien wird nie als erstes Land Frieden schließen«, sagte mir einer von Husseins Ministern. »Das geht nicht. Seine Majestät muß vorsichtig sein. Das ist das Geheimnis, warum er sich vierzig Jahre an der Spitze eines der stabilsten Regimes im Nahen Osten hat halten können. Jordanien befindet sich – aus strategischen, aber auch demographischen Gründen – in einer viel zu heiklen Lage.«

Der König, der im Jahre 1953 an die Macht kam, ist schon so lange im Amt, daß er oft älter zu sein scheint, als er tatsächlich ist. Er war achtundfünfzig im letzten November. Im vergangenen Jahr wurde er wegen Harnröhrenkrebs behandelt, und wie lange er noch zu leben hat, darüber machten mir als zuverlässig geltende Quellen unterschiedliche Angaben. Manche sagten drei Jahre, andere fünfzehn Jahre oder länger. Israelis neigen dazu, herablassend, aber ohne Groll von ihm zu sprechen (»der kleine König«); sie verfolgen im jordanischen Fernsehen seine prunkvollen öffentlichen Auftritte in eleganter schwarzer Uniform mit gold-roten Seidentressen.

In den frühen sechziger Jahren erkannte Hussein, wie unwillig auch immer, daß Israel eine Tatsache war und daß die arabischen Staaten früher oder später mit dem Land Frieden würden schließen müssen. Er war der erste arabische Staatschef, der das tat. Seine Beziehungen zur PLO sind immer schwierig gewesen. Die PLO wollte ihn 1970 stürzen und hat ihn jahrelang verleumdet. Ich hörte Leute in Amman sagen, daß der König Arafat verachte, und doch hat er, in der sanften, würdevollen, ruhigen Art, die seine öffentlichen Auftritte charakterisiert, sein ganzes Prestige eingesetzt, um weltweit für die Sache der Palästinenser zu werben und Verständnis für ihre tragische Lage zu wecken. 1972 schlug er, um sowohl Israel als auch den Palästinensern entgegenzukommen, eine palästinensisch-jordanische Konföderation vor, die in friedlicher Nachbarschaft mit Israel leben würde. Als Gegenleistung forderte er einen israelischen Rückzug aus der besetzten West Bank (für die Jerusalemer Altstadt sollte ein besonderer Status vereinbart werden). Sowohl Israel als auch die PLO wiesen das Angebot zurück.

Kein anderer arabischer Führer hat so viele Geheimtreffen mit israelischen Politikern gehabt. Das erste Treffen mit einem israelischen Emissär fand 1963 im Haus seines jüdischen Zahnarztes in London statt, unweit der Residenz des israelischen Botschafters in Nordwestlondon; das letzte, mit Außenminister Schimon Peres, fand am 3. November 1993 in Amman statt und soll neun Stunden gedauert und zu einem gemeinsamen Memorandum geführt haben, das noch heute ein wohlgehütetes Geheimnis ist. Es soll eine Aufstellung möglicher gemeinsamer Wirtschaftsprojekte enthalten, die in Angriff genommen werden könnten, sobald ein Friedensvertrag zwischen Israel und Jordanien geschlossen ist, etwa Wasserentsalzungsanlagen, gemeinsame Stromversorgung, Häfen und Flughäfen in Akaba und Eilat, landwirtschaftliche Projekte im Jordantal usw.

In den dazwischenliegenden dreißig Jahren hat es mindestens zwei

Dutzend Treffen mit Israelis gegeben, hauptsächlich mit Politikern der Arbeitspartei wie Abba Eban, Levi Eschkol, Golda Meir, Mosche Dayan, Yitzhak Rabin und anderen. Einige Begegnungen fanden an abgelegenen Orten an der israelisch-jordanischen Grenze statt, andere auf Barkassen vor der Küste von Akaba oder Eilat. König Hussein, der einen Pilotenschein besitzt, flog einmal mit seinem Helikopter nach Tel Aviv, wo Rabin mit ihm die Dizengoff Road entlangfuhr, auf der, in Abba Ebans Worten, »unsere mediterrane Kultur sich in all ihrer turbulenten, schrillen, grellen Ungestümheit zeigt, aber auch der offensichtliche Anstand und die tiefe Friedfertigkeit der Passanten«. Bei diesen Treffen tauschten der König und seine israelischen Gesprächspartner Dolche, Pistolen, Galil-Maschinenpistolen und andere martialische Geschenke aus, während sie über die Möglichkeiten eines Friedensschlusses diskutierten.

Allerdings konnten sie sich nie über die Bedingungen einigen. Der König war bereit, Frieden zu schließen, wenn Israel sich aus der gesamten West Bank einschließlich Ostjerusalem zurückzog (für die Altstadt sollte eine besondere Vereinbarung gelten). Israel bestand auf erheblichen Grenzkorrekturen und lehnte in bezug auf Jerusalem jeden Kompromiß ab. Die beiden Seiten konnten sich zwar nicht auf ein Friedensabkommen verständigen, trafen sich aber weiterhin in regelmäßigen Abständen. Sie hatten ein gemeinsames Interesse hinsichtlich der palästinensischen und syrischen Ansprüche. Auf dieser Grundlage entwickelte sich so etwas wie eine strategische Allianz – wie zur Bestätigung von Freuds These, daß die Bande zwischen zwei Liebenden gestärkt werden, solange es einen Dritten gibt, den sie hassen können. Israelische Politiker waren fasziniert von Husseins Charme und Witz. (Bei einem ihrer Treffen Mitte der siebziger Jahre beklagte sich Rabin darüber, daß der König gerade ein militärisches Abkommen mit Präsident Assad von Syrien unterzeichnet hatte. Hussein entgegnete: »Nicht jeden, mit dem ich ins Bett gehe, heirate ich.«) Naftali Lavie, Dayans Pressesekretär während des Yom-Kippur-Kriegs, behauptet in seinen kürzlich erschienenen Memoiren, daß König Hussein zehn Tage vor Ausbruch des Sechs-Tage-Kriegs Golda Meir in Tel Aviv besucht und sie vor einem bevorstehenden ägyptisch-syrischen Angriff gewarnt habe; die höchsten israelischen Militärs, auch Dayan, hätten die Warnung allerdings nicht ernst genommen.

Abba Eban meint, daß Hussein und nicht Sadat der erste arabische Führer gewesen sei, der Israel mit realistischem Blick gesehen habe. In einer Zeit, in der Dayan auf seiner pessimistischen Ansicht beharrte, daß der arabisch-israelische Konflikt seinem Wesen nach unlösbar sei, zumindest für längere Zeit, vermittelte Hussein gemäßigten Israelis ein ganz anderes Gefühl. Immer wieder erklärte er seinen israelischen Gesprächspartnern, daß sie Frieden oder Land haben könnten, aber nicht beides. Zugleich schien er, laut Eban, »das unangenehme Gefühl zu haben, daß wir Israelis zuviel von ihm verlangten, wenn wir vorschlugen, er solle sich als erster zu einem arabisch-israelischen Abkommen durchringen«. Daher habe er israelischen Politikern immer »ein Maximum an Höflichkeit und ein Minimum an Zusagen offeriert«. In den letzten Jahren hat Hussein oft darüber geklagt, daß die Geschichte des arabisch-israelischen Konflikts eine »Geschichte der verpaßten Gelegenheiten« sei.

Ein prominenter ehemaliger jordanischer Minister (palästinensischer Herkunft), den ich sprach, skizzierte drei dieser verpaßten Gelegenheiten zwischen Israel und Jordanien. Die erste sei das von der PLO und Israel abgelehnte Angebot Husseins von 1972 gewesen, als Gegenleistung für einen israelischen Rückzug aus der West Bank und Jerusalem eine jordanisch-palästinensische Konföderation zu errichten. Der arabisch-israelische Konflikt, sagte er, hätte schon vor zwanzig Jahren friedlich gelöst werden können, wenn dieses Angebot akzeptiert worden wäre – damals habe es noch keine Fundamentalisten und nur sehr wenige militante israelische Siedler gegeben. Eine zweite verpaßte Gelegenheit gehe auf einen Fehler zurück, den der König persönlich gemacht habe – »ein furchtbarer Fehler, ich bin sicher, er sieht das inzwischen auch so – seine Weigerung nämlich, 1978 den Friedensvertrag von Camp David zwischen Israel und Ägypten mitzuunterzeichnen«. Die Israelis hätten seinerzeit noch immer nicht viele Siedlungen zugelassen, und es habe nur eine Handvoll islamischer Fundamentalisten gegeben. Die dritte verpaßte Gelegenheit sei 1987 gewesen, als Ministerpräsident Yitzhak Schamir eine Vereinbarung ablehnte, die Außenminister Peres und König Hussein während eines Geheimtreffens in London ausgearbeitet hatten. Diese Vereinbarung sah vor, daß auf einer internationalen Konferenz die Errichtung eines entmilitarisierten, halb-unabhängigen palästinensischen Staates auf der West Bank mit engen Bindungen an Jordanien beschlossen werden sollte.

Nach diesem Fehlschlag verzichtete Jordanien offiziell auf die West Bank (ausgenommen die islamischem Heiligtümer in Ostjerusalem)

und überließ der PLO das Feld. Ich habe oft an diese und andere verpaßte Gelegenheiten gedacht, während ich in Amman mit jordanischen
Politikern zusammenkam oder (ein wenig neidisch) durch das friedliche
Land reiste und fast durchweg auf eine kultivierte Lebensart, ein stabiles
Staatswesen und auf eine gebildete politische Elite traf. Immer wieder
ging mir der traurige Gedanke durch den Kopf, daß mehrere Male ein
Abkommen hätte geschlossen werden können, das etliche Menschenleben gerettet hätte und am Ende wohl befriedigender und verläßlicher
gewesen wäre als alles, was heute zu erreichen ist – doch diese Gelegen-
heiten wurden aus Kurzsichtigkeit, wenn nicht ausgesprochener
Dummheit verpaßt.

Daß König Hussein seit 1987 zögert, offen vorzutreten, haben israelische und westliche Politiker oft beklagt, aber im gleichen Atemzug
räumen sie ein, daß seine Vorsicht wahrscheinlich berechtigt sei. Jordanien sei längst nicht so stark wie Ägypten oder Syrien oder Irak; es ist
auch nicht so reich wie Saudi-Arabien oder die Golfstaaten. Seine Existenz hängt nicht zuletzt von dem Wohlwollen der anderen arabischen
Staaten und seiner zwei Millionen palestinensischer Bürger ab, deren
Loyalität keineswegs sicher ist.

Israelis beschweren sich manchmal über die »Heuchelei« des Königs –
sein öffentliches Eintreten für eine palästinensische Unabhängigkeit,
während er genau weiß, daß Israel alles tun wird, um sie zu verhindern.
Jordanische Politiker sehen das natürlich ganz anders. Sie verweisen darauf, daß Jordanien einen mittleren Kurs steuern muß – zwischen Arabern
und Israelis, aber auch unter den Arabern, wie etwa im Golfkrieg. Sie
klagen ihrerseits darüber, daß Israel und die Vereinigten Staaten nicht
verstehen, welche Zwänge Jordaniens Spielraum einengen – die sie selbst
als frustrierend empfinden. Kurz nach Rabins spektakulärem Händedruck mit Arafat im letzten September in Washington wurde Henry
Siegman vom Amercian Jewish Congress, der gerade Amman besuchte,
von einem hohen jordanischen Offiziellen gefragt: »Was ist in Rabin
gefahren, daß er sich mit Yassir Arafat trifft?« Siegman antwortete: »Jahrelang haben Sie den Israelis erklärt, daß Jordanien nicht für die Paläsi-
nenser sprechen werde, Israel müsse mit der PLO verhandeln. Sie haben
ihm keine andere Wahl gelassen.«

Einige Berater des Königs haben Hussein in den letzten Monaten gedrängt, eine Politik des »Jordanien zuerst« zu verfolgen – vergessen wir
die Palästinenser, sie haben uns nur Probleme eingebracht, und konzentrieren wir uns ausschließlich darauf, Jordanien zu stärken. (Diejenigen,

die diese Ansicht vertreten, werden in den Salons von Amman als »jordanischer Likud« bezeichnet.) Der König dürfte diese Leute in gewissem Maße ermutigt haben, vielleicht als Puffer gegenüber den islamischen Fundamentalisten in Jordanien, von denen viele Palästinenser sind. Mehrere prominente palästinensische Jordanier haben mir erklärt, daß inzwischen weniger Palästinenser als je zuvor hohe Staatsämter bekleiden. Einer, der noch immer im Amt ist, meinte: »Ich fange an, mich als Bürger zweiter Klasse zu fühlen.«

König Hussein soll von der ständigen Sorge beherrscht sein, die Amerikaner oder Israelis könnten ihn nicht genügend beachten. Das wurde in den Tagen nach dem israelisch-palästinensischen Abkommen deutlich. Hussein war wütend, daß er in einer Angelegenheit, die Jordanien unmittelbar betrifft, nicht konsultiert worden war. Er befürchtete eine Gefahr für das empfindliche Verhältnis, das in den letzten Jahren zwischen dem Königshaus und den palästinensischen Jordaniern erreicht worden war. In der Panik der ersten Stunden sperrten die jordanischen Behörden sämtliche Übergänge aus den besetzten Gebieten nach Jordanien. Der König erklärte in einem Interview, daß er vor lauter Sorge die ganze Nacht nicht geschlafen habe. Die offizielle Presse warnte, daß »allerhöchste nationale Interessen« Jordaniens auf dem Spiel stünden. In Jordanien befürchtete man, daß im Gefolge des israelisch-palästinensischen Abkommens Zehntausende, ja Hunderttausende Palästinenser von der West Bank nach Jordanien übersiedeln könnten. Diese anfängliche Sorge scheinen die Israelis zerstreut oder zumindest etwas verringert zu haben, obgleich noch immer geheim ist, welche Zusagen oder Versicherungen Hussein von Rabin, Peres und Arafat während ihrer jüngsten Begegnungen und Gespräche gegeben wurden. Der König hat die Palästinenser öffentlich aufgefordert, das Wort »Konföderation« aus ihrem Vokabular zu streichen. Die Israelis haben dem König versprochen, alles zu tun, damit das geplante palästinensische Staatsgebilde auf der West Bank den jordanischen Staat nicht unterwandert. Die Jordanbrücken bleiben, zumindest übergangsweise, unter israelischer Kontrolle. Als Peres von seinem letzten, nicht so geheimen Treffen mit König Hussein im November aus Amman zurückkehrte, erklärte er in seinem unbeirrbaren Optimismus, daß ein Friedensvertrag mit Jordanien ausgearbeitet sei. »Das einzige, was fehlt, ist ein Stift.« Doch es passierte nichts. Die Jordanier verschoben sogar eine Konferenz internationaler Investoren – eine Idee, für die auch Präsident Clinton

wirbt –, auf der über gemeinsame israelisch-jordanische Entwicklungs-
projekte diskutiert werden sollte.

Im Abkommen von Oslo wurde der endgültige Status des palästinensischen Autonomiegebiets auf der West Bank und im Gazastreifen offen-
gelassen; darüber sollte in späteren Verhandlungen entschieden werden.
Die Hoffnung, daß Jordanien bei jeder langfristigen Lösung eine wichtige Rolle spielt, haben Rabin und Peres noch nicht aufgegeben. Dies
heißt noch immer »die jordanische Option«, ein Ausdruck, den Abba
Eban einmal als äußerst unglückliche semantische Formel bezeichnet
hat, da sie verschleiert, wie eingeschränkt der Spielraum der Jordanier
ist, wenn sie von den Palästinensern und den Anhängern ihres nationalistischen Kurses unter Druck gesetzt werden. »Sie überschätzt auch den
Einfluß Ammans innerhalb der arabischen Welt«, meinte Eban.
   Gleichwohl wird in Jerusalem noch immer an dieser »Option« festgehalten. Rabin und Peres sprechen sich weiterhin gegen die Errichtung
eines palästinensischen Staates aus. Prominente Vertreter der Arbeitspartei, die Presse und natürlich auch Sprecher der Opposition sehen darin
eine taktische Zwecklüge; Rabin und Peres dürften aber tatsächlich die
Wahrheit sagen. Es besteht Grund zu der Annahme, daß Peres einen
völlig unabhängigen palästinensischen Staat *nur* in Gaza errichtet sehen
möchte (nach dem Modell Singapur). Seine bevorzugte langfristige Lösung für die West Bank sieht so aus, daß das Gebiet begrenzte Autonomie bekommt und von dem Gaza-Palästina-Staat, Jordanien und Israel
gemeinsam verwaltet wird. Peres ist wahrscheinlich zu der Auffassung
gelangt, daß ein Abzug der Mehrheit der 120 000 Israelis von der West
Bank aus innenpolitischen Gründen nicht mehr in Frage kommt. Für Jerusalem stellt er sich eine Reihe von moslemischen und christlichen Enklaven vor, deren rechtlicher Status in Anlehnung an das vatikanische
Modell geregelt wird. Diesbezügliche Vorschläge sind Hussein bereits
übermittelt worden in der Hoffnung, daß er sie akzeptiert. Nach allem,
was ich in Amman hören konnte, dürfte damit kaum zu rechnen sein.

Eines Morgens brachte mich ein Offizier der Palastgarde zu einem Interview mit Kronprinz Hassan bin Talal, dem jüngeren Bruder des Königs. Der weitläufige Palastbezirk liegt auf einer Bergkuppe mit Blick
auf das Stadtzentrum und das römische Amphitheater, auf dem einzigen
Berg im baumlosen Amman, der bewaldet ist. Hassan ist Hussein desi-
gnierter Nachfolger und enger Berater. Er lebt auf dem Palastgelände

mit seiner pakistanischen Frau und vier Kindern in der eleganten Villa, die einst die Residenz des britischen Gouverneurs war. Sein Büro, unmittelbar neben dem Büro des Königs, im *Diwan*, dem Regierungstrakt des Palastes, wird von grimmig dreinblickenden Tscherkessen bewacht, deren schwarze Uniformen und Silberdolche aus einer Inszenierung von *Boris Godunow* stammen könnten.

Der Prinz ist ein umgänglicher Mann. In seinem Büro herrscht eine lockere Atmosphäre: im Wartezimmer hängt ein englischsprachiger Hinweis an die Angestellten, vom Prinzen als dem »Chef« zu sprechen, nicht als dem »Dummkopf« oder »Aufpasser«. In seinem Arbeitszimmer finden sich Fotos seiner Familie, ledergebundene Korane und ein großes Gemälde der Moscheen auf dem Tempelberg in Jerusalem.

Im Gegensatz zum König, der viermal geheiratet hat, gilt Hassan als ein häuslicher Mensch und als Intellektueller mit vielfältigen, breitgefächerten Interessen. (Er fährt Ski, spielt Polo und Squash und besitzt einen schwarzen Karate-Gürtel.) Er ist, wie sein Bruder, von kleiner Statur; er hat einen großen Kopf, und seine tiefe, dröhnende Stimme und sein lautes Lachen lassen ihn größer erscheinen, als er tatsächlich ist. Er spricht schnell wie ein Maschinengewehr, mit britischem Akzent, hat einen trockenen, leisen Humor, ein waches Auge für Widersprüche und Ironien und gelegentlich eine Schwäche für akademischen Jargon. Er hat mehrere wissenschaftliche Werke verfaßt, darunter auch eine Polemik, die die Rechtmäßigkeit des historischen und juristischen Anspruchs Israels auf Jerusalem widerlegen will, und ein Werk über das unveräußerliche Recht der Palästinenser auf Selbstbestimmung – mit oder ohne Bindungen an Jordanien.

Das Massaker von Hebron sei ein sehr, sehr ernster Rückschlag, sagte er mir, denn es habe erneut die große Gefahr gezeigt, daß die Politik der Religion unterworfen wird. Jordanien habe die Friedensgespräche mit Israel lediglich suspendiert, betonte er, nicht aufgekündigt.* Es sei aber

* Jordanien, Syrien und Libanon haben sich im April zur Wiederaufnahme der Friedensgespräche bereit erklärt, nachdem der Sicherheitsrat in seiner Resolution vom 18. März das Massaker von Hebron verurteilt hat. Ohne Beteiligung der Palästinenser dürften die Gespräche kaum zu einem Friedensschluß führen. Nach dem Massaker von Hebron hat die Unterstützung für das Osloer Abkommen unter den Palästinensern in den besetzten Gebieten stark abgenommen. Ebenso dramatisch ist Arafats Popularität gesunken. Es bleibt zweifelhaft, ob die Gespräche wiederbelebt werden können ohne den Abzug der jüdischen Siedler aus so sensiblen Orten wie Hebron und Gaza, wo ihre Anwesenheit provozierend wirkt und sie selbst das Ziel palästinensischer Gewalt sind. Man darf nicht vergessen, daß der Kampf der Siedler in den besetzten Gebieten trotz des Osloer Abkommens weitergeht, ebenso die Gegengewalt der Palästinenser. Angesichts

noch zu früh, um sagen zu können, wie weit das Massaker den Friedensprozeß aus dem Gleis geworfen habe. »Ich weiß wirklich nicht mehr, was dieses Wort Friedensprozeß bedeutet.« Eigentlich habe er gehofft, daß 1994 die »Schwelle zum Frieden« sei. Schon vor dem Massaker sei er nicht mehr sicher gewesen. Syrien, Jordanien und der Libanon hätten jeweils ihre eigenen Vorstellungen. Israel habe nicht jenes »Gesamtkonzept, das wir gern sehen würden.«

Überdies seien die Amerikaner kaum mehr als ein »Briefkasten ... hier und da antreibend, aber ohne Entschlossenheit«. Er wolle keine Pluspunkte sammeln, sagte der Kronprinz, aber zum Friedenschließen gehöre mehr als die schnodderigen Bemerkungen, wie sie Schimon Peres in der letzten Zeit gemacht habe (etwa, daß zum Friedensvertrag nur noch der Stift fehle). Es fehle sehr viel mehr, meinte der Kronprinz. »Nach sechsundzwanzig Monaten direkter Verhandlungen zwischen Israel und Jordanien haben wir in praktischer Hinsicht nicht mehr erreicht als ein Abkommen über die Pestbekämpfung im Jordantal ... Das hätten wir in der Gemeinsamen Waffenstillstandskommission auch schon vor Madrid erreichen können.« Und bis jetzt lehne Israel es grundsätzlich ab, »mit Jordanien über Grenzfragen zu sprechen, weil man, wie es heißt, innenpolitischem Druck ausgesetzt ist, der eine solche Diskussion über Grenzfragen verhindert«. Vielleicht, meinte er, haben sie Angst, einen »Präzedenzfall zu schaffen«. (Abgesehen von Jerusalem, betrifft der Grenzstreit zwischen den beiden Ländern hauptsächlich ein an den Negev angrenzendes Gebiet von etwa dreihundert Quadratkilometern, die Israel 1967 erobert hat und seitdem bewirtschaftet.)

»Man hat uns vorgeworfen, daß wir auf eine syrische Initiative warten«, sagte der Prinz. »Tatsache aber ist, daß wir um Bewegung in der Grenzfrage gebeten haben. Aber man ist nicht einmal im Prinzip bereit, über Grenzen zu sprechen.«

Die Israelis, sagte er, wollten unbedingt über gemeinsame Wirtschaftsprojekte im Jordantal und anderswo sprechen. Aber zuvor müßte eine Reihe von Grundsatzfragen geklärt werden: Grenzen, Jerusalem, die gerechte Verteilung der Wasserressourcen und die Zukunft der Flüchtlinge. Israel, sagte er, habe in jedem dieser vier Punkte vollendete Tatsachen geschaffen.

»Als ich in Washington mit Mr. Peres zusammenkam, habe ich ihm das deutlich gemacht. Er fing gleich mit diesem Projekt und jenem Pro-

dieser Situation ist es unschwer vorstellbar, daß die Friedensgespräche abermals scheitern könnten.

jekt an. Ich habe ihm gesagt, wir sind nicht hierhergekommen, um ohne Grundkonzept über irgendwelche Projekte zu sprechen.«

Ich fragte den Prinzen, ob ihm klar sei, daß Peres' Friedensvision sich von der seinen nicht sehr unterscheidet: Beide unterstreichen die Bedeutung regionaler Sicherheit und Kooperation; beide reden ständig von ökonomischen Interessen (sie sprechen von einer »Dimension«) und von Wirtschaftsbeziehungen und von der Notwendigkeit, über den engen Nationalismus der Vergangenheit hinauszukommen. Beide sprechen von den einfachen Leuten – der Prinz nannte das »Anthropolitik«. Und beide werfen einander mangelnde Eindeutigkeit vor. Ob sich diese Unklarheiten nicht beseitigen ließen, fragte ich, wenn die beiden Seiten häufiger miteinander sprächen?

»Wir haben ziemlich häufige Kontakte«, sagte der Kronprinz. »Aber es fehlt die Bereitschaft auf seiten der politischen Entscheidungsträger – ich möchte nicht hart klingen, das ist kein Vorwurf –, wir kommen nicht voran.«

Vielleicht sollten die Politiker intensiver miteinander sprechen, bevor wieder ein Verrückter ...

»Glauben Sie mir«, warf Prinz Hassan ein, »wir haben auf mehr als einer Ebene intensiven Kontakt ...«

»Das ist mir schon klar«, sagte ich, »aber es ist doch so, daß zwischen diesen intensiven Kontakten immer viel Zeit vergeht.«

»Wir werden Sie das nächste Mal einladen, dann können Sie uns beide anrüffeln«, sagte der Kronprinz und lachte schallend.

»Peres ist bereit, sich täglich mit Ihnen zu treffen.«

»Das ist nicht das Problem, sondern die Frage, was passiert, wenn er Rabin in Tel Aviv trifft«, sagte er, noch immer lachend.

»Vielleicht sollten wir dafür sorgen, daß sich König Hussein und Ministerpräsident Rabin öfter treffen – sie in einem Zimmer einsperren, bis sie eine Lösung gefunden haben«, sagte ich.

Der Prinz murmelte etwas, was wohl heißen sollte, daß das keine schlechte Idee wäre. Ich sagte, das solle besser früher als später passieren, bevor wieder ein jüdischer Verrückter oder ein arabischer Verrückter alles kaputtmacht.

»In den nächsten Wochen muß es zu größeren, dauerhaften Schadensbegrenzungsmaßnahmen kommen«, sagte er. »Danach muß wieder verhandelt werden. Vor der Sommerpause in Washington müssen wir etwas Substantielles erreicht haben. Andernfalls wird es in diesem Jahr einen furchtbaren Rückfall in Gewalt geben.«

Die Amerikaner kämen ihrer Aufgabe nicht in vollem Umfang nach, sagte der Prinz. »Die Struktur der Friedensgespräche von Madrid sah vor, daß der Schirmherr, die Amerikaner, eine aktive Rolle spielen soll. Statt zu sagen, worüber wir nicht reden sollen, weil es zu explosiv sei, sollten sie hin und wieder ein bißchen kreativ sein und sagen, worüber wir sprechen könnten oder sollten ... Nach Hebron braucht es mehr als nur freundliche Worte ... Washington braucht immer eine Show ... Wir brauchen mehr – nicht nach dem Motto ›Laß uns mal wieder einen öffentlichen Händedruck veranstalten.‹ Die Kernfragen müssen angepackt werden.« Abschließend meinte der Kronprinz, daß sich diese Äußerungen im Druck wohl nicht besonders gut machten. Das Problem mit den Amerikanern sei, daß sie immer »angelaufen kommen und sich als die großen Macher hinstellen« – eine Anspielung auf die Zeremonie im Weißen Haus im vergangenen September –, aber »um Frieden zu schließen, dazu gehört nun wirklich sehr viel mehr«.

Die Makler des Friedens

1993

Im letzten September, wenige Tage nachdem Yitzhak Rabin, der israelische Ministerpräsident, und Yassir Arafat, der Vorsitzende der Palästinensischen Befreiungsorganisation, im Garten des Weißen Hauses einander die Hand gereicht und damit zum ersten Mal in der Geschichte eines hundertjährigen blutigen Konflikts ein hoffnungsvolles Kapitel begonnen hatten, wurde bekannt, daß sich dieses Ereignis in nicht unerheblichem Maße zwei obskuren israelischen *peaceniks* verdankte. Ein europäischer Diplomat in Washington meinte, daß diese beiden Leute ungewollt Präsident Clinton zu seinem ersten, und bislang einzigen, spektakulären außenpolitischen Erfolg verholfen hätten, obwohl die Vereinigten Staaten wenig für diesen Durchbruch getan hätten.

Die beiden waren ein seltsames Paar in der Welt der hohen Diplomatie: Yair Hirschfeld, ein eigenwilliger, bärtiger Neunundvierzigjähriger, der Dozent für nahöstliche Geschichte an einer kleinen israelischen Universität ist und wie eine Mischung aus Allen Ginsberg und Karl Marx aussieht, und einer seiner ehemaligen Studenten, der achtunddreißigjährige Historiker Ron Pundik, der gerade promoviert hatte und eine feste Stelle suchte.

In Jerusalem, wo Bürokraten genausowenig bereit sind wie anderswo, Ruhm mit anderen zu teilen, erklärte ein Sprecher des Außenministeriums, Hirschfeld und Pundik seien bloß »Weltenbummler in der Geschichte« gewesen. Ein anderer Regierungsvertreter war großzügiger: »Ministerialapparate sind zu schwerfällig. Sie taugen selten dazu, etwas Großes in Gang zu setzen. Dafür braucht man ein paar Verrückte.« Hirschfeld und Pundik seien Außenseiter, die sich der Idee eines Kompromisses zwischen Palästinensern und Israelis verschrieben hätten, und zwar schon zu einer Zeit, als solche Bestrebungen für israelische Regierungen fast schon an Landesverrat grenzten. »Sie waren entschlossen, sich den Blick von keiner ›Realität‹ verstellen zu lassen«, fuhr der Offizielle fort. »Und so haben sie am Ende Erfolg gehabt, wo

277

die Diplomaten in ihren gestreiften Anzügen immer gescheitert sind.« Vor einem Jahr hatten sie, in ihrer freien Zeit und zunächst auch mit ihrem eigenen Geld, illegal Gespräche mit einem prominenten PLO-Mann namens Ahmed Suleiman Karia angefangen, der, besser bekannt unter seinem *nom de guerre* Abu Alaa, Arafats Finanzminister ist. Von Yossi Beilin, Israels neuem stellvertretenden Außenminister, hatten Hirschfeld und Pundik nur eine ganz unverbindliche Zusage: Sie würden ihm einen Bericht schicken, und er würde ihn lesen, ihnen aber keine Empfehlungen geben. Und mit Yitzhak Rabin oder Außenminister Schimon Peres war überhaupt nichts vereinbart worden.

Nach den Knesset-Wahlen im Juni 1992, aus denen die Arbeitspartei knapp als Siegerin hervorging, hatte Jan Egeland, der stellvertretende norwegische Außenminister, bei Beilin angefragt, ob er interessiert daran sei, daß Norwegen ein Treffen zwischen ihm und einem hohen PLO-Vertreter arrangiert. Beilin antwortete, daß das überhaupt nicht in Frage komme – er habe keine Lust, politischen Selbstmord zu begehen. Er habe jedoch einen Freund, Yair Hirschfeld, der ein unabhängiger Kopf sei und nicht der Regierung angehöre und sich die ganze Zeit mit militanten Palästinensern treffe. Egeland sagte, daß er gerne mit Außenseitern zusammenarbeite. Damals war es für Israelis noch immer verboten, Kontakt zur PLO aufzunehmen. Die Regierung glaubte, Arafat und seine Organisation umgehen und neutralisieren zu können, indem sie mit ihr genehmen lokalen Palästinensern in der Frage der besetzten Gebiete einen Deal ausarbeitete. Beilin hat mit seinen unmittelbaren Vorgesetzten, Peres und Rabin, nie über diese vagen Kontakte gesprochen. Von Peres wußte man, daß er gegenüber den Palästinensern insgesamt eine zwiespältige Haltung einnahm. Jahrelang hatte er versucht, auf Kosten der Palästinenser zu einer Verständigung mit Jordanien zu kommen. Und Rabin machte für die festgefahrene Situation weiterhin die PLO und Arafat persönlich verantwortlich. Als Hirschfeld und Pundik Anfang 1993 ihre Geheimgespräche mit Abu Alaa begannen, hatte Rabin einen Monat zuvor etwa vierhundert Palästinenser über die libanesische Grenze auf einen verschneiten Berg verfrachten lassen.

Hirschfeld war, was illegale palästinensisch-israelische Kontakte anging, ein erfahrener Fachmann. Er zitierte gern die einem frühen zionistischen Führer zugeschriebene Warnung, daß derjenige, der sich nicht um Politik kümmert, in Schwierigkeiten gerät, weil er dann nämlich von der Politik überfahren wird. Etwa fünfzehn Jahre zuvor hatte Hirschfeld den damaligen österreichischen Bundeskanzler Bruno Kreisky kennengelernt, der Jude und Sozialdemokrat war. Kreisky trat vehement für eine Lösung des »Palästinaproblems« ein, das seiner Ansicht nach der Angelpunkt des Nahostkonflikts war, und er übte scharfe Kritik an den damaligen Führern der Arbeitspartei, Golda Meir und Yitzhak Rabin. Hirschfeld, den Kreiskys Haltung tief beeindruckt hatte, war 1967 nach Israel ausgewandert und hatte jahrelang in seiner Freizeit versucht, Palästinenser kennenzulernen und sie mit Israelis zusammenzubringen. Einige wurden Hirschfelds Freunde. »Wir mögen ihn«, sagte kürzlich ein palästinensischer Aktivist von der Bir-Zeit-Universität. »Er hat so viel Zeit mit uns verbracht, daß es fast schien, als würde er seine akademische Karriere vernachlässigen. Mit Ende Vierzig war er nicht einmal Assistenzprofessor. Manchmal war er der blauäugige Idealist, manchmal konnte er knallhart sein. Aber mit ihm konnte man leichter diskutieren als mit anderen Israelis. Er war nicht so herablassend, wie andere es oft sind – selbst diejenigen, die sich als Tauben bezeichnen.«

Im Herbst 1992 arbeitete Hirschfeld an einer von der EG geförderten Studie über die politische und ökonomische Lage in den besetzten Gebieten. Regelmäßig traf er sich in Ostjerusalem und Ramallah mit Palästinensern und warb für den »typischen Traum des Intellektuellen – wirtschaftliche Entwicklung als Grundlage für politischen Kompromiß«. Schmunzelnd erzählte er mir das, als ich ihn in seinem Haus besuchte, nördlich von Haifa auf dem Land, wo er mit seiner Frau Ruth, vier Kindern, einer Katze und einem Hund lebt. Die beiden ältesten Töchter leisten gegenwärtig ihren Militärdienst. Er war gerade nach Haus gekommen, streifte sich die Turnschuhe ab und stieg in eine alte Jeans. »Ich war bei den Demonstrationen von *Frieden Jetzt*, aber ich fand auch, daß man mehr tun muß als nur protestieren«, sagte er. Beispielsweise sich mit einem hohen PLO-Vertreter treffen und mit ihm diskutieren, obwohl das damals verboten war. Hirschfeld lachte, als er über das Thema Gesetzesverstoß sprach. In der österreichisch-ungarischen Armee, sagte er, habe es eine besondere Auszeichnung gegeben, den Maria-Theresia-Orden. Er sei Offizieren verliehen worden, die eine Schlacht gewonnen hatten, auch wenn sie gegen die militärische Disziplin verstoßen hatten. »Wenn man in der österreichisch-ungarischen Armee gegen die Disziplin verstieß, gab es nur zwei Möglichkeiten: entweder man bekam den Maria-Theresia-Orden, oder man wurde erschossen.«

Eines Nachmittags, erzählte er, hätten er und Pundik sich mit Hanan Aschrawi getroffen, der Sprecherin der palästinensischen Delegation bei den Friedensverhandlungen, die gerade aus Washington zurückgekehrt war. Hirschfeld erwähnte, daß er in London an einem Seminar teilnehmen wolle. Aschrawi schlug ihm daraufhin vor, sich mit Abu Alaa zu treffen, der zur gleichen Zeit in London sein werde und der sich, wie sie sagte, für »die Beziehung zwischen Frieden und wirtschaftlicher Entwicklung« interessiere. Hirschfeld legte sich nicht fest, gab Aschrawi aber seine Londoner Telefonnummer.

In London überlegte er sich die Sache aufs neue. Ein Bekannter, der norwegische Soziologe Terje Rod Larsen, war zufällig in London. Hirschfeld erzählte ihm, daß er sich möglicherweise mit Abu Alaa treffen werde. Larsen fand das hochinteressant. Er und seine Frau, Mona Juul, sollten bald eine wesentliche Rolle bei den Friedensgesprächen spielen – weniger als Vermittler, sondern eher als verschwiegene Vertrauenspersonen. Larsen war Direktor des norwegischen Instituts für Angewandte Sozialwissenschaften (FAFO) und Mona Juul eine hohe norwegische Diplomatin, die geeignet war, bei der Suche nach Frieden im Nahen Osten mitzuwirken. Ihr erster Auslandsposten war Kairo gewesen. Larsen berichtete Hirschfeld, daß Abu Alaa ein seriöser Mann sei, der Arafat nahestehe und die Öffentlichkeit scheue.

Hirschfeld war mit einem Treffen einverstanden. Beim Frühstück am nächsten Morgen meinte Larsen, wenn es gutgehe und falls er und Abu Alaa beschließen sollten, den Dialog fortzusetzen, wären FAFO und sicherlich auch die norwegische Regierung bereit, ihnen in Norwegen alle Möglichkeiten zu bieten, damit sie völlig abgeschirmt weiterarbeiten könnten.

Die erste Begegnung zwischen Hirschfeld und Abu Alaa fand im Frühstücksraum von Larsens Londoner Hotel statt, dem *Cavendish Forte Crest*. Es war wie in einem zweitklassigen Thriller. Kurz bevor Abu Alaa mit einem Begleiter das Zimmer betrat, erhob sich Larsen und verschwand. Abu Alaa und Hirschfeld sprachen unter vier Augen. Abu Alaa ist ein weißhaariger, etwas kauzig aussehender Mann von Mitte Fünfzig. Später erklärte er, daß seine erste Begegnung mit Hirschfeld sehr gut gelaufen sei: »Wir hatten sofort einen Draht zueinander.« Hirschfeld war einer der ersten Israelis, die er überhaupt kennenlernte, und ihm gefielen seine zwanglose Art und sein Humor. Hirschfeld sagte mir, daß Abu Alaa ihm nichts gesagt habe, was er nicht schon von anderen Palästinensern gehört hatte. »Mit ein paar Dingen war ich nicht einverstanden, aber mir gefiel sein Tonfall«, sagte Hirschfeld. »Es war wie in der Oper – was zählte, war die Musik. Bei den meisten Opern ist das Libretto ohnehin lausig.«

Nach dem Treffen sprach Hirschfeld mit Beilin, der sich an diesem Tag ebenfalls in London aufhielt. »Ein verrückter Zufall«, meinte Hirschfeld und strich sich über den Bart. »Ich weiß, Sie glauben mir nicht. Es war der pure Zufall, wirklich. Meine Frau, die in solchen Dingen abergläubisch ist, sagt, daß an dem Tag noch viele andere Wunder passiert sind, über die ich jetzt nicht sprechen werde. Tatsache ist aber, daß ich Beilin nichts davon erzählt hatte, daß ich dieses hohe Tier von der PLO treffen würde. Es hätte ihn in eine peinliche Situation bringen können.«

»Hat er Ihnen gesagt, daß Sie sich nicht wieder mit Abu Alaa treffen sollen?«

»Ich bin mein eigener Herr. Er kann mir nicht vorschreiben, was ich tun soll.«

»Hat er Sie ermuntert?«

»Ich weiß nicht. Nein, eigentlich nicht.«

Am selben Tag traf sich Hirschfeld abends in der Bar des *Ritz* ein zweites Mal mit Abu Alaa. Dieser erklärte, er sei an umfassenden bilateralen Gesprächen mit israelischen Offiziellen interessiert. Hirschfeld sagte, er sei kein Offizieller, habe sich in den letzten zehn Jahren aber fast ausschließlich der Suche nach einer gemeinsamen Grundlage für Israelis und Palästinenser gewidmet. Er könne nur für sich sprechen, kenne jedoch ein paar Leute in der neuen Regierung und könne versuchen, einen Kontakt herzustellen. Er könne nichts versprechen, und die israelische Regierung wisse nichts von diesem Treffen. Die Regierung lehne jegliche Vereinbarung mit der PLO ab, und wenn ihre Treffen in Norwegen weitergehen und an die Öffentlichkeit kommen sollten, würde die Regierung jeden Kontakt zu ihm leugnen.

Abu Alaa wirkte unentschlossen, schien aber trotzdem interessiert. Er und Hirschfeld vereinbarten, sich in Norwegen zu einem Sondierungsgespräch zu treffen und erst dann zu entscheiden, ob sie weitermachen wollten. Das Treffen sollte den Charakter eines »Brainstorming« haben, wie Hirschfeld es nannte. Er rief Pundik in Tel Aviv an. »Ich glaube, es tut sich was«, sagte er. Pundik, der im Yom-Kippur-Krieg seinen älteren Bruder verloren hatte, war, wie Hirschfeld, in den letzten Jahren regelmäßig zu Demonstrationen von *Frieden Jetzt* gegangen. Als Hirschfeld ihm von Abu Alaa berichtete, antwortete er: »Packen wir's an!«

Im nachhinein entsteht natürlich der Eindruck, als seien die Vorgänge in Norwegen viel gründlicher und raffinierter geplant gewesen, als das tatsächlich der Fall war – ein falscher Eindruck, denn die Gespräche wurden von spontanen, impulsiven Entscheidungen, Zufällen, Improvisationen vorangebracht. Peres selbst spielte darauf an, als er hinterher mit bemerkenswerter Ironie gestand: »Die Geschichte ist wirklich ein Clown! Sie läßt uns alle wie dumme Jungen dastehen.«

Außenminister Peres wußte nichts von Hirschfelds ersten Begegnungen mit Abu Alaa in Norwegen. Rabin könnte durch einen Bericht des israelischen Geheimdienstes Mossad davon erfahren haben, der offenbar einen Maulwurf, Adnan Yassin, in die PLO-Zentrale in Tunis geschleust hatte. (Yassin flog kürzlich auf.) Rabin hielt direkte Kontakte mit Arafat für sinnlos. Bestenfalls dürfte er sie als ärgerlich betrachtet haben, schlimmstenfalls als eines der ungeschickten Manöver seines Erzrivalen Peres. In Rabins Memoiren von 1978 wird Peres als »giftig« und als »unermüdlicher Intrigant« bezeichnet, der überall »Schaden anrichtet«.

Über Rabins Haltung in den Monaten vor dem Abkommen wurde später in den israelischen Medien viel geschrieben. Hat Rabin gelogen, als er sagte, daß Israel nicht mit der PLO verhandeln werde? Hatte er es sich anders überlegt? Wenn ja, wann? Einige behaupteten, er sei von Peres in die Sache hineingezogen worden, der seinerseits von Beilin hineingezogen worden sei. Wieder andere erinnerten an das Wort von A. P. Taylor, daß die bedeutendsten politischen Entscheidungen von Menschen getroffen würden, die sich ihres Tuns nicht bewußt seien.

Rabin selbst erklärte gegenüber der Presse, daß er seine Meinung geändert habe, nachdem ihm klargeworden sei, daß die lokalen palästinensischen Führer ihre Anweisungen von Arafat erhielten. »Es wurde Zeit, mit dem Boß zu sprechen.« Abba Eban, der große alte Mann der israelischen Diplomatie, der Rabin und Peres gut kennt und im Laufe der Jahre mit beiden oft aneinandergeraten ist, weil er von der Notwendigkeit überzeugt ist, mit den Palästinensern zu verhandeln, hatte wohl schon lange vermutet, daß es dazu kommen könnte. Er sagte einmal, daß Regierungen durchaus imstande seien, die richtigen Entscheidungen zu treffen – es sei nur leider so, daß sie damit immer bis zum allerletzten Moment warteten.

Das erste Brainstorming fand am 21. Januar 1993 statt, zwei Tage nachdem die Knesset, gegen den ausdrücklichen Wunsch von Yitzhak Rabin, das

Verbot der Kontaktaufnahme mit der PLO aufgehoben hatte. Gastgeber war das FAFO, Terje Larsens Forschungsinstitut, und Mona Juul fungierte als Kontaktperson zum norwegischen Außenministerium, das für die Kosten aufkam. Zu Tarnungszwecken vereinbarten die Teilnehmer, ihr Treffen als wissenschaftliche Konferenz auszugeben, auf der über die Ergebnisse einer FAFO-Feldstudie über die Lebensbedingungen in den besetzten Gebieten diskutiert werden sollte. Endlose Telefonate nach Tunis oder Israel und umgekehrt waren notwendig gewesen, und sie vermittelten Larsen eine Ahnung von den Schwierigkeiten, mit denen sie zu tun haben würden, wenn es um die Kernfragen ging. »Diese vielen Anrufe, nicht selten ein halbes Dutzend am Tag, liefen alle über meinen privaten Telefon- oder Faxanschluß und auf meine Kosten«, sagt Pundik. »Meine Frau bekam einen Schock, als sie die erste Rechnung sah.«

Schließlich war alles vorbereitet. Abu Alaa kam mit zwei Begleitern – Hassan Asfur, der aus dem Gazastreifen stammt und politischer Berater in der PLO-Zentrale in Tunis ist, und Maher al-Kurd, einem Wirtschaftswissenschaftler, der an der Amerikanischen Universität Kairo studiert hat und fließend Englisch spricht. Hirschfeld kam mit Pundik. Da niemand in Israel für ihre Spesen aufkam, bezahlte FAFO ihnen das Flugticket; die Spesen von Abu Alaa und seiner Berater wurden von der PLO beglichen.

Larsen und Juul dachten lange über einen geeigneten Ort nach. Er mußte abgeschieden, ruhig und einladend sein. »Wir wollten sie nicht an einen Tisch in einem spießigen Konferenzzimmer setzen«, sagte Juul. »Sie sollten sich in einem gemütlichen Haus wohl fühlen.« Schließlich fand man etwas bei Sarpsborg, etwa hundert Kilometer südöstlich von Oslo; dort besaß ein befreundeter Industrieller eine Landvilla, die er ihnen überlassen wollte, ohne viele Fragen zu stellen. Borregaard, eine schmucklose, weiße neoklassizistische Villa, umgeben von Wäldern, war früher die Sommerresidenz norwegischer Könige gewesen. Die Räume haben Kamine und sind einfach eingerichtet. Die Teilnehmer sollten unter einem Dach schlafen und ihre Mahlzeiten gemeinsam einnehmen. Es gab herzhafte norwegische Kost, und die Sitzordnung bei Tisch war sorgfältig durchdacht, um eine gesellige und ungezwungene Atmosphäre zu ermöglichen. Dem Personal wurde erklärt, daß ein paar Professoren gemeinsam ein Buch schreiben wollten, daß sie wahrscheinlich stundenlang diskutieren und um vier Uhr morgens Kaffee und belegte Brote bestellen würden, ansonsten aber nicht gestört werden wollten.

Da die Begegnung streng geheim bleiben sollte, erfuhren nur einige wenige Norweger davon. Die Teilnehmer wurden am Flughafen durch einen Seitenausgang geschleust und in unauffälligen Mietautos auf getrennten Wegen nach Borregaard gebracht. Zuständig für diese logistische Aufgabe war Even Aas, ein junger Mann, der seinerzeit an Larsens Institut arbeitete und zufällig Trainer der norwegischen Eisschnellläuferinnen war. Er erklärte später: »Eisläufer stehen sozusagen immer auf der Schneide, und auch der ganze Friedensprozeß bewegte sich auf der Schneide, denn ein falscher Schritt, und alles wäre kaputtgegangen.«

Larsen fand, daß dem vermeintlichen »Seminarthema« wenigstens formal Genüge getan werden mußte. Hirschfeld erzählte mir später mit einem ironischen Lächeln: »Es war die verrückteste Konferenz, die ich je erlebt habe.« Drei Palästinenser und zwei Israelis mußten einen ganzen Vormittag dasitzen und sich Vorträge über sinkende Einkommensziffern und steigende Lebenshaltungskosten anhören, obwohl sie eigentlich zusammengekommen waren, um über ganz andere Dinge zu sprechen. Beim Mittagessen am ersten Tag stieß Jan Egeland zu ihnen. Die Anwesenheit des stellvertretenden Außenministers gab der Versammlung eine gewisse Aura und verlieh den beiden Israelis einen Status, der in dieser frühen Phase wohl etwas übertrieben war. Egeland ging zweifellos ein Risiko ein. Pundik meinte später, er habe sich den ganzen Tag »komisch« gefühlt. »Wer war ich? Was wollte ich da? Wen vertrat ich?« Nach dem Mittagessen fuhr Egeland wieder nach Oslo zurück, während sich die Palästinenser und Israelis in ein Nebenzimmer zurückzogen. Draußen warteten Larsen und Juul geduldig, viele Stunden lang, sahen nur hin und wieder nach, ob noch genug Kaffee da war und ob es an irgend etwas fehlte. Die Eröffnungsmusik war ermutigend. Alle Teilnehmer vereinbarten feierlich, nicht von der Vergangenheit zu sprechen. Abu Alaa ging mit gutem Beispiel voran, indem er einem seiner Berater, der mit UNO-Resolutionen anfing, einen sanften Rüffel erteilte. »Laßt uns nicht miteinander darin wetteifern, wer in der Vergangenheit recht hatte und wer nicht«, sagte Abu Alaa. »Und laßt uns nicht miteinander darin wetteifern, wer in der Gegenwart der Klügere ist. Wir wollen schauen, was wir in Zukunft tun können.«

Das erste Brainstorming dauerte rund acht Stunden, mit ein, zwei kurzen Pausen, in denen man etwas aß und einen kleinen Spaziergang machte. Die Atmosphäre war gespannt. Larsen erinnerte sich, daß einer der Teilnehmer vor lauter Erregung hinausstürzte und sich im Badezimmer übergeben mußte. Doch bald entwickelte sich eine gewisse

Vertrautheit zwischen den fünf Männern und auch gegenüber ihren einfühlsamen Gastgebern. Beide Seiten unternahmen ernsthafte Anstrengungen, einander zuzuhören.

Drei Wochen später kamen sie wieder auf Borregaard zusammen. Beide Seiten müssen zu Hause über den Stand der Dinge diskutiert haben. »Wir haben Beilin berichtet«, sagt Pundik. »Wir haben ihn nicht um Instruktionen gebeten, und er hat uns keine gegeben. Aber er hat uns gedrängt, weiterzumachen.«

Hirschfeld hatte nun die sinnvolle Idee, in sehr groben Umrissen ein gemeinsames Programm auszuarbeiten. Es nahm die Form einer gemeinsamen Grundsatzerklärung an, in der sich wesentliche Züge des späteren Abkommens schon andeuteten. Die Erklärung sah freie Wahlen in den besetzten Gebieten und die schrittweise Errichtung einer vorläufigen Autonomiebehörde zunächst in Gaza vor; weiterhin enthielt sie eine Reihe von »Richtlinien« für einen neuen internationalen »Marshallplan«, der den Palästinensern den Frieden schmackhaft machen sollte – speziell den Bewohnern des katastrophalen Gazastreifens.

»Nicht in allen Punkten wurde Übereinstimmung erzielt, insbesondere in den Fragen: 1. Jurisdiktion über das Territorium, 2. Jerusalem und 3. Schlichtung«, schrieb Hirschfeld in einem privaten Memorandum an Beilin. »Die Palästinenser haben jedoch deutlich gemacht, daß ihnen klar ist, daß sie weitere Zugeständnisse machen müssen, und ihre diesbezügliche Bereitschaft ausgedrückt, sofern eine US-Vermittlung [bei Friedensgesprächen von Washington] es ihnen ermöglichen würde, derartige Zugeständnisse ihrerseits zu rechtfertigen … Sie sind sehr interessiert daran, möglichst rasche Fortschritte zu erzielen, und sie haben uns ausdrücklich gebeten, die Amerikaner zu ermutigen, über die Grundzüge des projektierten Abkommens schon beim nächsten Besuch von Warren Christopher [im Nahen Osten] zu diskutieren.«

Beilin war überrascht. Das von Hirschfeld vorgeschlagene Prinzip der »stufenweisen Durchführung« (stufenweiser Abzug der israelischen Truppen und stufenweise Autonomie für die Palästinenser) war eine ganz neue Idee. Sie besagt, daß in den ersten zwei, drei Jahren der israelische Rückzug angehalten, ja sogar rückgängig gemacht werden konnte. Das eigentlich Erstaunliche war, daß die Palästinenser diese Idee akzeptiert hatten. 1978, beim allerersten Autonomieplan, auf den sich Israel, Ägypten und die Vereinigten Staaten im Abkommen von Camp David geeinigt hatten, hatte es keine eingebauten »Phasen« gegeben. Beilin muß sich gefragt haben, warum er von zwei Amateuren auf diese Idee gebracht wurde und nicht von den Profis, die in Washington am Verhandlungstisch saßen. Allerdings reichte der erste Entwurf noch nicht für eine Übereinkunft. Er war zu vage in bezug auf Jerusalem, und er enthielt überhaupt kein Wort über Grenzen, Siedlungen oder Sicherheit. Hirschfelds Papier war jedoch kein Brief, den man unbeantwortet beiseite legen konnte. Beilin ging mit dem Entwurf zu Außenminister Peres, der erst jetzt von dem informellen Verhandlungskanal in Norwegen erfuhr. Peres war zunächst überrascht, dann skeptisch, hielt das Risiko, die beiden eigenständigen Verhandlungsführer weitermachen zu lassen, aber nicht für besonders groß. Ihm gefiel die Idee eines neuen »Marshallplans«; seit Jahren forderte er etwas Ähnliches. Peres informierte Rabin. Er bezeichnete Hirschfeld und Pundik als »zwei *meschugoim*« (Spinner), die sich vorgenommen hätten, die PLO auf die Probe zu stellen. Rabin war zwar noch skeptischer, reagierte inzwischen aber offener auf neue Anregungen. Seine Regierung steckte in Schwierigkeiten. Vor den Wahlen hatte er versprochen, daß es innerhalb von sechs Monaten bis einem Jahr eine Vereinbarung mit den lokalen Palästinensern geben werde, aber die Situation hatte sich seitdem immer weiter verschlechtert. In den besetzten Gebieten gewann die islamisch-fundamentalistische Hamas, eine Organisation, die gegen Frieden ist, auf Kosten von Fatah, Arafats gemäßigter Fraktion. Peres erklärte Rabin, daß sie keine Verpflichtung dabei eingingen. Er sei bereit, dem informellen Kanal eine Chance zu geben. Hirschfeld und Pundik könne man jederzeit als verrückte Intellektuelle hinstellen, mit denen man nichts zu tun habe. Der Regierung würde das nicht weh tun. Rabin dachte über diesen Vorschlag seines Erzrivalen nach. Beide Männer waren nicht mehr die Jüngsten. Der Schriftsteller Amos Oz hat einmal gesagt, sie ähnelten zwei Frauen in einem Altersheim, die sich ständig streiten, denen aber klar ist, daß sie einander bei der Hand nehmen müssen, wenn sie die Straße überqueren wollen.

Zwischen Februar und Mai fanden in Borregaard und anderen abgelegenen Landhäusern fünf weitere informelle Treffen statt, meist über das verlängerte Wochenende. Die Hauptaufgabe der Verhandlungsführer bestand darin, sich von der Ernsthaftigkeit der anderen Seite zu überzeugen. Abu Alaa hatte seine Zweifel an Hirschfeld und Pundik. Irgendwann erklärte er Larsen, daß er an weiteren Sitzungen nur teilnehmen werde, wenn die Israelis einen offiziellen Vertreter schickten. »Ich will meine Zeit nicht vergeuden«, sagte er. Larsen versicherte ihm, daß das nicht der Fall sei – Beilin habe ihm das telefonisch zugesichert.

Anfang April kam der Moment, als Abu Alaa sagte: »Diese ganze Sache überzeugt mich nicht mehr. Fahren Sie los und sprechen Sie mit Beilin persönlich.« Larsen flog nach Israel und traf sich mit Beilin. Beilin versicherte ihm, daß Hirschfeld nunmehr befugt sei, »Vorverhandlungen« zu führen. Die beiden Seiten setzten ihren Gedankenaustausch fort und arbeiteten an einer verbesserten Fassung des ersten Entwurfs. Trotzdem standen Hirschfeld und Pundik noch immer mehr oder weniger allein da, kein Ausschuß bereitete zu Hause in Israel Positionspapiere vor, und in dem Maße, wie die Gespräche allmählich konkreter wurden, begann Pundik sich zu fragen, wann sie der offiziellen Verhandlungsdelegation würden Platz machen müssen.

Die Israelis ihrerseits hatten Zweifel an Abu Alaa. Sie wollten Beweise sehen, daß er tatsächlich für Arafat sprach und für die PLO bindende Zusagen geben konnte. »Wir hatten ja nie Kontakte mit der PLO«, sagte Beilin später. »Wir wußten nicht, wofür die PLO eigentlich stand.« Sie hatten nur die rohen Daten, wie sie üblicherweise in Geheimdienstberichten stehen, konnten nicht auf persönliche Erfahrungen zurückgreifen. »Wir kannten die Propaganda. Die Wahrheit kannten wir nicht. Hirschfeld war der erste, der herausfand, was für sie wichtig und was weniger wichtig war. Wo war für sie die Grenze? Wo konnten sie einlenken? Wo wir? Hirschfelds Persönlichkeit paßte sehr gut in diesen Kontext.« Seine und Pundiks Leistung bestand vor allem darin, daß sie praktisch und psychologisch den Boden bereiteten, den die Profis dann nach dem siebten Treffen, Anfang Mai, betreten konnten. Man war inzwischen so weit gekommen, daß Peres überlegte, selbst nach Norwegen zu fliegen und die Verhandlungen persönlich zu leiten. Rabin hielt das für verfrüht. Man beschloß, Uri Savir, den neuen Generaldirektor des Außenministeriums, und Yoel Singer, einen Rechtsexperten, nach Norwegen zu entsenden. Beide waren als Tauben bekannt. Beide waren neue Gesichter in der Führungsebene des israelischen diplomatischen Dienstes. Israel wollte die Gespräche aber nur unter der Bedingung »aufwerten«, daß alles geheim blieb.

Ende Februar hatten die Norweger die Vereinigten Staaten über die geheimen Kontakte informiert. Mona Juul erzählte mir, daß amerikanische Beamte dem Projekt »zwar wohlwollend gegenüberstanden, aber nicht glaubten, daß wir Erfolg haben würden. Also haben wir sie nicht weiter auf dem laufenden gehalten. Wir dachten, wozu? Und sie haben auch keine weiteren Fragen gestellt«. Im Mai gab der norwegische Außenminister Johan Jorgen Holst seinem amerikanischen Kollegen Warren Christopher einen ausführlichen Bericht über das bisher erreichte Ergebnis. Laut Holst konnte sich Christopher kaum vorstellen, daß Norwegen etwas erreichen könnte, wo Washington gescheitert war. Christopher ermunterte die Norweger jedoch, weiterzumachen.

Ich verbrachte kürzlich ein paar Tage in Oslo, um mit einigen der Menschen zu sprechen, die an diesem historischen Ereignis mitgewirkt haben. Oslo ist eine der kleinsten, schönsten Hauptstädte Westeuropas. Ein paar Stunden täglich waren die Schindeldächer und Türmchen der Altstadt in das goldene Licht der Herbstsonne getaucht. Oslo hat etwas leicht Märchenhaftes: Der König macht gelegentlich seine Spaziergänge in der Stadt, sein Palast steht auf einem niedrigen Hügel in einem kleinen Park, umgeben von einer alten Universität, einem Theater, einem Museum und ein paar altmodischen Hotels und Restaurants, wo die Kellner einem den Tisch zeigen, an dem Nansen und Knut Hamsun gesessen haben. Ein Journalist bezeichnete Norwegen als »ein reiches sozialdemokratisches Ölemirat, mit den höchsten Steuern und einigen der besten Wohlfahrtseinrichtungen auf der Welt«. In den Ministerien sitzen lauter liberale Wohltäter. Stolz erzählen sie dem Besucher, daß Norwegen, in relativen Zahlen, mehr für Entwicklungshilfe ausgibt als alle anderen Länder: über eine Milliarde Dollar jährlich, mehr als ein Prozent des Bruttosozialprodukts, rund das Vierfache der Summe, die durchschnittlich in den USA, Japan oder in den EG-Ländern aufgewendet wird. Während der letzten Geberstaatenkonferenz in Washington, auf der zwei Milliarden Dollar für die Palästinenser zusammengetragen wurden, kamen allein hundertfünfzig Millionen Dollar von Norwegen – mehr als das Zwanzigfache der Durchschnittssumme, die von anderen reichen Ländern beigesteuert wurde. Angesichts so vieler sympathischer, aufgeschlossener Menschen konnte ich mich des Gedankens nicht erwehren, daß ein Besetzungsbüro, das geeignete Friedensstifter zwischen erbitterten Feinden suchte, hier fündig würde. So vertraut, wie die Menschen hier miteinander umgingen, konnte man denken, sie seien alle eine große Familie. Die norwegische Boulevardpresse hat vor allem die Rolle von stategisch plazierten Ehefrauen bei den geheimen Friedensverhandlungen herausgekehrt. Marianne Heiberg, die Frau des Außenministers, hatte in Larsens Institut gearbeitet. Holst selber ist mit den Larsens eng befreundet. Der vierjährige Sohn der Larsens, Edvard, soll bei einem zwanglosen Beisammensein das Eis gebrochen haben, indem er Abu Alaa und Savir auf den Schoß kletterte. »Es war keine Schmierenkomödie, wie behauptet wurde«, sagte mir Juul leicht erbost. Lächelnd fügte sie hinzu: »Aber es war irgendwie familiär.«

Im Außenministerium sprach ich mit Jan Egeland. Er ist sechsunddreißig und kein Ministerialbeamter, sondern wurde auf den Posten des stellvertretenden Außenministers berufen. Er und Juul waren Studienkollegen an der Osloer Universität. Vor seiner Ernennung 1990 hatte er für das Internationale Rote Kreuz gearbeitet, und sechs Jahre lang war er Vizepräsident von Amnesty International gewesen. »Unsere Außenpolitik ist ziemlich dynamisch«, sagte er, »und wir glauben an eine enge Kooperation mit unabhängigen NGOs − Solidaritätsgruppen, kirchlichen, studentischen und umweltpolitischen Gruppen, die für Menschenrechte und Frieden eintreten. Ich weiß nicht, ob andere Regierungen sich mit Amateuren wie Hirschfeld und Pundik eingelassen hätten.«

Das Experiment im Nahen Osten mit zwei sonderbaren *peaceniks*, das zunächst so bescheiden angefangen hatte, überraschte die ganze Welt, als es mit einem Erfolg endete. Egeland war nicht überrascht. Er ist der Autor eines 1988 veröffentlichten Buches mit dem Titel *Ohnmächtige Supermacht − mächtiger Kleinstaat: Chancen und Grenzen von Menschenrechts- und Außenpolitik in den Vereinigten Staaten und Norwegen*. Darin versucht er zu zeigen, daß ein kleines, reiches, beliebtes, friedliches Land wie Norwegen sehr viel bessere Möglichkeiten hat als eine Großmacht wie die Vereinigten Staaten oder Länder mittlerer Größe wie England oder Frankreich, Friedens- und Menschenrechtsabkommen auf der ganzen Welt zu vermitteln. Das liegt hauptsächlich daran, sagt Larsen, daß man bei Norwegen, anders als bei den größeren Staaten, keine versteckten politischen oder wirtschaftlichen Interessen vermutet. Und niemand wird finden, daß Norwegen bedrohlich ist oder sich aufdrängt. Die Studie war Egelands Doktorarbeit. Einer seiner Professoren, der die Untersuchung ein wenig skeptisch beurteilt hatte, forderte ihn auf, in die Politik zu gehen und die Richtigkeit seiner Thesen zu beweisen.

»Das habe ich dann auch getan«, erzählte Egeland. »Und ich besann mich wieder darauf, daß wir nicht versuchen dürfen, als Vermittler aufzutreten. Das war unsere Stärke. Beide Seiten haben oft mit Larsen, Juul und mir gesprochen. Sie berichteten uns, wie der Stand der Dinge war. Wir fungierten als Puffer für die oft sehr heftigen Gefühlsausbrü-

che. Larsen und Juul konnten die Spannungen meist mit einer harmlosen Bemerkung entschärfen. Oder mit dem Angebot, die Sache mit
ihnen zu diskutieren oder einen Spaziergang zu machen. Bei den
eigentlichen Diskussionen saßen wir aber nie am Tisch. Die Palästinenser haben am liebsten die ganze Nacht durchgearbeitet und morgens
drei, vier Stunden geschlafen. Larsen und Mona waren immer da, um
zu helfen, wenn es ging, und, wo nicht, freundlich zu sein und den
Mund zu halten und sich darum zu kümmern, daß immer genug Kaffee
da war. Wenn sie gefragt wurden, sagten sie ihre Meinung. Sie haben
sich nie aufgedrängt.«

Es war ein glückliches Zusammenspiel von Persönlichkeiten, Cha-
rakteren, Zeit, Stimmungen und äußeren Bedingungen. Die Norweger
drängten ganz vorsichtig. Pundik sagte: »Larsen war fabelhaft – einmal
der General, ein andermal der Gefreite, der den Kaffee bringt.« Asfur,
Abu Alaas Berater, sagt: »Wir wurden in dieser Zeit alle ein bißchen zu
Norwegern.« Gemeinsame Mahlzeiten (Hirschfeld behauptet, zwölf
Kilo zugenommen zu haben), die gemütliche Atmosphäre, die ein-
ladende Umgebung, die Geheimhaltung – alles spielte eine Rolle.
Hirschfeld, ein redseliger Mann, sagte später: »Mit am schwierigsten
war es, den Mund zu halten.« Wenn die richtigen Leute der einen Seite
nicht im richtigen Augenblick, mit Hilfe der richtigen dritten Seite, die
richtigen Leute der anderen Seite angesprochen hätten, wäre dieses Abkommen erst sehr viel später erreicht worden – wenn überhaupt. Entscheidend war die dritte, unabhängige Seite; es war fast wie in der Friedensvision bei Jesaja, wo »die Wölfe bei den Lämmern wohnen und die
Panther bei den Zicklein … und der kleine Knabe wird sie führen«.

Die Ankunft der israelischen Offiziellen Savir und Singer veränderte
das Tempo und den Kontext der Gespräche. Pundik hatte schon lange
damit gerechnet, daß er und Hirschfeld ausgeschaltet würden, doch
Savir und Singer wollten nicht nur die zwanglose Atmosphäre wahren,
sondern sich des Fachwissens der beiden bedienen und baten sie des-
halb, zu bleiben. Gesprochen wurde nun vor allem über juristische
Details und technische Einzelheiten der Durchführung. Die Sicher-
heitsmaßnahmen für die Teilnehmer wurden noch strenger. »Einmal
brachten wir Savir bei uns zu Hause unter«, sagt Larsen. »In einem Ho-
el abzusteigen, wo man ihn erkennen konnte, wäre zu riskant für ihn
gewesen. Ich weiß noch, wie ich spätabends mit ihm, nach seiner ersten
Begegnung mit Abu Alaa, auf die Terrasse hinausging. Ihm standen fast

die Tränen in den Augen, und er sagte: ›Ich werde alles tun, um Peres und Rabin zu überzeugen, daß wir mit den Verhandlungen weitermachen können.‹« Die Gespräche begannen immer Freitag abend und dauerten, ohne größere Unterbrechung, bis zum frühen Montagmorgen. Savir konnte als Generaldirektor des Außenministeriums, der seine Arbeit zu Hause nicht vernachlässigen durfte, nicht länger bleiben. Um die anfängliche Spannung abzubauen, beschloß Larsen, Abu Alaa die israelischen Offiziellen mit einem Scherz vorzustellen, den alle mit Gelächter quittierten: »Das ist Ihr Feind Nummer 1« und »Das ist Ihr Feind Nummer 2.« Savier erzählte später einem Mitarbeiter, daß »Abu Alaa gar nicht wie ein Feind aussah«. Die Welt sieht immer ganz anders aus, wenn man die dunkle Brille absetzt, die man zeit seines Lebens getragen hat.

Dennoch wurden die Verhandlungen äußerst schwierig. Beide Seiten verkündeten ständig Ultimaten, lösten endlose Krisen aus, drohten. »Das war einfach ihre Verhandlungstaktik«, sagte Larsen. »Es war ein regelrechter Krieg. Sie wendeten alle Tricks an, sie brüllten, bluffen, setzten voll auf Risiko. Zum Glück entwickelte sich eine starke persönliche Beziehung zwischen Abu Alaa und Savir – fast so etwas wie Haßliebe. Die beiden haben auch den gleichen Humor.« Beide Männer erzählten sich die ganze Zeit Witze und sprachen über ihre Familien. Als die Verhandlungen einmal einen Tiefpunkt erreichten, verkündete Abu Alaa, daß er aufgebe. Savir reagierte emotional, richtete bittere Vorwürfe an alle Beteiligten, daß sie versagt und eine einzigartige Chance vertan hätten. Dann zogen sich Savir und Abu Alaa zurück, und das zerbrochene Porzellan wurde wieder gekittet. Entscheidend für diesen Durchbruch war der israelische Vorschlag, beide Seiten sollten gleichzeitig erklären, daß sie einander offiziell anerkennen. Für die Palästinenser war das seit 1988 das große Ziel gewesen, für die Israelis aber war es das psychologisch größte Hindernis.

In den Morgenstunden des 20. August wurde das Abkommen dann formell paraphiert. Die gleiche, etwas bizarre Thrilleratmosphäre, die anfangs geherrscht hatte, prägte auch das Ende. Um bei der Zeremonie zugegen zu sein, flog Peres zu einem schon länger geplanten Besuch nach Oslo. Niemand in seiner Umgebung, nicht einmal der israelische Botschafter in Oslo oder der norwegische Botschafter in Tel Aviv, kannte den wahren Grund für seine Reise. Peres wurde im Gästehaus der norwegischen Regierung untergebracht, einer alten Villa hinter dem königlichen Schloß, die sich ein reicher Petroleumimporteur im letzten Jahrhundert hatte bauen lassen. Außenminister Holst gab dort ein Essen zu Ehren von Peres. Inzwischen waren die Israelis und die Palästinenser in einer Suite eines nahe gelegenen neuen Luxushotels, des *Plaza*, noch dabei, die allerletzten Formulierungsprobleme zu beseitigen. Während sich das offizielle Essen langsam seinem Ende näherte, baten Larsen und Juul die anderen Gäste um Verständnis dafür, daß Peres erschöpft sei und sich zurückziehen wolle. Die israelischen und palästinensischen Unterhändler wurden dann durch den Lieferanteneingang aus ihrem Hotel geschmuggelt und in einem geschlossenen Wagen zum Gästehaus gebracht. »Wir wollten der Unterzeichnungszeremonie etwas Feierlichkeit verleihen. Andererseits kannten wir uns ja so gut«, sagt Juul. Ein berühmter alter Schreibtisch – an dem im Jahre 1905 Norwegens Unabhängigkeit von Schweden unterzeichnet worden war – wurde in den Salon geschafft. Die Dokumente wurden bereitgelegt. Abu Alaa und Savir traten durch verschiedene Türen ein und unterschrieben. Holst unterschrieb als Zeuge, und Peres sah von der Seite aus zu. Die Unterzeichner würdigten den historischen Durchbruch. Peres schwieg. »Wir alle hätten fast losgeheult«, sagt Juul. »Es kam uns vor, als bewegten wir uns in einem Film, den wir selbst geschrieben hatten.«

Die Szene wurde auch tatsächlich mit einer Videokamera festgehalten. »Ich habe den Film gesehen, er ist ganz hübsch«, sagt Juul. Die Palästinenser wollten eine Kopie haben und einige Fernsehsender auch, »aber die Israelis verlangten, daß der Film in einem Safe eingeschlossen werden sollte«. Niemand weiß, warum. Vielleicht ließ er zu viel Fraternisieren erkennen. Hirschfeld unterbrach die Rückreise in Wien, wo seine Eltern leben. Zum ersten Mal deutete er ihnen gegenüber an, daß der Frieden näher sein könnte, als die meisten Menschen glaubten. Seine Mutter schüttelte den Kopf. »Mein Sohn«, sagte sie, »davon verstehst du nichts. Solche Dinge dauern immer sehr viel länger.«

Für die Veteranen des »Oslo-Kanals« war die glanzvolle öffentliche Zeremonie, die dreieinhalb Wochen später im Garten des Weißen Hauses stattfand, eher frustrierend. Ihr fehlte die leidenschaftliche Intimität, Faszination und Melodramatik der ersten. Hirschfeld und Pundik wurden von der Regierung, der sie ihre Dienste zur Verfügung gestellt hatten, schäbig behandelt. Als Peres gefragt wurde, warum sie nicht dabei seien, meinte er kühl: »Pflegepersonal und Hebammen werden nicht eingeladen.« (Pundik sagt, er habe nicht einmal eine schriftliche Anerkennung erhalten.) »Also haben wir noch einmal die Initiative ergriffen und sind privat nach Washington geflogen«, sagt Pundik. Dort gab es ein Problem: Sie standen nicht auf der Liste der eingeladenen Israelis. Die Norweger konnten sie auch nicht auf ihre Liste bekommen. Am Ende gelang es einem guten Menschen in der israelischen Botschaft in Washington, ihre Namen auf die Liste der amerikanisch-jüdischen Prominenz zu setzen, die vom Weißen Haus eingeladen worden war. Unerkannt in der großen Menge, beobachteten die beiden privaten Friedensmakler die Zeremonie. Abu Alaa begrüßte sie herzlich.

Die Dämonen des Judentums

1995

Zwei Wochen nach der Ermordung von Yitzhak Rabin bei einer Friedensdemonstration in Tel Aviv gingen noch immer Wogen von Schmerz und Schuldgefühl, von Scham und Erschütterung, Reue und gegenseitigen Vorwürfen durch das Land. In großer Zahl versammelten sich immer wieder vor allem junge Leute an Rabins Grab auf dem Nationalfriedhof außerhalb von Jerusalem. Tagein, tagaus bekunden dort und vor dem Rathaus, wo Rabin dem Attentat zum Opfer fiel, und auch vor seinem Wohnhaus im Norden von Tel Aviv Tausende von Kerzen die Gefühle der Menschen.

Die wichtigste Frage, die immer wieder gestellt, aber nicht immer beantwortet wurde, lautete: Warum? Sie beherrschte die Debatten in den Zeitungen. Von früh morgens bis tief in die Nacht wurde sie während der vergangenen Tage im Fernsehen und im Radio diskutiert. Die Linke beschuldigte die rechten Parteien, sie hätten die Katastrophe durch die verbale Gewalt (»Rabin Mörder«, »Rabin Verräter«) herbeigeführt, die sie in den letzten beiden Jahren gegen die Regierung einsetzten und die sie erst nach Rabins Tod mäßigten. Die Likud-Führer hingegen behaupteten, die Linke selbst habe während des Libanon-Krieges diesen gewalttätigen Stil in die politische Auseinandersetzung getragen. Nach den Massakern von Sabra und Schatila seien auch Begin und Scharon als Mörder bezeichnet worden. Die Antwort der Linken darauf: »Ja, aber haben wir gemordet? In Israel fliegen die Kugeln immer von rechts nach links.«

In tiefer, gleichwohl egoistisch isolierter Niedergeschlagenheit behaupteten Siedler von der West Bank, die Tat des Mörders sei eine Ausgeburt der Verzweiflung patriotischer Juden, ausgelöst durch den Verrat der Regierung am *Land* – an *Erez Israel*. Die anhaltende Debatte ist eine weitere – hoffentlich die letzte – Schlacht in der langen Auseinandersetzung um die Frage, ob Israel eine bürgerlich-demokratische Gesellschaft oder messianische Stammesgesellschaft sei.

Scheinheilig und zynisch versuchte die politische Klasse im Blick auf die bevorstehenden Wahlen Scherben zu kitten. Doch das Land blieb tief gespalten zwischen Befürwortern und Gegnern eines Friedens mit Syrien und den Palästinensern um den Preis des Rückzugs aus den seit 1967 besetzten Gebieten. Die Sozialisten äußerten sich besorgt darüber, daß Peres in der Öffentlichkeit möglicherweise nicht die gleiche Unterstützung für den Frieden gewinnen könnte, die der Kriegsheld Rabin mobilisiert hätte, wenn er noch am Leben wäre. Die Likud-Führer waren in der Defensive, wo sie vermutlich nicht lange bleiben werden. Unter anderen Umständen hätten ihre mahnenden Aufrufe zur »Einigkeit« und »Versöhnung« konstruktiv gewirkt; in einem Augenblick aber, da viele Israelis das Gefühl hatten, sie müßten Stellung beziehen und sich entscheiden, wirkten solche Appelle nur vordergründig und verlogen. Die Untersuchungen der Polizei zur Person des geständigen Mörders und seiner angeblichen Komplizen brachten einiges Licht in eine Unterwelt rücksichtsloser Terroristen, die in lockerer Verbindung zu verschiedenen prominenten Rabbinern, religiösen Führern, Mystagogen, Kabbalisten und anderen Heilspredigern stehen. Man wußte auch vorher schon von dieser Unterwelt oder ahnte, daß es sie gab. Seit Jahren waren deren Wortführer nicht müde geworden, ihre Anschauungen vor den Medien des In- und Auslandes zu verkünden. Doch bisher hatte sich niemand ernsthaft mit ihnen auseinandergesetzt – vielleicht, weil sie meistens nur Araber in den besetzen Gebieten bedrohten. Soweit sie überhaupt strafrechtlich verfolgt worden waren, hatten die Gerichte sie in der Regel mit Nachsicht und einem gewissen »Verständnis« für ihre Beweggründe behandelt. Wurden sie dennoch zu längeren Haftstrafen verurteilt – wie etwa jene Männer, die drei Studenten der Universität Hebron ermordeten, oder jene anderen, die zwei arabische Bürgermeister zu Krüppeln machten, oder diejenigen, die die Sprengung des Felsendoms auf dem Tempelberg von Jerusalem planten –, dann milderte der Staatspräsident ihre Urteile ab, so daß sie bald freikamen. Nach einem Bericht, der dem Justizministerium vorliegt, sind Hunderte solcher Angriffe von Siedlern gegen Palästinenser unaufgeklärt geblieben.

Der Mordanschlag machte erneut die Misere deutlich, in die die orthodoxe Synagoge seit dem Sechs-Tage-Krieg geraten ist. Professor David Hartmann, selbst ein orthodoxer Rabbi und Gründungsdirektor eines Jerusalemer Instituts, das sich mit der Neuinterpretation der autoritären Tradition der *halacha* in einem mit demokratischer Moral zu vereinbarenden Sinne beschäftigt, erklärte: »Rabins Mörder war ein unschuldiges, anständiges Kind, das seine Tradition ernst oder allzu wörtlich nahm. Neben dem, was die weltlichen Politiker zu sagen hatten, hörte er, was seine orthodoxen Rabbiner sagten – in der eindringlichen, unerbittlichen Sprache des religiösen Dogmatismus, in der die *halacha* schon von den Rabbinern des 3. Jahrhunderts unter den völlig anders gearteten Verhältnissen der barbarischen Sassanidenherrschaft formuliert wurde. Dieser Text wurde zu seiner Identität. Er förderte Haß und Zerstörungswillen. Amir war kein Verirrter. Er stand innerhalb einer normativen Tradition, die sich starr und urwüchsig durch die Jahrhunderte bis in unsere Zeit erhalten hat. Mich schockiert die Unverantwortlichkeit der *halacha*-Lehrer, die nachher sagten: ›Wir verwenden diese Sprache, aber wir hätten nie gedacht, daß Menschen nach ihr handeln würden.‹ Das hätten sie besser wissen können.« »Der Mörder«, so Hartmann weiter, »konnte glauben, er sei von Gott berufen, einen zweiten Holocaust zu verhindern. Aber diese Überzeugung kam nicht als nächtliche Offenbarung über ihn. Sie war Endpunkt und Resultat eines langen Indoktrinations- oder ›Lern‹-Prozesses. Die *halacha* ist natürlich nicht so simpel, wie der Mörder sie sich vielleicht vorstellt. Diese Tradition umfaßt viele andere (humanistische, pazifistische) Elemente, die ein Gegengewicht zum Dogmatismus bilden könnten. Die Tragödie besteht jedoch darin, daß im Laufe der letzten Jahre eine Gruppe fanatischer, politisierter Rabbiner alle anderen Stimmen übertönt haben und sie nicht mehr zu Wort kommen lassen. Auch in Amerika hat sich anscheinend die Mehrheit der orthodoxen Gemeinde die Vorstellung zu eigen gemacht, die Rückgabe des Landes gefährde die jüdische Zukunft.« Ob diese amerikanischen Rabbiner den Mord an Yitzhak Rabin rechtfertigen würden? »Gewissermaßen«, antwortete er. »Ich fürchte sogar, sie würden ihn nicht nur rechtfertigen. Manche würden ihn bejubeln. Die Orthodoxie ist von einer schweren Krankheit erfaßt, die es früher nicht gab.«

Wie andere nationale Bewegungen, die in der zweiten Hälfte des 19. Jahrhunderts entstanden, war auch der Zionismus ursprünglich weltlich und sogar antiklerikal ausgerichtet. Seine Ziele waren die Schaffung eines sicheren Zufluchtsortes für Juden in ihrer alten Heimat, die Veränderung der dortigen Gesellschafts- und Beschäftigungsstrukturen und die Wiederbelebung der hebräischen Sprache. Die frühen Zionisten lehnten die Möglichkeit einer Theokratie rundheraus ab. Tief verwurzelt im liberalen Nationalismus des 19. Jahrhunderts, schrieb Herzl:

»Wenn der Glaube uns eint, so wird uns die Wissenschaft befreien.« An anderer Stelle versprach er, die Theokraten würden »auf ihre Tempel beschränkt werden, so wie wir auch unsere Berufssoldaten auf ihre Kasernen beschränken werden«. Er unterschätzte nicht nur den Nationalismus der Araber, sondern auch die latenten ethnozentristischen Kräfte, die durch den Aufschwung des Zionismus freigesetzt wurden; und er überschätzte den Liberalismus der Juden in einer Epoche universeller Selbstsucht, die er – trotz seiner apokalyptischen Grundhaltung – in ihrer furchtbaren Brutalität nicht voraussehen konnte. Der Aufstieg des »religiösen Zionismus« insbesondere nach dem Sechs-Tage-Krieg komplizierte die Verhältnisse ganz erheblich. Hat man, wie es die religiösen Zionisten vor allem seit 1967 taten, »das Land« erst einmal so mystifiziert, daß es zur Grundlage aller religiösen Leidenschaft wird, so muß jeder, der das von solcher religiösen Leidenschaft erfüllte Verhältnis zum Land bedroht und, wie Rabin und Peres, bereit ist, Teile dieses Landes preiszugeben, zum Feind werden.

In diesem Sinne war der Mord an Rabin ein »religiöser Mord«. Abraham Burg, der neue Vorsitzende der Jewish Agency, selbst ein orthodoxer Jude (und eines der Opfer einer Handgranate, die ein jüdischer Terrorist 1983 in eine Friedensdemonstration warf), hat hierauf von Anfang an hingewiesen. Nach der Ermordung Rabins durch einen Studenten der namhaften religiösen Universität Bar Ilan außerhalb von Tel Aviv, eines Zentrums rechter Anschauungen, attackierte Burg diese Institution als »Bar Ilan-Teheran«. Der Mörder war ein fünfundzwanzigjähriger Fundamentalist namens Jigak Amir. Sein erklärtes Ziel war es, den Friedensprozeß aus dem Gleis zu bringen. Er behauptete, das Abkommen mit den Palästinensern widerspreche geheiligten religiösen Grundsätzen. Aus dieser Auffassung bezieht der religiöse Zionismus seit Jahren seine Kraft. Amir erklärte vor Gericht, der *halacha* zufolge müsse ein Jude, der »sein Volk und sein Land dem Feind überläßt, wie Rabin es tat, getötet werden. Mein Leben lang habe ich die *halacha* studiert, und ich verfüge über alle Daten.« In seinen Augen war Rabin persönlich für die Ermordung von Juden durch palästinensische Terroristen verantwortlich. Ihr Blut klebe an seinen Händen, so verkündet er. Rabin sei ein Verbündeter der Palästinenser.

Oft sagt man in solchen Fällen, der Täter sei verrückt oder verblendet, aber damit sagt man auch, seine Tat sei unbegreiflich. Nach allem, was wir wissen, ist sie das in diesem Fall jedoch keineswegs. Amir hatte eine paramilitärische Jeschiva oder Talmudschule absolviert und studierte zur Zeit des Mordes im dritten Jahr an der juristischen Fakultät von Bar Ilan. Diese Universität machte Anfang der achtziger Jahre zum erstenmal politisch von sich reden, als der Campusrabbiner, ein gewisser Israel Hess, eine Abhandlung mit dem Titel »Das Gebot zum Völkermord in der Thora« veröffentlichte. Alle, die dem »Volk Gottes« den Krieg erklärten, wurden darin als »Amalekiten« bezeichnet. »Gott erklärt den Gegen-Dschihad«, schrieb Hess. In einem solchen Krieg müßten die »Amalekiten«, wie in der Bibel, bis zum letzten Weib und zum letzten Kind ausgerottet werden. Und um seinen Lesern klarzumachen, daß es hier nicht nur um historische Fragen gehe, fügte er hinzu: »Der Tag wird kommen, an dem wir alle aufgerufen sein werden, diesen heiligen Krieg zur Vernichtung von Amalek zu vollenden.« Nach einem Bericht in der israelischen Tageszeitung *Haaretz* lehrt Hess noch immer in Bar Ilan, wo bis vor kurzem Anhänger des Rabbi Meir Kahane rassistische Plakate (und solche, die Rabin zeigten, wie er sich Blut von den Händen wäscht) ungestraft anbringen konnten, während ein Student, der auf dem Campus seine Freundin umarmte, Gefahr lief, vom Studium ausgeschlossen zu werden.

Von seinen Lehrern an dieser Universität wurde Amir als ernsthafter, sensibler, intellektueller, äußerst begabter und fleißiger junger Mann bezeichnet. (»Er verbrachte den ganzen Tag in der Bibliothek.«) Amirs Mutter sagte: »Seine Begabung war sein Unglück.« (Sie schickte einen Beileidsbrief »an Frau Rabin und das ganze Volk von Israel«, den sie in ungewöhnlich großen Buchstaben aus ihrem Computer druckte – eine sonderbare Mischung aus allgemeiner Besorgtheit, Schmerz, Distanziertheit und Entfremdung). Am Tag nach dem Mord gestand einer von Amirs Lehrern im Radio, er habe die ganze Nacht wach gelegen und sich gefragt, wo er etwas falsch gemacht habe. Die Universität sagte alle Lehrveranstaltungen für drei Tage ab und veranstaltete Gedenk- und Gebetsversammlungen. Ein Student, der im Internet verkündete: »Die Hexe ist tot«, wurde prompt hinausgeworfen. Nichts verlautete hingegen über Schritte zur Identifizierung von Lehrern, die möglicherweise genauso dachten wie er.

Amir besuchte auch ein orthodoxes, mit der Universität verbundenes *kolel* oder Talmudseminar. Von vielen Schülern und einigen ihrer Lehrer dort weiß man, daß sie fanatische Gegner des Friedensprozesses sind. Wenn der Mörder nicht an Seminaren über Zivil- und Firmenrecht oder an Computerkursen teilnahm, organisierte er Gruppen zur Unterstützung der Siedlungen auf der West Bank. Im letzten Jahr meldete er zum Schein einen Wohnsitz in einer dieser Siedlungen an. Aufgrund dieser Adresse bekam er den Waffenschein für die Pistole, mit der er Yitzhak Rabin tötete. Er war kein Einzelgänger, der mit seinem Namen in die Geschichte eingehen wollte, wie Lee Harvey Oswald. Er war gesellig, beliebt, sah gut aus. Seine Eltern waren orthodoxe Einwanderer aus Jemen, die es zu einem gewissen Wohlstand und zu Ansehen gebracht hatten. Amir lebte mit seinen Eltern in einem kleinbürgerlichen Vorort von Tel Aviv. Die Familie wird als »warmherzig und liebevoll« beschrieben. Seine Mutter leitet einen Kindergarten, der sich großer Beliebtheit erfreut. Der Mörder war der sprichwörtliche nette Junge von nebenan. Er wurde in Israel geboren und ist hier aufgewachsen. Er ist kein verschrobener amerikanischer Arzt wie Baruch Goldstein, der auf der Suche nach einem neuen Wilden Westen 1994 das Massaker in der Moschee von Hebron anrichtete. Seinen Wehrdienst hat Amir in einer Eliteeinheit der Armee geleistet. Später schickte ihn die Jewish Agency nach Rußland, wo er Juden, die nach Israel auswandern wollten, Hebräischunterricht erteilte. Seine Sprache war, wie es für seine Schicht typisch ist, eine Mischung aus Militärjargon und Talmud. Er war in den Worten von Zev Schafetz »ein waschechter Israeli. Seine Rabbiner hatten ihn ausgebildet, und wenn Sie mich fragen, so hat er für sie abgedrückt.«

Er glaubte an eine breite Zustimmung und hat sich in diesem Punkt vielleicht nicht geirrt. Aber die letzte Rechtfertigung seiner Tat war für ihn religiöser Art – wie dies auch für fast alle anderen Terrorakte von Juden in Israel und den besetzten Gebieten gilt. Es soll in den vergangenen zwanzig Jahren Hunderte von Übergriffen gegeben haben, die größtenteils ungeahndet blieben. In vielen Fällen fragten die Täter zunächst ihre Rabbiner um Rat, suchten bei ihnen das, was sie »geistliche Autorität« nannten. Manche Aktionen wurden von den Rabbinern selbst angeordnet. Die Namen dieser rabbinischen Berater konnte man in der Zeitung lesen. Aber die frühere Likud-Regierung hat sich immer geweigert, Untersuchungen gegen sie einzuleiten oder sie gar strafrechtlich zu verfolgen.

Andere Zeiten und eine andere Weltgegend hätten vielleicht auch einen anderen Jigal Amir hervorgebracht. Er wurde 1970 geboren, mitten hinein in den messianischen Siegestaumel nach dem Sechs-Tage-Krieg, den die Heilsprediger in einigen der führenden rabbinischen Seminare des Landes als *milchemet mitzva*, als eine Art »heiligen Krieg«, einen jüdischen Dschihad und zugleich als Ankündigung der bevorstehenden

Erlösung deuteten, als Anbruch eines neuen chiliastischen Zeitalters, des Endes aller Tage. »Land Israel« war kein territoriales Konzept, sondern ein theologischer Heilsbegriff. Die unter dem Namen *halacha* bekannte jüdische Überlieferung ist ein vielschichtiger Komplex von Argumenten und Gegenargumenten, von Auslegungen und Auslegungen von Auslegungen. Ihr Wortlaut ist aus sich heraus leicht manipulierbar. Seit dem Aufstieg des selbsternannten Messias Sabbatai Zwi im 17. Jahrhundert ist dieser Text nicht mehr so eindringlich und so erfolgreich manipuliert worden wie nach dem Sechs-Tage-Krieg von den radikalen Rabbinern des rechten Flügels in Israel. Der Judaismus ist eine in hohem Maße dezentrale Religion. Das Amt des Oberrabbiners ist rein administrativer Art. Mangels einer Hierarchie können alle autorisierten (und auch manche unautorisierten) Rabbiner sogenannte halachische Gebote erlassen. Die verschiedenen Texte widersprechen einander oft. Traditionelle Exegeten weisen darauf hin, daß jede buchstäbliche Deutung dieser Texte äußerst irreführend sein kann und zumindest in hohem Maße strittig ist.

Eine solche buchstäbliche Deutung wurde in den letzten Jahren dem halachischen Gebot zuteil, »das Land« zu besiedeln, das einige radikale Exegeten noch über die Zehn Gebote stellten. Ihre militanten Gefolgsleute brachten sie auf diese Weise in einen eigentümlichen Zwiespalt im Hinblick auf Demokratie und Rechtsstaatlichkeit. Wo die »Demokratie« oder das Recht des weltlichen Staates in einen Widerspruch zur metaphysischen Autorität der *halacha* zu geraten schien, da wurden Demokratie und Rechtsstaat als *memschelet sadon* (»Reich der Niedertracht«) verurteilt und Verstöße gegen dieses Recht als legitim angesehen. »Es gibt Wichtigeres als die Mehrheitsherrschaft«, erklärten die Militanten – zumal wenn die Regierung, wie es in Israel heute der Fall sei, über eine knappe Mehrheit verfüge, die sie nur mit Hilfe arabischer Stimmen erreiche. (»Auch Hitler ist demokratisch gewählt geworden.«) Rabins Abkommen mit der PLO, durch das Teile des Landes an die Palästinenser abgetreten werden, erschien als »Verschleppung des messianischen Prozesses«.

Indem die Regierung die Siedler in Judäa und Samaria den Launen Arafats (»eines zweiten Hitler«) auslieferte, wurde sie zu einem jener »Judenräte«, die in den von den Nazis besetzten Ländern Europas mit der Gestapo zusammengearbeitet hatten. Rabin wurde als Quisling niedergeschrien, der sich mit dem Bösen verbündet habe. Von seinen Händen triefe jüdisches Blut, das Blut derer, die von den Hamas-Terroristen ermordet wurden. Rabin sei das, was die *halacha* des 3. Jahrhunderts als einen *rodef* (einen »Peiniger«) bezeichnete, und damit eines todeswürdigen Verbrechens schuldig. Einige Wochen vor Rabins Tod versammelten sich vor seinem Amtssitz in Jerusalem zwölf Kabbalisten, die allerlei altertümliche jüdische Beschwörungs- und Verwünschungsformeln anstimmten und verschiedene andere Voodoo-Riten zelebrierten, um Rabins Tod herbeizuführen. Über diese sonderbare Veranstaltung wurde in der Presse berichtet. Aufgrund eines merkwürdigen Zufalls fand in Jerusalem wenig später eine internationale Tagung über »Magie und Zauberei im Judentum« statt. Schwerlich hätte man einen passenderen Tagungsort finden können. Mosche Idel, nach Gershon Scholem der angesehenste israelische Gelehrte auf diesem Gebiet, Professor für jüdisches Denken an der Hebräischen Universität, gehörte zu den Organisatoren der Tagung. Er informierte die Teilnehmer über das kabbalistische Treiben vor Rabins Amtssitz. Dies, so sagte er, geschah »mitten in Jerusalem, in einer einigermaßen normalen Zeit. Aber in den religiösen Kreisen erhob sich kein Protest. Niemand erklärte, das alles sei Unsinn. Mit anderen Worten, sie glauben, daß diese Beschwörungen, diese Schwarze Magie tatsächlich wirksam sind. Vielleicht bedauerte der eine oder andere, daß man dem Premierminister oder einem Juden so etwas antat – aber niemand zweifelt daran, daß es funktioniert.« Die »Einführung der Magie in die Politik«, so schloß Idel, sei ein Zeichen für den Niedergang der Rationalität.

Zehn Jahre zuvor schrieb Leon Wieseltier in einem Aufsatz über den Aufstieg von Meir Kahane, die Juden müßten sich um ihre Dämonen ebenso kümmern wie um ihre Feinde. Seither sind die Feinde einer nach dem anderen verschwunden. Die Dämonen jedoch sind geblieben.

Die Polizei war in der Woche nach der Tat überzeugt, daß auch der Mörder Rabins eine Art von Bestätigung für seine tödliche Interpretation der *halacha* durch eine rabbinische Autorität erhalten habe. Man sei, so hieß es, einem Mann auf der Spur, der angeblich der »geistliche Beistand« Amirs und seiner Komplizen gewesen sei. Die Polizei vermutet, ein gläubiger Mensch wie Amir würde den Premierminister nicht ohne unter Berufung auf die *halacha* erteilte rabbinische Zustimmung erschossen haben. Möglicherweise habe er vor der Tat eine sogenannte »Beichte in der Synagoge« abgelegt – bei wem, darüber kann man im Augenblick nur spekulieren. Anfang letzter Woche hat ein prominenter

Dissident von der West Bank, Rabbi Joel Bin-Nun, den sogenannten »geistlichen« Ratgebern Amirs ein (allzu spätes) Ultimatum gestellt. Sie hätten, so behauptete er, halachische Gebote erlassen, denen zufolge Rabin tatsächlich ein *rodef* sei und den Tod verdient habe. Bin-Nun, der daraufhin sofort Drohanrufe erhielt und rund um die Uhr unter Polizeischutz gestellt wurde, erklärte, er wisse, wer diese Leute seien. Wenn sie nicht sofort von ihren Rabbinerposten zurückträten, würde er ihre Namen öffentlich machen. Es seien wichtige Namen und weithin geachtete rabbinische Autoritäten darunter. Er wolle, so verkündete Bin-Nun ganz im Ton der Zeit, gegen sie kämpfen – wenn nötig »bis zum Tod«.

Bei seiner Vernehmung vor Gericht rühmte sich der Mörder seiner Tat. Seine kurze Ansprache war prägnant formuliert und spiegelte seine Auffassung von der *halacha*. Dies geschah im kürzeren Teil seines Monologs, in dem er Rabins halachische Verbrechen aufzählte. Der Rest seiner Rede wies in fast jedem Satz Anklänge an Äußerungen auf, die in den letzten Monaten die Likud-Führer Benjamin Netanjahu, Uzi Landau, Ariel Scharon und die Sprecher der beiden kleineren rechten Oppositionsparteien, die Ex-Generäle Ejtan und Zeevi, von sich gegeben hatten. Die scharfen persönlichen Agriffe dieser Leute auf Rabin markieren einen Tiefpunkt im politischen Diskurs Israels. Obendrein hatte man in den letzten sechs Monaten mit einer ausgeklügelten Strategie versucht, Rabin zu zermürben. Likud-Sprecher räumten öffentlich ein, ihr Ziel sei es, ihn psychologisch zu zerbrechen, sein Selbstbewußtsein zu brechen. Bei einem Ausflug mit normalerweise gesitteten Einwanderern aus angelsächsischen Ländern, den die rechte *Jerusalem Post* organisiert hatte, wurde Rabin mit dem Ruf empfangen: »Da kommt der Bluthund.« Rabin, so hieß es immer wieder, habe »kein Mandat«. Man warf ihm vor, dem palästinensischen Terror indirekt Vorschub zu leisten. »Sie, Herr Premierminister«, so Netanjahu am 18. April 1994 in der Knesset, »werden als der Premierminister in die Geschichte eingehen, der eine Armee palästinensischer Terroristen gegründet hat.« Und ein paar Tage später bei einer Pressekonferenz: »In einer Stunde wird Rabin verkünden können: Ich habe den Terroristenstaat Palästina gegründet.« Ein Jahr später, nach dem Sprengstoffanschlag eines palästinensischen Selbstmordterroristen auf einen Reisebus in Tel Aviv: »Sie, Yitzhak Rabin, klage ich an, Sie schüren den arabischen Terror, Sie tragen die unmittelbare Verantwortung für das scheußliche Massaker in Tel Aviv. Sie sind schuldig. Dieses Blut kommt über Ihr Haupt.« In der israelischen Politik geht es oft hart her, aber keiner anderen israelischen Regierung hat die Opposition so bewußt und systematisch die Legitimität abgesprochen wie der von Rabin. Er versetze dem Land einen Dolchstoß in den Rücken, krieche vor ausländischen Staatsmännern, habe keinen Nationalstolz und sei bereit, sich auf »Auschwitzgrenzen« zurückzuziehen. Immer wieder wurde seine Puppe, in Naziuniform oder mit einem karierten Kopftuch à la Arafat, bei Demonstrationen der Opposition gezeigt. Netanjahu selbst sprach kürzlich auf einer solchen Kundgebung mitten in Jerusalem. Selbst als namhafte Rabbis, darunter zwei Oberrabbiner, die israelischen Soldaten unter Berufung auf die *halacha* aufforderten, alle Befehle zur Räumung der West Bank zu verweigern, erklärten führende Oppositionelle noch, Rabin habe für das, was er tue, »kein Mandat«. Seine Parlamentsmehrheit beruhe auf »nicht-jüdischen Knesset-Angehörigen«, die ihre Weisungen von Arafat erhielten. Mehrfache Warnungen (auch der Polizei), eine solche Sprache könnte Anschläge auf Rabin und Peres zur Folge haben, wurden ignoriert. Scharon tat sie als »stalinistisch« oder als »Provokation seitens der Medien« ab. Ein amerikanischer Rabbiner namens Hecht verkündete im israelischen Fernsehen, Rabin habe den Tod verdient, und berief sich dabei auf Maimonides. In anderen Ländern würden auf solche Drohungen Anklagen vor Gericht folgen. In Israel folgte ihnen während der letzten Wochen nur die nächste Talkshow. Selbst als Netanjahu seine Gefolgsleute in sanften Worten zur Mäßigung ermahnte, ritten er und seine Bundesgenossen noch auf den Tigern, die sie losgelassen hatten.

Mit bemerkenswerter Offenheit erklärte ein Veteran der Nationalreligiösen Partei: »Es läßt sich nicht bestreiten, daß fast alle gewalttätigen rechten Extremisten in Israel heute Käppchen tragen und religiöse Erziehungseinrichtungen besucht haben. Wir müssen uns fragen, wo wir etwas falsch gemacht haben.« Im Zentrum von Jerusalem konnte man letzte Woche einen alten bärtigen Mann mit einer Jarmulka auf dem Kopf sehen, der ein Schild vor sich her trug: »Ich schäme mich.« Es bleibt abzuwarten, ob auch die Likud-Partei irgendwann Zeichen von Reue zu erkennen gibt, wie es jetzt die orthodoxe Gemeinde tut.

Aus dem Englischen von Reinhard Kaiser